Ralf Hartmut Güting
Martin Erwig

Übersetzerbau

Techniken, Werkzeuge, Anwendungen

Mit 103 Abbildungen

Prof. Dr. Ralf Hartmut Güting
Dr. Martin Erwig
Praktische Informatik IV
FernUniversität Hagen
D-58084 Hagen
{gueting, erwig}@fernuni-hagen.de

ISBN 978-3-540-65389-9

ACM Computing Classification (1998): D.3, F.4.2-3, I.7.2

Die Deutsche Bibliothek – CIP-Einheitsaufnahme

Güting, Ralf Hartmut:
Übersetzerbau: Techniken, Werkzeuge, Anwendungen / Ralf H. Güting; Martin Erwig. –
Berlin; Heidelberg; New York; Barcelona; Hongkong; London; Mailand; Paris;
Singapur; Tokyo: Springer
(Springer-Lehrbuch)
ISBN 978-3-540-65389-9   ISBN 978-3-642-58410-7 (eBook)   DBN: 95.631547.X
DOI 10.1007/978-3-642-58410-7

Umschlaggestaltung: design & production GmbH, Heidelberg
Satz: Reproduktionsfertige Autorenvorlage
SPIN: 10698960   45/3142-543210 – Gedruckt auf säurefreiem Papier

Springer-Lehrbuch

Springer-Verlag Berlin Heidelberg GmbH

Für Edith, Nils David und Helge Jonathan

R.H.G.

Für Anja und Alexander

M.E.

Vorwort

Dieses Buch bietet eine kompakte Einführung in die Grundlagen und Techniken des Übersetzerbaus. Übersetzer transformieren Texte einer Quellsprache, deren Struktur durch eine formale Grammatik beschrieben ist, in eine Zielsprache.

Die klassische Anwendung ist die Übersetzung höherer Programmiersprachen in Maschinensprache und damit die Implementierung solcher Sprachen. Dies ist ein grundlegendes Problem der Informatik, das sehr früh intensiv studiert wurde. Deshalb gibt es seit langem eine gut verstandene Theorie zu formalen Sprachen und Maschinen, die sie akzeptieren; die Techniken der Syntaxanalyse und ihre Verbindung mit Übersetzungsaktionen sind ausgefeilt, und es gibt eine klare Zerlegung der Gesamtaufgabe der Übersetzung in Teilaufgaben, die die Grundlage für eine entsprechende Modularisierung von Übersetzern bilden. Das Verständnis der Implementierung von Programmiersprachen gehört zweifellos zur „Allgemeinbildung" eines Informatikers, ebenso wie man Grundlagen der Hardware oder Betriebssysteme verstehen sollte.

Nun gibt es nur ein paar weitverbreitete höhere Programmiersprachen, und nur wenige Informatiker werden heute an der Entwicklung von Compilern für solche Sprachen, wie z.B. C++ oder Java, mitarbeiten. Ist die Beschäftigung mit dem Thema daher etwa nur von akademischem Interesse bzw. kann sie solchen Spezialisten vorbehalten bleiben? Keineswegs. Ein wichtiges Ziel dieses Buches besteht darin, den Blick zu schärfen für die vielseitige Verwendbarkeit von Techniken des Übersetzerbaus zur Realisierung von Komponenten von Software-Systemen. In vielen Anwendungen gibt es Beschreibungssprachen für spezielle Zwecke, wie etwa Dokumentstrukturen (LaTeX, HTML), Anfragesprachen für Datenbanksysteme, Protokolle in verteilten Systemen, vielerlei Formate für den Datenaustausch über das Internet (Browser-Plugins) usw. Ganz allgemein kann man mit Techniken des Übersetzerbaus Strukturen in Texten, Dateien oder Byte-Strömen identifizieren. Oft ist es nützlich, eine „kleine" Sprache zu definieren und sie dann mit Hilfe von Übersetzerbau-Werkzeugen mit wenig Aufwand zu implementieren.

Dieses Buch setzt deshalb folgende Akzente:

- Die Methoden des Übersetzerbaus, etwa für die lexikalische Analyse, Syntaxanalyse, syntaxgesteuerte Übersetzung oder Code-Optimierung werden angemessen behandelt.

- Die vielseitige Anwendbarkeit dieser Techniken wird betont. So wird z.B. bewußt als erste Anwendung die Übersetzung einer Dokument-Beschreibungssprache nach LaTeX vorgeführt. Dies ist gleichzeitig ein Beispiel für eine vollständige Übersetzerimplementierung, d.h., der komplette dokumentierte Quellcode für diesen Compiler ist im Buch wiedergegeben.
- Der Einsatz von Werkzeugen, nämlich von Scanner- und Parsergeneratoren, wird anhand von Lex und Yacc erklärt und gründlich eingeübt.
- Das klassische Thema der Implementierung imperativer Programmiersprachen wird detailliert behandelt. Auf der Basis einer abstrakten Maschine für 3-Adreß-Code wird die Übersetzung einer PASCAL-ähnlichen Sprache durch Angabe von Übersetzungsschemata präzise beschrieben.
- Schließlich zeigen wir die Implementierung funktionaler Programmiersprachen durch Interpretation und Übersetzung, um neben imperativen noch eine weitere Klasse von Programmiersprachen zu behandeln und so den Blick zu erweitern.
- Die Darstellung ist kompakt und doch hinreichend vollständig. Der gesamte Inhalt des Buches kann in einer einsemestrigen vierstündigen Vorlesung dargeboten werden. Ein entsprechender Kurs wird seit einigen Jahren regelmäßig an der Fernuniversität Hagen eingesetzt.

Das Buch wendet sich an Studierende ab etwa dem 2. oder 3. Studienjahr. Grundkenntnisse einer imperativen Programmiersprache und von Datenstrukturen sollten vorhanden sein. Theoriekenntnisse z.B. zu formalen Sprachen oder endlichen Automaten sind nützlich; die benötigten Grundlagen werden aber auch im Buch wiederholt. Soweit diese Voraussetzungen vorliegen, eignet sich das Buch auch für Praktiker, die Übersetzerbau-Techniken einsetzen oder die Benutzung von Werkzeugen wie Lex und Yacc erlernen wollen. Gemäß dem Einsatz an der Fernuniversität Hagen ist es für das Selbststudium konzipiert. Dies wird auch durch in den Text eingestreute Aufgaben unterstützt, zu denen Lösungen angegeben sind.

Das Buch ist wie folgt aufgebaut: Nach einem einführenden Kapitel werden in den Kapiteln 2 bis 4 lexikalische Analyse, Syntaxanalyse und syntaxgesteuerte Übersetzung (auf der Basis attributierter Grammatiken) behandelt. Es folgen Anwendungen, nämlich die Übersetzung einer Dokument-Beschreibungssprache sowie die Übersetzung imperativer und schließlich funktionaler Programmiersprachen in den Kapiteln 5 bis 7. Das letzte Kapitel ist der Code-Optimierung gewidmet. Im Anhang findet sich ein vollständiger Compiler zu Kapitel 5. Im allgemeinen bietet jedes Kapitel Aufgaben und Literaturhinweise; zu den Aufgaben im Text folgen Lösungen am Ende des Buches.

Wir danken Michael Endemann, Dr. Markus Schneider und Stefan Dieker für ihre Unterstützung beim Erstellen von Aufgaben und Lösungen. Wir danken auch allen Studenten, die uns auf Fehler im Kurstext aufmerksam gemacht haben; namentlich erwähnen möchten wir Christian Adler, Ulrich Linden und Peter Tiesat. Schließlich gilt unser Dank dem Springer-Verlag und insbesondere Dr. Hans Wössner für die freundliche und sachkundige Begleitung dieses Buchprojekts.

Hagen, im März 1999   Ralf Hartmut Güting, Martin Erwig

Inhaltsverzeichnis

7 Übersetzung funktionaler Programmiersprachen   219

8 Codeerzeugung und Optimierung   255

Kapitel 1

Einführung

Thema dieses Buches ist der Bau von Übersetzern für „formale" Sprachen, d.h. für Programmiersprachen im weitesten Sinne. Ein Übersetzer (engl. *Compiler*) erzeugt aus einem Quellprogramm in einer Sprache A ein Zielprogramm in einer Sprache B. Mindestens die Quellsprache A ist durch ein Regelsystem beschrieben, das der Übersetzer benutzt, um das Quellprogramm zu analysieren; so wird insbesondere die *Syntax* von A durch eine Grammatik definiert. Der Übersetzer ist damit auch in der Lage, Fehler im Quellprogramm zu erkennen, und die Ausgabe entsprechender Fehlermeldungen ist eine wichtige Teilaufgabe der Übersetzung. Die Aufgabe sieht also ganz grob so aus, wie in Abb. 1.1 gezeigt.

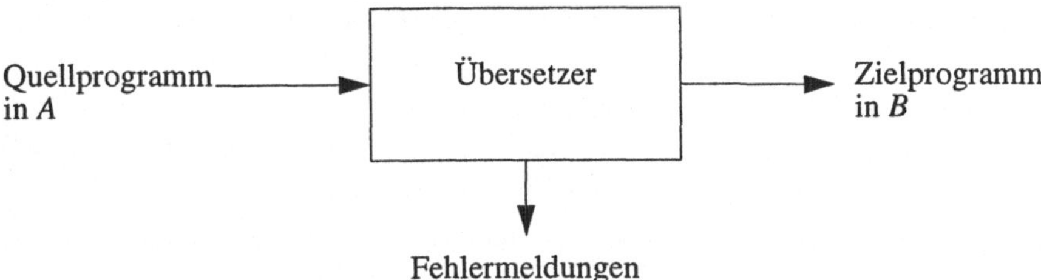

Abb. 1.1. Aufgabe eines Übersetzers

Warum möchte man überhaupt von A nach B übersetzen? Ganz allgemein deshalb, weil man aus irgendeinem Grund etwas besser in der Sprache A beschreiben kann als in B, man andererseits aber nur eine „Maschine" (einen Computer, ein Softwarepaket, ...) zur Verfügung hat, die B versteht.

1.1 Anwendungsgebiete

Der klassische Anwendungsfall ist die Übersetzung einer höheren Programmiersprache (PASCAL, C, ...) in die Maschinensprache eines Rechners. Dies ist sicherlich die wichtigste Anwendung, die auch die Entwicklung der Compilertechnik wie die der dahinterliegenden Theorie der formalen Sprachen von Anfang an motiviert hat. Ein Ziel dieses Buches besteht also darin, die Implementierung von Programmiersprachen zu erklären, die ja das grundlegende Werkzeug eines Informatikers darstellen. Ebenso, wie man verstehen sollte, wie Betriebssysteme oder Datenbanksysteme funktionieren, sollte man auch wissen, was im Innern eines Compilers vor sich geht und wie Programme letztendlich auf der Hardware ausführbar gemacht werden.

Neben diesem Ziel, gewissermaßen die Allgemeinbildung zu vervollständigen, gibt es aber auch sehr handfeste praktische Gründe, warum man sich mit Compilertechnik beschäftigen sollte. Zwar werden nur wenige Informatiker tatsächlich Compiler für C++, Eiffel oder Java schreiben. Es gibt aber viele Anwendungen, in denen Beschreibungssprachen für spezielle Zwecke gebraucht werden. Einige Beispiele:

- *Dokument-Beschreibungssprachen* wie LaTeX, SGML, HTML. Hier werden Textelemente wie Überschriften, Absätze, Aufzählungen ebenso wie Darstellungsattribute (*Kursivschrift*) oder Sonderzeichen in Textdateien beschrieben. Dieser Absatz etwa sieht in HTML so aus:

  ```
  <UL>
  <LI><EM>Dokument-Beschreibungssprachen</EM> wie LaTeX, SGML,
  HTML. Hier werden Textelemente wie &Uuml;berschriften,
  Abs&auml;tze, Aufz&auml;hlungen ebenso wie Darstellungsattri-
  bute (<EM>Kursivschrift</EM>) oder Sonderzeichen in Textdateien
  beschrieben. Dieser Absatz etwa sieht in HTML so aus:
  </UL>
  ```

  HTML ist die Sprache, in der Dokumente über das Internet (World Wide Web) verfügbar gemacht werden. Wer einen HTML-Browser implementieren will, braucht Compilertechnik, um die Struktur solcher Dokumente zu analysieren.

- *Datenbankanfragesprachen.* Hier ein Beispiel in *SQL*, mit dem aus einer Studententabelle die Namen und Adressen der Studenten ermittelt werden, die in Münster wohnen und im 10. oder höheren Semester Informatik studieren.

  ```
  select Name, Anschrift
  from Studenten
  where Stadt = "Muenster" and Fach = "Informatik" and
        Semester >= 10
  ```

  Auch hier werden Analysetechniken aus dem Compilerbau benutzt, um die Anfrage z.B. in einen Operatorbaum umzuwandeln, der dann vom Optimierer des Datenbanksystems weiterbehandelt wird.

- *VLSI-Entwurfssprachen.* Solche Sprachen beschreiben das Layout elektronischer Schaltungen auf einem Chip. Die Beschreibung umfaßt verschiedene Abstraktionsebenen, von komplexen Komponenten (Prozessor, Speicherbaustein, ...) bis hin zu Basiselementen (Transistoren, ...), die schließlich auf Rechtecke in den unterschiedlichen Materialschichten des Chips abgebildet werden.

- *Protokolle in verteilten Systemen.* Hier werden Zeichenströme über Rechnernetze ausgetauscht; die Struktur dieser Zeichenströme stellt ebenfalls eine spezielle Sprache dar, die auf der Empfängerseite analysiert werden muß.

Es ist schon wahrscheinlicher, daß man einmal vor der Aufgabe steht, eine solche spezielle Sprache zu implementieren. Grundsätzlich bieten einem die Analysetechniken des Compilerbaus und die zugehörigen Werkzeuge die Möglichkeit, Strukturen in Textdateien zu erkennen. Textdateien sind insbesondere dann von Bedeutung, wenn Daten zwischen verschiedenen Anwendungen ausgetauscht werden sollen, wenn Daten über Netze verschickt werden, wenn Daten zwischen Programmen in unterschiedlichen Programmiersprachen (mit inkompatiblen Laufzeitsystemen, etwa zwischen Miranda und C) übermittelt werden müssen. Wer Compilertechnik beherrscht, kann erkennen, daß es sich lohnt, hier eine kleine Sprache zunächst zu definieren und dann mit Hilfe vorhandener Standardwerkzeuge mit relativ wenig Aufwand zu implementieren. Damit ist es möglich, beliebig komplexe und flexible Datenstrukturen auf Texte abzubilden – das Herausschreiben ist zwar sowieso kein Problem; nun kann man aber auch die Struktur aus der Textdatei zurückgewinnen.

1.2 Übersetzungsphasen

Wir betrachten nun die innere Struktur eines Übersetzers. Die Gesamtaufgabe kann in eine Reihe von Teilaufgaben zerlegt werden, die wir *Phasen* nennen wollen. Jede Phase transformiert das zu übersetzende Programm von einer Darstellungsform in eine andere. Bei einem klassischen Compiler ist die Ausgangsform das Quellprogramm einer höheren Programmiersprache, die letzte erreichte Form das Zielprogramm in Maschinen- oder Assemblersprache. Bei den oben erwähnten anderen Anwendungen fallen ggf. einige der letzten Phasen weg. Abb. 1.2 stellt die Übersetzungsphasen im Überblick dar.

Die Phasen entsprechen logischen Schritten in der Übersetzung, was aber nicht heißt, daß sie unbedingt strikt nacheinander ablaufen müssen, etwa in 6 Durchgängen durch das Programm. Es ist durchaus möglich, sie zeitlich verzahnt ablaufen zu lassen, indem z.B. ein Übersetzermodul von seinem Vorgänger benötigte Zeichen oder Teilstrukturen anfordert. Parallel zu allen Phasen liegen die Aufgaben der *Verwaltung der Symboltabelle* und der *Behandlung von Fehlern*. Wir betrachten nun die einzelnen Phasen.

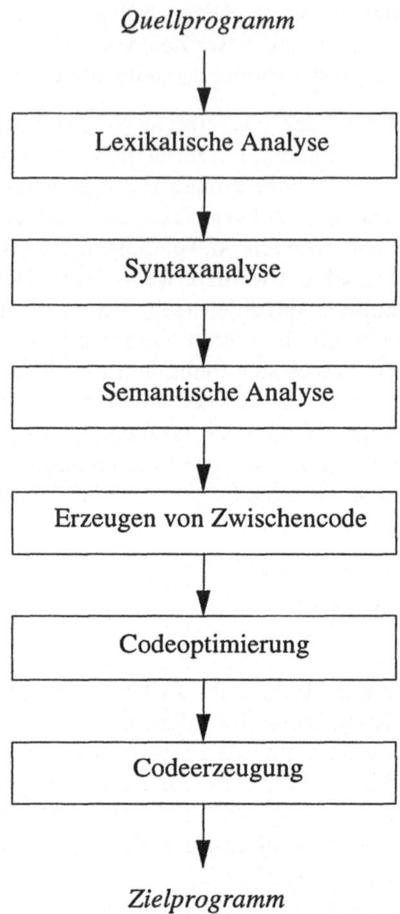

Abb. 1.2. Übersetzungsphasen

Lexikalische Analyse. Aus der Sicht der lexikalischen Analyse ist die Eingabe eine Folge von Zeichen (Buchstaben, Ziffern, Sonderzeichen). Das Ziel dieser Phase ist die Erkennung gewisser „Grundsymbole" in diesem Zeichenstrom. Für eine Programmiersprache sind dies etwa Wortsymbole wie *begin*, *if*, *while*, Variablennamen, numerische Konstanten usw.

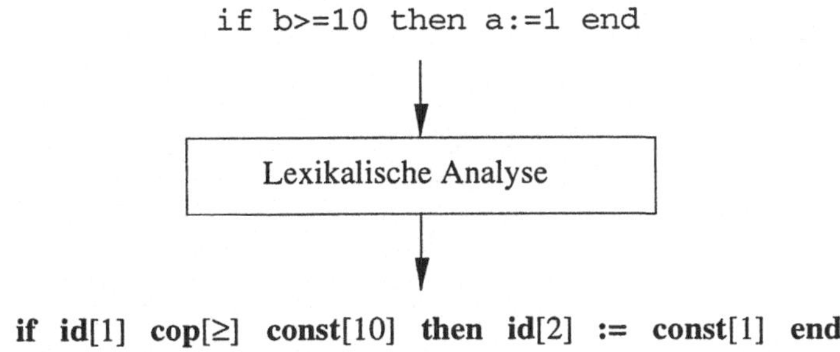

Abb. 1.3. Lexikalische Analyse: Berechnung der Tokenfolge zu einer Zeichenfolge

Abbildung 1.3 zeigt, wie eine bedingte Anweisung in eine Folge von Grundsymbolen, genannt *Token*, überführt wird. Die 22 Zeichen der Eingabe werden in folgende Token gruppiert:

1. Wortsymbol *if*.
2. Bezeichner *b*. Token können neben ihrem „Namen" zusätzliche Information (ein *Attribut*) zugeordnet bekommen. Wir notieren dies in eckigen Klammern hinter dem Token. Für einen Bezeichner (Token **id**) ist dies z.B. ein Index in eine Symboltabelle, in der man den Namen, später auch weitere Information wie den Typ, eine Speicheradresse usw. finden kann.
3. Vergleichsoperator „>=". Das Token **cop** beschreibt sämtliche derartigen Operatoren ($<$, $\leq$, $=$, $\neq$, ...); das Attribut gibt den konkreten Operator an.
4. Numerische Konstante 10. Das Attribut nimmt den Wert auf.
5. Wortsymbol *then*.
6. Bezeichner *a*.
7. Zuweisungssymbol „:=".
8. Numerische Konstante 1.
9. Wortsymbol *end*.

Die Struktur der Grundsymbole läßt sich mit relativ einfachen Mitteln beschreiben, nämlich mit sog. regulären Ausdrücken. Der Ausdruck

```
letter (letter | digit)*
```

könnte etwa die erlaubte Form von Bezeichnern in einer Programmiersprache definieren („ein Buchstabe, gefolgt von 0 oder mehr Buchstaben oder Ziffern"). – Ausgabe der lexikalischen Analyse ist also eine Folge von Token.

Syntaxanalyse. Aufgabe der Syntaxanalyse ist es, hierarchische Strukturen in Programmen (oder anderen Texten) zu erkennen. Solche Strukturen lassen sich nicht mehr mit regulären Ausdrücken beschreiben, wohl aber mit (kontextfreien) Grammatiken. Die Symbole einer Grammatik beschreiben größere Einheiten in Programmen wie arithmetische Ausdrücke, bedingte Anweisungen, Schleifen, Prozedurdeklarationen usw.

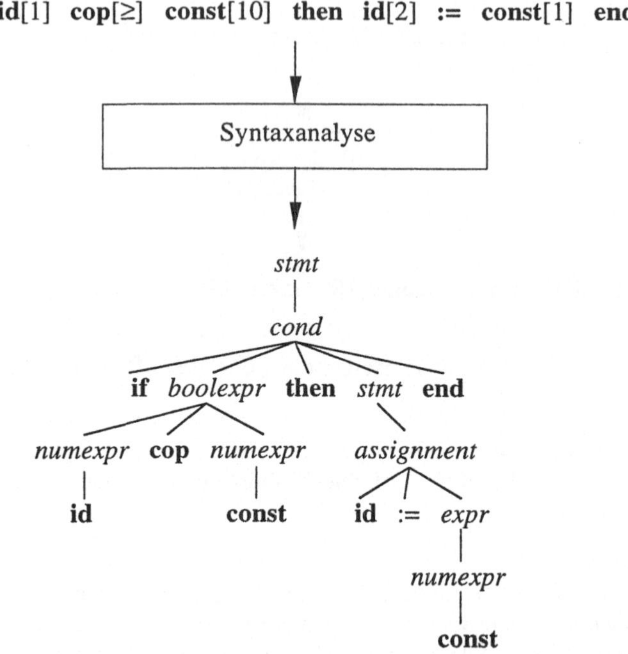

Abb. 1.4. Syntaxanalyse: Berechnung des Syntaxbaums zu einer Tokenfolge

Abbildung 1.4 zeigt den Baum, der die Struktur der bedingten Anweisung wiedergibt. Zwei Regeln der zugehörigen Grammatik sind etwa die folgenden:

> *stmt* ::=   *assignment* | *cond*
> *cond* ::=   **if** *boolexpr* **then** *stmt* **end** |
>   **if** *boolexpr* **then** *stmt* **else** *stmt* **end**

Sie drücken aus, daß eine Anweisung (*stmt*) entweder eine Zuweisung (*assignment*) oder eine bedingte Anweisung (*cond*) sein kann und daß eine bedingte Anweisung jede der beiden gezeigten Formen annehmen kann.

Eingabe der Syntaxanalyse ist also eine Tokenfolge; Ausgabe ist ein Syntaxbaum.

Semantische Analyse. Nachdem die syntaktische Struktur des Programms bekannt ist, können in der Phase der semantischen Analyse weitere Informationen gesammelt werden, die in der Syntaxanalyse nicht erfaßte Korrektheitsaspekte betreffen oder für die folgende Codeerzeugung benötigt werden. Insbesondere gehört dazu die Typüberprüfung (*type checking*), bei der untersucht wird, ob Operationen auf passende Argumentausdrücke angewandt werden, wie auch das Auflösen überladener oder polymorpher Operationen. So ist z.B. die Addition überladen, und es muß ermittelt werden, ob eine ganzzahlige oder eine Gleitkommaaddition durchzuführen ist. Bei manchen Typinkonsistenzen muß der Compiler zusätzliche Operationen einfügen (*type casting*); so kann z.B. beim Vergleich einer ganzen mit einer reellen Zahl die ganze Zahl zunächst in eine reelle umgewandelt werden, um dann zwei reelle Zahlen vergleichen zu können.

Für unsere Beispielanweisung

```
if b>=10 then a:=1 end
```

könnte in dieser Phase etwa festgestellt werden, daß die Variable a vom Typ *real* ist, während der Ausdruck auf der rechten Seite der Zuweisung

```
a:=1
```

vom Typ *integer* ist. Je nach Definition der Programmiersprache kann dies als Fehler aufgefaßt werden, oder die semantische Analyse könnte eine Typanpassungsoperation einfügen, die Zuweisung also umschreiben in

```
a:=makereal(1)
```

Die ersten drei Phasen waren der *Analyse* des Quellprogramms gewidmet, die damit abgeschlossen ist. Die folgenden drei Phasen dienen der *Synthese*, also dem Zusammensetzen, dem Konstruieren des Zielprogramms.

Erzeugen von Zwischencode. Insbesondere bei der Übersetzung höherer Programmiersprachen klafft eine gewaltige Lücke zwischen den dort vorhandenen Konzepten und den recht primitiven Möglichkeiten der Maschinensprache als Zielsprache. Um die Komplexität des Übersetzungsproblems beherrschbar zu machen, fügt man gern noch eine Zwischenebene ein, übersetzt also nicht direkt in die Maschinensprache, sondern in eine „abstrakte Maschinensprache" von etwas höherem Niveau.

In Abb. 1.5 wird unsere Beispielanweisung in ein Programm in sog. *3-Adreß-Code* überführt. Befehle im 3-Adreß-Code können bis zu drei Argumente (Adressen) enthalten. Es gibt z.B. folgende Befehlsformen:

$$x := a \text{ op } b$$
$$x := a$$
$$\text{if } a \text{ cop } b \text{ goto } L$$

Hier sind x, a, b und L die Argumente (die Adressen von Speicherzellen sein könnten). „op" ist Teil des „Befehlscodes" (ebenso „cop"); es gibt Versionen der Befehle für Addition, Subtraktion usw. (also op $\in \{+, -, \dots\}$) bzw. für verschiedene Vergleichsoperatoren (cop $\in \{=, <, \leq, \dots\}$). Darüber hinaus gibt es die Möglichkeit, Sprungmarken zu setzen wie in Assemblersprachen.

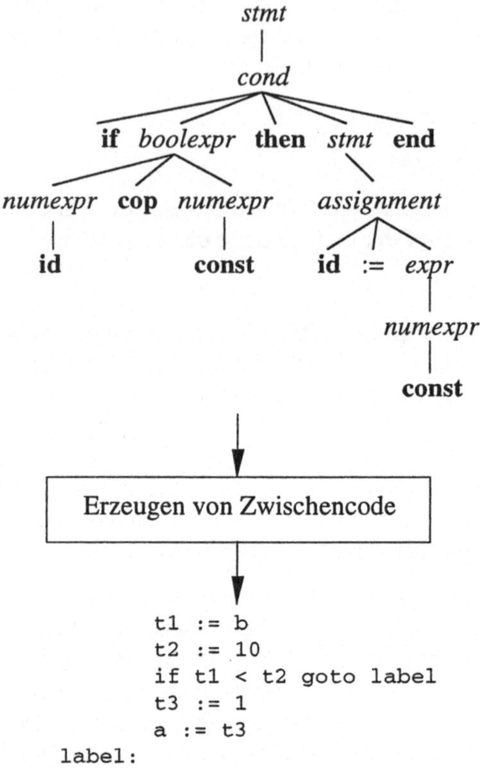

Abb. 1.5. Zwischencodeerzeugung

Das Erzeugen von Code in einer solchen Zwischensprache ist einfacher zunächst deshalb, weil das Sprachniveau etwas höher ist; insbesondere kann man geschachtelte arithmetische Ausdrücke sehr leicht übersetzen, da man jeden binären Operator direkt in eine Operation der Zwischensprache überführen kann. Zum Beispiel hat der Ausdruck

```
3 * a + (b - c) / (d - 5 * e)
```

die in der Syntaxanalyse erkannte Operatorbaumstruktur, die in Abb. 1.6 gezeigt ist. Durch Einsatz immer neuer temporärer Variablen läßt sich relativ mechanisch dafür der Zwischencode erzeugen:

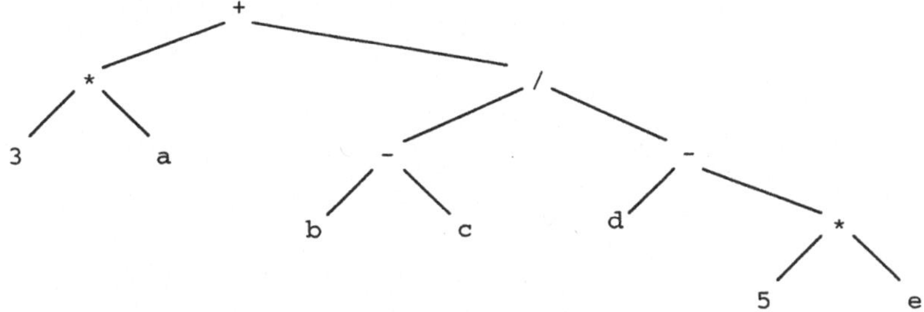

Abb. 1.6. Operatorbaum zum arithmetischen Ausdruck

```
t1 := 3 * a
t2 := b - c
t3 := 5 * e
t4 := d - t3
t5 := t2 / t4
t6 := t1 + t5
```

Das Erzeugen von Zwischencode ist andererseits einfacher, weil man hier noch vom speziellen Befehlssatz der Zielmaschine abstrahiert. Um guten Code für eine gegebene Zielmaschine zu erzeugen, muß man die dort vorhandenen Befehlsmöglichkeiten sehr genau kennen und gut ausnutzen; der vorhandene Befehlssatz zusammen mit Adressierungsmöglichkeiten ist aber oft sehr komplex. Es ist viel einfacher, diese Feinheiten bei der Übersetzung des Zwischencodes in die Maschinensprache zu berücksichtigen, also in der übernächsten Phase.

Codeoptimierung. Die relativ mechanische Art, mit der Zwischencode aus dem vorhandenen Syntaxbaum generiert wird, führt zu manchen Ungeschicklichkeiten, d.h. zu Ineffizienzen im erzeugten Zwischencode. Das Ziel der Codeoptimierungsphase besteht darin, solche Ineffizienzen aufzufinden und zu beseitigen.

Abbildung 1.7 zeigt, wie der Zwischencode vereinfacht werden kann. Wir nehmen an, daß die Übersetzungstechnik für die Übersetzung der Bedingung in einer bedingten Anweisung zunächst die zu vergleichenden Werte temporären Variablen zugewiesen hat. Das kann sinnvoll sein, weil dort ja jeweils auch komplexe Ausdrücke stehen könnten. In diesem Fall ist es allerdings ineffizient, weil man *b* und 10 auch direkt in einen 3-Adreß-Befehl aufnehmen kann. Ähnlich verhält es sich mit der folgenden Übersetzung einer Zuweisung; auch hier kann *t3* eliminiert werden.

In dieser Phase werden z.T. recht komplexe Analysen des erzeugten Zwischencodes durchgeführt. Dabei versucht man z.B., die Schleifenstruktur des Programms zu erkennen, um die in innersten Schleifen verwendeten Variablen in schnellen Registern zu halten.

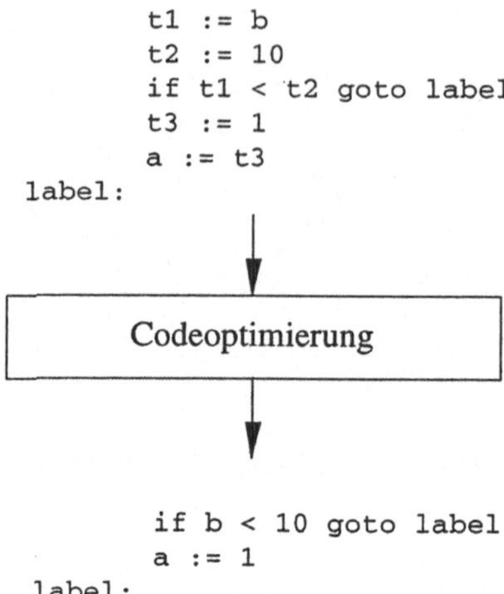

Abb. 1.7. Codeoptimierung: Verbessern des Zwischencodes

Codeerzeugung. In der letzten Phase wird aus dem optimierten Zwischencode Assembler- oder Maschinencode für die spezielle Zielmaschine generiert. Wichtige dabei zu lösende Probleme sind etwa die Speicherorganisation für das Zielprogramm, die Abbildung von Operationen des Zwischencodes auf die bestmöglichen Befehlsfolgen der Zielmaschine und die bereits erwähnte möglichst gute Zuteilung von Registern.

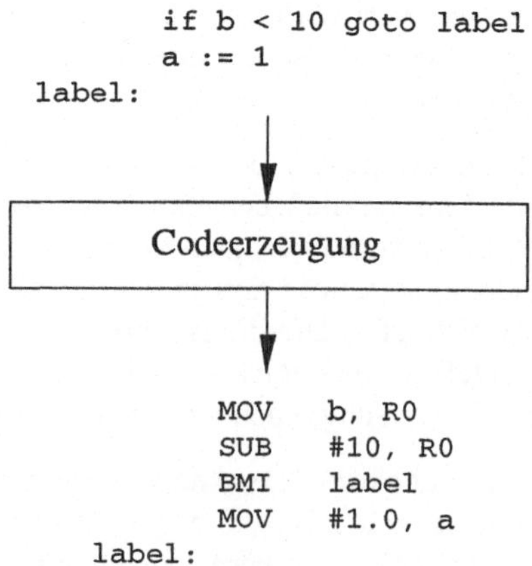

Abb. 1.8. Codeerzeugung: Generieren von Maschinencode

Abbildung 1.8 zeigt die Übersetzung unserer Beispielanweisung in eine hypotheti-
sche Maschinensprache (hier in Assembler dargestellt). Dabei bezeichnen a und b
Speicheradressen, Ri das i-te Register, #10 und #1.0 innerhalb des Befehls direkt
dargestellte Konstanten. MOV ist ein Transportbefehl, SUB die Subtraktion, und BMI
steht für „branch on minus".

1.3   Die Systemumgebung des Compilers

Ein Übersetzer arbeitet mit anderen Programmen zusammen, um die zu übersetzende Sprache ausführbar zu machen. Für den Standardfall, die Übersetzung höherer
Programmiersprachen, ist die Systemumgebung in Abb. 1.9 gezeigt.

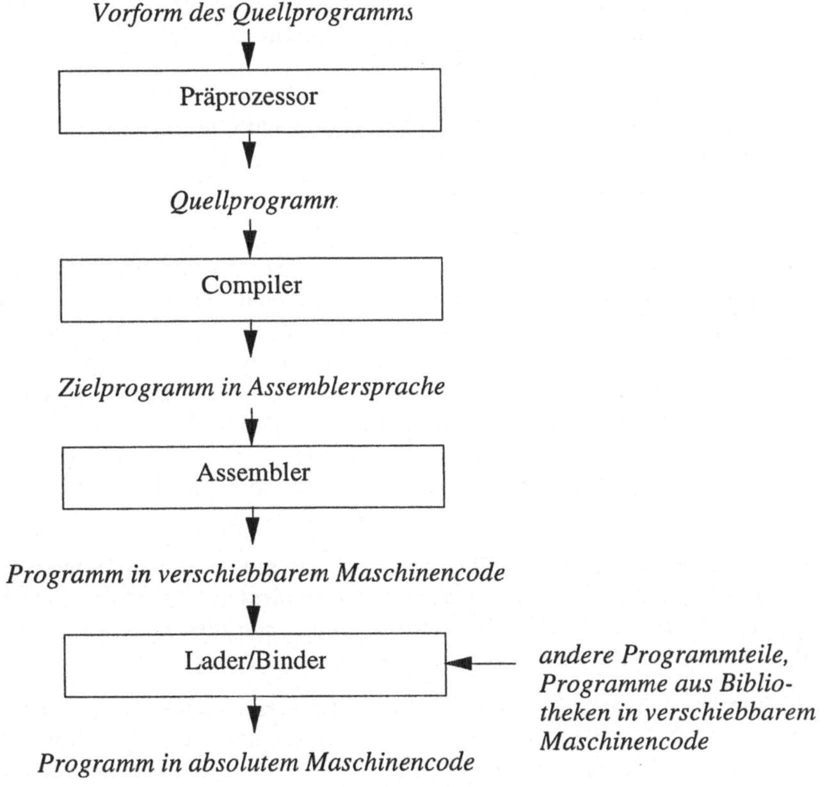

Abb. 1.9. Systemumgebung des Compilers

Die wichtigsten Programme dieser Umgebung sind folgende:

- Ein *Präprozessor* überführt eine „Vorform" des Quellprogramms in die vom Compiler akzeptierte Sprache. Die Vorform kann z.B. *Makros* enthalten, das sind textuelle Definitionen, für die andere Texte einzusetzen sind. Das heißt, eine Makrodefinition hat grundsätzlich die Form

  ```
  macro alpha = beta
  ```

  wobei *alpha* und *beta* Zeichenketten sind. Der Präprozessor ersetzt dann jedes Auftreten von *alpha* im Text durch *beta*. Vornehmere Makrosprachen erlauben parametrisierte Makros, so daß beim Auftreten von *alpha* noch jeweils variable Texte eingebaut werden können. Die Dokument-Beschreibungssprache LaTEX hat z.B. einen solchen Makromechanismus. In der Sprache C werden Konstanten auf diese Art definiert und dann vom Präprozessor ins Programm textuell einkopiert. Eine andere Anwendung von Präprozessoren sind Einbettungen von Datenbankanfragesprachen in Programmiersprachen; in der Vorform des Quellprogramms werden Datenbankkommandos geeignet markiert, z.B.

  ```
  EXEC SQL <DB-Kommando>
  ```

  Der Präprozessor erkennt lediglich solche Kommandos und ersetzt sie im Quelltext durch entsprechende Aufrufe von Funktionen der DB-Schnittstelle, die dann die in der Programmiersprache erlaubte Form haben.

- Ein *Assembler* überführt ein Programm in Assemblersprache in ein „verschiebbares" Programm in Maschinensprache. Die Assemblersprache ist äquivalent zur Maschinensprache in dem Sinne, daß dort genau sämtliche Maschinenbefehle und Adressierungsmodi wiederzufinden sind. Der wesentliche Unterschied besteht darin, daß die Maschinensprache bekanntlich nur aus Nullen und Einsen besteht, während in der Assemblersprache kurze textuelle Codes für Befehle (z.B. „MOV" anstelle von „00100110") und auch symbolische Adressen, also Namen für Speicherzellen oder Register, verwendet werden. Darüber hinaus bieten Assemblersprachen z.B. auch die gerade beschriebenen Makromechanismen.

Ein Compiler kann prinzipiell genausogut Maschinensprache erzeugen wie Assemblersprache, also die Aufgabe des Assemblers miterledigen. Assemblersprache ist für menschliche Leser besser genießbar; dies könnte z.B. für das Testen des Compilers eine Rolle spielen.

Wichtig ist, daß zunächst in jedem Fall noch *verschiebbarer* Maschinencode erzeugt wird. Das bedeutet, daß alle im Maschinenprogramm verwendeten Adressen relativ zum Anfang des Programms zu verstehen sind; daneben kann auch indiziert über Basisregister adressiert werden. Es ist die Aufgabe des *Binders* und *Laders*, diese Adressen in absolute Maschinenadressen umzusetzen. Zu diesem Zweck können Maschinenbefehle, in denen Adressen umzusetzen sind, mit einem besonderen gesetzten Bit (*relocation bit*) markiert sein.

Binder (engl. *link editor*) und *Lader* bauen eine Menge von verschiebbaren Maschinenprogrammen aus unterschiedlichen Dateien zu einem einzigen ausführbaren Programm zusammen und laden es in den Hauptspeicher, wo es dann unter Kontrolle des Betriebssystems ausgeführt wird. Dabei sind einerseits die relativen Adressen im verschiebbaren Programm entsprechend der vorgesehenen Ladeposition in absolute Adressen umzuwandeln. Zum anderen müssen externe Referenzen (*links*) aufgelöst werden. Externe Referenzen entstehen dadurch, daß die verschiedenen verschiebbaren Maschinenprogramme schließlich zusammenarbeiten sollen – andernfalls brauchte man sie nicht gemeinsam zu laden. Konkret bedeutet das, daß Programmteil A Zugriff auf Variablen des Programmteils B haben möchte oder Funktionen aus B aufruft. Der Binder verwendet zum Auflösen der Referenzen Tabellen von Namen und relativen Adressen, die jeweils mit dem verschiebbaren Maschinenprogramm gespeichert sind. Wenn also Programmteil B eine extern aufrufbare Funktion *squareroot* oder eine Variable *length* enthält, so beschreibt die Tabelle die Einstiegsadresse der Funktion bzw. die Adresse der Variablen:

```
squareroot        264
length             48
```

In anderen Anwendungsgebieten von Compilertechnik gibt es andere Programme, die die Ausgabe eines Compilers weiterverarbeiten. Zum Beispiel wird bei einem Cross-Compiler von C++ nach C die Weiterverarbeitung von einem C-Compiler übernommen. In Kapitel 5 werden wir einen kleinen Compiler konstruieren, der als Ausgabe LATEX erzeugt; dort wird die Ausgabe also vom TEX-System bearbeitet.

1.4   Compiler und Interpreter, reale und abstrakte Maschinen

Eine Alternative zur Übersetzung eines Quellprogramms in ein Zielprogramm, gefolgt von der Ausführung des Zielprogramms zu einer beliebigen späteren Zeit, ist die *Interpretation*. Ein Interpreter benutzt die gleichen Analysetechniken wie ein Compiler. Anstelle der Synthesephasen, in denen der Compiler das Zielprogramm generiert, tritt aber nun die direkte Ausführung. Der Interpreter hat ja aufgrund der Analyse „verstanden", was zu tun ist, und er tut es auch unmittelbar. Analyse und Ausführung laufen also nun zeitlich verzahnt ab. Der Interpreter wertet beispielsweise in einer bedingten Anweisung die Bedingung aus, erhält den Wert *true*, analysiert daraufhin die erste Anweisung im *then*-Zweig, führt diese aus usw. Beispiele für Programmiersprachen, die in der Regel interpretiert werden, sind *Basic* oder *Lisp*.

Vorteile der Interpretation liegen vor allem in der schnelleren Programmentwicklung. Nach einer Änderung im Quelltext kann das Programm vom Interpreter sofort ausgeführt werden; es entfällt die Wartezeit für den Übersetzungsvorgang. Bei großen Programmsystemen kann diese Wartezeit beträchtlich sein! Der Compiler muß auch stets das gesamte Programm analysieren und übersetzen, während sich die

Analyse im Interpreter auf die im Programmlauf tatsächlich erreichten Teile beschränkt.

Vorteil der Übersetzung ist, daß der Analyseaufwand nur einmal anfällt (na ja: im Programmentwicklungszyklus vermutlich doch etliche Male) und vor allem aus der Ausführungszeit des Programms herausgehalten wird. Ein Interpreter muß eine Anweisungsfolge in einer Schleife, die 1000mal ausgeführt wird, auch 1000mal analysieren. Übersetzte Programme laufen daher im allgemeinen sehr viel schneller als interpretierte.

Interessant ist, daß man beide Techniken auch miteinander kombinieren kann:

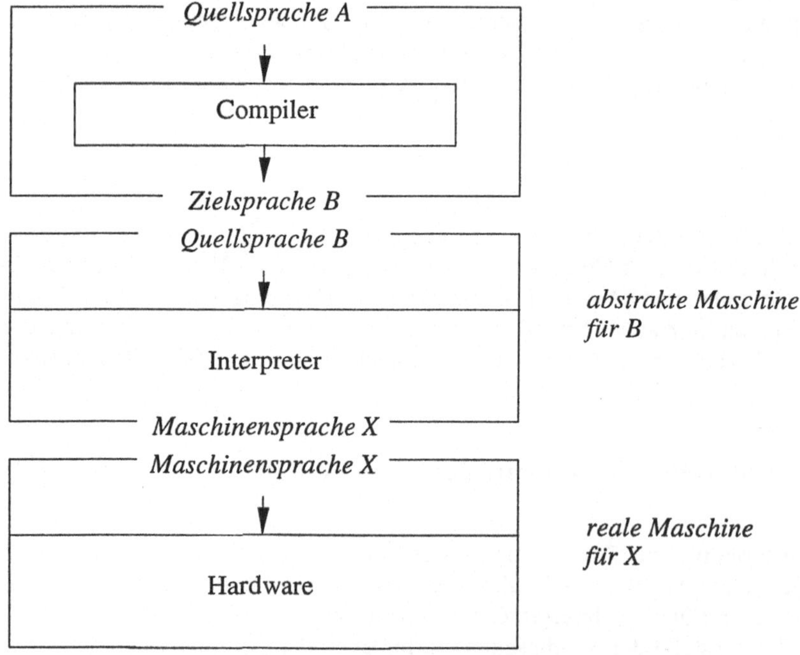

Abb. 1.10. Kooperation von Compiler und Interpreter

Man definiert eine Zwischensprache B, in die der Compiler übersetzt; der Interpreter ist in der Lage, Befehle von B direkt auszuführen. Der Interpreter selbst liegt in seiner übersetzten Form in einer Maschinensprache X vor. Die Zwischensprache B definiert man so, daß sie einerseits etwas an die Sprachkonzepte von A angepaßt ist, die Übersetzung also erleichtert wird, und daß sie andererseits relativ leicht und effizient zu interpretieren ist.

Bei der Definition der Sprache B hat man die Freiheit, sich ein Maschinenmodell auszudenken, das von realer Hardware deutlich abweicht. Ein beliebtes derartiges

Modell ist die *Stackmaschine*, bei der z.B. Transportbefehle Werte vom Speicher nicht in Register laden, sondern sie auf einen Stack (Stapel, Kellerspeicher) legen. Arithmetische Operationen verbrauchen grundsätzlich die obersten Stackelemente und legen das Ergebnis wieder auf den Stack, solche Befehle haben also keine weiteren Parameter. Die Vereinfachung liegt u.a. darin, daß der Stack beliebig groß werden darf, während die Menge der Register einer realen Maschine sehr beschränkt und die Registerzuteilung ein schwieriges Problem ist.

Da der Interpreter die Sprache *B* ebenso ausführen kann wie reale Hardware die Sprache *X*, hat man effektiv eine „abstrakte Maschine" für die Sprache *B* erhalten.

Der Hauptvorteil dieses Ansatzes ist Portabilität. Um die Sprache *A* auf eine neue Maschine *Y* zu bringen, braucht man nur einen Interpreter für *B* in *Y* zu realisieren. Wegen der Einfachheit der Sprache *B* ist das eine relativ leichte Aufgabe.

Die Technik wurde z.B. für die Implementierung von Pascal im UCSD P-System eingesetzt. Derzeit ist sie wieder aktuell als Implementierungsmethode für die Sprache Java, die als Einheitssprache für das Internet propagiert wird. Das Ziel ist, Programme über das Netz versendbar zu machen; sie sollten auf sämtlichen Hardwareplattformen (Workstations, PC, ...) lauffähig sein. Der Java-Compiler übersetzt dazu Java in *Byte Codes* (die Zwischensprache); in dieser Form werden Programme über das Internet verschickt. Sämtliche Hardware-Plattformen besitzen Interpreter für die Byte Codes und können somit Java-Programme ausführen.

1.5   Werkzeuge

Der Bau von Übersetzern ist seit langer Zeit studiert worden, und es gibt eine weithin akzeptierte Zerlegung in Teilaufgaben, die wir in Abschnitt 1.2 beschrieben haben. Darüber hinaus kann man für viele dieser Teilaufgaben präzise Spezifikationen des zu lösenden Problems angeben. So wird z.B. die Struktur der zu erkennenden Symbole in der lexikalischen Analyse, wie oben kurz angedeutet, durch reguläre Ausdrücke beschrieben und die Struktur der zu erkennenden Syntaxbäume in der Syntaxanalyse durch Grammatiken. Alles das zusammen hat die Entwicklung von *Werkzeugen* ermöglicht, die heute Unterstützung für fast jede Phase der Übersetzung bieten. Die Eingabe für solche Werkzeuge ist typischerweise eine abstrakte Spezifikation, z.B. auf der Basis von regulären Ausdrücken oder Grammatiken. Ausgabe des Werkzeugs ist ein Programm, das die zu erfüllende Aufgabe löst, z.B. ein *Scanner* (lexikalischer Analysator) oder ein *Parser* („Zerteiler", ein Programm, das die Syntaxanalyse durchführt). Solche Werkzeuge, die Programme als Ausgabe erzeugen, werden *Generatoren* genannt. Es gibt Werkzeuge z.B. für folgende Teilaufgaben:

- Scannergenerator
- Parsergeneratoren für LALR(1)- oder LL(1)-Grammatiken (diese Grammatiktypen werden in Kapitel 3 erklärt)

- Generator für abstrakte Syntaxbäume
- Generator für Attributauswerter (*attributierte Grammatiken* sind in Kapitel 4 beschrieben)
- Transformation abstrakter Syntaxbäume
- Generator für Codegeneratoren

Die bekanntesten Vertreter derartiger Werkzeuge sind die UNIX-Tools *Lex* und *Yacc*; sie werden mit dem Betriebssystem UNIX zusammen verbreitet. *Lex* ist ein Scannergenerator. In Abschnitt 1.2 hatten wir die Struktur eines Bezeichners mit einem regulären Ausdruck so beschrieben:

```
letter (letter | digit)*
```

Eine entsprechender Ausschnitt einer Lex-Spezifikation könnte so aussehen:

```
letter           [A-Za-z]
digit            [0-9]
%%
{letter}({letter}|{digit})*      {return(IDENTIFIER)}
```

Die Spezifikation besteht aus zwei Teilen, die durch %% getrennt sind. Im ersten Teil werden lexikalische Symbole *letter* und *digit* definiert, jeweils durch Angabe eines Bereiches aus dem ASCII-Zeichensatz. *Letter* steht also nun für einen Buchstaben, *digit* für eine Ziffer. Im zweiten Teil wird auf der linken Seite die Struktur von Bezeichnern definiert. Auf der rechten Seite steht in den geschweiften Klammern eine *Aktion*, die auszuführen ist, wenn in der Eingabezeichenfolge die Struktur der linken Seite erkannt wird. Die Aktion ist in C formuliert, in diesem Fall ist lediglich ein Token *IDENTIFIER* auszugeben.

Yacc ist ein Parsergenerator (das Wort steht für „yet another compiler-compiler"). Die Regeln aus Abschnitt 1.2

$$
\begin{array}{lll}
\textit{stmt} & ::= & \textit{assignment} \mid \textit{cond} \\
\textit{cond} & ::= & \textbf{if}\ \textit{boolexpr}\ \textbf{then}\ \textit{stmt}\ \textbf{end}\ \mid \\
& & \textbf{if}\ \textit{boolexpr}\ \textbf{then}\ \textit{stmt}\ \textbf{else}\ \textit{stmt}\ \textbf{end}
\end{array}
$$

könnte man in einer Yacc-Spezifikation fast genauso hinschreiben:

```
stmt    :        assigment              {...}
        |        cond                   {...}
        ;


cond    : IF boolexpr THEN stmt END{...}
        | IF boolexpr THEN stmt ELSE stmt END{...}
        ;
```

Dabei sind IF, THEN usw. Token, die aus der lexikalischen Analyse kommen, also z.B. von einem Lex-generierten Scanner stammen. Die Lex-Spezifikation für das Token IF sieht so aus:

```
if                {return(IF)}
```

Die geschweiften Klammern in der Yacc-Spezifikation enthalten ebenfalls Aktionen (sog. *semantische Regeln*), die auszuführen sind, wenn die entsprechende *rechte Seite* der Regel erkannt wird; dies ist hier nur angedeutet. Übrigens würde Yacc in seiner Analyse dieser Spezifikation die obigen Regeln für *cond* wohl mit einer Warnung (wegen Mehrdeutigkeit) versehen.

Diese Werkzeuge sind mächtige Hilfsmittel, mit denen man mit wenig Aufwand Scanner und Parser implementieren kann, und man sollte sie unbedingt kennen. Wir besprechen Lex und Yacc jeweils im Zusammenhang der Kapitel über lexikalische und Syntaxanalyse. In Kapitel 5 implementieren wir einen kompletten Compiler für eine Dokument-Beschreibungssprache mit Hilfe dieser Werkzeuge.

1.6   Struktur des Buches

Die Gliederung des Buches folgt im wesentlichen der in Abschnitt 1.2 beschriebenen Zerlegung in Phasen. In Kapitel 2 besprechen wir die lexikalische Analyse und den Einsatz des Werkzeugs Lex. Thema von Kapitel 3 ist die Syntaxanalyse; wir betrachten zunächst Top-down-Verfahren, die den Syntaxbaum von der Wurzel her aufbauen. Es folgen Bottom-up-Verfahren, die von den Blättern her Teilbäume erzeugen, bis schließlich das Wurzelsymbol erreicht wird. Diese Technik wird auch von Yacc-generierten Parsern verwendet; entsprechend wird Yacc hier mitbehandelt. In Kapitel 4 werden *attributierte Grammatiken* eingeführt; sie erlauben die Kopplung von Übersetzungsaktionen an das Erkennen von Teilbäumen in der Syntaxanalyse. Dies ist der theoretische Hintergrund der oben gezeigten „semantischen Regeln", die in Yacc-Spezifikationen verwendet werden. In den folgenden drei Kapiteln wenden wir die eingeführten Methoden auf drei Einsatzgebiete von Compilertechnik an. In Kapitel 5 konstruieren wir einen Compiler für eine einfache Sprache zur Beschreibung von Textdokumenten unter Einsatz von Lex und Yacc. Die Kapitel 6 und 7 sind der Übersetzung klassischer imperativer bzw. funktionaler Programmiersprachen gewidmet. Schließlich behandelt Kapitel 8 die Phasen der Optimierung des Zwischencodes und der Codeerzeugung.

1.7   Literaturhinweise

Natürlich gibt es eine große Auswahl an Büchern zum Übersetzerbau. Wir wollen fünf Bücher herausheben und als Begleitlektüre besonders empfehlen. Sie sind nach der Reihenfolge ihrer Bedeutung für dieses Buch geordnet.

1. Mit großem Abstand das wichtigste, klassische Buch zum Übersetzerbau ist (Aho, Sethi und Ullman 1986), das sog. „Drachenbuch" (so genannt wegen des Umschlagdesigns). Es hat auf die Darstellung des Gebietes in Lehrbüchern und Vorlesungen großen Einfluß gehabt, und auch wir orientieren uns in erster Linie

an diesem Buch. Es behandelt umfassend, in klarer Darstellung und mit gutem Blick für praktische Probleme alle grundlegenden Fragen des Übersetzerbaus. – Dieses Buch gibt es auch in deutscher Sprache (Aho, Sethi und Ullman 1988); bei einigermaßen guten Englischkenntnissen ist die Originalversion allerdings vorzuziehen.

2. Das Buch von Parsons (1992) folgt weitgehend der vom Drachenbuch vorgegebenen Struktur. Es besticht aber durch sehr gute, motivierende Erklärungen und Darstellungen, vielleicht deshalb, weil es für „Undergraduates" (Studenten in den ersten Studienjahren) geschrieben wurde. In manchen Passagen ist die Darstellung klarer als im Drachenbuch.

3. Ein sehr gutes deutschsprachiges Buch mit einer originellen Struktur ist (Wilhelm und Maurer 1997). Während die meisten Bücher – wie das Drachenbuch – zunächst Übersetzungstechniken vorstellen (lexikalische Analyse, Syntaxanalyse, attributierte Grammatiken) und sich dann auf die Übersetzung imperativer Programmiersprachen konzentrieren bzw. beschränken, beginnt dieses Buch mit vier Kapiteln zur Implementierung imperativer, funktionaler, logischer und objektorientierter Programmiersprachen und betrachtet danach die Methodik der Übersetzung. Funktionale, logische und objektorientierte Programmiersprachen werden in den anderen genannten Büchern nicht betrachtet; insofern ist dieses Buch umfassender.

4. Eine weitere umfassende und gründliche Darstellung des Gebietes Compilerbau bietet (Waite und Goos 1984). Eine modulare Compiler-Struktur und der Einsatz attributierter Grammatiken werden besonders betont.

5. Das Buch von Sudkamp (1988) ist kein spezielles Buch zum Übersetzerbau, sondern ein gutes allgemeines Theorie-Buch. Im Unterschied zu manchen anderen derartigen Büchern enthält es Kapitel zu LL(k)-Grammatiken und LR(k)-Grammatiken. Bei einigen formalen Definitionen in Kapitel 3 haben wir uns an diesem Buch orientiert. Es ist also ein gutes Nachschlagewerk zu den formalen Grundlagen von Sprachen und Maschinen.

Weitere empfehlenswerte Bücher zum Thema Übersetzerbau sind z.B. (Alblas und Nymeyer 1996, Appel und Ginsburg 1997, Holmes 1995a, Holub 1990, Kastens 1990, Pittmann und Peters 1992, Wirth 1995). Speziell der Übersetzung objektorientierter Sprachen gewidmet ist (Bauer und Höllerer 1998). Compilerbau-Projekte, d.h. die einigermaßen vollständige Entwicklung eines Beispielcompilers für eine ausgewählte Anwendung bzw. einen Sprachausschnitt, werden u.a. in (Doberkat und Fox 1990, Holmes 1995b) und in (Wirth 1995) beschrieben.

Darüber hinaus ist es nützlich, Bücher verfügbar zu haben, um Details nachschlagen zu können zu Lex und Yacc, z.B. (Levine, Mason und Brown 1992), zur Programmiersprache C, z.B. (Kernighan und Ritchie 1990), und zu LaTeX, z.B. (Lamport 1986).

Die Darstellung in diesem einführenden Kapitel orientiert sich im wesentlichen an (Aho, Sethi und Ullman 1986).

Kapitel 2

Lexikalische Analyse

Die lexikalische Analyse ist die erste Analysephase innerhalb des Übersetzungsprozesses; das Ziel besteht darin, einen Strom von Eingabezeichen in eine Folge von Token umzuwandeln, die nützliche „atomare" Einheiten für die nächste Phase, die Syntaxanalyse, darstellen (s. Abb. 1.3).

Die entsprechenden Programme, also *Scanner* und *Parser*, arbeiten gewöhnlich verschränkt bzw. in einer Pipeline: Der Parser fordert vom Scanner jeweils ein Token an – der Scanner liest so lange Eingabezeichen, bis ein Token erkannt wurde, und liefert es dann dem Parser.

Bei der Überlegung, was Grundsymbole sind, die in der lexikalischen Analyse erkannt werden sollten, hat man eine gewisse Freiheit. In Kapitel 1 wurde schon kurz angedeutet, daß lexikalische Symbole mit regulären Ausdrücken spezifiziert werden können, während kontextfreie Grammatiken Basis der Syntaxanalyse sind. Nun sind kontextfreie Grammatiken der mächtigere Formalismus. Das heißt, alles, was man mit regulären Ausdrücken beschreiben kann, kann auch mit kontextfreien Grammatiken definiert werden – also auch die lexikalischen Symbole.

Ein Kriterium ist sicherlich die Effizienz. Die in Scannern ablaufenden Mechanismen sind einfacher als die in Parsern; von daher sollte man Textstrukturen soweit möglich im Rahmen der lexikalischen Analyse erkennen. Ein zweiter wichtiger Gesichtspunkt ergibt sich aus den Methoden, die zur Syntaxanalyse eingesetzt werden: Dort werden Entscheidungen, welche Regel einer Grammatik anzuwenden ist, gewöhnlich durch Vorausschau in der Eingabe-Tokenfolge getroffen, und zwar durch Vorausschau auf *genau ein Token*! Daraus folgt, daß es etwa zum Erkennen einer bedingten Anweisung zwingend erforderlich ist, daß *if* ein Token ist. Denn nach Lesen des Zeichens *i* kann der Parser eine solche Entscheidung nicht treffen. Dieses Kriterium sollte man also beim Entwurf der lexikalischen Analyse beachten.

Die lexikalische Analyse hat einen seit langem gut verstandenen theoretischen Hintergrund. Dieser läßt sich ganz kurz so zusammenfassen:

1. Die Struktur lexikalischer Symbole kann durch *reguläre Ausdrücke* beschrieben werden. Das heißt, die Menge der Zeichenketten, die auf ein Token abgebildet werden, ist die zum Ausdruck gehörige *reguläre Sprache*.
2. Reguläre Sprachen werden durch *rechtslineare* (oder linkslineare) *Grammatiken* erzeugt.

3. Sie werden von *nichtdeterministischen endlichen Automaten* erkannt.

4. Zu jedem nichtdeterministischen endlichen Automaten kann man auch einen *deterministischen endlichen Automaten* konstruieren, der die gleiche Sprache erkennt.

Wir werden die wichtigsten dieser Begriffe kurz wiederholen und uns auf die praktische Anwendung der Theorie im Compilerbau konzentrieren. In den folgenden Abschnitten betrachten wir die Beschreibung lexikalischer Symbole mit regulären Ausdrücken, die Beschreibung mit Zustandsdiagrammen (endlichen Automaten) und die „Handimplementierung" solcher Zustandsdiagramme. Wir führen die Sprache der *Lex-Spezifikationen* ein und zeigen die Implementierung eines kleinen speziellen Analysators mit *Lex*.

2.1   Beschreibung von Token durch reguläre Ausdrücke

Zunächst müssen wir den Begriff einer *formalen Sprache* präzisieren. Ein *Alphabet* ist eine endliche, nichtleere Menge. Für ein Alphabet Σ bezeichnet Σ^* die Menge aller Folgen von Elementen aus Σ. Die Elemente von Σ^* werden auch *Wörter* über Σ genannt. Die Menge Σ^* enthält insbesondere die leere Folge bzw. das *leere Wort*, das mit dem Symbol ε bezeichnet wird. Eine *Sprache über* Σ ist eine Teilmenge von Σ^*.

Sei z.B. $\Sigma = \{a, b, c\}$. Dann sind *a*, *bbabba*, *cc* und ε Wörter über Σ, und $L = \{a, bbabba, cc, \varepsilon\}$ ist eine Sprache über Σ. Die leere Menge $\emptyset$ ist auch eine Sprache über Σ; sie enthält kein einziges Wort, nicht einmal das leere.

Auf Wörtern gibt es eine Operation, die *Konkatenation*, d.h. das Aneinanderhängen. Sei $v = $ *Kaffee* und $w = $ *maschine*, dann ist $vw = $ *Kaffeemaschine*, die Konkatenation von v und w. Das leere Wort ε ist das neutrale Element bezüglich der Konkatenation.

Interessante Operationen auf Sprachen sind Vereinigung, Konkatenation und Abschlußoperation. Seien also L, L_1 und L_2 Sprachen.

$$L_1 \cup L_2 \qquad\qquad\qquad\qquad\qquad \text{Vereinigung}$$

$$L_1 L_2 = \{w_1 w_2 \mid w_1 \in L_1, w_2 \in L_2\} \qquad \text{Konkatenation}$$

$$L^n = \{x_1 \ldots x_n \mid x_i \in L, 1 \le i \le n\}$$

$$L^* = \bigcup_{i \ge 0} L^i \qquad\qquad\qquad\qquad \text{Abschluß}$$

$$L^+ = \bigcup_{i > 0} L^i = L^* \setminus \{\varepsilon\} \qquad\qquad \text{positiver Abschluß}$$

Definition 2.1: Die *regulären Sprachen* über Σ werden durch folgende Regeln induktiv definiert:

(i) $\emptyset$ und $\{\varepsilon\}$ sind reguläre Sprachen.

(ii) Für jedes $a \in \Sigma$ ist $\{a\}$ eine reguläre Sprache.

(iii) Seien R und S reguläre Sprachen, dann sind auch $R \cup S$, RS und R^* reguläre Sprachen.

(iv) Nichts sonst ist eine reguläre Sprache über Σ. $\qquad\qquad\qquad$ □

Ein *regulärer Ausdruck r* beschreibt eine reguläre Sprache $L(r)$.

Definition 2.2: *Reguläre Ausdrücke* werden ebenfalls induktiv definiert:

(i) $\emptyset$ ist ein regulärer Ausdruck, der die reguläre Sprache $\emptyset$ beschreibt. ε ist ein regulärer Ausdruck, der die Sprache $\{\varepsilon\}$ beschreibt.

(ii) Für jedes $a \in \Sigma$ ist a ein regulärer Ausdruck; er beschreibt die Sprache $\{a\}$.

(iii) Wenn r und s reguläre Ausdrücke sind, die die Sprachen R und S beschreiben, so ist auch

$(r \mid s)$ ein regulärer Ausdruck, der $R \cup S$ beschreibt,

rs ein regulärer Ausdruck, der RS beschreibt,

r^* ein regulärer Ausdruck, der R^* beschreibt.

(iv) Nichts sonst ist ein regulärer Ausdruck. $\qquad\qquad\qquad$ □

Aufgabe 2.1: Geben Sie reguläre Ausdrücke für die folgenden Mengen (Sprachen) an:

(a) $\{w \in \{a, b, c, d\}^* \mid$ die Zeichen in w sind lexikographisch aufsteigend von links nach rechts sortiert$\}$

(b) $\{w \in \{0, 1\}^* \mid w$ enthält höchstens eine 1$\}$

(c) $\{w \in \{0, 1\}^* \mid w$ enthält mindestens eine 1$\}$ $\qquad\qquad\qquad$ □

Um die Spezifikation mit regulären Ausdrücken etwas bequemer zu machen, führen wir den Begriff der *regulären Definition* ein. Dabei werden Namen für reguläre Ausdrücke definiert, die in folgenden regulären Ausdrücken wie Zeichen des Alphabets verwendet werden können. Eine *reguläre Definition* hat die Form

$$d_1 \rightarrow r_1$$
$$d_2 \rightarrow r_2$$
$$\dots$$
$$d_n \rightarrow r_n$$

Dabei ist jeweils d_i ein Name für den regulären Ausdruck r_i. Diese Namen nennen wir *reguläre Symbole*. Weiterhin gilt, daß in r_i nur die Namen $d_1, \dots, d_{i-1}$ vorkommen dürfen. Andernfalls wären rekursive Definitionen möglich, die den Rahmen der regulären Sprachen sprengen würden.

Mit diesen Mitteln können wir die schon in Kapitel 1 im Beispiel gezeigte Struktur von Bezeichnern so definieren:

```
letter          ->      A | B | C | ... | Z | a | b | c | ... | z
digit           ->      0 | 1 | ... | 9
identifier      ->      letter (letter | digit)*
```

Eine ganzzahlige Konstante hat die Beschreibung:

```
sign            ->      + | -
constant        ->      (sign | ε) digit digit*
```

Schlüsselwörter einer Programmiersprache:

```
if              ->      if
then            ->      then
begin           ->      begin
```

Bei der Beschreibung formaler Sprachen hat man oft das Problem, daß zwischen Zeichen der Sprache und Metasymbolen, die der Beschreibung dienen, unterschieden werden muß. Wir wählen Fettdruck, um das reguläre Symbol **then** von dem regulären Ausdruck *then* zu unterscheiden, der definitionsgemäß die Konkatenation der regulären Ausdrücke *t*, *h*, *e* und *n* darstellt und die Sprache {*then*} beschreibt. Weiterhin nehmen wir an, daß die Zeichen

$$(\quad) \quad | \quad * \quad ε$$

Metasymbole sind.

Wir führen noch einige weitere vereinfachende Notationen ein:

1. + ist ein unärer Postfixoperator und steht für *ein- oder mehrmaliges Auftreten* des vorangehenden Symbols. *r*+ bezeichnet also die Sprache $(L(r))^+$ (oben definiert).
2. ? ist ein unärer Postfixoperator und steht für *optionales Auftreten*. *r*? bezeichnet damit $L(r) \cup \{ε\}$.
3. *Zeichenklassen*. [*axf*9&], wobei die Zeichen *a*, *x*, usw. aus Σ sind, steht abkürzend für (*a* | *x* | *f* | 9 | &). [A–Z] steht für einmaliges Auftreten eines Zeichens aus dem Bereich A bis Z. [^abcd] beschreibt das *Komplement* der Menge der Zeichen *a*, *b*, *c*, *d*, also alle anderen Zeichen, ^ ist der Komplementoperator. Mit [^A–Za–z0–9] kann man daher z.B. alle Zeichen beschreiben, die nicht Buchstaben oder Ziffern sind.

Damit vereinfachen sich die obigen Definitionen:

```
letter          ->      [A-Za-z]
digit           ->      [0-9]
identifier      ->      letter (letter | digit)*

sign            ->      + | -
constant        ->      sign? digit+
```

Reguläre Symbole, die an den Parser weitergereicht werden, sind gerade Token. Die Wörter der durch ein reguläres Symbol beschriebenen Sprache heißen auch *Lexeme* zu diesem Symbol bzw. Token.

2.2   Beschreibung von Token durch Zustandsdiagramme

Wie in der Einleitung dieses Kapitels schon erwähnt, sind Beschreibungen mit regulären Ausdrücken äquivalent zu solchen mit endlichen Automaten; d.h. mit endlichen Automaten kann man die durch reguläre Ausdrücke definierten Sprachen akzeptieren. Die klassische Vorgehensweise in der Theorie konstruiert zu einem regulären Ausdruck zunächst einen nichtdeterministischen endlichen Automaten (NEA) und wandelt diesen dann um in einen äquivalenten deterministischen endlichen Automaten (DEA). Ein DEA läßt sich relativ leicht in ein Analyseprogramm übersetzen.

Diese Vorgehensweise wird z.B. benötigt, um aus einer durch reguläre Ausdrücke gegebenen Scannerspezifikation (z.B. für *Lex*) einen Scanner zu generieren. In diesem Abschnitt wollen wir eine direkte „Handimplementierung" eines Scanners anstreben. Dazu ist es einfacher, die Struktur der Token direkt mit Hilfe von *Zustandsdiagrammen* anzugeben, die nichts anderes sind als eine graphische Notation für deterministische endliche Automaten.

Wir wiederholen kurz die Definition eines DEA:

Definition 2.3: Ein *deterministischer endlicher Automat M* ist gegeben als $M = (Q, \Sigma, \delta, s, F)$, wobei gilt:

(i) Q ist eine endliche nichtleere Menge von *Zuständen*,
(ii) Σ ist ein Alphabet von *Eingabezeichen*,
(iii) $\delta: Q \times \Sigma \rightarrow Q$ ist eine *Übergangsfunktion*,
(iv) $s \in Q$ ist ein *Anfangszustand*,
(v) $F \subseteq Q$ ist eine Menge von *Endzuständen*.   □

Der Automat befindet sich jeweils in einem Zustand aus Q, zu Anfang im Zustand s. In jedem Schritt liest er ein Eingabezeichen und geht über in einen neuen Zustand, der durch δ bestimmt wird. Sobald ein Zustand in F erreicht wird, gilt die bisher durchlaufene Zeichenfolge als akzeptiert.

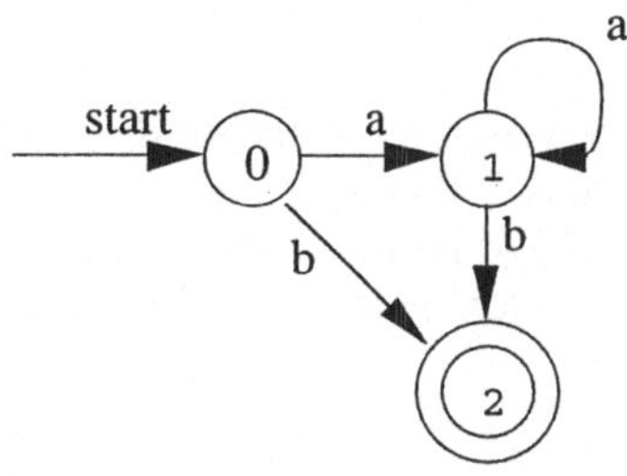

Abb. 2.1. Zustandsdiagramm eines endlichen Automaten

Abbildung 2.1 zeigt einen endlichen Automaten, dargestellt als Zustandsdiagramm. Hier ist $Q = \{0, 1, 2\}$, $\Sigma = \{a, b\}$, $s = 0$, $F = \{2\}$, und die Übergangsfunktion δ ist als Tabelle dargestellt:

Q	S	Q'
0	a	1
0	b	2
1	a	1
1	b	2

Die akzeptierte Sprache ist offensichtlich ($aa^*b \mid b$), was man allerdings auch einfacher darstellen könnte (sowohl als Automat wie auch als regulärer Ausdruck, nämlich wie?). Wie man sieht, kennzeichnen wir in der graphischen Notation den Anfangszustand durch einen Pfeil „start", Endzustände durch einen Doppelkreis.

Aufgabe 2.2: Geben Sie für die durch die regulären Ausdrücke aus Aufgabe 2.1 definierten Sprachen deterministische endliche Automaten als Quintupel $M = (Q, \Sigma, \delta, s, F)$ und in Form von Zustandsdiagrammen an. Die Übergangsfunktion δ braucht nicht textuell (z.B. als Tabelle) dargestellt zu werden. □

Im folgenden wollen wir für eine einfache Anwendung die lexikalische Analyse mit Zustandsdiagrammen beschreiben und dann auch „von Hand" implementieren. In der Anwendung geht es darum, mit „geschachtelten Listen" hantieren zu können, wie sie in ähnlicher Form in der Programmiersprache *Lisp* vorkommen. Wir wollen z.B. Anfragen an ein Datenbanksystem in diesem Format stellen können oder auch die in einer Datenbank gespeicherte Information in diesem Format in eine Datei schreiben und daraus lesen können. Eine Anfrage könnte z.B. so aussehen:

```
(select
      cities
      (         fun
                (c city)
                (and     (>= (attribute c pop) 500000)
                         (= (attribute c state) "Germany")
                )
      )
)
```

Die Anfrage wählt aus einer Menge von Städten diejenigen aus, deren Einwohnerzahl („population") mindestens 500 000 ist und die innerhalb Deutschlands liegen. Die genaue Struktur der Anfrage ist hier nicht weiter von Interesse. Wichtig sind aber die Konventionen für die textuelle Darstellung solcher geschachtelter Listen. Eine Liste hat die Form

$$(elem_1 \ \ elem_2 \ \ ... \ \ elem_n)$$

wobei jedes Element entweder ein „Atom" ist oder wieder eine Liste der gleichen Form. Eine Liste darf auch leer sein, d.h. $n \geq 0$. Die Elemente einer Liste sind durch

„Leerraum" getrennt; Leerraum darf eine beliebige Folge von Leerzeichen
(„blanks"), Tabulatorsymbolen oder Zeilenendesymbolen sein.

Die obige äußerste Liste besteht also aus drei Elementen, nämlich „select", „cities"
und der darauf folgenden Liste, die selbst „fun" als erstes Element hat.

Wir erlauben folgende Arten von Atomen. Links steht der Name des Atoms, rechts
Beispielzeichenketten (Lexeme):

```
Integer        12, -371
Real           3.14, 14.8E02
Boolean        TRUE, FALSE
String         "Hello, World!", "Germany"
Symbol         cities, select, fun, >=
Text           <text>Ein noch sehr kurzer "Text".</text--->
```

Um die Syntax von Atomen zu präzisieren, machen wir folgende Annahmen:

- Die *Integer*- und *Real*-Darstellungen sollen den in Programmiersprachen üblichen entsprechen, sagen wir, denen in Modula-2.

- Die *Boolean*-Darstellungen seien genau die beiden gezeigten Lexeme.

- Ein *String* ist eine in Anführungsstrichen eingeklammerte Folge von bis zu 48
  beliebigen Zeichen, die allerdings keine (Doppel-)Anführungsstriche enthalten
  darf.

- Ein *Symbol* ist eine Folge von bis zu 48 Zeichen, die durch folgende reguläre
  Definitionen beschrieben wird:

```
symchar -> [^A-Za-z0-9 \t\n()\"]
symbol  -> letter (letter | digit)* | symchar+
```

  Das heißt, ein *Symbol* sieht entweder so aus wie ein Bezeichner in Programmiersprachen oder es besteht nur aus bestimmten Sonderzeichen (*symchar*). Als
  Sonderzeichen sind *nicht* zugelassen Buchstaben, Ziffern, Leerzeichen, Tabulatorsymbole (\t), Zeilenendesymbole (\n), öffnende und schließende Klammern
  und Doppelanführungsstriche. Die Notation für diese Symbole entstammt der
  Sprache C und ist auch in *Lex* zu verwenden. – Das zweite Format für *Symbole*
  würde z.B. die Darstellung von „>=" erlauben.

- Ein *Text* ist eine beliebige und auch beliebig lange Zeichenfolge, die durch die
  Zeichenketten „<text>" und „</text--->" eingeklammert ist. Verlangt wird
  lediglich, daß in der Zeichenfolge nicht die schließende Klammer „</text--->"
  vorkommt.

Die Wahl der Grundsymbole (Token) ist für dieses Beispiel relativ offensichtlich.
Benötigt werden öffnende und schließende Klammern für die Listenebene. Leerraum sollte von der lexikalischen Analyse verschluckt werden, also nicht als Token
weitergegeben werden. Jede der ersten 5 Arten von Atomen wird zu einem Token
werden. Für *Text*-Atome werden wir zwei Token OPENTEXT und CLOSETEXT
einführen, die die speziellen Klammerungszeichenketten darstellen; der Text inner-

halb dieser Klammern sollte unverarbeitet an den Parser weitergereicht werden. Man kann nicht gut *Text* als lexikalisches Symbol einführen, da die dargestellten Texte beliebig lang werden können und der Eingabepuffer der lexikalischen Analyse beschränkt ist.

Wir beschreiben die Token nun durch Zustandsdiagramme:

Abb. 2.2. Zustandsdiagramme für die Token OPEN und CLOSE

Die Diagramme für öffnende und schließende Klammern sind trivial. Wir markieren Endzustände noch mit der bei Erreichen auszuführenden Aktion. Hier sind also die Token OPEN bzw. CLOSE an den Parser zu liefern.

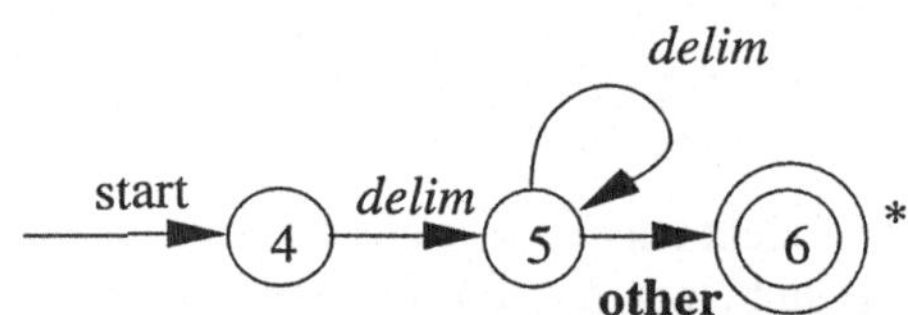

Abb. 2.3. Zustandsdiagramm zur Behandlung von Leerraum

Das Diagramm in Abb. 2.3 beschreibt die Behandlung von „Leerraum". Hier ist *delim* eine Zeichenklasse, die als

```
delim   -> [ \t\n]
```

definiert ist. Im Syntaxdiagramm bedeutet das, daß für jedes dieser Zeichen der entsprechende Übergang definiert ist. Die Notation **other** steht für alle Zeichen, für die nicht andere Übergänge aus diesem Zustand definiert sind. Hier ist zu beachten, daß das Zeichen, mit dem der Übergang von Zustand 5 nach Zustand 6 erfolgt, selbst nicht mehr zu dem zu erkennenden Symbol (Leerraum) gehört. Nach dem Erreichen des Endzustandes muß daher der Eingabezeiger um ein Zeichen zurückgesetzt werden, damit dieses Zeichen noch in das nächste Token eingehen kann. Dies wird durch den Stern am Endzustand ausgedrückt. – Man beachte, daß bei diesem Diagramm kein Token an den Parser zurückgegeben wird; insofern wird Leerraum „verschluckt". Das Zustandsdiagramm für INTEGER-Token ist auch noch relativ einfach (Abb. 2.4).

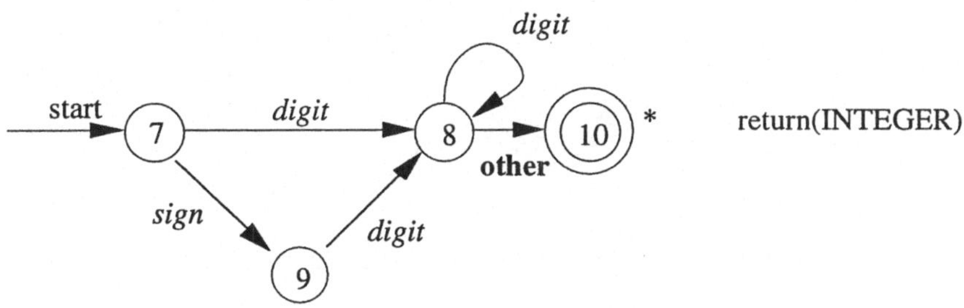

Abb. 2.4. Zustandsdiagramm für INTEGER-Token

Das Diagramm für REAL-Token (Abb. 2.5) ist das komplizierteste; hier sind die Ziffernfolge für Nachkommastellen und die Angabe eines Exponenten jeweils optional. Die Zeichenklasse *sign* ist hier, wie auch beim INTEGER-Diagramm (Abb. 2.4), als [+–] definiert.

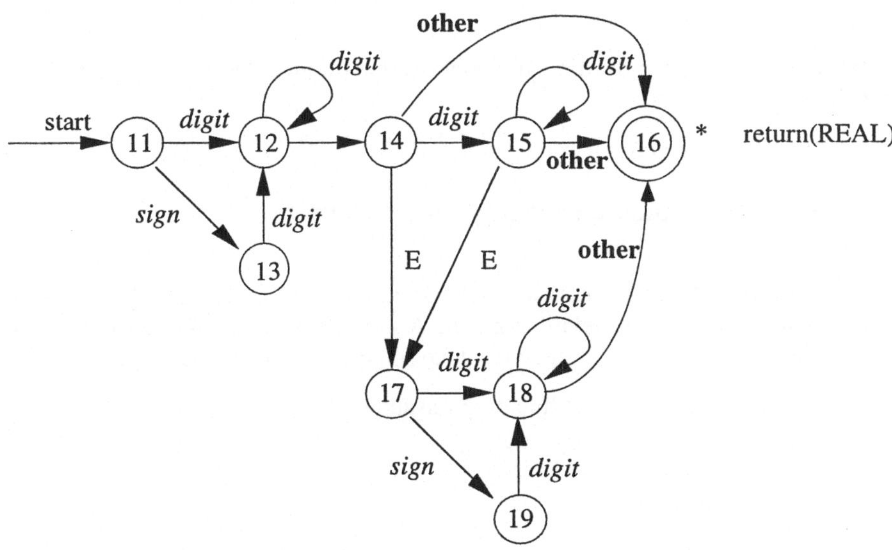

Abb. 2.5. Zustandsdiagramm für REAL-Token

Die übrigen Diagramme für BOOLEAN-Token und STRING-Token sind vergleichsweise einfach (Abb. 2.6 und Abb. 2.7).

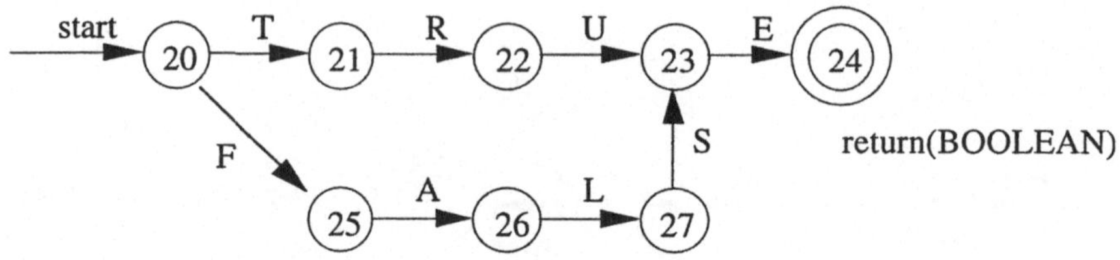

Abb. 2.6. Zustandsdiagramm für BOOLEAN-Token

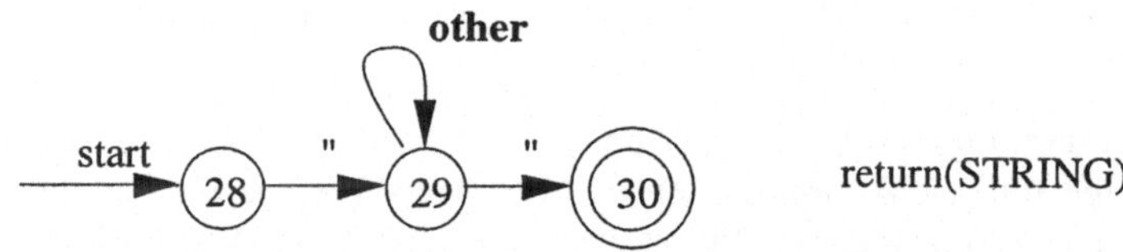

Abb. 2.7. Zustandsdiagramm für STRING-Token

Aufgabe 2.3: Definieren Sie die Syntaxdiagramme für die SYMBOL-, OPENTEXT und CLOSETEXT-Token.   □

2.3   Direkte Implementierung eines Scanners

Für eine gegebene Menge von Zustandsdiagrammen als Beschreibung der zu erkennenden Token läßt sich auf relativ einfache Art ein lexikalischer Analysator (Scanner) implementieren. Wir zeigen eine solche Implementierung in der Sprache C.

Zunächst werden die Token als Integer-Konstanten definiert:

```
#define OPEN          1000
#define CLOSE         1001
#define INTEGER       1002
#define REAL          1003
#define BOOLEAN       1004
#define STRING        1005
#define SYMBOL        1006
#define OPENTEXT      1007
#define CLOSETEXT     1008
```

Ein Scanner reicht im allgemeinen nicht nur explizit definierte Token an den Parser weiter, sondern gelegentlich auch einfache Zeichen der Eingabe (ein Zeichen ist damit sein eigenes Token). Daher ist es sinnvoll, die Werte für diese Konstanten so zu wählen, daß sie nicht mit den Werten der einzelnen Zeichen (ASCII-Codes) kollidieren. Deshalb haben wir hier Werte größer als 1000 benutzt.

Die Eingabezeichenfolge steht in einem Pufferbereich:

```
char buffer[BUFFERSIZE];
```

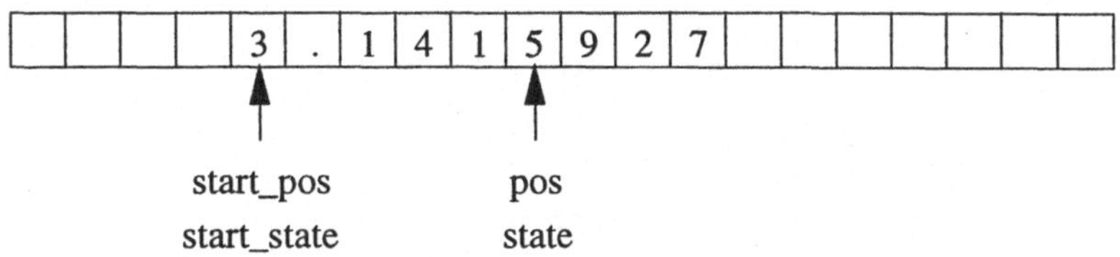

Abb. 2.8. Verwaltung von Zeigern auf Zeichenpuffer

Es gibt zwei Zeiger in diesen Puffer. Der Zeiger *pos* zeigt auf das nächste zu lesende Zeichen. Der Zeiger *start_pos* zeigt während der Analyse eines Tokens auf das Zeichen, das beim Einstieg in das gerade untersuchte Zustandsdiagramm aktuell war. Die Gesamtstrategie der lexikalischen Analyse sieht nämlich so aus, daß der Reihe nach Zustandsdiagramme untersucht, d.h. durchlaufen werden. Falls die Analyse in einem Zustandsdiagramm fehlschlägt, wird das nächste Diagramm untersucht. Dann muß aber der Zeiger *pos* auf die gemerkte Position *start_pos* zurückgesetzt werden.

Die Variablen *start_state* und *state* beschreiben in ähnlicher Weise den Zustand beim Einstieg in das aktuelle Zustandsdiagramm und den aktuellen Zustand. Der Anfangszustand *start_state* wird benutzt, um bei Fehlschlag den Übergang auf das nächste Zustandsdiagramm zu steuern. Wir haben also globale Variablen:

```
int start_pos = 0, pos = 0;
int start_state, state;
```

Eine Funktion *nextchar*() liefert jeweils das aktuelle Zeichen und erhöht *pos* um 1. Weiterhin haben wir oben gesehen, daß manchmal der Eingabezeiger um eine Position zurückgesetzt werden muß, weil das letzte gelesene Zeichen nicht mehr zum Token gehört; dies leistet eine Funktion *stepback*().

Die lexikalische Analyse wird dann durch eine Funktion *gettoken*() realisiert, die bei jedem Aufruf das nächste Token liefert. Diese Funktion simuliert einen endlichen Automaten, indem in einer Schleife in jedem Durchlauf ein Zustandsübergang durchgeführt wird. Die Zustände werden in einer großen Fallunterscheidung aufgelistet; für jeden Zustand wird gemäß Zustandsdiagramm für die möglichen Eingabezeichen der Folgezustand gesetzt. Wir zeigen ein Anfangsstück dieser Funktion, das den Programmcode für die Zustandsdiagramme für die Token OPEN, CLOSE und INTEGER sowie für Leerraum enthält.

```
#define TRUE     1

int gettoken()
{
    int c;
    state = 0; start_state = 0;
    while (TRUE) {
        switch (state) {
        case 0: c = nextchar();
                if (c == '(')    state = 1;
                else             state = next_diagram();
                break;
        case 1: return(OPEN);
        case 2: c = nextchar();
                if (c == ')')    state = 3;
                else             state = next_diagram();
                break;
        case 3: return(CLOSE);
        case 4: c = nextchar();
                if isdelim(c)    state = 5;
                else             state = next_diagram();
                break;
        case 5: c = nextchar();
                if isdelim(c)    state = 5;
                else             state = 6;
                break;
        case 6: stepback(); state = 0;
                break;   /* empty space, return nothing */
        case 7: c = nextchar();
                if isdigit(c)    state = 8;
                else if issign(c) state = 9;
                else             state = next_diagram();
                break;
        case 8: c = nextchar();
                if isdigit(c)    state = 8;
                else             state = 10;
                break;
        case 9: c = nextchar();
                if isdigit(c)    state = 8;
                else             state = next_diagram();
                break;
        case 10:stepback();
                lex_value = IntAtom(atoi(&buffer[start_pos]));
                return(INTEGER);
                ...
        case 52:return(CLOSETEXT);
        case 53:c = nextchar(); return(c);
        }
    }
}
```

Um zu testen, ob das aktuelle Zeichen zu einer Zeichenklasse gehört, werden entsprechende Testfunktionen *isdelim(c)*, *isdigit(c)* usw. benutzt, deren Implementierung nicht schwierig ist.

In manchen Fällen muß zusätzlich zum Token ein Attribut an den Parser übergeben werden (vgl. Abb. 1.3). Da die Funktion *gettoken*() nur einen Wert (das Token) zurückgeben kann, benutzen wir dazu eine globale Variable:

```
int lex_value;
```

Wir benutzen eine Integer-Variable in Anlehnung an *Lex*-generierte Scanner; dort wird zur Übergabe von Attributen zwischen Scanner und Parser ebenfalls stets eine Integer-Variable benutzt (die dort *yylval* heißt). Man kann immer mit Integer-Werten für die Attribute auskommen, da z.B. Adressen mit solchen Werten kompatibel sind oder da man Indizes in eine Symboltabelle übergeben kann. In unserer Anwendung wird ein solches Attribut im Zustand 10 bei Erkennen eines INTEGER-Tokens übergeben. Hier erzeugt die Funktion *IntAtom* einen Knoten (für eine Baumstruktur, die die geschachtelte Liste darstellen soll), der selbst als Index in einen Array von Knoten beschrieben wird, also auch als Integer-Wert. Die C-Funktion *atoi* konvertiert eine Zeichenkette (deren Anfangsadresse sie bekommt) in einen Integer-Wert.

Zu klären ist noch, wie der Übergang von einem Zustandsdiagramm in das nächste gesteuert wird. Dazu müssen wir uns zunächst im Entwurf überlegen, in welcher Reihenfolge die Diagramme untersucht werden müssen. In unserer Anwendung gilt:

- BOOLEAN muß vor SYMBOL untersucht werden, da die Darstellungen von TRUE und FALSE auch der Symbol-Struktur entsprechen.
- OPENTEXT und CLOSETEXT müssen vor SYMBOL untersucht werden, da sonst die Zeichenfolgen „<" und „</" als SYMBOL erkannt würden.
- REAL muß vor INTEGER untersucht werden, da die Integer-Struktur ein Präfix der Real-Struktur darstellt, also sonst ein Anfangsstück einer Real-Darstellung als Integer erkannt würde.

Ansonsten sollte die Reihenfolge der Zustandsdiagramme so gewählt werden, daß häufig benutzte Token zuerst kommen. Wir legen die Reihenfolge deshalb wie folgt fest:

Token	Anfangszustand
OPEN	0
CLOSE	2
(Leerraum)	4
BOOLEAN	20
OPENTEXT	35
CLOSETEXT	42
SYMBOL	31

```
STRING                28

REAL                  11

INTEGER               7

(sonstiges Zeichen)   53
```

Sonstige Zeichen kommen innerhalb von Text-Atomen vor. Die gewählte Reihenfolge wird nun in der Funktion *next_diagram*() beschrieben:

```c
int next_diagram()
{
    pos = start_pos;
    switch (start_state) {

        case 0:         start_state = 2; break;
        case 2:         start_state = 4; break;
        case 4:         start_state = 20; break;
        case 20:        start_state = 35; break;
        case 35:        start_state = 42; break;
        case 42:        start_state = 31; break;
        case 31:        start_state = 28; break;
        case 28:        start_state = 11; break;
        case 11:        start_state = 7; break;
        case 7:         start_state = 53;

    }
    return(start_state);
}
```

Die Funktion wird jeweils aufgerufen, wenn innerhalb eines Zustandsdiagramms kein Übergang mehr möglich ist. Dann wird der Eingabezeiger *pos* zurückgesetzt und anhand des gemerkten Anfangszustands für das aktuelle Diagramm der Anfangszustand für das nächste Diagramm gesetzt und als Folgezustand zurückgegeben.

Wir haben in diesem Abschnitt gesehen, wie man auf relativ einfache Art einen Scanner auf der Basis einer Menge von Zustandsdiagrammen implementieren kann; die Zustandsdiagramme werden sequentiell untersucht. Bei dieser Implementierungstechnik braucht man nicht viel nachzudenken. Andererseits gibt es dadurch einige Ineffizienzen, die man mit etwas „Tuning" noch beseitigen könnte. Dazu gibt es z.B. folgende Möglichkeiten:

- Bei Zustandsdiagrammen, die mit unterschiedlichen Zeichen(klassen) beginnen, kann man die Anfangszustände problemlos verschmelzen.
- Endzustände, die nur über eine Kante erreicht werden, kann man weglassen und die entsprechenden Aktionen am vorherigen Zustand ausführen.
- Für TRUE und FALSE braucht man eigentlich keine eigenen Diagramme. Statt dessen schaut man nach Erkennen eines SYMBOL-Tokens in einer Tabelle nach, ob dort das entsprechende Lexem gespeichert ist. Dies ist übrigens die Standardtechnik, mit der in Programmiersprachen Bezeichner und Wortsym-

bole wie *if, then*, … unterschieden werden, die ja die gleiche syntaktische Struktur haben. Wortsymbole und bereits bekannte Bezeichner finden sich also in der Tabelle.

- Das Lesen der Zeichen von Text-Atomen ist relativ ungeschickt. Nach Erkennen eines OPENTEXT-Tokens sollte der Scanner in einen Modus übergehen, in dem ohne weitere Prüfung Zeichen an den Parser übertragen werden, solange nicht das Zeichen „<" oder auch das ganze CLOSETEXT-Lexem auftreten.
- Das Erkennen von INTEGER-Token könnte innerhalb des REAL-Diagramms miterledigt werden.

Andererseits ist es sowieso einfacher, einen lexikalischen Analysator mit *Lex* zu implementieren, was wir im folgenden Abschnitt betrachten.

2.4   Implementierung eines Scanners mit Lex

Das UNIX-Tool *Lex* ist wohl das bekannteste Beispiel für einen Scannergenerator. Man kann damit eine Spezifikation der lexikalischen Analyse in Form regulärer Definitionen angeben und an diese auszuführende Aktionen als C-Programmcode anhängen. Lex benutzt man, wie in Abb. 2.9 gezeigt.

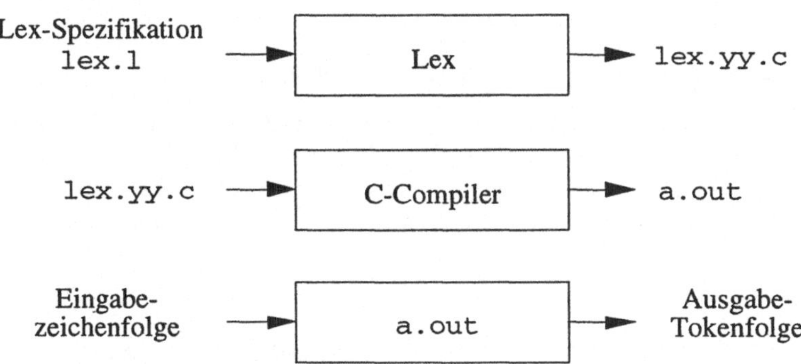

Abb. 2.9. Generierung eines Scanners mit Lex

Das Werkzeug Lex liest also eine Spezifikation aus einer Datei *lex.l* und generiert daraus ein C-Programm *lex.yy.c*. Der C-Compiler überführt dieses in ein ausführbares Programm *a.out*, das den erzeugten Scanner darstellt. Man kann das erzeugte Programm auch mit anderen Programmen zusammenbinden; in diesem Fall steht der Analysator als Funktion mit der Deklaration

```
int yylex()
```

zur Verfügung, die bei jedem Aufruf ein Token liefert. Das Spezifikationsfile *lex.l* hat folgende Struktur:

```
Deklarationen
%%
Tokendefinitionen und Aktionen
%%
Hilfsprozeduren
```

Der *Deklarationsteil* enthält Definitionen von Konstanten als Tokendarstellungen (entsprechend den Definitionen am Anfang von Abschnitt 2.3), diese werden in spezielle Klammern gesetzt und von Lex einfach in das Programm *lex.yy.c* kopiert:

```
%{
#define OPEN    1000
#define CLOSE   1001
...
%}
```

In diesen geklammerten Abschnitt kann man darüber hinaus *#include*-Anweisungen und Variablendeklarationen setzen. Es folgen innerhalb des Deklarationsteils *reguläre Definitionen*, wie in Abschnitt 2.1 eingeführt, z.B.

```
sign        [+-]
digit       [0-9]
```

Der zweite Teil „Tokendefinitionen und Aktionen" enthält Paare (regulärer Ausdruck, auszuführende Aktion), z.B.

```
{sign}?{digit}+          return(INTEGER);
```

wobei die auszuführende Aktion, wie schon erwähnt, C-Code ist. Falls dort mehrere Anweisungen nötig sind, werden sie eingeklammert (mit geschweiften Klammern, wie in C üblich). Die Zeichenfolge, die zu einem erkannten Token gehört, wird von Lex über zwei Variablen *yytext* und *yyleng* verfügbar gemacht, die deklariert sind als

```
char    *yytext
int     yyleng
```

Dabei zeigt *yytext* auf das erste Zeichen und *yyleng* gibt die Länge an.

Der dritte Teil schließlich enthält zusätzlichen Programmcode, z.B. Hilfsprozeduren, die innerhalb der Aktionen benötigt werden. Auch dieser Teil wird von Lex wieder nach *lex.yy.c* kopiert.

Es bleibt zu erklären, wie hier reguläre Ausdrücke notiert werden können. Das wesentliche Problem ist die Unterscheidung zwischen Zeichen und „Metazeichen". Zunächst einmal steht jedes Zeichen für sich selbst mit Ausnahme der folgenden Zeichen:

```
.  $  ^  [  ]  -  ?  *  +  |  (  )  /  {  }  <  >  "  \
```

Wenn man diese als normale Zeichen benutzen will, müssen sie in Doppelanführungsstriche gesetzt werden. Die Bedeutung der meisten dieser Zeichen als Metazeichen kennen wir schon aus Abschnitt 2.1:

```
[ ]       Zeichenklassen            [aby&]
-         Bereich                   [A-Z]
^         Komplement                [^0-9]
?         optional                  [+-]?
|         Alternative               a|bc
+         ein- oder mehrmals        {digit}+
*         0 oder mehrmals           {letter}*
( )       normale Klammerung        (a|bc)*
```

Konkatenation wird auch hier durch schlichtes Hintereinanderschreiben notiert. Die übrigen Zeichen haben folgende Bedeutung:

```
alles ausser \n
```

Der Punkt paßt auf jedes einzelne Zeichen mit Ausnahme des Zeilenendesymbols (dargestellt durch \n).

```
^ $       Ausdruck an Zeilenanfang oder -ende      ^hallo  \t$
```

Der Ausdruck „^hallo" paßt auf das Wort „hallo", wenn es am Anfang einer Zeile steht. Der zweite Ausdruck „\t$" paßt auf ein Tabulatorsymbol am Ende einer Zeile. Das „^"-Zeichen hat hier eine zweite Bedeutung, für Komplement steht es nur innerhalb eckiger Klammern.

```
/         Vorausschau      -/{digit}+
```

Manchmal möchte man eine Zeichenfolge nur dann als ein bestimmtes Token erkennen, wenn eine andere Zeichenfolge folgt. Der obige Ausdruck paßt auf das Zeichen „–" genau dann, wenn sich eine Ziffernfolge anschließt. Die Ziffernfolge selbst wird aber nicht ins Token eingeschlossen.

```
{ }       Kennzeichnen eines regulären Symbols    {digit}
```

Bereits definierte Symbole können so eingeklammert werden, um sie von der direkten Bedeutung als Zeichenfolge zu unterscheiden. Denn

```
digit
```

steht für die Zeichenfolge „digit" und nichts sonst. Schließlich dienen

```
" \       Escape-Zeichen            "..."   \"
```

dazu, den Metazeichen ihre normale Bedeutung zu geben, wobei \ sich auf genau ein folgendes Zeichen bezieht ("..." bezeichnet also eine Folge von drei Punkten, \" einen Doppelanführungsstrich). – Auf die Erklärung der Bedeutung der spitzen Klammern wollen wir hier verzichten.

Die Lex-Spezifikation für unsere Anwendung aus den Abschnitten 2.2–2.3 (geschachtelte Listen) sieht dann so aus:

```
%{
#define OPEN              1000
#define CLOSE             1001
/* usw. wie oben */
#include "NestedList.h"
#define TRUE              1
#define FALSE             0
%}
sign            [+-]
letter          [A-Za-z]
digit           [0-9]
digits          [0-9]+
symchar         [^A-Za-z0-9 \t\n()\"]
emptyspace      [ \t\n]+
string          [^\"]*


%%
(                   return(OPEN);
)                   return(CLOSE);
{emptyspace}        ;
{sign}?{digits}  {yylval = IntAtom(atoi(yytext));
                    return(INTEGER);}
{sign}?{digits}"."{digits}?(E{sign}?{digits})?
                    {yylval = RealAtom(atof(yytext));
                    return(REAL);}
TRUE                {yylval = BoolAtom(TRUE);  return(BOOL);}
FALSE               {yylval = BoolAtom(FALSE); return(BOOL);}
\"{string}\"        { if (yyleng-2 > 48) /* handle error */
                      else { s = strncpy(s, &yytext[1], yyleng-2);
                             yylval = StringAtom(s);
                             return(STRING);}}
({letter}({letter}|{digit})*)|symchar+
                    { if (yyleng > 48) /* handle error */
                      else { s = strncpy(s, yytext, yyleng);
                             yylval = SymbolAtom(s);
                             return(SYMBOL);}}
"<text>"            return(OPENTEXT);
"</text--->"       return(CLOSETEXT);
.                   return(yytext[0]);


%%
char buffer[50]; char *s;
s = &buffer;
```

Ein Lex-generierter Analysator akzeptiert bei Mehrdeutigkeiten stets eine Zeichenfolge maximaler Länge. Es schadet also nichts, daß die INTEGER-Beschreibung ein Präfix der REAL-Beschreibung ist.

Einige kurze Erklärungen zur obigen Spezifikation:

- Die C-Funktionen *atoi* bzw. *atof* erzeugen aus einer Zeichenkette einen Integer-Wert bzw. einen Wert des C-Typs *double* (der Gleitkommazahlen darstellt).

Diese Funktionen lesen von selbst nur so viele Zeichen, wie zur Zahlendarstellung gehören, deshalb braucht man *yyleng* nicht anzugeben.

- Die Funktionen *StringAtom* bzw. *SymbolAtom* erwarten als Argumente '0C'-terminierte Strings, deshalb muß vorher einmal kopiert werden; die Bibliotheksfunktion *strncpy* kopiert gerade so viele Zeichen, wie im letzten Parameter angegeben, und fügt dann ein '0C'-Zeichen an. Bei Stringatomen werden die Doppelanführungsstriche selbst nicht mitkopiert.

Wenn man den Aufwand für die – noch nicht einmal vollständig gezeigte – Handimplementierung aus den Abschnitten 2.2–2.3 mit dem für die Lex-Implementierung vergleicht, dann wird deutlich, wie sehr es sich lohnt, das Werkzeug Lex zu kennen und zu benutzen.

Die Implementierung eines Scannergenerators folgt prinzipiell der aus der Theorie bekannten Strategie:

- Erzeugen eines nichtdeterministischen endlichen Automaten (NEA) für jede Tokendefinition,
- Vereinigung der Automaten zu einem einzigen NEA (mit ε-Übergängen kein Problem),
- Konstruktion des entsprechenden DEA,
- Darstellung des DEA als große Tabelle,
- Simulation des DEA durch eine Prozedur, die jeden Übergang durch Nachschlagen in der Tabelle realisiert.

Natürlich sind dabei noch manche Details zu klären, u.a. im Hinblick auf Effizienz (z.B. kompakte Darstellung der Tabelle), auf die wir hier aber nicht weiter eingehen wollen.

Aufgabe 2.4: Das Unix-Dienstprogramm *wc* (*w*ord *c*ount) zählt die Zeilen, Worte und Zeichen einer Datei oder der Standardeingabe. Geben Sie eine Lex-Spezifikation an, mit der sich ein Wortzählprogramm ähnlich *wc* generieren läßt.

Hinweis: Bei dieser Problemstellung wird Lex etwas anders benutzt, als oben besprochen, da nicht für jedes erkannte lexikalische Symbol ein einzelnes Token zurückgeliefert wird. Statt dessen wird die Funktion *yylex*() nur einmal aufgerufen und terminiert erst, wenn die Eingabe erschöpft ist. Man erreicht das, indem in den semantischen Aktionen keine **return**-Anweisungen eingefügt werden.   □

2.5   Aufgaben

Aufgabe 2.5: Geben Sie reguläre Ausdrücke für die folgenden Sprachen an:

(a) $\{w \in \{a, b\}^* \mid$ die Länge jedes maximalen Teilworts fortlaufender a's in w ist gerade$\}$.

(b) $\{w \in \{a, b\}^* \mid w$ enthält eine gerade Anzahl von a's$\}$

(c) $\{w \in \{0, 1\}^* \mid w$ enthält 2 oder 3 Einsen, wobei die ersten beiden Einsen nicht direkt aufeinanderfolgen$\}$

Aufgabe 2.6: Die Sprache der „Uhrzeit-Angaben" enthalte folgende Symbole: MvS, MnS, VvS, VnS, HS, DS. Dabei sollen M und S jeweils Minuten- bzw. Stundenangaben sein, die als solche (d.h. als Integer) bereits erkannt werden können. Weiterhin steht v für vor, n für nach, V für viertel, H für halb und D für dreiviertel (z.B. bezeichnet dreiviertel Zwölf 11:45h).

(a) Konstruieren Sie einen endlichen Automaten, der diese Sprache erkennt.

(b) Schreiben Sie ein kleines (!) Programm (in C, PASCAL oder Modula-2), das zu einer bereits als richtig erkannten Uhrzeitangabe den entsprechenden Minutenwert berechnet, also z.B. für die Uhrzeit 6n11 die Minutenzahl 666 oder für Vv10 den Wert 585.

Gehen Sie dabei davon aus, daß eine Prozedur `NextSymbol` nach ihrem Aufruf in der globalen Stringvariablen `str` entweder, falls es sich um keine Ziffer handelt, das nächste gelesene Zeichen hinterläßt oder aber die nächsten ein oder zwei Ziffern. Weiterhin existiere eine Funktion `Value`, die im Falle einer oder zweier Ziffern für 'M' oder 'S' einen entsprechenden Integer-Wert (Minuten oder Stunden) liefert.

Aufgabe 2.7: Gegeben sei eine Eingabe aus einer Datei oder von der Standardeingabe. Aufgabe sei es, die Eingabe in modifizierter Form in die Ausgabe zu schreiben. Geben Sie in Lex-Notation für folgende Probleme Tokendefinitionen und Aktionen an (also Paare der Form (regulärer Ausdruck, auszuführende Aktion)):

(a) Ersetzen aller zusammenhängenden Teilfolgen von Leerzeichen oder Tabulatoren durch ein einzelnes Leerzeichen.

(b) Löschen aller Leerzeichen und Tabulatoren der Eingabe am Zeilenende.

(c) Zählen aller Leerzeilen.

Aufgabe 2.8: Lexikalische Analysatoren können auch gewisse Teilaufgaben der Syntaxanalyse übernehmen. Der Zweck solcher Teilanalysen ist die möglichst frühe Erkennung gewisser syntaktischer Fehler, um die dann nutzlosen weiteren Phasen der Kompilation nicht mehr durchführen zu müssen. Beispiele sind die Prüfung der Parameterzahl einer Funktion oder die Prüfung von öffnenden und schließenden Klammern wie `begin ... end`, (...), { ... } und [...].

Erstellen Sie mit Hilfe von Lex ein Analyseprogramm, das als Eingabe einen Programmquelltext erhält und eine Prüfung von öffnenden (hier nur „(") und schließenden (hier nur „)") Klammern vornimmt. Eine entsprechende Ausgabe soll das Ergebnis der Analyse dokumentieren. Beim ersten auftretenden Fehler sollen die Zeile im Programmtext sowie die Position des Fehlers innerhalb der Zeile ausgegeben werden.

Aufgabe 2.9: Lexikalische Analysatoren können auch für Konvertierungsaufgaben verwendet werden. Zum Beispiel ist es häufig erforderlich, eine Datei, die im Format A vorliegt, in eine Datei im Format B zu konvertieren. Stellen wir uns vor, es sei eine ASCII-Datei gegeben, die einen Text enthält, in dem jede Zeile durch ein Zeilenendezeichen (Carriage Return) abgeschlossen ist und in dem ferner zwei aufeinanderfolgende Absätze durch eine Leerzeile voneinander getrennt sind. Aufgabe ist es nun, einige Fehler im ASCII-Text zu beheben und den ASCII-Text so zu konvertieren, daß er z.B. in einem Textverarbeitungssystem verwendet werden kann.

Hierbei soll folgendes beachtet werden: (1) Jeder Absatz enthält genau ein Zeilenendezeichen, das den Absatz abschließt. (Der Abstand zwischen zwei Absätzen wird ja durch das Absatzformat im Textverarbeitungssystem bewirkt.) (2) Mehrfach hintereinander auftretende Leerzeichen sind zu einem Leerzeichen zu reduzieren. (3) Leerzeichen vor den Interpunktionszeichen „.“, „!“, „,“ und „;“ sind zu eliminieren; hinter diesen Interpunktionszeichen sollte jedoch genau ein Leerzeichen stehen.

Aufgabe 2.10: Die Größe von Programmsystemen wird häufig in „Anzahl der Programmzeilen“ gemessen. Abgesehen davon, daß dieses Maß kritisiert werden kann (mehrere Befehle können in mehreren Zeilen oder aber auch in einer Zeile stehen), werden häufig nicht nur die Codezeilen, sondern auch die Kommentarzeilen und Leerzeilen mitgezählt.

(a) Mit Hilfe von Lex soll nun ein Analyseprogramm erstellt werden, das für ein gegebenes (syntaktisch korrektes) C-Programm die Anzahl der Code-, Kommentar- und Leerzeilen ermittelt und den prozentualen Anteil für jede der drei Kategorien ausgibt.

Kommentare werden in C durch die Zeichenketten „/*“ und „*/“ eingeklammert. Verschachtelte Kommentare sind in C nicht erlaubt! Befinden sich in einer Programmzeile Befehlscode und Kommentare, so ist diese Zeile als Codezeile zu zählen.

Beachten Sie, daß Ihre Lösung auch folgende Situationen korrekt behandeln sollte:

```
• /* comment 1 */ /* comment 2 */
• int counter; /* comment */
• /* comment */ int counter;
• /* comment 1 */ int counter; /* comment 2 */
• int counter; /* comment
                     comment (continued) */
• /* comment
                     comment (continued) */ int counter;
```

Hinweis: Da sich z.B. das Lesen von Zeichen innerhalb eines Kommentars vom Lesen von Zeichen außerhalb eines Kommentars unterscheidet, ist es sinnvoll, eine globale Zustandsvariable zu benutzen, die im Deklarationsteil definiert werden.

(b) Überlegen Sie, ob die Lösung aus (a) mit gewissen Modifikationen auch für die Analyse von Modula-2-Programmen eingesetzt werden kann, in denen verschachtelte Kommentare erlaubt sind. Begründen Sie Ihre Meinung. Falls Sie der Meinung sind, daß dies möglich ist, beschreiben Sie eine Strategie, um das entsprechende Analyseprogramm zu realisieren.

2.6   Literaturhinweise

Wir sind in der Darstellung in diesem Kapitel davon ausgegangen, daß Ihnen der formale Hintergrund der lexikalischen Analyse bereits bekannt ist (beim Einsatz dieses Textes an der Fernuniversität Hagen ist dies schon durch einen Theorie-Kurs abgedeckt). Deshalb wurden die Grundbegriffe und Definitionen nur kurz wiederholt und die Schritte bei der Konstruktion eines Scanners aus regulären Ausdrücken nur stichwortartig aufgezählt. Diesen formalen Hintergrund kann man z.B. in (Sudkamp 1988) nachlesen. Das klassische Buch zu diesem Thema ist (Hopcroft und Ullmann 1979).

Die direkte Implementierung eines Scanners auf der Basis von Zustandsdiagrammen wird z.B. in (Aho, Sethi und Ullman 1986), (Alblas und Nymeyer 1996) und (Parsons 1992) gezeigt. Diese Bücher beschreiben auch aus Compilerbau-Sicht die vollständige Vorgehensweise bei der Konstruktion eines Scanners aus regulären Spezifikationen, also die Basis der Implementierung von Lex. Natürlich wird dies auch in vielen anderen Büchern zum Übersetzerbau behandelt.

Endliche Automaten wurden zuerst von McCulloch und Pitts (1943) als Modell für Nervenaktivität verwendet; Kleene (1956) führte reguläre Ausdrücke ein und zeigte die Äquivalenz mit den von endlichen Automaten akzeptierten Sprachen. Eine frühe Arbeit zur Generierung von Scannern aus regulären Ausdrücken ist (Johnson *et al.* 1968).

Der Scannergenerator Lex stammt von Lesk (1975). Als Teil des UNIX-Systems wird er noch immer weithin verwendet. Beschreibungen zur Benutzung findet man in (Levine, Mason und Brown 1992) oder in UNIX-Systemhandbüchern. Ein ähnlicher Public-Domain Scannergenerator namens Flex stammt von Paxson (1995) und ist Teil der LINUX-Distribution. Andere Beispiele für Scannergeneratoren sind Alex (Mössenböck 1986) und Rex (Grosch 1989). Auch das System Eli, ein modularer „Werkzeugkasten" für den Compilerbau (Kastens und Waite 1994) enthält einen Scannergenerator. Nähere Informationen zu Eli findet man unter `http://www.cs.colorado.edu/~eliuser/`.

Während generierte Scanner i.allg. tabellengesteuert arbeiten, ist es auch möglich, aus Beschreibungen von Zustandsdiagrammen (endlichen Automaten) direkt ausführbaren Code zu erzeugen, mit case-Anweisungen wie in der Handimplementierung. In (Gray 1988) wird gezeigt, daß auf diese Art sehr effizient arbeitende Scanner zu erhalten sind.

Kapitel 3

Syntaxanalyse

Die zweite Phase der Übersetzung ist die *Syntaxanalyse*. Die Aufgabe besteht darin, aus der Folge von Token, die aus der lexikalischen Analyse kommen, einen *Syntaxbaum* (auch *Ableitungsbaum* genannt) zu berechnen. In Kapitel 1 hatten wir dies mit Abb. 1.4 illustriert, die wir hier noch einmal wiedergeben.

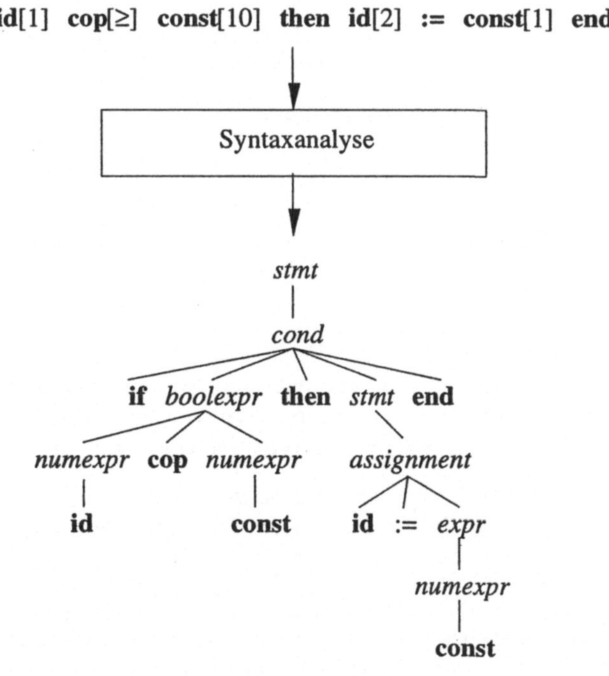

Abb. 3.1. Eingabe und Ausgabe der Syntaxanalyse

Basis für die Syntaxanalyse ist eine *Grammatik*, die die Syntax der Quellsprache beschreibt, also die Struktur von Programmen dieser Sprache. Einige Regeln der Grammatik für das Beispiel sind:

$$
\begin{array}{lll}
\textit{stmt} & ::= & \textit{assignment} \mid \textit{cond} \\
\textit{cond} & ::= & \textbf{if}\ \textit{boolexpr}\ \textbf{then}\ \textit{stmt}\ \textbf{end}\ \mid \\
 & & \textbf{if}\ \textit{boolexpr}\ \textbf{then}\ \textit{stmt}\ \textbf{else}\ \textit{stmt}\ \textbf{end} \\
\textit{numexpr} & ::= & \textbf{id}\ \mid\ \textbf{const}
\end{array}
$$

Es gibt nun zwei Strategien, um mit Hilfe der Grammatik den Baum aus der Token-folge zu berechnen. Bei der *Top-down-Analyse* baut man den Baum von der Wurzel aus zu den Blättern hin auf. Das heißt, man beginnt mit dem Startsymbol der Grammatik (hier *stmt*) als Wurzel des Baumes und „rät" im ersten Schritt, daß die Regel

$$
\textit{stmt}\ ::=\ \textit{cond}
$$

anzuwenden ist. Das bedeutet, daß *cond* als Sohnknoten an *stmt* anzuhängen ist. Während der Analyse gibt es jeweils einen teilweise erzeugten Syntaxbaum und eine teilweise gelesene Eingabefolge; nach dem ersten Schritt hätten wir also folgende Situation:

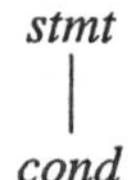

$$
\textbf{if}\ \ \textbf{id}\ \ \textbf{cop}\ \ \textbf{const}\ \ \textbf{then}\ \ \textbf{id}\ :=\ \textbf{const}\ \ \textbf{end}
$$

Abb. 3.2. Beginn der Top-down-Analyse: Aufbau des Ableitungsbaums
von der Wurzel aus

Oben ist der Baum gezeigt, unten die Eingabefolge, der Zeiger zeigt jeweils auf das nächste zu verarbeitende Token der Eingabefolge. Natürlich will man nicht wirklich raten, welche Regel anzuwenden ist. Statt dessen wird als Vorbereitung die Grammatik analysiert, so daß z.B. folgende Information verfügbar ist:

*Wenn das aktuelle Symbol im Syntaxbaum „stmt" ist und das aktuelle Token in der Eingabefolge „***if***" ist, dann ist die Regel „stmt ::= cond" anzuwenden.*

Bei der zweiten Strategie, der *Bottom-up-Analyse*, wird der Baum von den Blättern her aufgebaut. Dabei ist die Grundidee, so lange Token der Eingabefolge zu lesen und sich zu merken, bis eine vollständige *rechte Seite* einer Grammatikregel gelesen worden ist. Die Symbole der rechten Seite werden dann als *Söhne* mit dem Symbol der linken Seite als *Vater* zu einem Teilbaum verbunden. Im obigen Beispiel wäre die erste vollständig gelesene rechte Seite das Token **id**, nämlich als rechte Seite der Regel

$$
\textit{numexpr}\ \ ::=\ \ \textbf{id}
$$

Nach dem Lesen des Tokens **id** ergäbe sich also die Situation:

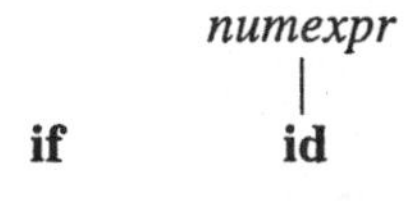

if   id   cop   const   then   id   :=   const   end

↑

Abb. 3.3. Beginn der Bottom-up-Analyse: Aufbau des Ableitungsbaums
von den Blättern aus

Bei der Bottom-up-Analyse hat man eine Liste von Teilbäumen zu verwalten, die nach und nach zu größeren Einheiten zusammengebaut werden. Der erste oben gezeigte Teilbaum, das Blatt **if**, kann offensichtlich erst dann mit einem Vater verbunden werden (nämlich *cond*), wenn die gesamte bedingte Anweisung gelesen wurde.

Im folgenden wiederholen wir zunächst in Abschnitt 3.1 grundlegende Begriffe zu Grammatiken und betrachten dann in Abschnitt 3.2 die Top-down-Analyse. Die Bottom-up-Analyse wird in Abschnitt 3.3 behandelt.

3.1   Kontextfreie Grammatiken und Syntaxbäume

Die Syntax höherer Programmiersprachen, und allgemeiner der aus Sicht des Compilerbaus interessierenden Quellsprachen, wird durch *kontextfreie Grammatiken* beschrieben.

Definition 3.1: Eine *kontextfreie Grammatik* ist ein Quadrupel $G = (N, \Sigma, P, S)$, wobei gilt:

(i) N ist ein Alphabet von *Nichtterminalen*.

(ii) Σ ist ein Alphabet von *Terminalen*. Die Alphabete N und Σ sind disjunkt.

(iii) $P \subseteq N \times (N \cup \Sigma)^*$ ist eine Menge von *Produktionsregeln*.

(iv) $S \in N$ ist das *Startsymbol*.   □

Wir erinnern uns, daß ein Alphabet eine endliche, nichtleere Menge ist. Im obigen Beispiel sind also *stmt*, *cond* usw. Nichtterminale, **if, id** usw. Terminale. Nichtterminale beschreiben größere strukturierte Einheiten der Quellsprache, Terminale die tatsächlich in der Eingabe vorkommenden Zeichen, in dieser Phase der Übersetzung allerdings die Zeichen, die die lexikalische Analyse liefert (Token). Produktionen

sind Paare, bestehend aus einem Nichtterminal und einer Folge von Nichtterminal-
und/oder Terminalsymbolen. Formal entspricht die Notation

$$\textit{stmt} \quad ::= \quad \textit{assignment} \mid \textit{cond}$$

also einer Menge von Regeln

$$\{(\textit{stmt}, \textit{assignment}), (\textit{stmt}, \textit{cond})\}$$

Produktionsregeln werden in formalen Betrachtungen gewöhnlich mit Pfeilen notiert; anstelle einer Regel (A, α) schreibt man $A \to \alpha$. Eine Menge von Produktionen für dasselbe Nichtterminal A, also $A \to \alpha_1$, $A \to \alpha_2$, ..., $A \to \alpha_n$, schreibt man auch als

$$A \to \alpha_1 \mid \alpha_2 \mid \ldots \mid \alpha_n$$

Der senkrechte Strich trennt die Alternativen für A. Allgemein sind folgende Konventionen üblich, die wir auch benutzen werden:

Lateinische Großbuchstaben A, B, C, X, Y, Z, ... bezeichnen Nichtterminale, also Elemente aus N. Kleinbuchstaben am Anfang des Alphabets a, b, c, ... stehen für Terminale (Elemente aus Σ), Kleinbuchstaben am Ende des Alphabets u, v, w, ... bezeichnen Folgen von Terminalen (also Elemente aus Σ^*). Griechische Kleinbuchstaben α, β, γ, φ, ψ, ... stehen für Worte aus $(N \cup \Sigma)^*$. – Wir werden diese Notationen abkürzend auch in Definitionen oder Sätzen benutzen, also z.B. sagen „es existiert ein Wort α" anstatt „es existiert ein Wort α aus $(N \cup \Sigma)^*$".

Produktionen sind Ersetzungsregeln; die Produktion $A \to \alpha$ besagt, daß man ein Auftreten des Nichtterminals A innerhalb eines Wortes φ durch die Folge von Symbolen α ersetzen darf. Damit verwandelt sich das gegebene Wort φ in ein Wort ψ. Das bringt uns zum Begriff der *Ableitung*:

Definition 3.2: Sei $G = (N, \Sigma, P, S)$ eine kontextfreie Grammatik. ψ ist aus φ *direkt ableitbar* (oder φ *produziert* ψ *direkt*), notiert als $\varphi \Rightarrow \psi$, wenn es Worte σ, τ gibt und eine Produktion $A \to \alpha$, so daß gilt: $\varphi = \sigma A \tau$ und $\psi = \sigma \alpha \tau$. Wir sagen ψ ist aus φ *ableitbar* (φ *produziert* ψ), notiert als $\varphi \Rightarrow^* \psi$, falls es eine Folge von Worten φ_1, ..., φ_n gibt ($n \geq 1$), so daß gilt: $\varphi = \varphi_1$, $\psi = \varphi_n$, und $\varphi_i \Rightarrow \varphi_{i+1}$ für $1 \leq i < n$. Die Folge von Worten φ_1, ..., φ_n, für die ja gilt

$$\varphi_1 \Rightarrow \varphi_2 \Rightarrow \varphi_3 \Rightarrow \ldots \Rightarrow \varphi_n$$

heißt eine *Ableitung* von ψ aus φ in G. $\square$

Wir betrachten als Beispiel eine Grammatik, die einfache arithmetische Ausdrücke beschreibt.

$$G = (\{E, T, F\}, \{\mathbf{id}, +, *, (,)\},$$

$$\{E \to E + T \mid T, T \to T * F \mid F, F \to \mathbf{id} \mid (E)\}, E)$$

Hier steht E für *expression*, T für *term* und F für *factor*. In dieser Grammatik läßt sich aus dem Startsymbol E z.B. ableiten:

$$E \Rightarrow E + T \Rightarrow T + T \Rightarrow F + T \Rightarrow \text{id} + T \Rightarrow \text{id} + T * F \Rightarrow \text{id} + F * F$$

$$\Rightarrow \text{id} + \text{id} * F \Rightarrow \text{id} + \text{id} * \text{id} \tag{1}$$

Die Menge aller aus dem Startsymbol ableitbaren Terminalworte ist gerade die von einer Grammatik erzeugte Sprache.

Definition 3.3: Sei $G = (N, \Sigma, P, S)$ eine kontextfreie Grammatik. Die *von G erzeugte Sprache* ist

$$L(G) = \{w \in \Sigma^* \mid S \Rightarrow^* w\}$$

Ein Wort $w \in L(G)$ heißt ein *Satz von G*. Ein Wort $\alpha \in (N \cup \Sigma)^*$ mit $S \Rightarrow^* \alpha$ heißt eine *Satzform von G*. $\qquad\square$

Eine kontextfreie Grammatik kann prinzipiell Nichtterminalsymbole enthalten, die zur erzeugten Sprache nichts beitragen, weil sie entweder vom Startsymbol aus nicht erreichbar sind oder weil sich aus ihnen kein Terminalwort ableiten läßt. Solche Symbole stören evtl. in Definitionen oder Sätzen.

Definition 3.4: Ein Nichtterminal A heißt *unerreichbar*, falls es keine Worte α, β gibt, so daß $S \Rightarrow^* \alpha A \beta$. A heißt *unproduktiv*, falls es kein Wort $w \in \Sigma^*$ gibt, so daß $A \Rightarrow^* w$. Eine kontextfreie Grammatik heißt *reduziert*, wenn sie keine unerreichbaren oder unproduktiven Nichtterminale enthält. $\qquad\square$

Offensichtlich kann man diese Symbole und alle Produktionen, in denen sie vorkommen, aus einer Grammatik entfernen, ohne daß sich die erzeugte Sprache ändert. Wir nehmen im folgenden stets an, daß die betrachteten Grammatiken reduziert sind.

Innerhalb einer Ableitung wird in jedem Schritt ein Nichtterminal durch die rechte Seite einer zugehörigen Produktion ersetzt. Dazu gibt es eine Baumdarstellung, die wir schon mehrfach gezeigt haben, ohne sie formal zu definieren. Zu der obigen Ableitung (1) sieht der zugehörige Baum so aus:

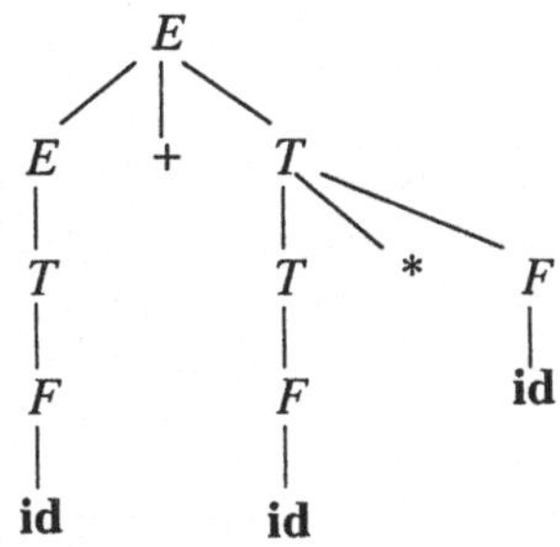

Abb. 3.4. Ableitungsbaum zur Ableitung (1)

Definition 3.5: Sei $G = (N, \Sigma, P, S)$ eine kontextfreie Grammatik. Sei T ein Baum, dessen innere Knoten mit Nichtterminalen und dessen Blätter mit Terminalen von G oder mit dem leeren Wort ε markiert sind. T heißt *Syntaxbaum* (oder *Ableitungsbaum*) für das Wort $w \in \Sigma^*$ und für $X \in N$, falls gilt:

(i) Für jeden inneren Knoten p, der mit $Y \in N$ markiert ist und dessen Söhne (von links nach rechts) $q_1, \ldots, q_n$ mit $Q_1, \ldots, Q_n \in (N \cup \Sigma)$ markiert sind, gibt es eine Produktion $Y \to Q_1 \ldots Q_n$ in P. Falls p einen einzigen Sohn hat, der mit ε markiert ist, so existiert eine Produktion $Y \to \varepsilon$.

(ii) Die Wurzel des Baumes ist mit X markiert, und die Konkatenation der Markierungen der Blätter ergibt w. $\square$

Ein Syntaxbaum „vergißt" gewisse Informationen aus einer Ableitung, nämlich in welcher Reihenfolge Nichtterminalsymbole ersetzt wurden. In der obigen Ableitung (1) haben wir jeweils das am weitesten links stehende Nichtterminal innerhalb einer Satzform ausgewählt. Wir machen das durch Unterstreichung in der Ableitung deutlich:

$$\underline{E} \Rightarrow \underline{E} + T \Rightarrow \underline{T} + T \Rightarrow \underline{F} + T \Rightarrow \mathbf{id} + \underline{T} \Rightarrow \mathbf{id} + \underline{T} * F \Rightarrow \mathbf{id} + \underline{F} * F$$

$$\Rightarrow \mathbf{id} + \mathbf{id} * \underline{F} \Rightarrow \mathbf{id} + \mathbf{id} * \mathbf{id} \tag{1}$$

Eine andere Ableitung ersetzt z.B. jeweils das am weitesten rechts stehende Nichtterminal und führt zum selben Syntaxbaum:

$$\underline{E} \Rightarrow E + \underline{T} \Rightarrow E + T * \underline{F} \Rightarrow E + \underline{T} * \mathbf{id} \Rightarrow E + \underline{F} * \mathbf{id} \Rightarrow \underline{E} + \mathbf{id} * \mathbf{id}$$

$$\Rightarrow \underline{T} + \mathbf{id} * \mathbf{id} \Rightarrow \underline{F} + \mathbf{id} * \mathbf{id} \Rightarrow \mathbf{id} + \mathbf{id} * \mathbf{id} \tag{2}$$

Natürlich gibt es noch viele andere Ableitungen, die zu demselben Syntaxbaum gehören, indem man z.B. mal das am weitesten rechts, mal das am weitesten links stehende oder auch einmal ein Nichtterminal in der Mitte der Satzform ersetzt. Die beiden gezeigten Ableitungen sind allerdings von besonderem Interesse; sie heißen *Linksableitung* bzw. *Rechtsableitung*. Wie wir später sehen werden, werden bei der Top-down-Analyse gerade Linksableitungen, bei der Bottom-up-Analyse Rechtsableitungen erkannt.

Definition 3.6: Sei $\varphi_1, \ldots, \varphi_n$ eine Ableitung mit $S = \varphi_1$, $\varphi = \varphi_n$. $\varphi_1, \ldots, \varphi_n$ heißt *Linksableitung von* φ, falls in jedem Schritt von φ_i nach φ_{i+1} in φ_i jeweils das am weitesten links stehende Nichtterminal ersetzt wird, also gilt $\varphi_i = wA\sigma$ und $\varphi_{i+1} = w\alpha\sigma$. Analog heißt $\varphi_1, \ldots, \varphi_n$ *Rechtsableitung von* φ, falls in jedem Schritt das am weitesten rechts stehende Nichtterminal ersetzt wird, das heißt, $\varphi_i = \sigma Aw$ und $\varphi_{i+1} = \sigma\alpha w$. Wir notieren das als

$$S \underset{l}{\Rightarrow}{}^* \varphi \qquad S \text{ erzeugt } \varphi \text{ mittels Linksableitung}$$

$$S \underset{r}{\Rightarrow}{}^* \varphi \qquad S \text{ erzeugt } \varphi \text{ mittels Rechtsableitung}$$

Eine Satzform innerhalb einer Linksableitung (Rechtsableitung) heißt *Linkssatzform* (*Rechtssatzform*).   □

Die verschiedenen Ableitungen zu einem gegebenen Syntaxbaum für ein Wort w unterscheiden sich im Grunde nur unwesentlich, da es für die Struktur des Wortes w keine Rolle spielt, in welcher Reihenfolge Produktionen angewandt oder bei der Analyse erkannt werden. Es ist allerdings auch möglich, daß zu einem gegebenen Terminalwort verschiedene Ableitungsbäume existieren. In diesem Fall nennt man die zugrundeliegende Grammatik *mehrdeutig*. Mehrdeutigkeit ist ein ernstes Problem, da die Struktur des Syntaxbaums i.allg. die Bedeutung des entsprechenden Wortes (bzw. Programmtextes) festlegt. Bei der Definition von Grammatiken für Programmiersprachen vermeidet man deshalb Mehrdeutigkeit unter allen Umständen.

3.2   Top-down-Analyse

3.2.1   Das Prinzip der Top-down-Analyse

Das Ziel der Syntaxanalyse besteht darin, zu einer gegebenen Grammatik und einer gegebenen Eingabesymbolfolge, die als Ergebnis der lexikalischen Analyse entstanden ist, einen Ableitungsbaum zu konstruieren. Wie bereits erwähnt, kann man den Baum entweder von der Wurzel aus „top-down" oder von den Blättern aus „bottom-up" aufbauen; wir betrachten zunächst die Top-down-Analyse.

Der Aufbau des Baumes muß natürlich irgendwie durch Betrachtung der Eingabe-folge kontrolliert werden. Die Strategie dazu kann man so skizzieren: Die Blattfolge des bisher erzeugten Ableitungsbaumes wird mit der Eingabesymbolfolge vergli-chen, d.h., beide Symbolfolgen werden von links nach rechts gelesen. Solange beide Folgen gleiche Terminalsymbole enthalten, kann man weiterlesen. Enthält die Ein-gabefolge ein Terminalsymbol und das entsprechende Blatt des Baumes ein Nicht-terminal, so wird eine Produktion der Grammatik ausgewählt, die auf dieses Nicht-terminal anwendbar ist; dadurch wird die Blattfolge des Baumes lokal verändert. Falls zwei nicht übereinstimmende Terminalsymbole angetroffen werden, so ist ent-weder eine vorher getroffene Auswahl einer Produktion falsch gewesen und rück-gängig zu machen, oder die Eingabefolge ist syntaktisch nicht korrekt.

Wir wollen das im folgenden an einem Beispiel betrachten und definieren dazu eine Beispielgrammatik, die einen kleinen Ausschnitt einer imperativen Programmier-sprache beschreibt. Teile dieser Grammatik haben wir schon in den einführenden Beispielen benutzt; die hier folgende vollständigere Version ist gegenüber diesen Beispielen leicht modifiziert (bedingte Anweisungen werden mit **fi** anstatt mit **end** abgeschlossen).

Wir gehen zunächst naiv vor und kümmern uns nicht um irgendwelche Anforderun-gen, die das spezielle Verfahren der Top-down-Analyse an eine solche Grammatik stellt. Wir werden dann sehen, welche Schwierigkeiten auftreten und wie man sie beheben kann.

stmt	$\rightarrow$	*assignment* | *cond* | *loop*	(1)
assignment	$\rightarrow$	**id** := *expr*	(2)
cond	$\rightarrow$	**if** *boolexpr* **then** *stmt* **fi** |	(3)
		if *boolexpr* **then** *stmt* **else** *stmt* **fi**	
loop	$\rightarrow$	**while** *boolexpr* **do** *stmt* **od**	(4)
expr	$\rightarrow$	*boolexpr* | *numexpr*	(5)
boolexp	$\rightarrow$	*numexpr* **cop** *numexpr*	(6)
numexpr	$\rightarrow$	*numexpr* + *term* | *term*	(7)
term	$\rightarrow$	*term* * *factor* | *factor*	(8)
factor	$\rightarrow$	**id** | **const** | (*numexpr*)	(9)

In solchen „konkreten" Beispielgrammatiken sind Nichtterminale durch kursiv geschriebene Wortsymbole gekennzeichnet. Fettdruck stellt terminale Wortsymbole dar, die bereits durch die lexikalische Analyse als solche erkannt sind. Sonderzeichen oder Gruppen von Sonderzeichen ohne Zwischenräume (z.B. „:=") sind ebenfalls Terminalsymbole.

Wir erläutern die Grammatik kurz für den Fall, daß Sie mit den englischen Begriffen nicht so vertraut sind: Eine Anweisung („statement") ist eine Zuweisung, eine bedingte Anweisung oder eine Schleife (1). Eine Zuweisung weist einer Variablen, die aus der lexikalischen Analyse als **id**-Token hervorgegangen ist, den Wert eines Ausdrucks zu (2). Es gibt zwei Formen von bedingten Anweisungen (3) und eine **while**-Schleife (4). Ein Ausdruck kann ein Boolescher Ausdruck oder ein numerischer Ausdruck sein (5). Ein Boolescher Ausdruck hat hier die einfache Form „numerischer Ausdruck – Vergleichsoperator – numerischer Ausdruck" (6). **cop** („comparison operator") steht dabei für Operatoren der Art $\{=, \neq, <, >, \leq, \geq\}$, die alle von der lexikalischen Analyse in ein **cop**-Token verwandelt werden. Ein numerischer Ausdruck ist eine Folge von durch ein „+"-Zeichen verknüpften Termen (7). Ein Term ist analog eine Folge durch „*" verknüpfter Faktoren (8). Ein Faktor ist ein Variablenname, eine Konstante oder ein numerischer Ausdruck in Klammern (9).

In dieser Sprache könnte man z.B. die Anweisung

```
if b > 0 then a := 1 fi
```

formulieren. Zunächst entsteht daraus als Ergebnis der lexikalischen Analyse eine Symbolfolge:

if id cop const then id := const fi

Wir werden nun betrachten, wie diese Anweisung mit dem Top-down-Verfahren analysiert würde. Leider wird sich bald herausstellen, daß die Top-down-Analyse für die gegebene Grammatik nicht durchführbar ist!

Das ist durchaus ein typisches Erlebnis, das wir Ihnen nicht vorenthalten wollten: Wenn man eine Grammatik auf „natürliche" Weise definiert, um möglichst klar die Struktur der Sprache zu beschreiben, wird diese Grammatik i.allg. nicht top-down analysierbar sein. Man kann aber anschließend Modifikationen vornehmen, die die Grammatik, nicht aber die Struktur der Sprache verändern, um so Top-down-Analysierbarkeit und sogar mehr als das, nämlich effiziente Analysierbarkeit, zu erreichen. Das wird im folgenden gezeigt.

Die Produktionen, die zunächst Top-down-Analysierbarkeit überhaupt verhindern, sind (7) und (8). Das liegt daran, daß diese Produktionen *linksrekursiv* sind, d.h., das zu ersetzende Nichtterminal tritt auf der rechten Seite der Produktion wieder ganz links auf. Wir werden gleich sehen, warum das Schwierigkeiten macht. Um zunächst das Verfahren der Top-down-Analyse unbehindert erklären zu können, ersetzen wir vorübergehend diese Produktionen durch die Produktionen

$$numexpr \rightarrow \textbf{id} \mid \textbf{const} \tag{7'}$$

Für die Analyse der obigen Beispielanweisung genügt das, da alle dort vorkommenden numerischen Ausdrücke Variablen oder Konstanten sind.

Es sei bekannt, daß eine *Anweisung* analysiert werden soll; das Startsymbol unserer Grammatik, das zur Wurzel des Ableitungsbaumes wird, ist also *stmt*. Zu Anfang erzeugt man diese Wurzel und setzt in der Eingabefolge einen Zeiger auf das erste Element.

stmt

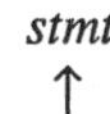

if id cop const then id := const fi

↑

Abb. 3.5. Beispiel für Top-down-Analyse mit Backtracking (1)

Es gibt einen weiteren Zeiger in die Blattfolge des bisher erzeugten Ableitungsbaumes; dieser zeigt zu Anfang auf das einzige Blatt, das gleichzeitig die Wurzel ist.

Das Symbol **if** und das Blatt *stmt* stimmen nicht überein; das Nichtterminal *stmt* ist zu expandieren, d.h., eine Produktion für *stmt* ist auszuwählen und die rechte Seite in den Baum einzuhängen. Die erste vorkommende Produktion ist

$$stmt \rightarrow assignment$$

und sie wird ausgewählt:

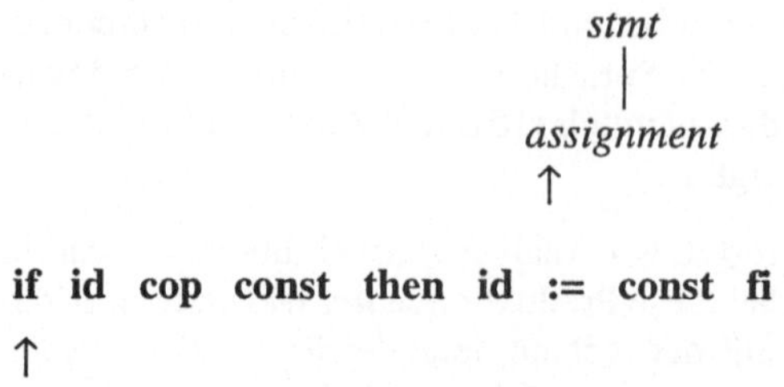

$$stmt$$
$$|$$
$$assignment$$
$$\uparrow$$

if id cop const then id := const fi
$\uparrow$

Abb. 3.6. Beispiel für Top-down-Analyse mit Backtracking (2)

Wieder steht der Zeiger im Baum auf einem Nichtterminal, also wird *assignment* expandiert. In diesem Fall gibt es nur eine Möglichkeit.

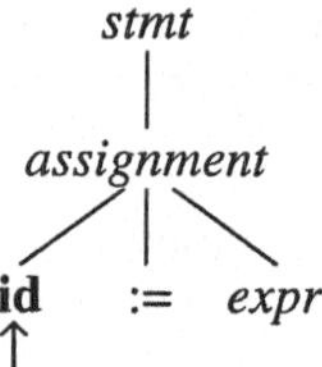

if id cop const then id := const fi
$\uparrow$

Abb. 3.7. Beispiel für Top-down-Analyse mit Backtracking (3)

An dieser Stelle stehen beide Zeiger auf Terminalsymbolen, die aber nicht übereinstimmen. Wir betrachten zur Zeit noch den allgemeinsten Fall der Top-down-Analyse, nämlich die *Top-down-Analyse mit Backtracking*. Bei der Analyse ohne Backtracking, die wir später studieren, läge jetzt ein Syntaxfehler vor; so aber sind hier vorher getroffene Auswahlen von rechten Seiten zu revidieren. Für die Ersetzung von *assignment* gab es keine weitere Möglichkeit, deshalb ist auch die Auswahl

$$stmt \rightarrow assignment$$

zu revidieren und die zweite Alternative für *stmt* auszuwählen. Weiter wählen wir die erste Alternative für *cond* und erhalten

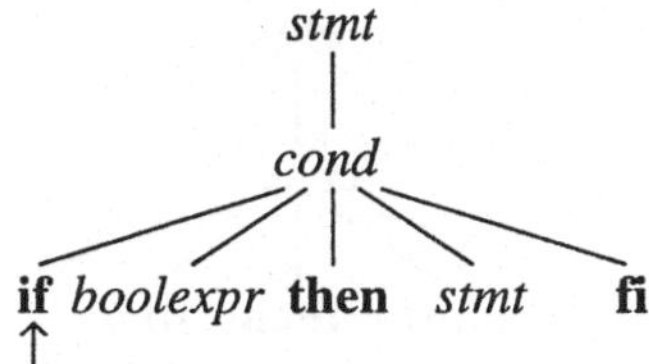

Abb. 3.8. Beispiel für Top-down-Analyse mit Backtracking (4)

Nun stimmen die Terminalsymbole überein, und die beiden Zeiger rücken auf die nächste Position:

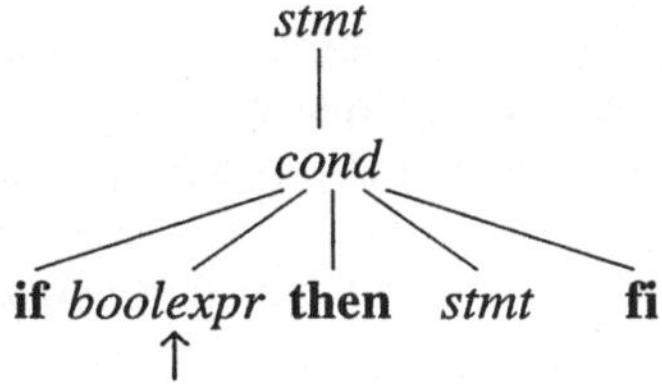

Abb. 3.9. Beispiel für Top-downTop-down-Analyse mit Backtracking (5)

Für *boolexpr* gibt es nur eine Möglichkeit, danach wird für *numexpr* die erste Alternative aus (7') ausgewählt, wonach die Zeiger um zwei Symbole vorrücken können:

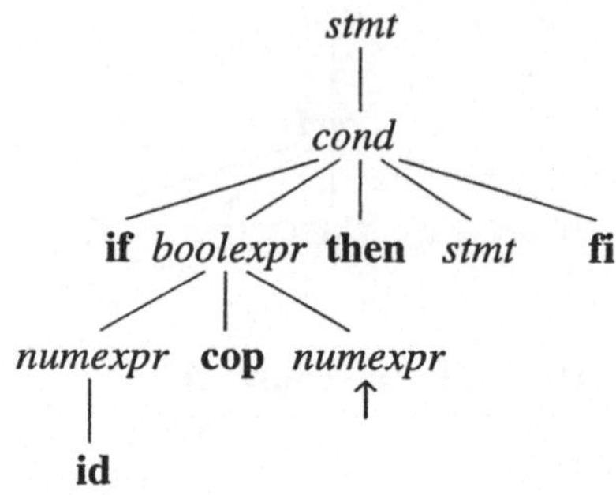

Abb. 3.10. Beispiel für Top-down-Analyse mit Backtracking (6)

Anschließend wird *numexpr* zunächst fälschlich zu **id** expandiert; das wird dann zurückgenommen und die Alternative **const** gewählt, woraufhin Übereinstimmung festgestellt wird und die Zeiger über **then** bis auf *stmt* und **id** vorrücken. Für *stmt* wird die *assignment*-Alternative gewählt und *assignment* expandiert; daraufhin können beide Zeiger über **id** und „:=" bis auf *expr* und **const** weiterrücken, so daß wir den folgenden Zustand erhalten:

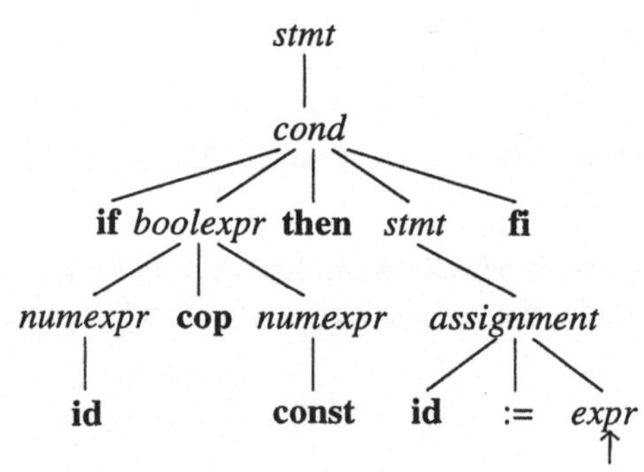

Abb. 3.11. Beispiel für Top-down-Analyse mit Backtracking (7)

Das Verfahren läuft an dieser Stelle in eine relativ lange Sackgasse: *expr* wird mit
boolexpr expandiert, dieses durch „*numexpr* **cop** *numexpr*", dann *numexpr* zunächst
durch **id**, anschließend durch **const,** woraufhin die Zeiger weiterrücken und wir die
Situation erhalten:

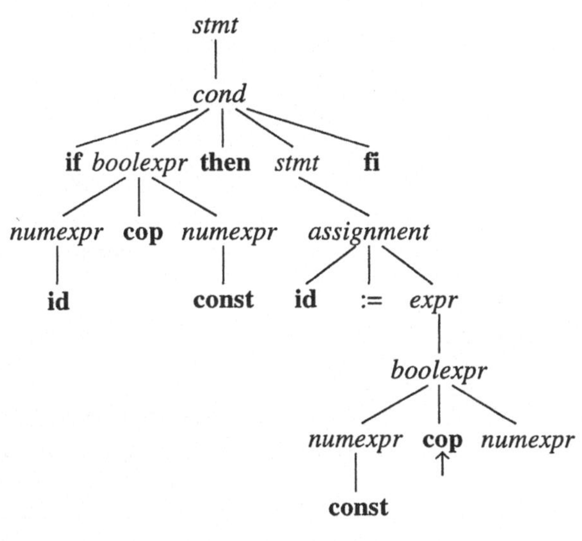

Abb. 3.12. Beispiel für Top-down-Analyse mit Backtracking (8)

Da nun **fi** und **cop** nicht übereinstimmen, müssen alle diese Entscheidungen zurückgenommen werden. Übrigens muß auch der Zeiger in der Eingabefolge zurückgesetzt werden. Anschließend wird *expr* mit *numexpr* expandiert, woraufhin schließlich die Analyse erfolgreich beendet werden kann mit dem in Abb. 3.13 gezeigten
Ableitungsbaum.

Es ist nun klar, warum sich unsere ursprünglich gewählte Grammatik mit den
linksrekursiven Produktionen (7) und (8) für die Top-down-Analyse nicht eignet: In
einer Situation, in der *numexpr* aktuelles Blatt des Ableitungsbaumes ist, wird die
rechte Seite „*numexpr* + *term*" eingehängt, woraufhin *numexpr* wiederum aktuelles
Blatt ist und sich der Zeiger in der Eingabefolge auch nicht bewegt hat. Das Verfahren würde also in eine Endlosschleife geraten.

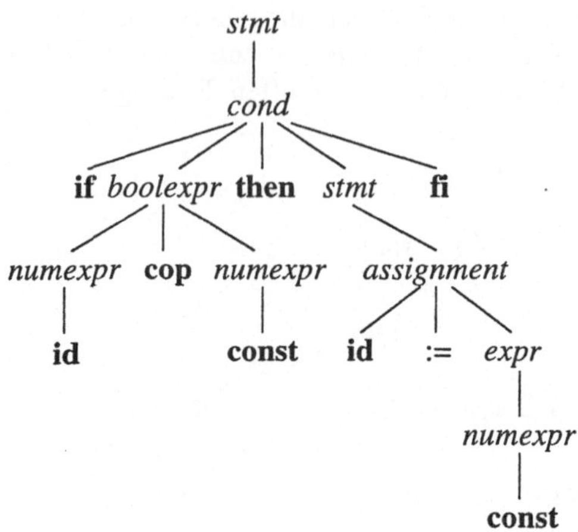

Abb. 3.13. Beispiel für Top-down-Analyse mit Backtracking (9)

Wir sehen, daß bei der Top-down-Analyse zwei Probleme auftreten, nämlich *linksrekursive Produktionen* und *Verlaufen in Sackgassen*. Das erste Problem macht diese Art der Analyse ganz unmöglich; das zweite macht sie wegen Ineffizienz für die Praxis uninteressant. Unser Ziel wird also darin bestehen, Grammatiken so zu konstruieren bzw. unsere Beispielgrammatik so zu modifizieren, daß beide Probleme nicht auftreten.

Beseitigung von Linksrekursion

Zunächst müssen wir Linksrekursion etwas genauer charakterisieren. Wir haben bisher *direkte* Linksrekursion beobachtet; diese liegt vor, wenn es Produktionen der Form

$$A \quad \rightarrow \quad A\alpha$$

gibt. *Indirekte* Linksrekursion liegt vor, wenn es zu einem Nichtterminal A eine Ableitung

$$A \quad \Rightarrow^* \quad A\alpha$$

gibt.

In vielen praktischen Fällen kommt nur direkte Linksrekursion vor; diese kann mit relativ einfachen Techniken beseitigt werden. Betrachten wir ein Paar linksrekursiver Produktionen

$$A \quad \rightarrow \quad A\alpha \mid \beta$$

wobei α, β Folgen von terminalen und nichtterminalen Symbolen sind, die nicht mit
A beginnen. Durch die beiden Produktionen werden Bäume der in Abb. 3.14 (a) dargestellten Form bzw. Folgen der Form βα* erzeugt.

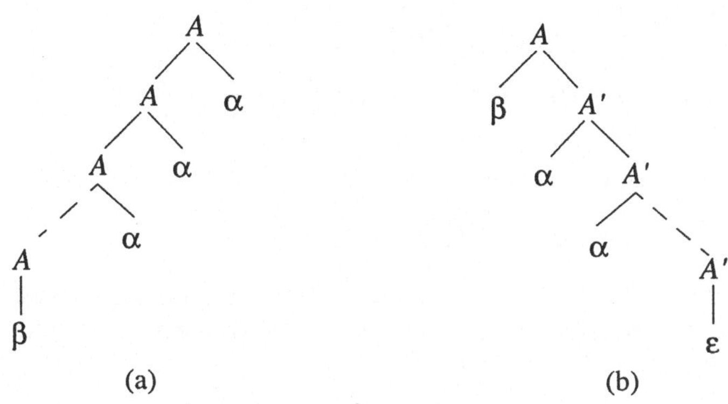

(a)   (b)

Abb. 3.14. Ableitungsbaum mit (a) linksrekursiver bzw. (b) rechtsrekursiver Produktion

Dieselben Folgen kann man erzeugen mit Produktionen

$$A \rightarrow \beta A'$$

$$A' \rightarrow \alpha A' \mid \varepsilon$$

wobei *A*' ein neues Nichtterminal und die zweite Produktion *rechtsrekursiv* ist. Die
entstehenden Bäume haben nun die in Abb. 3.14 (b) gezeigte Gestalt.

Wie man an den Ableitungsbäumen sieht, ändert sich aber bei solchen Grammatik-
änderungen auch die Assoziativität, d.h., bei Linksrekursion sind Operatoren
linksassoziativ, bei Rechtsrekursion umgekehrt. Dies muß man bei der Weiterverarbeitung der Ableitungsbäume beachten.

Wenn wir diese Technik auf die linksrekursiven Produktionen (7)

$$numexpr \rightarrow numexpr + term \mid term$$

unserer Beispielgrammatik anwenden, erhalten wir

$$numexpr \rightarrow term\ numexpr' \tag{7a}$$
$$numexpr' \rightarrow +\ term\ numexpr' \mid \varepsilon \tag{7b}$$

Ebenso kann man (8) ersetzen durch

$$term \rightarrow factor\ term' \tag{8a}$$
$$term \rightarrow *\ factor\ term' \mid \varepsilon \tag{8b}$$

Wir werden im folgenden mit der so modifizierten Version der Grammatik weiterarbeiten.

Die Technik läßt sich verallgemeinern für den Fall, daß mehr als zwei A-Produktionen vorhanden sind. Seien

$$A \quad \rightarrow \quad A\alpha_1 \mid A\alpha_2 \mid \ldots \mid A\alpha_m \mid \beta_1 \mid \ldots \mid \beta_n$$

alle A-Produktionen, wobei die β_i nicht mit A beginnen. Wir ersetzen die A-Produktionen durch

$$A \quad \rightarrow \quad \beta_1 A' \mid \ldots \mid \beta_n A'$$

$$A' \quad \rightarrow \quad \alpha_1 A' \mid \alpha_2 A' \mid \ldots \mid \alpha_m A' \mid \varepsilon$$

Auf diese Art läßt sich also jede Form direkter Linksrekursion beseitigen. Ein Algorithmus zur Beseitigung auch indirekter Linksrekursion findet sich in (Aho, Sethi und Ullman 1986, Abschnitt 4.3).

Unsere Beispielgrammatik eignet sich nun schon prinzipiell für die Top-down-Analyse. Wie kann man es nun noch vermeiden, bei der Analyse in Sackgassen zu laufen? Die Idee dazu ist eigentlich sehr einfach. Betrachten wir noch einmal die Ausgangssituation im Beispiel (Abb. 3.5).

Das Verfahren lief sofort in eine Sackgasse, weil sozusagen „blind" *stmt* zu *assignment* expandiert wurde. Durch Ansehen des aktuellen Symbols **if** in der Eingabefolge hätte man aber ohne weiteres feststellen können, daß es sich um eine bedingte Anweisung handelt, daß also die Alternative *cond* auszuwählen ist.

Die Idee des „*predictive parsing*", also der „vorausschauenden Syntaxanalyse" (wir übersetzen „predictive parser" mit „vorgreifendem Analysator"), besteht nun darin, die gegebene Grammatik vorher zu analysieren und sich irgendwo, etwa in einer Tabelle, zu merken, daß beim Auftreten von *stmt* im Ableitungsbaum und **if** in der Eingabefolge die Produktion

$$stmt \quad \rightarrow \quad cond$$

auszuwählen ist. Beim Analysieren der Eingabefolge sieht man dann einfach nach und wählt direkt die richtige Produktion.

Dieses „predictive parsing" ist die eigentlich interessante Form der Top-down-Analyse; es läuft nicht in Sackgassen und kommt daher ohne Backtracking aus. Die Eingabefolge braucht nur einmal sequentiell gelesen zu werden.

Allerdings ist die Frage, ob man denn durch Ansehen des aktuellen Symbols der Eingabefolge immer entscheiden kann, welche Produktion auszuwählen ist. Das ist leider i.allg. nicht der Fall. Betrachten wir z.B. die Produktionen

$$cond \rightarrow \quad \textbf{if } boolexpr \textbf{ then } stmt \textbf{ fi } \mid$$
$$\textbf{if } boolexpr \textbf{ then } stmt \textbf{ else } stmt \textbf{ fi}$$

Durch Ansehen des ersten Symbols **if** kann man nicht entscheiden, ob die erste oder zweite Alternative auszuwählen ist. Tatsächlich kann die Entscheidung sogar erst sehr viel später, nämlich beim Lesen von **fi** oder **else**, getroffen werden.

Die Klasse von Grammatiken, bei denen immer eine eindeutige Entscheidung durch Ansehen der nächsten k Terminalsymbole getroffen werden kann, nennt man *LL(k)-Grammatiken*. Diese Klasse werden wir im folgenden Abschnitt formal charakterisieren. Danach werden wir in Abschnitt 3.2.3 unsere Beispielgrammatik so umformen, daß sie vom Typ LL(1) wird, daß also durch Ansehen des aktuellen Symbols eine sackgassenfreie Analyse möglich wird.

Aufgabe 3.1: Beseitigen Sie die Linksrekursion in den Produktionen

$$A \rightarrow Ab \mid ABcd \mid e \mid f \qquad \qquad \Box$$

3.2.2 LL(k)-Grammatiken

Wie muß eine kontextfreie Grammatik beschaffen sein, damit eine sackgassenfreie Analyse unter Vorausschau auf die jeweils nächsten k Zeichen möglich ist? Die folgende Definition verrät uns noch nicht allzuviel darüber, sondern verlangt einfach, daß die im Analyseprozeß zu treffende Entscheidung, durch welche rechte Seite ein Nichtterminal expandiert werden soll, eindeutig ist. Die Definition spricht von Linksableitungen; man kann sich leicht klar machen, daß in der Top-down-Analyse Linksableitungen berechnet werden, da ja in der Blattfolge des Syntaxbaumes (die gerade einer Linkssatzform entspricht) jeweils das am weitesten links stehende Nichtterminal expandiert wird.

Zunächst benötigen wir noch eine technische Definition, die „Vorausschau auf die nächsten k Zeichen" formalisiert.

Definition 3.7: Sei $L \subseteq \Sigma^*$ eine beliebige Sprache und sei $k > 0$. Dann ist

$$start_k(L) := \{w \mid (w \in L \text{ und } |w| < k) \text{ oder (es existiert } wu \in L \text{ und } |w| = k)\}$$

Für ein Wort $v \in \Sigma^*$ sei

$$start_k(v) := \begin{cases} v & \text{falls } |v| < k \\ u & \text{falls } u, t \text{ existieren mit } |u| = k, \ ut = v \end{cases}$$

Dabei bezeichnet $|w|$ die Länge von w, d.h. die Anzahl der Zeichen in w. Die Funktion $start_k$ liefert also Worte oder Anfangsstücke von Worten bis zur Länge k einer Sprache oder eines Wortes. $\qquad \Box$

Definition 3.8: Eine kontextfreie Grammatik $G = (N, \Sigma, P, S)$ heißt *LL(k)-Grammatik*, wenn gilt: Aus

$$S \underset{l}{\overset{*}{\Rightarrow}} wA\sigma \underset{l}{\Rightarrow} w\alpha\sigma \underset{l}{\overset{*}{\Rightarrow}} wx,$$

$$S \Rightarrow_l^* wA\sigma \Rightarrow_l w\beta\sigma \Rightarrow_l^* wy,$$

und $start_k(x) = start_k(y)$

folgt $\alpha = \beta$.   □

Das bedeutet also, wenn das Terminalwort w gelesen ist und man aus $A\sigma$ Terminalworte x und y ableiten kann, die mit den gleichen k Zeichen beginnen, dann gibt es nur eine einzige Produktion $A \to \alpha$, über die x und y abgeleitet werden können. Die allgemeine Situation innerhalb der LL(k)-Analyse ist in Abb. 3.15 gezeigt.

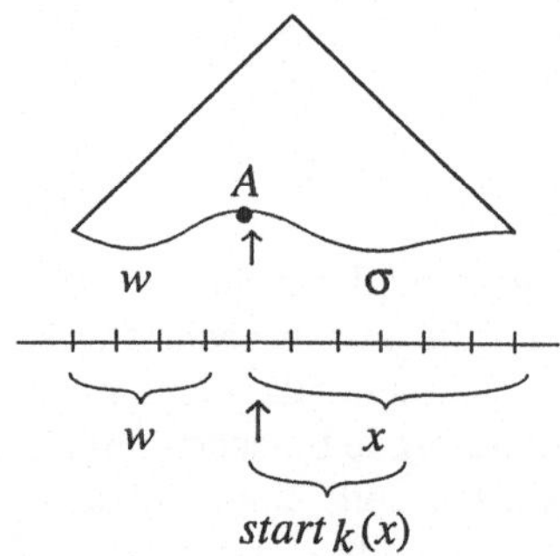

Abb. 3.15. Allgemeine Situation innerhalb der LL(k)-Analyse

Die Bezeichnung LL(k) steht übrigens für „Lesen von links nach rechts, Berechnen einer Linksableitung unter Vorausschau auf die nächsten k Zeichen".

Für die Praxis interessanter ist eine leicht eingeschränkte Klasse von LL(k)-Grammatiken, die sog. *starken LL(k)-Grammatiken.*

Definition 3.9: Eine kontextfreie Grammatik $G = (N, \Sigma, P, S)$ heißt *starke LL(k)-Grammatik*, wenn gilt: Aus

$$S \Rightarrow_l^* w_1A\sigma_1 \Rightarrow_l w_1\alpha\sigma_1 \Rightarrow_l^* w_1x,$$

$$S \Rightarrow_l^* w_2A\sigma_2 \Rightarrow_l w_2\beta\sigma_2 \Rightarrow_l^* w_2y,$$

und $start_k(x) = start_k(y)$

folgt $\alpha = \beta$.   □

Der Unterschied liegt darin, daß es in Definition 3.8 auf den Kontext der Ableitung ankommt; die Entscheidung zwischen α und β muß nur eindeutig getroffen werden können, wenn wir die Linkssatzform $wA\sigma$ kennen. In Definition 3.9, also bei starken LL(k)-Grammatiken, spielt die Umgebung w und σ keine Rolle, sie kann variieren.

Unser Ziel besteht nun darin, eine praktischere Charakterisierung von LL(k)-Grammatiken zu finden, die auch „implementierbar" ist. Das konkrete Problem innerhalb der Top-down-Analyse besteht offensichtlich darin, die richtige rechte Seite auszuwählen, wenn ein Nichtterminal A expandiert werden soll. Seien

$$A \quad \rightarrow \quad \alpha_1 \mid \alpha_2 \mid \ldots \mid \alpha_n$$

alle A-Produktionen. Wir können vorausschauen auf die nächsten k Terminalzeichen. Also ist es von Bedeutung, die Menge der Terminalworte zu kennen, die aus einer Zeichenfolge α ableitbar sind.

Definition 3.10: Sei $G = (N, \Sigma, P, S)$ eine kontextfreie Grammatik, $\alpha \in (N \cup \Sigma)^*$ und $k > 0$. Dann ist

$$\text{FIRST}_k(\alpha) := start_k(\{w \mid \alpha \Rightarrow^* w\})$$

Die Menge $\text{FIRST}_k(\alpha)$ beschreibt also gerade die Anfangsstücke bis zur Länge k von aus α ableitbaren Terminalworten. $\quad\square$

Wenn ein Wort aus $\text{FIRST}_k(\alpha_i)$ kürzer als k ist, dann wird die Vorausschau auf die nächsten k Zeichen noch Zeichen enthalten, die nicht aus α_i abgeleitet sind, sondern aus der „Umgebung", in der das Nichtterminal A stand. Diese Umgebung beschreibt man über eine Menge $\text{FOLLOW}_k(A)$.

Definition 3.11: Sei $G = (N, \Sigma, P, S)$ eine kontextfreie Grammatik, $A \in N$, $k > 0$.

$$\text{FOLLOW}_k(A) := \{w \mid S \Rightarrow^* uAv \text{ und } w = \text{FIRST}_k(v)\}$$

$\text{FOLLOW}_k(A)$ beschreibt also Terminalzeichenfolgen bis zur Länge k, die innerhalb von Ableitungen in G auf das Nichtterminal A folgen können. $\quad\square$

Nehmen wir nun an, daß innerhalb der Top-down-Analyse das Nichtterminal A expandiert werden soll. Falls die rechte Seite α_i in der Ableitung gewählt wurde (α_i also die richtige Entscheidung ist), dann muß die Folge der nächsten k Zeichen, auf die wir vorausschauen, in der Konkatenation der Mengen $\text{FIRST}_k(\alpha_i)$ und $\text{FOLLOW}_k(A)$ liegen. Wir definieren derartige Konkatenationen als *Steuermengen*.

Definition 3.12: Sei $G = (N, \Sigma, P, S)$ eine kontextfreie Grammatik, $A \in N$, $k > 0$, und sei $A \rightarrow \alpha_1 \mid \alpha_2 \mid \ldots \mid \alpha_n$ die Menge der A-Produktionen. Dann ist für $1 \le i \le n$ die *Steuermenge $D_k(A \rightarrow \alpha_i)$* definiert als

$$D_k(A \rightarrow \alpha_i) := start_k(\text{FIRST}_k(\alpha_i)\, \text{FOLLOW}_k(A)) \qquad\square$$

Anstelle von $D_k(A \rightarrow \alpha_i)$ schreiben wir gelegentlich auch kurz $D_k(\alpha_i)$, wenn klar ist, um welches A es geht. Der Buchstabe D steht für „director set". In der Definition sind $\text{FIRST}_k(\alpha_i)$ und $\text{FOLLOW}_k(A)$ ja jeweils Wortmengen, also Sprachen; die Konkatenation von Sprachen hatten wir bereits in Kapitel 2 definiert. Wir wählen Anfangsstücke der Konkatenation ebenfalls bis zur Länge k.

Die Entscheidung unter den α_i kann nun eindeutig getroffen werden, wenn die Mengen $D_k(A \to \alpha_1)$, ..., $D_k(A \to \alpha_n)$ alle paarweise disjunkt sind, es also kein Anfangsstück eines abgeleiteten Terminalwortes gibt, das in zwei oder mehr dieser Mengen vorkommt.

Satz 3.13: Sei $G = (N, \Sigma, P, S)$ eine kontextfreie Grammatik. G ist eine starke LL(k)-Grammatik genau dann, wenn für jedes Nichtterminal A mit einer Menge von A-Produktionen $A \to \alpha_1 \mid \alpha_2 \mid \ldots \mid \alpha_n$ gilt

$$D_k(A \to \alpha_i) \cap D_k(A \to \alpha_j) = \emptyset \qquad \text{für alle } i, j \in \{1, \ldots, n\} \text{ mit } i \neq j$$

Beweis: „$\Leftarrow$" Wir nehmen an, die Bedingung des Satzes gilt, aber G ist keine starke LL(k)-Grammatik. Dann gibt es ein Nichtterminal A und Ableitungen

$$S \underset{l}{\Rightarrow}^* w_1 A \sigma_1 \underset{l}{\Rightarrow} w_1 \alpha \sigma_1 \underset{l}{\Rightarrow}^* wx,$$

$$S \underset{l}{\Rightarrow}^* w_2 A \sigma_2 \underset{l}{\Rightarrow} w_2 \beta \sigma_2 \underset{l}{\Rightarrow}^* wy,$$

für die gilt $start_k(x) = start_k(y)$, aber $\alpha \neq \beta$. Für die beiden A-Produktionen $A \to \alpha \mid \beta$ gilt dann aber $start_k(x) \in D_k(A \to \alpha)$ und $start_k(x) \in D_k(A \to \beta)$, somit also

$$start_k(x) \in D_k(A \to \alpha) \cap D_k(A \to \beta)$$

Das ist aber ein Widerspruch zur Annahme.

„$\Rightarrow$" Sei nun G starke LL(k)-Grammatik, und nehmen wir an, daß ein z existiert, das im Durchschnitt zweier Steuermengen liegt. also $z \in D_k(A \to \alpha) \cap D_k(A \to \beta)$ mit $\alpha \neq \beta$. Betrachten wir eine Ableitung $S \underset{l}{\Rightarrow}^* wA\sigma$. Dann kann A durch α oder β ersetzt werden, was zu Ableitungen führt

$$S \underset{l}{\Rightarrow}^* wA\sigma \underset{l}{\Rightarrow} w\alpha\sigma \underset{l}{\Rightarrow}^* wzu,$$

$$S \underset{l}{\Rightarrow}^* wA\sigma \underset{l}{\Rightarrow} w\beta\sigma \underset{l}{\Rightarrow}^* wzv$$

Diese Ableitungen existieren, da z in beiden Steuermengen liegt. Nun gilt $start_k(zu) = z = start_k(zv)$, aber $\alpha \neq \beta$, ein Widerspruch zur Annahme, daß G (starke) LL(k)-Grammatik ist. $\qquad \square$

Von besonderer Bedeutung für den Übersetzerbau sind (starke) LL(1)-Grammatiken, da das Vorausschauen um genau ein Zeichen am einfachsten zu handhaben ist. In diesem Fall läßt sich die Bedingung über die Disjunktheit der Steuermengen so formulieren:

Eine kontextfreie Grammatik ist genau dann eine LL(1)-Grammatik, wenn für jedes Nichtterminal A mit A-Produktionen $A \to \alpha_1 \mid \alpha_2 \mid \ldots \mid \alpha_n$ gilt:

(i)   Die Mengen $\mathrm{FIRST}_1(\alpha_1)$, ..., $\mathrm{FIRST}_1(\alpha_n)$ sind paarweise disjunkt.

(ii) Genau eine der Mengen $\mathrm{FIRST}_1(\alpha_1)$, ..., $\mathrm{FIRST}_1(\alpha_n)$ darf das leere Wort ε enthalten. Wenn $\varepsilon \in \mathrm{FIRST}_1(\alpha_i)$, dann gilt: $\mathrm{FOLLOW}_1(A)$ ist disjunkt von allen anderen Mengen $\mathrm{FIRST}_1(\alpha_j)$, $j \neq i$.

Falls $k = 1$, reduziert sich die Definition der Steuermengen zu:

$$D(\alpha_i) := \begin{cases} \mathrm{FIRST}_1(\alpha_i) & \text{falls } \varepsilon \notin \mathrm{FIRST}_1(\alpha_i) \\ \mathrm{FIRST}_1(\alpha_i) - \{\varepsilon\} \cup \mathrm{FOLLOW}_1(A) & \text{sonst} \end{cases}$$

Im folgenden Abschnitt werden wir sehen, wie man FIRST- und FOLLOW-Mengen bzw. Steuermengen berechnen kann.

3.2.3   Berechnung von FIRST- und FOLLOW-Mengen, Modifikation von Grammatiken

Wir haben im letzten Abschnitt gesehen, daß die Kenntnis von FIRST- und FOLLOW-Mengen[1] entscheidende Voraussetzung für die Top-down-Analyse ohne Backtracking ist. Gleichzeitig kann man anhand dieser Mengen entscheiden, ob eine Grammatik vom Typ LL(1) ist, und störende Produktionen erkennen. In diesem Abschnitt wollen wir einerseits sehen, wie diese Mengen berechnet werden können, und andererseits unsere Beispielgrammatik daran überprüfen und ggf. verändern.

Wir hatten in Abschnitt 3.2.1 schon ein Problem „mit bloßem Auge" erkannt: Die Produktionen (3)

> *cond* $\rightarrow$ **if** *boolexpr* **then** *stmt* **fi** |
>   **if** *boolexpr* **then** *stmt* **else** *stmt* **fi**

erlauben es nicht, durch Ansehen des ersten Symbols **if** die richtige Alternative eindeutig zu bestimmen. Wir betrachten jetzt eine Technik, solche Produktionen durch „LL(1)-fähige" zu ersetzen.

Links-Faktorisierung

Das Problem tritt offensichtlich dann auf, wenn für ein Nichtterminal A die rechten Seiten verschiedener A-Produktionen ein gemeinsames Präfix haben, z.B.

> $A \quad \rightarrow \quad \alpha\beta_1 \mid \alpha\beta_2$

Die Idee besteht nun darin, die Produktionen so umzuschreiben, daß bei der Analyse zunächst eindeutig eine Produktion ausgewählt werden kann, die das gemeinsame Präfix erzeugt, und die Entscheidung über die Fortsetzung verschoben werden kann, bis das Präfix abgearbeitet ist. Das heißt, wir wählen hier Produktionen

---

[1]   Wenn im folgenden von FIRST- bzw. FOLLOW-Mengen die Rede ist, sind immer die FIRST_1- bzw. FOLLOW_1-Mengen gemeint, sofern nicht explizit anders gekennzeichnet.

$$A \quad \rightarrow \quad \alpha A'$$
$$A' \quad \rightarrow \quad \beta_1 \mid \beta_2$$

wobei A' ein neues Nichtterminal ist.

Mit dieser Technik können wir unsere Beispielgrammatik so modifizieren:

cond $\rightarrow$ **if** *boolexpr* **then** *stmt cond-rest*
cond-rest $\rightarrow$ **fi** | **else** *stmt* **fi**

Die Technik läßt sich verallgemeinern für den Fall, daß mehr als zwei Alternativen ein gemeinsames Präfix besitzen: Seien die A-Produktionen

$$A \quad \rightarrow \quad \alpha\beta_1 \mid \alpha\beta_2 \mid \ldots \mid \alpha\beta_m \mid \gamma_1 \mid \ldots \mid \gamma_n$$

mit $\alpha \neq \varepsilon$, wobei die γ_i nicht mit α beginnen. Dann kann man diese Produktionen ersetzen durch

$$A \quad \rightarrow \quad \alpha A' \mid \gamma_1 \mid \ldots \mid \gamma_n$$
$$A' \quad \rightarrow \quad \beta_1 \mid \ldots \mid \beta_m$$

mit einem neuen Nichtterminal A'.

Aufgabe 3.2: Gegeben sei die Grammatik $G = (N, \Sigma, P, \textit{modhead})$ mit

N = {*modhead, lists, implist, explist, A, B, idlist*}
Σ = {**MODULE, id, IMPORT, FROM, EXPORT, QUALIFIED, ;**}
P = { *modhead* $\rightarrow$ **MODULE id ;** *lists*

         lists $\rightarrow$ *implist explist* | *implist* | *explist* | ε

         implist $\rightarrow$ *A* **IMPORT** *idlist* | *A* **IMPORT** *idlist implist*

         A $\rightarrow$ **FROM id** | ε

         explist $\rightarrow$ **EXPORT** *B idlist*

         B $\rightarrow$ **QUALIFIED** | ε

         idlist $\rightarrow$ **id ;** | *idlist* **id ;**

         }.

G beschreibt den (etwas vereinfachten) Kopf eines Moduls der Sprache Modula-2. Geben Sie eine äquivalente Grammatik G' mit „LL(1)-fähigen" Produktionen an, indem Sie Linksrekursion beseitigen und – wo notwendig – Links-Faktorisierung durchführen.   □

Wir wenden uns nun der Berechnung von FIRST- und FOLLOW-Mengen zu, um anschließend überprüfen zu können, ob die Beispielgrammatik inzwischen vom Typ LL(1) ist. Unser Ziel besteht zunächst darin, FIRST(X) für ein beliebiges Symbol $X \in (N \cup \Sigma)$ zu bestimmen. Der Fall $X \in \Sigma$ ist trivial: FIRST(X) = {X}. Für ein Nichtterminal $X = A \in N$ ist es sinnvoll, die Menge aller A-Produktionen

$$A \quad \rightarrow \quad \alpha_1 \mid \ldots \mid \alpha_n$$

gemeinsam zu betrachten und dabei neben FIRST(A) auch die Mengen FIRST(α_1), ..., FIRST(α_n) zu berechnen. Letztere können wir auch als „initiale" Steuermengen auffassen (die endgültigen Steuermengen werden durch Einbezug der FOLLOW-Mengen gebildet).

Algorithmus 3.14: Berechnung von FIRST-Mengen und initialen Steuermengen

Eingabe   Grammatik G und Menge von A-Produktionen $A \rightarrow \alpha_1 \mid \ldots \mid \alpha_n$

Ausgabe   FIRST(A) und initiale Steuermengen D_1, ..., D_n, wobei $D_i =$ FIRST(α_i) mit $i = 1 \ldots n$

Methode

```
FIRST(A) := ∅;
for i := 1 to n do
    if α_i = ε then (die Produktion hat die Form A → ε)
        D_i := {ε}
    else (die Produktion hat die Form A → X₁X₂...X_m)
        D_i := FIRST(X₁) \ {ε}; j := 1
        while ε ∈ FIRST(X_j) and j < m do
            j := j + 1;
            D_i := D_i ∪ FIRST(X_j) \ {ε}
        od;
        if j = m and ε ∈ FIRST(X_m) then
            D_i := D_i ∪ {ε}
        fi
    fi;
    FIRST(A) := FIRST(A) ∪ D_i
end for
```

FIRST(A) ist also die Vereinigung aller FIRST(α_i), und für eine Regel $A \rightarrow X_1 \ldots X_m$ ist das im wesentlichen FIRST(X_1). Falls X_1 ein Terminalsymbol ist oder ein Nichtterminal, aus dem nicht ε abzuleiten ist, dann ist das alles. Nur für den Fall, daß FIRST(X_1) ε enthält, muß man FIRST(X_2) hinzunehmen, falls das ε enthält, auch FIRST(X_3) usw.

In einer Grammatik mit den Regeln

S	$\rightarrow$	$ABcd$	(1)
A	$\rightarrow$	$a \mid B$	(2)
B	$\rightarrow$	$b \mid \varepsilon$	(3)

wenden wir den Algorithmus nacheinander auf die Gruppen von Produktionen (3), (2), (1) an und erhalten FIRST-Mengen und Steuermengen:

$$\{b, \varepsilon\} \qquad B \rightarrow \quad b \mid \qquad \{b\}$$
$$\varepsilon \qquad \{\varepsilon\}$$
$$\{a, b, \varepsilon\} \qquad A \rightarrow \quad a \mid \qquad \{a\}$$
$$B \qquad \{b, \varepsilon\}$$
$$\{a, b, c\} \qquad S \rightarrow \quad ABcd \qquad \{a, b, c\}$$

Dabei haben wir FIRST-Mengen links und Steuermengen rechts neben Produktionen notiert. Man kann den obigen Algorithmus nun rekursiv benutzen, d.h., falls bei der Berechnung von FIRST(A) anhand der Produktion

$$A \quad \rightarrow \quad X_1 \dots X_m$$

eine Menge FIRST(X_j) für ein Nichtterminal X_j benötigt wird, wird der Algorithmus für X_j aufgerufen. Für die praktische Berechnung „von Hand" ist es interessant, eine Reihenfolge festzulegen, in der Nichtterminale betrachtet werden, so daß man die benötigten FIRST-Mengen jeweils schon zur Verfügung hat. Dazu kann man so vorgehen:

1. Bestimme eine Menge N_ε aller Nichtterminale, aus denen das leere Wort abgeleitet werden kann, also $N_\varepsilon := \{X \in N \mid X \Rightarrow^* \varepsilon\}$. (Überlegen Sie selbst, wie das geschehen könnte.)
2. Man zeichne einen Graphen, dessen Knoten die Nichtterminale sind. Für jede Produktion

$$A \rightarrow X_1 \dots X_m$$

mit dem Nichtterminal X_1 füge man eine gerichtete Kante

$$A \rightarrow X_1$$

ein. Falls $X_1 \in N_\varepsilon$ und X_2 ein Nichtterminal ist, füge man auch Kante

$$A \rightarrow X_2$$

hinzu usw.

Eine Kante $A \rightarrow B$ drückt aus: FIRST(B) sollte vor FIRST(A) berechnet werden. Man kann nun den Graphen von den Blättern her abarbeiten, d.h. FIRST(X) erst dann berechnen, wenn die FIRST-Mengen aller Nachfolger von X bereits bekannt sind.

Aufgabe 3.3: Dieses Verfahren funktioniert natürlich nicht, falls es Zyklen im Graphen gibt. Kann es Zyklen geben? Eine äquivalente Frage ist die, ob der obige FIRST-Algorithmus mit rekursiven Aufrufen mit Sicherheit terminiert. $\square$

Wir wenden die Technik nun zur Berechnung von FIRST-Mengen für unsere Beispielgrammatik an. Hier noch einmal die aktuelle Version:

$$stmt \qquad \rightarrow \quad assignment \mid$$
$$cond \mid$$
$$loop$$
$$assignment \quad \rightarrow \quad \mathbf{id} := expr$$

cond	$\rightarrow$	**if** *boolexpr* **then** *stmt* *cond-rest*
cond-rest	$\rightarrow$	**fi** |
		else *stmt* **fi**
loop	$\rightarrow$	**while** *boolexpr* **do** *stmt* **od**
expr	$\rightarrow$	*boolexpr* |
		numexpr
boolexpr	$\rightarrow$	*numexpr* **cop** *numexpr*
numexpr	$\rightarrow$	*term* *numexpr'*
numexpr'	$\rightarrow$	+ *term* *numexpr'* |
		ε
term	$\rightarrow$	*factor* *term'*
term'	$\rightarrow$	* *factor* *term'* |
		ε
factor	$\rightarrow$	**id** |
		const |
		(*expr*)

Im ersten Schritt bestimmen wir Nichtterminale, aus denen ε abgeleitet werden kann:

$$N_\varepsilon = \{term', numexpr'\}$$

Dann zeichen wir den Graphen, der die Berechnungsreihenfolge festlegt (Abb. 3.16). Die Zahlen an den Knoten geben die Bearbeitungsreihenfolge für den nächsten Schritt an.[2] Wir benutzen nun den Algorithmus FIRST:

{**id**}	*assignment*	$\rightarrow$	**id** := *expr*	{**id**}
{**if**}	*cond*	$\rightarrow$	**if** *boolexpr* **then** *stmt* *cond-rest*	{**if**}
{**while**}	*loop*	$\rightarrow$	**while** *boolexpr* **do** *stmt* **od**	{**while**}
{**id, if, while**}	*stmt*	$\rightarrow$	*assignment* |	{**id**}
			cond |	{**if**}
			loop	{**while**}
{**id, const**, ()}	*factor*	$\rightarrow$	**id** |	{**id**}
			const |	{**const**}
			(*expr*)	{()}
{**id, const**, ()}	*term*	$\rightarrow$	*factor* *term'*	{**id, const**, ()}
{**id, const**, ()}	*numexpr*	$\rightarrow$	*term* *numexpr'*	{**id, const**, ()}
{**id, const**, ()}	*boolexpr*	$\rightarrow$	*numexpr* **cop** *numexpr*	{**id, const**, ()}
{**id, const**, ()}	*expr*	$\rightarrow$	*boolexpr* |	{**id, const**, ()}
			numexpr	{**id, const**, ()}

Achtung: Die Alternativen für *boolexpr* und *numexpr* sind nicht disjunkt. Die Grammatik ist damit nicht vom Typ LL(1).

---

[2] Wir haben Nichtterminale ohne Kanten weggelassen. Diese können in beliebiger Reihenfolge bearbeitet werden.

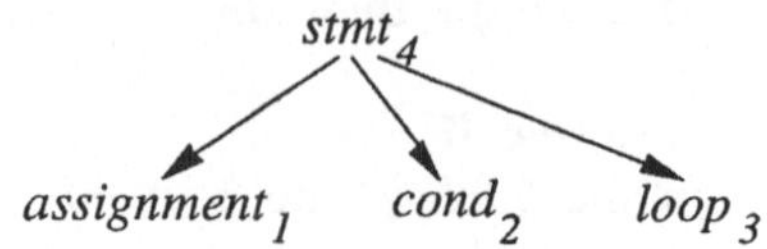

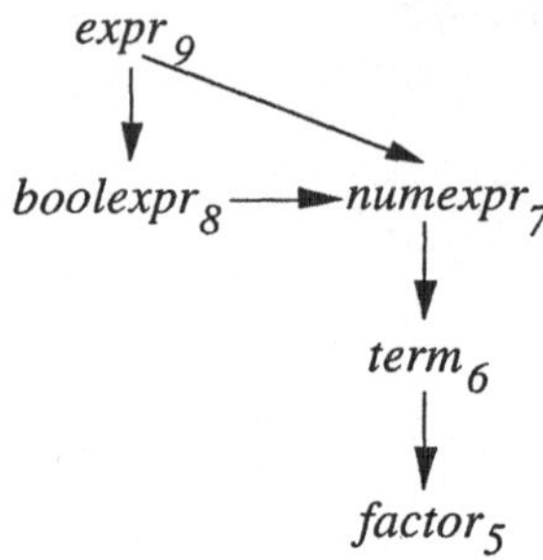

Abb. 3.16. Bestimmung der Berechnungsreihenfolge von FIRST-Mengen

Das Problem liegt offensichtlich darin, daß ein Ausdruck stets mit einem numerischen Ausdruck beginnt; ob er ein Boolescher Ausdruck ist, kann erst beim Antreffen eines **cop**-Symbols entschieden werden. Das Problem kann wieder mit Links-Faktorisierung behoben werden. Wir nehmen die Produktionen

$$expr \quad \rightarrow \quad boolexpr \mid numexpr$$

heraus und ersetzen sie durch

$$expr \quad \rightarrow \quad numexpr\ bool\text{-}rest$$
$$bool\text{-}rest \quad \rightarrow \quad \textbf{cop}\ numexpr \mid \varepsilon$$

Im Graphen verschwindet dadurch die Kante $expr \rightarrow boolexpr$, und das Verfahren läßt sich problemlos zu Ende führen. Die endgültige Version wird am Ende dieses Abschnitts vorgestellt.

Aufgabe 3.4: Bestimmen Sie für die Grammatik G' aus der Aufgabe 3.2 die FIRST-Mengen und die initialen Steuermengen der Produktionen. $\square$

Für die Produktionen

$$numexpr' \quad \rightarrow \quad \varepsilon \qquad \{\varepsilon\}$$
$$term' \quad \rightarrow \quad \varepsilon \qquad \{\varepsilon\}$$
$$bool\text{-}rest \quad \rightarrow \quad \varepsilon \qquad \{\varepsilon\}$$

enthält die Steuermenge nun ε (bzw. ist gleich $\{\varepsilon\}$). Für genau diese Nichtterminale werden die FOLLOW-Mengen benötigt.

Im Prinzip verläuft die Berechnung von FOLLOW-Mengen für alle Nichtterminale einer Grammatik nach folgenden Regeln:

1. Initialisiere die FOLLOW-Menge des Startsymbols mit {$} (wobei $ ein spezielles Symbol sein soll, das die Eingabefolge abschließt), die aller anderen Nichtterminale mit $\emptyset$.

Führe 2. und 3. durch, solange sich noch FOLLOW-Mengen ändern:

2. Für jede Produktion $A \rightarrow \alpha B \beta$ (B ein Nichtterminal, α, β beliebige Folgen) mit $\beta \neq \varepsilon$ füge alle Symbole in FIRST(β) außer ε in FOLLOW(B) ein.
3. Für jede Produktion $A \rightarrow \alpha B$ und jede Produktion $A \rightarrow \alpha B \beta$, bei der gilt $\varepsilon \in$ FIRST(β), füge alle Symbole aus FOLLOW(A) in FOLLOW(B) ein.

Diese Regeln sind einfach und einsehbar; es ist nur nicht ganz klar, wie man sie systematisch anwendet. Dies kann man so organisieren:

Algorithmus 3.15: Berechnung von FOLLOW-Mengen

Eingabe   Grammatik $G = (N, \Sigma, P, S)$

Ausgabe   FOLLOW(A) für alle $A \in N$

Methode

1. Trage alle Nichtterminale als Knoten in einen Graphen ein. Der Graph hat zu Anfang keine Kante. Markiere den Knoten für das Startsymbol mit dem Symbol $ (Ende der Eingabe).
2. Betrachte der Reihe nach alle Produktionen in P und für jede Produktion jedes Nichtterminal B auf der rechten Seite.
    (i)   Die Regel hat die Form $A \rightarrow \alpha B \beta$ mit $\beta \neq \varepsilon$: Markiere den Knoten B mit allen Symbolen, die in FIRST(β) liegen. Falls $\varepsilon \in$ FIRST(β), dann füge eine Kante $A \rightarrow B$ hinzu (falls noch nicht vorhanden).
    (ii) Die Regel hat die Form $A \rightarrow \alpha B$: Füge die Kante $A \rightarrow B$ hinzu.

    (Der Graph kann Zyklen haben; die FOLLOW-Mengen aller Knoten in einem Zyklus sind gleich. Deshalb:)

3. Berechne alle starken Komponenten[3] des Graphen und behandle fortan jede Komponente wie einen einzigen Knoten; seine Markierung ist die Vereinigung der Markierungen aller seiner Knoten.
4. Die FOLLOW-Menge eines Nichtterminals ist die Vereinigung seiner eigenen Markierung mit den Markierungen aller seiner Vorgänger im Graphen. Das heißt, ausgehend von den „Wurzeln"[4] des Graphen, propagiere Knotenmarkie-

---

[3] Eine starke (Zusammenhangs-) Komponente in einem gerichteten Graphen ist eine maximale Menge von Knoten, in der für jedes Paar (v, v') von Knoten ein Pfad von v nach v' und von v' nach v existiert. Ein Zyklus ist ein Spezialfall davon.

[4] Hier sollen einmal „Wurzeln" Knoten ohne Vorgänger und „Blätter" Knoten ohne Nachfolger im gerichteten Graphen bezeichnen (dies ist keine Standardterminologie).

rungen entlang den Kanten bis hin zu den Blättern, um alle FOLLOW-Mengen zu erhalten.

Wenn wir diesen Algorithmus auf unsere Beispielgrammatik anwenden, erhalten wir nach Schritt 2 den in Abb. 3.17 gezeigten Graphen (ohne *kursive* Knotenmarkierungen).

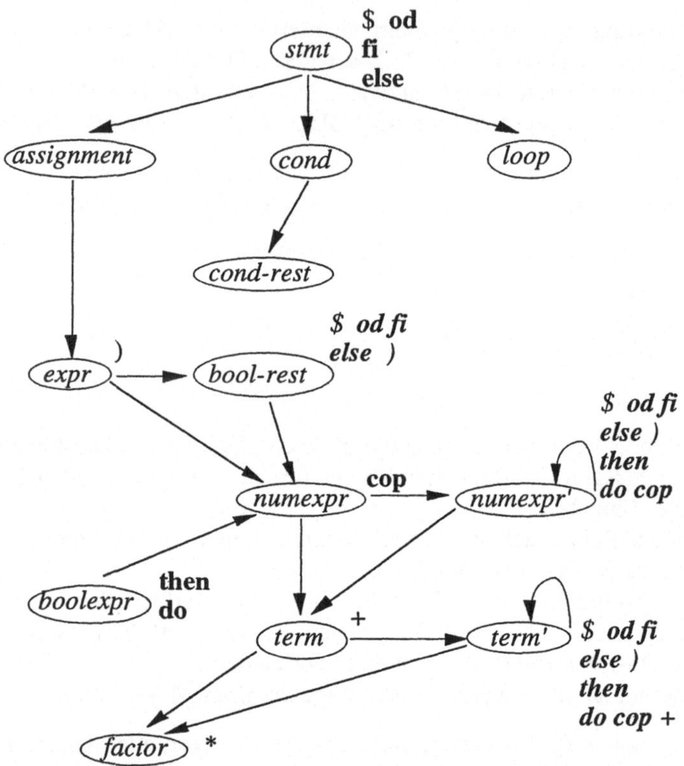

Abb. 3.17. Berechnung von FOLLOW-Mengen (nach Schritt 2 des Alg. 3.15)

Schritt 3 fällt aus, da keine Zyklen mit mehr als einem Knoten vorkommen. In Schritt 4 würde z.B. *assignment* die Markierungen {$, **od**, **fi**, **else**} von *stmt* übernehmen, *expr* hätte dann {$, **od**, **fi**, **else**,)} usw. Wir haben das Ergebnis von Schritt 4 im Graphen nur an den interessierenden Knoten *bool-rest*, *num-expr'* und *term'* fett und kursiv eingetragen.

Abschließend erhalten wir als komplette Version der Grammatik mit endgültigen Steuermengen:

(1)	*stmt*	$\rightarrow$	*assignment* |	{**id**}
(2)			*cond* |	{**if**}
(3)			*loop*	{**while**}
(4)	*assignment*	$\rightarrow$	**id** := *expr*	{**id**}
(5)	*cond*	$\rightarrow$	**if** *boolexpr* **then** *stmt cond-rest*	{**if**}
(6)	*cond-rest*	$\rightarrow$	**fi** |	{**fi**}
(7)			**else** *stmt* **fi**	{**else**}
(8)	*loop*	$\rightarrow$	**while** *boolexpr* **do** *stmt* **od**	{**while**}
(9)	*expr*	$\rightarrow$	*numexpr bool-rest*	{**id, const, (**}
(10)	*bool-rest*	$\rightarrow$	**cop** *numexpr* |	{**cop**}
(11)			ε	{**\$, od, fi, else,)**}
(12)	*boolexpr*	$\rightarrow$	*numexpr* **cop** *numexpr*	{**id, const, (**}
(13)	*numexpr*	$\rightarrow$	*term numexpr'*	{**id, const, (**}
(14)	*numexpr'*	$\rightarrow$	**+** *term numexpr'* |	{**+**}
(15)			ε	{**\$, od, fi, else,), then, do, cop**}
(16)	*term*	$\rightarrow$	*factor term'*	{**id, const, (**}
(17)	*term'*	$\rightarrow$	***** *factor term'* |	{*****}
(18)			ε	{**\$, od, fi, else,), then, do, cop, +**}
(19)	*factor*	$\rightarrow$	**id** |	{**id**}
(20)			**const** |	{**const**}
(21)			(*expr*)	{**(**}

Wir sehen, daß für jedes Nichtterminal die Steuermengen seiner Alternativen disjunkt sind; die Grammatik ist also nun tatsächlich vom Typ LL(1). Da wir alle Steuermengen kennen, ist das Problem der Top-down-Analyse ohne Backtracking somit prinzipiell gelöst; es geht nun nur noch darum, eine geschickte Implementierung zu finden. Dafür gibt es zwei Möglichkeiten, die wir in den folgenden Abschnitten besprechen.

Aufgabe 3.5: Bestimmen Sie die endgültigen Steuermengen für die Produktionen der Grammatik *G'* aus Aufgabe 3.2.   □

3.2.4   Implementierung eines vorgreifenden Analysators mit Analysetabelle

Wir hatten in Abschnitt 3.2.1 gesehen, daß die zentrale Idee des „predictive parsing" darin besteht, beim Antreffen eines Nichtterminals *A* im Ableitungsbaum und eines Terminalsymbols *a* in der Eingabefolge einfach „irgendwo nachzusehen", welche *A*-Produktion anzuwenden ist. In diesem Abschnitt betrachten wir die Implementierung eines „predictive parsers" mit Hilfe einer Analysetabelle, wobei diese Idee sehr direkt umgesetzt wird; die Tabelle enthält an einer Position (A, a) einen Eintrag, der die anzuwendende Produktion identifiziert. Ein Parser mit Analysetabelle benutzt weiterhin einen Stack, um implizit den Durchlauf durch den Ableitungsbaum zu organisieren. Insgesamt kann man sich einen solchen Parser, in Analogie zu verschiedenen abstrakten Maschinen der theoretischen Informatik, etwa so vorstellen, wie in Abb. 3.18 gezeigt.

Der Parser benutzt ein Eingabeband, ein Ausgabeband, einen Stack und eine Analysetabelle. Auf dem Eingabeband steht zu Anfang die zu analysierende Folge von
Terminalsymbolen; sie wird durch ein spezielles Symbol, hier „$", abgeschlossen.
Im allgemeinen steht auf dem Eingabeband noch ein Reststück der Eingabefolge,
und der Parser betrachtet jeweils das erste Symbol dieses Reststücks; dies hatten wir
in Abschnitt 3.2.1 das „aktuelle Symbol" genannt. Auf dem Stack steht zu Anfang
ein $-Zeichen (das das untere Ende des Stacks markiert) und das Startsymbol der
Grammatik. Im allgemeinen, also während der Analyse, steht auf dem Stack
zuoberst das gerade betrachtete Symbol in der Blattfolge des Ableitungsbaumes und
darunter im Stack der Rest dieser Blattfolge nach rechts.

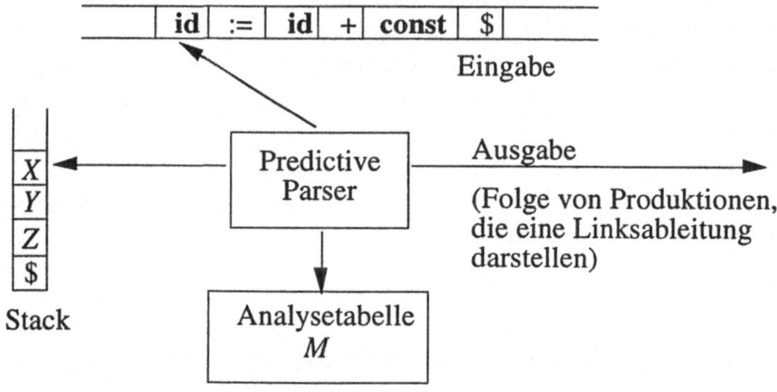

Abb. 3.18. Vorgreifender Analysator als abstrakte Maschine

Wir betrachten zum Vergleich noch einmal die allgemeine Situation innerhalb der
LL(k)-Analyse:

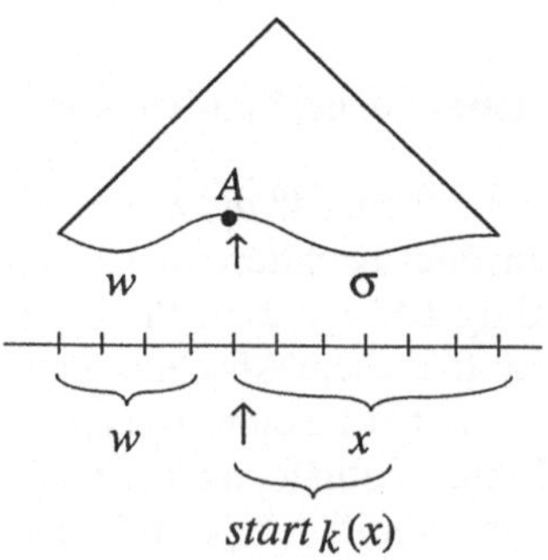

Abb. 3.19. Allgemeine Situation innerhalb der LL(k)-Analyse

In der dort dargestellten Situation steht also in der Eingabefolge gerade $x\$$ und auf dem Stack $A\sigma\$$. Die Ausgabe ist eine Folge von Produktionen oder Produktionsnummern, die den bisher erkannten Teil einer Linksableitung darstellen; offensichtlich ist diese Folge zu Anfang leer. Die *Analysetabelle M* ist eine Matrix mit einer Zeile für jedes Nichtterminal und einer Spalte für jedes Terminalsymbol der Grammatik; an jeder Position (A, a) enthält sie einen Eintrag, der entweder eine Produktionsnummer ist oder ein besonderes Symbol **error**.

Etwas formaler läßt sich ein solcher Parser so beschreiben: Sei $G = (N, \Sigma, P, S)$ die zugrundeliegende LL(1)-Grammatik. Die Produktionen in P seien numeriert; bezeichne $\overline{P}$ die zugehörige Menge von Produktionsnummern und sei p_i die entsprechende Produktion zu $i \in \overline{P}$. Dann steht auf dem Eingabeband ein Wort aus $\Sigma^*\{\$\}$ (also der Konkatenation der Sprachen Σ^* und $\{\$\}$), auf dem Stack ein Wort aus $(N \cup \Sigma)^*\{\$\}$, auf dem Ausgabeband ein Wort aus $\overline{P}^*$, die Analysetabelle ist mit N und $\Sigma \cup \{\$\}$ indiziert und enthält Einträge aus $\overline{P} \cup \{\textbf{error}\}$.

Ein aktueller Zustand während der Analyse läßt sich als Paar $(X\alpha, xw)$ beschreiben, wobei $X\alpha$ den Stackinhalt und xw den Rest der Eingabe beschreibt; X sei dabei das oberste Stacksymbol und x das aktuelle Symbol der Eingabefolge. Ein solches Paar bezeichnen wir als *Konfiguration* des Parsers. Zu Anfang der Analyse liegt die Konfiguration $(S\$, u\$)$ für eine zu analysierende Eingabefolge u vor. Der Parser führt dann eine Reihe von Schritten durch, die jeweils einen Übergang von einer Konfiguration K zu einer Konfiguration K' bewirken, notiert als

$$K \mapsto K'$$

bis entweder die Konfiguration $(\$, \$)$ erreicht oder ein Fehler aufgetreten ist. Bei manchen Schritten werden die Nummern erkannter Produktionen ausgegeben; dies notieren wir formal als

$$K \overset{i}{\mapsto} K'$$

Für die Schritte gibt es folgende Möglichkeiten:

1. $X \in \Sigma, X = x$

   Das oberste Stacksymbol ist terminal und paßt zum aktuellen Eingabesymbol; beide werden entfernt:

   $$(X\alpha, xw) \mapsto (\alpha, w)$$

2. $X \in \Sigma, X \neq x$

   Die Analyse wird abgebrochen und eine Fehlermeldung ausgegeben.[5]

3. $X \in N, M(X, x) = i$

---

[5] In der Praxis wird eher eine Fehlerbehandlung eingeleitet und versucht, die Analyse fortzusetzen; darauf gehen wir hier aber nicht ein.

Mit Hilfe der Analysetabelle wird nun die richtige Produktion $p_i = (X \to X_1 \ldots X_m)$ ausgewählt und auf dem Stack X durch $X_1 \ldots X_m$ ersetzt:

$$(X\alpha,\ xw) \overset{i}{\longmapsto} (X_1 \ldots X_m\alpha,\ xw),$$

4. $X \in N, M(X, x) = \mathbf{error}$

Die Analyse wird abgebrochen und eine Fehlermeldung ausgegeben.

Die Arbeitsweise des Parsers ist damit klar; es ist lediglich noch der Inhalt der Analysetabelle festzulegen. Für eine LL(1)-Grammatik ergibt sich dies unmittelbar aus den Steuermengen: Sei für jedes Nichtterminal $A \in N$ die Menge der A-Produktionen

$$
\begin{array}{llll}
i_1 & A \to \alpha_1 & | & D_1 \\
i_2 & \alpha_2 & | & D_2 \\
 & \cdots \\
i_{n-1} & \alpha_{n-1} & | & D_{n-1} \\
i_n & \alpha_n & & D_n
\end{array}
$$

mit Steuermengen D_j und Produktionsnummern i_j gegeben. Dann ist die Analysetabelle M definiert durch

$$M(A,\ b) = \begin{cases} i_j & \text{falls } \exists j \in \{1 \ldots n\} : b \in D_j \\ \mathbf{error} & \text{sonst} \end{cases}$$

für alle $A \in N, b \in (\Sigma \cup \$)$.

Für unsere Beispielgrammatik läßt sich anhand der im vorigen Abschnitt berechneten Steuermengen die in Abb. 3.20 gezeigte Analysetabelle berechnen. Alle in dieser Darstellung leeren Felder enthalten den Eintrag **error**; diese Einträge wurden der Übersichtlichkeit halber weggelassen.

Mit Hilfe der Tabelle läßt sich nun z.B. eine Anweisung

```
a := 3 * 5 + 7
```

analysieren. Durch die lexikalische Analyse ist daraus eine Symbolfolge entstanden:

id   :=   const * const + const

Der Ablauf der Analyse ist in der Tabelle in Abb. 3.21 dargestellt. Jede Zeile enthält eine Konfiguration des Parsers. Der Stackinhalt ist so dargestellt, daß das oberste Symbol rechts steht, so daß sich X und x direkt gegenüberstehen. Die in einer Zeile gezeigte Ausgabe erfolgt beim Schritt von dieser Zeile zur nächsten. In der Tabelle kürzen wir **const** mit **c** ab.

	id	:=	if	then	else	fi	while	do	od	cop	+	*	const	(	)	$
statement	1		2				3									
assignment	4															
cond			5													
cond-rest					7	6										
loop							8									
expr	9												9	9		
bool-rest					11	11		11	10						11	11
boolexpr	12												12	12		
numexpr	13												13	13		
numexpr'				15	15	15		15	15	15	14				15	15
term	16												16	16		
term'				18	18	18		18	18	18	18	17			18	18
factor	19												20	21		

Abb. 3.20. Analysetabelle für die Beispielgrammatik

Stack	_Eingabe_	_Ausgabe_
$ *stmt*	**id** := c * c + c $	1
$ *assignment*	**id** := c * c + c $	4
$ *expr* := **id**	**id** := c * c + c $	
$ *expr* :=	:= c * c + c $	
$ *expr*	c * c + c $	9
$ *bool-rest numexpr*	c * c + c $	13
$ *bool-rest numexpr' term*	c * c + c $	16
$ *bool-rest numexpr' term' factor*	c * c + c $	20
$ *bool-rest numexpr' term'* **c**	c * c + c $	
$ *bool-rest numexpr' term'*	* c + c $	17
$ *bool-rest numexpr' term' factor* *	* c + c $	
$ *bool-rest numexpr' term' factor*	c + c $	20
$ *bool-rest numexpr' term'* **c**	c + c $	
$ *bool-rest numexpr' term'*	+ c $	18
$ *bool-rest numexpr'*	+ c $	14
$ *bool-rest numexpr' term* +	+ c $	
$ *bool-rest numexpr' term*	c $	16
$ *bool-rest numexpr' term' factor*	c $	20

$ *bool-rest numexpr' term'* **c**	**c** $	
$ *bool-rest numexpr' term'*	$	18
$ *bool-rest numexpr'*	$	15
$ *bool-rest*	$	11
$	$	**accept**

Abb. 3.21. Ablauf der Top-down-Analyse für tabellengesteuerten Parser

Aufgabe 3.6: Erstellen Sie zu der Grammatik G' eine Analysetabelle und analysieren Sie das Wort **MODULE id ; IMPORT id ; EXPORT id ; .**   □

3.2.5   Implementierung eines vorgreifenden Analysators durch rekursiven Abstieg

Die zweite Möglichkeit, einen „predictive parser" zu implementieren, besteht darin, ein System rekursiver Prozeduren anzulegen; dabei gibt es genau eine Prozedur für jedes Nichtterminal in der LL(1)-Grammatik. Die Idee dabei ist, zu Anfang die Prozedur für das Startsymbol aufzurufen; anschließend soll der Baum, der sich aus den wechselseitigen Prozeduraufrufen ergibt, direkt die Struktur des Ableitungsbaumes widerspiegeln. Jede aufgerufene Prozedur für ein Nichtterminal A entscheidet anhand des aktuellen Symbols in der Eingabefolge, welche A-Produktion auszuwählen ist; sie bearbeitet dann durch weitere Aufrufe die rechte Seite dieser Produktion.

Die Struktur der Prozedur für Nichtterminal A ergibt sich unmittelbar aus der mit Steuermengen und Produktionsnummern versehenen Menge von A-Produktionen. Betrachten wir zunächst als Beispiel die Prozeduren für Nichtterminale *stmt* und *assignment* unserer Grammatik. Anhand der gegebenen Produktionen

(1)	*stmt*	$\rightarrow$	*assignment*	{**id**}
(2)			*cond*	{**if**}
(3)			*loop*	{**while**}
(4)	*assignment* $\rightarrow$		**id** := *expr*	{**id**}

werden Prozeduren *stmt* und *assignment* konstruiert, die folgende Gestalt haben:

```
procedure stmt;
begin
    if symbol = id then
        output(1); assignment
    elsif symbol = if then
        output(2); cond
    elsif symbol = while then
        output(3); loop
    else error
    fi
end;
```

```
procedure assignment;
begin
   if symbol = id then
        output(4); match(id); match(:=); expr
   else error
   fi
end;
```

In diesen Prozeduren bezeichne *symbol* eine globale Variable vom Typ *tsymbol* (Terminalsymbol), die jeweils das aktuelle Symbol der Eingabefolge enthält; bei Aufruf der Prozedur für das Startsymbol enthält sie das erste Symbol dieser Folge. Weiterlesen in der Eingabefolge erfolgt durch die Prozedur *match*:

```
procedure match(t: tsymbol)
begin
   if symbol = t then nextsymbol else error fi
end;
```

Parameter dieser Prozedur ist ein Terminalsymbol. Der Typ *tsymbol* könnte etwa numerische Codierungen aller Terminalsymbole enthalten, z.B. if = 17, := = 43 usw. In den gezeigten Prozeduren für *assignment* müßte also die entsprechende Codierung für die vorkommenden Terminalsymbole eingesetzt werden; der Klarheit halber haben wir das nicht getan und statt dessen Sonderzeichenfolgen, die Terminalsymbole bilden, fett und unterstrichen dargestellt. Die Prozedur *nextsymbol* liest das nächste Symbol in die Variable *symbol*. Die Prozedur *output* gibt lediglich die Nummer der ausgewählten Produktion aus. Die Prozedur *error* gibt eine Fehlermeldung aus.

Wir geben nun ein allgemeines Schema an, um die Prozedur für ein Nichtterminal zu beschreiben. Gegeben sei eine Menge von A-Produktionen mit Steuermengen D_j und Produktionsnummern i_j:

$$
\begin{array}{lllll}
i_1 & A & \rightarrow & \alpha_1 \mid & D_1 \\
i_2 & & & \alpha_2 \mid & D_2 \\
& \cdots & & & \\
i_{n-1} & & & \alpha_{n-1} \mid & D_{n-1} \\
i_n & & & \alpha_n & D_n
\end{array}
$$

Dann hat die Prozedur A folgende Gestalt:

```
procedure A;
begin
   if symbol ∈ D₁ then
        output(i₁); bearbeite α₁
   elsif symbol ∈ D₂ then
        output(i₂); bearbeite α₂
   elsif
        ...
```

```
   elsif symbol ∈ Dₙ then
       output(iₙ); bearbeite αₙ
   else error
   fi
end;
```

Für $D_j = \{t_1, \ldots, t_r\}$ läßt sich „$symbol \in D_j$" beispielsweise weiter verfeinern zu

$$symbol = t_1 \textbf{ or } \cdots \textbf{ or } symbol = t_r$$

Eine andere Möglichkeit wäre, statt der **if ... elsif ... fi**-Kette eine **case**-Anweisung zu verwenden:

```
case symbol of
    t₁,₁, ..., t₁,ᵣ₁ : begin output (i₁); bearbeite α₁ end;
    ...
    tₙ,₁, ..., tₙ,ᵣₙ : begin output (iₙ); bearbeite αₙ end;
    otherwise error
esac
```

Für $\alpha_j = \varepsilon$ ist „bearbeite α_j" einfach die leere Anweisung. Andernfalls sei $\alpha_j = X_1 \ldots X_m$ mit $X_k \in N \cup \Sigma$. Dann verfeinern wir „bearbeite α_j" zu

$$code(X_1); \ldots; code(X_m),$$

dabei ist

$$code(X_k) = \begin{cases} match(a) & \text{falls } X_k = a \in \Sigma \\ B & \text{falls } X_k = B \in N \end{cases}$$

Als weitere Beispiele zeigen wir noch die Prozeduren für *term*, *term'* und *factor*:

```
procedure term;
begin
    if symbol = id  or symbol = const or symbol = ( then
        output (16); factor; term'
    else error
    fi
end

procedure term';
begin
    if symbol = * then
        output(17); match(*); factor; term'
    elsif symbol = $ or symbol = od or symbol = fi or
        symbol = else or symbol = ) or symbol = then or
        symbol = do or symbol = cop or symbol = ±
    then output(18)
```

```
      else error
      fi
   end;

   procedure factor;
   begin
      if symbol = id then
         output(19);  match(id)
      elsif symbol = const then
         output(20);  match(const)
      elsif symbol = ) then
         output(21);  match()); expr; match())
      else error
      fi
   end;
```

Es ist Ihnen wahrscheinlich bei den vorgestellten Beispielen aufgefallen, daß darin viele redundante Tests auftreten. So müßte z.B. in der Prozedur *assignment* nicht mehr getestet werden, ob das aktuelle Symbol gleich **id** ist. Wäre es das nämlich nicht, wäre *assignment* erst gar nicht von *stmt* aufgerufen worden, d.h., der **else**-Zweig von *assignment* kann nie erreicht werden. Weiterhin könnte der Aufruf *match*(**id**) innerhalb von *assignment* durch einen von *nextsymbol* ersetzt werden, da *match* ebenfalls immer nur in den **then**-Zweig laufen würde.

Dennoch haben wir die Beispiele in dieser Form vorgestellt, da sie genau nach dem beschriebenen allgemeinen Schema konstruiert worden sind. Diese Konstruktion könnte nämlich auch durchaus automatisch erfolgen, d.h. durch einen Parser-Generator, der nur die Grammatik als Eingabe erhält. Die oben erwähnten Optimierungen könnten dann möglicherweise ebenfalls automatisch durchgeführt werden. Eine Regel wäre z.B., alle Aufrufe von *match*, die von einem auf der rechten Seite einer Produktion ganz links stehenden Terminalsymbol stammen, durch einen Aufruf von *nextsymbol* zu ersetzen.

3.3 Bottom-up-Analyse

Thema dieses Abschnitts ist die zweite Strategie für die Syntaxanalyse, bei der man *bottom-up* vorgeht, den Syntaxbaum also von den Blättern aus nach oben aufbaut. Bei der Top-down-Analyse werden jeweils *Nichtterminale* im Ableitungsbaum betrachtet und Regeln benutzt, bei denen dieses Nichtterminal auf der *linken Seite* steht, um das Nichtterminal zu expandieren; dabei werden die Symbole der rechten Seite als Söhne an den Knoten des Nichtterminals angehängt. Bei der Bottom-up-Analyse werden jeweils *rechte Seiten* von Produktionen entdeckt, wobei zu den Symbolen der rechten Seite bereits separate Ableitungsbäume erkannt sind; mit Hilfe der Produktion wird dann das Nichtterminal auf der linken Seite als Vater (bzw. neue Wurzel) mit den Bäumen der Söhne verbunden.

Wir betrachten im folgenden Abschnitt 3.3.1 zunächst das Prinzip der Bottom-up-Analyse genauer. In Abschnitt 3.3.2 untersuchen wir die am wenigsten mächtige, aber dafür am einfachsten zu verstehende Technik der Bottom-up-Analyse, die sog. Operator-Vorrangmethode. Die mächtigsten effizienten Verfahren zur Syntaxanalyse überhaupt sind *LR-Parser*, die wir in Abschnitt 3.3.3 besprechen. LR-Parser sind allerdings so komplex, daß sie normalerweise „von Hand" nicht mehr vernünftig konstruierbar sind. Deshalb spielen Werkzeuge eine besondere Rolle. In Abschnitt 3.3.4 stellen wir das sehr verbreitete Werkzeug *Yacc* vor, das aus einer Grammatikspezifikation automatisch einen LR-Parser generiert.

3.3.1   Das Prinzip der Bottom-up-Analyse

Wie gerade skizziert, werden bei der Bottom-up-Analyse Syntaxbäume von den Blättern aus nach oben zusammengebaut; dabei werden *Rechtsableitungen in umgekehrter Reihenfolge* erkannt. Wir betrachten als Beispiel wieder eine einfache Grammatik für arithmetische Ausdrücke mit den Produktionen (wie in Abschnitt 3.1):

$$E \rightarrow E + T$$
$$E \rightarrow T$$
$$T \rightarrow T * F$$
$$T \rightarrow F$$
$$F \rightarrow (E)$$
$$F \rightarrow \mathbf{id}$$

Gegeben sei eine Tokenfolge **id** + **id** * **id**.

Ein Bottom-up-Parser liest Symbole der Eingabefolge; sobald eine rechte Seite einer Produktion komplett vorliegt, wird sie durch das Nichtterminal der linken Seite ersetzt (das ist allerdings nicht die ganze Wahrheit, wie wir gleich sehen werden). Wir notieren links, was bereits gelesen und verarbeitet ist, rechts die noch übrige Restfolge.

id	+ **id** * **id**

Das Token **id** ist eine komplette rechte Seite, wir ersetzen durch F. Man sagt, die rechte Seite wird zu F *reduziert*.

F	+ **id** * **id**
T	+ **id** * **id**
E	+ **id** * **id**

Mit E kann man nichts weiter anfangen, wir müssen ein weiteres Zeichen hinzunehmen.

$E +$	**id** * **id**
$E +$ **id**	* **id**
$E + F$	* **id**
$E + T$	* **id**

An dieser Stelle müßten wir reduzieren, da wieder eine komplette rechte Seite vor-liegt. Tatsächlich ist das Kriterium „vollständige rechte Seite vorhanden" aber nicht ausreichend. Wenn wir hier $E + T$ zu E reduzieren, wird es nicht gelingen, die gesamte Eingabefolge zu reduzieren, da es keine Produktion gibt, in der „E *" vor-kommt. Das zentrale Problem in der Bottom-up-Analyse besteht darin, zu entschei-den, ob bei Vorliegen einer kompletten rechten Seite reduziert werden soll oder ob zunächst noch weitere Zeichen hinzugenommen werden sollen. Hier wäre letzteres die richtige Entscheidung:

$E + T *$ **id**
$E + T *$ **id**
$E + T * F$
$E + T$
E

Wenn wir diese Folge in umgekehrter Reihenfolge hinschreiben, sehen wir, daß eine Rechtsableitung erkannt worden ist:

$$\underline{E} \Rightarrow E + \underline{T} \Rightarrow E + T * \underline{F} \Rightarrow E + \underline{T} * \text{id} \Rightarrow E + \underline{F} * \text{id} \Rightarrow \underline{E} + \text{id} * \text{id}$$

$$\Rightarrow \underline{T} + \text{id} * \text{id} \Rightarrow \underline{F} + \text{id} * \text{id} \Rightarrow \text{id} + \text{id} * \text{id}$$

Zeilen, in denen nicht reduziert, sondern nur ein Zeichen gelesen wurde, erscheinen natürlich nicht in der Ableitung. Warum wird eine *Rechtsableitung* erkannt? Weil bei jedem Reduktionsschritt das *Ende* der bereits gelesenen Folge durch ein Nicht-terminal ersetzt wird – in der Ableitung ist dieses dann das Nichtterminal, das ersetzt wird – und rechts davon nur die noch nicht gelesenen Zeichen, also Terminale, ste-hen.

Wie wir gesehen haben, besteht das wesentliche Problem darin, zu entscheiden, ob eine vollständige rechte Seite reduziert werden soll oder nicht. Die rechte Seite β sollte reduziert werden, wenn sie in einer Rechtsableitung vorkommt und somit der Reduktionsprozeß erfolgreich zu Ende geführt werden kann. Ob eine rechte Seite diese Rolle spielt, wird präzisiert im Begriff des *Handle*:

Definition 3.16: Sei G eine kontextfreie Grammatik und sei

$$S \underset{r}{\Rightarrow}^* \alpha A w \underset{r}{\Rightarrow} \alpha \beta w$$

eine Rechtsableitung in G. Dann heißt β ein *Handle*[6] der Rechtssatzform $\alpha\beta w$.   □

Die Definition spricht von „einem" Handle, weil es mehrere geben könnte, wenn die Grammatik mehrdeutig ist, wenn also die Rechtssatzform $\alpha\beta w$ auf verschiedene Arten abgeleitet werden kann. Bei einer eindeutigen Grammatik hat jede Rechtssatz-form genau ein Handle.

---

[6] In deutschen Lehrbüchern findet man verschiedene Übersetzungen für *Handle*, u.a. „Griff", „Henkel" oder „Ansatz". Wegen der fehlenden Einheitlichkeit bleiben wir lieber beim englischen Begriff.

Innerhalb einer Rechtsableitung sieht man Handles, wenn man nicht die Nichtterminale unterstreicht, die ersetzt werden, sondern die rechten Seiten, durch die ersetzt wird.

$$E \Rightarrow \underline{E+T} \Rightarrow E + \underline{T*F} \Rightarrow E + T * \underline{\mathbf{id}} \Rightarrow E + \underline{F} * \mathbf{id} \Rightarrow E + \underline{\mathbf{id}} * \mathbf{id}$$

$$\Rightarrow \underline{T} + \mathbf{id} * \mathbf{id} \Rightarrow \underline{F} + \mathbf{id} * \mathbf{id} \Rightarrow \underline{\mathbf{id}} + \mathbf{id} * \mathbf{id}$$

Bevor wir uns der Frage zuwenden, wie man Handles findet, überlegen wir, wie man eine Bottom-up-Analyse implementieren kann. Das obige Beispiel hat schon deutlich gemacht, daß eine sehr natürliche Implementierung mit Hilfe eines *Stacks* möglich ist. Eingabesymbole werden jeweils auf den Stack gelegt. Sobald am oberen Ende des Stacks ein Handle β einer Produktion $A \to \beta$ erscheint, wird reduziert, das heißt, die Symbole von β werden vom Stack entfernt, und A wird an ihrer Stelle auf den Stack gelegt. Genau genommen führt ein solcher Parser 4 Arten von Aktionen durch:

1. *Shift.* Entnimm das nächste Symbol der Eingabefolge und lege es auf den Stack.

2. *Reduce.* Ein Handle β einer Produktion $A \to \beta$ bildet das obere Ende des Stacks. Ersetze β auf dem Stack durch A.

3. *Accept.* Auf dem Stack liegt nur noch das Startsymbol; die Eingabefolge ist leer. Akzeptiere die Eingabefolge.

4. *Error.* Entscheide, daß ein Syntaxfehler vorliegt.

Da *shift* und *reduce* die wesentlichen Aktionen sind, wird ein solcher Parser auch *shift-reduce*-Parser genannt.

Wir spielen unser obiges Beispiel noch einmal etwas deutlicher unter Verwendung eines Stacks durch. Das Symbol „$" wird wieder benutzt, um das untere Ende des Stacks bzw. das Ende der Eingabefolge zu kennzeichnen. Handles sind unterstrichen.

Stack	*Eingabe*	*Aktion*
$	**id** + **id** * **id** $	*shift*
$ $\underline{\mathbf{id}}$	+ **id** * **id** $	*reduce* mit $F \to$ **id**
$ $\underline{F}$	+ **id** * **id** $	*reduce* mit $T \to F$
$ $\underline{T}$	+ **id** * **id** $	*reduce* mit $E \to T$
$ E	+ **id** * **id** $	*shift*
$ $E +$	**id** * **id** $	*shift*
$ $E +$ $\underline{\mathbf{id}}$	* **id** $	*reduce* mit $F \to$ **id**
$ $E +$ $\underline{F}$	* **id** $	*reduce* mit $T \to F$
$ $E + T$	* **id** $	*shift*
$ $E + T *$	**id** $	*shift*
$ $E + T *$ $\underline{\mathbf{id}}$	$	*reduce* mit $F \to$ **id**
$ $E + \underline{T*F}$	$	*reduce* mit $T \to T*F$
$ $\underline{E+T}$	$	*reduce* mit $E \to E + T$
$ E	$	*accept*

Die Folgen von Symbolen, die während der Analyse auf dem Stack erscheinen können, sind für spätere Betrachtungen von Interesse, sie heißen *geeignete Präfixe* („viable[7] prefixes").

Definition 3.17: Sei G eine kontextfreie Grammatik und sei

$$S \underset{r}{\Rightarrow}{}^* \alpha A w \underset{r}{\Rightarrow} \alpha \beta w$$

eine Rechtsableitung in G. Jedes Anfangsstück der Folge $\alpha\beta$ heißt *geeignetes Präfix* von G. □

Ein geeignetes Präfix ist also ein Anfangsstück einer Rechtssatzform, das nicht über das Handle hinausgeht. Solange auf dem Stack ein geeignetes Präfix steht, können in der Eingabe noch Terminalsymbole folgen, mit denen zusammen eine Rechtssatzform entsteht. Das bedeutet, daß bis dahin noch kein Syntaxfehler vorliegt.

Die (ggf. explizite) Konstruktion des Ableitungsbaums im Rahmen des Shift-Reduce-Parsens ist ebenfalls leicht mit Hilfe des Stacks möglich. Dann werden auf dem Stack Teilbäume verwaltet, deren Wurzel jeweils das (nach bisheriger Auffassung) auf dem Stack gespeicherte Symbol ist. Bei einem Reduktionsschritt werden Symbole der rechten Seite β als Söhne an das Nichtterminal A angehängt und vom Stack entfernt; der neue Teilbaum mit Wurzel A wird auf den Stack gelegt. Für unser Beispiel sieht das so aus (horizontal sind Stackplätze für Teilbäume angeordnet):

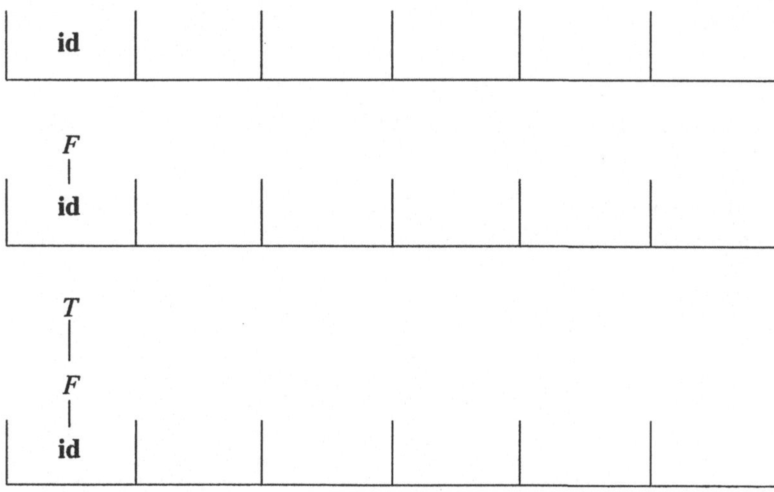

Abb. 3.22. Teilbäume auf dem Stack beim Shift-Reduce-Parsen (1)

---

[7] Auch hier gibt es verschiedene deutsche Übersetzungen, z.B. „zuverlässiges" oder „lebensfähiges" Präfix. Diesmal erfinden wir selbst noch eine neue. Am besten merkt man sich auch den englischen Begriff.

Nach zwei weiteren Schritten:

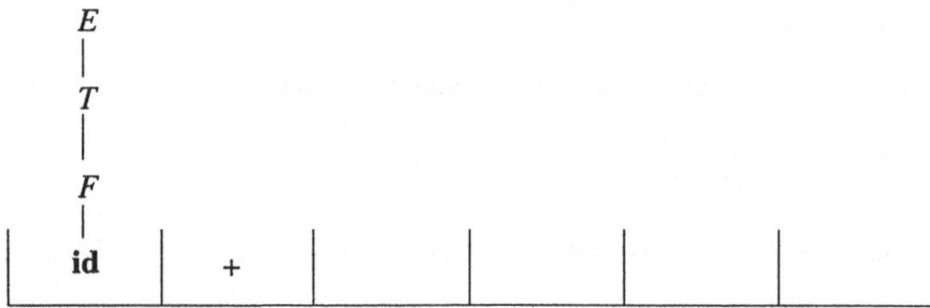

Abb. 3.23. Teilbäume auf dem Stack beim Shift-Reduce-Parsen (2)

Dies ist die Situation nach dem zweiten Shift-Schritt. Nach einigen weiteren Schritten erhalten wir folgende Situation:

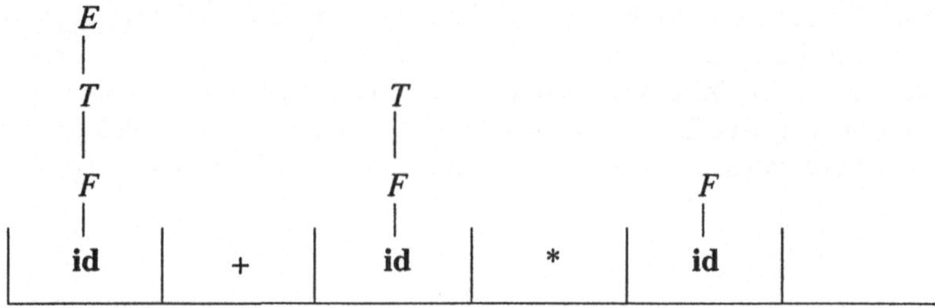

Abb. 3.24. Teilbäume auf dem Stack beim Shift-Reduce-Parsen (3)

Es folgt eine Reduktion mit $T \to T*F$. Beachten Sie, daß der entstehende Teilbaum insgesamt nur noch einen Stackplatz belegt.

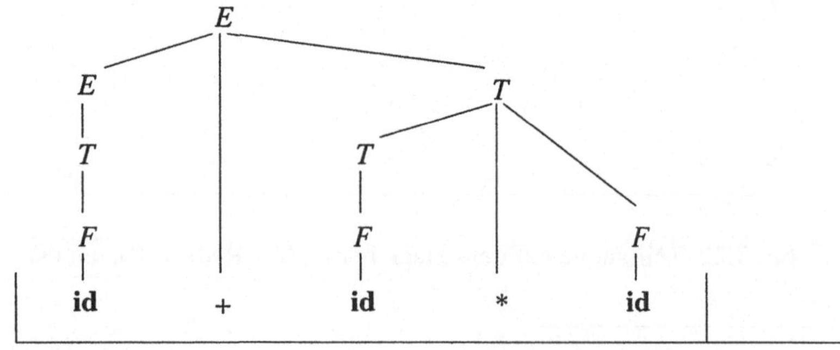

Abb. 3.25. Teilbäume auf dem Stack beim Shift-Reduce-Parsen (4)

Schließlich folgt die letzte Reduktion, der gesamte Baum steht auf der untersten
Stackposition.

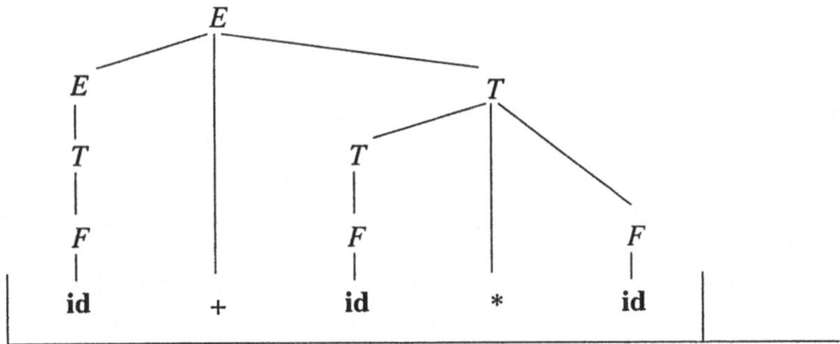

Abb. 3.26. Teilbäume auf dem Stack beim Shift-Reduce-Parsen (5)

Diesen Ableitungsbaum haben wir schon mal in Abb. 3.4 gesehen.

Die spannende Frage ist nun, wie der Parser Handles erkennen kann. Er müßte
erstens feststellen, daß nach einem Shift-Schritt ein Handle auf dem Stack liegt, und
zweitens die Anfangsposition (das erste Symbol) des Handles erkennen. Eine erste
einfache Methode dazu betrachten wir im folgenden Abschnitt.

3.3.2 Operator-Vorranganalyse

Die im folgenden beschriebene Methode ist ursprünglich speziell für die Syntaxanalyse arithmetischer Ausdrücke entwickelt worden. Es ist das schwächste Bottom-up-
Verfahren insofern, als nur eine recht eingeschränkte Klasse von Grammatiken
damit behandelt werden kann. Dafür ist es einfach, kann relativ leicht von Hand
implementiert werden und bietet uns einen guten Einstieg in das Shift-Reduce-Parsen.

Die Grundidee besteht darin, drei Relationen zu definieren, die zwischen aufeinan-
derfolgenden Symbolen auf dem Stack bestehen können, notiert als $<\!\cdot$, $\doteq$ und $\cdot\!>$.
Das Ziel ist ja, in einer Rechtssatzform $\alpha\beta w$ das Handle β zu erkennen. Sei $\alpha =
a_1...a_n$, $\beta = b_1...b_m$ und $w = w_1...w_k$. Dann sollten folgende Relationen zwischen den
einzelnen Symbolen bestehen:

<u>Stack</u>   <u>Eingabe</u>

$$...\,a_n <\!\cdot\ b_1 \doteq b_2 \doteq ... \doteq b_m \qquad \cdot\!> \qquad w_1...$$

Die spitzen Klammern zeigen also gerade die Grenzen des Handles an, die Relation
$\doteq$ gilt zwischen Symbolen innerhalb des Handles. Der Nutzen ist offensichtlich:
Solange zwischen dem obersten Stacksymbol und dem nächsten Eingabesymbol die

Beziehung $<\!\cdot$ oder $\doteq$ gilt, ist *shift* die richtige Aktion. Sobald die Beziehung $\cdot\!>$ auftritt, ist das Ende eines Handles erreicht und *reduce* ist auszuführen; darüber hinaus findet man das linke Ende des Handles, indem man über alle Paare von Symbolen mit Beziehung $\doteq$ hinweg zurückgeht, bis die Beziehung $<\!\cdot$ auftritt.

Tatsächlich definiert man die drei Relationen nur zwischen *Terminalsymbolen*. Bei diesem Verfahren spielen Nichtterminale praktisch keine Rolle; die Analyse wird vollständig durch die Relationen gesteuert. Bei der Betrachtung aufeinanderfolgender Symbole auf dem Stack beschränkt man sich daher auf Terminale und ignoriert dazwischenliegende Nichtterminale. Die drei Relationen heißen *Operator-Vorrangrelationen*, wohl deshalb, weil man ursprünglich Beziehungen zwischen arithmetischen Operatoren wie +, -, *, / usw. festlegen wollte. Zwischen arithmetischen Operatoren gelten ja gewisse Vorrangregeln: Multiplikation und Division binden stärker als Addition und Subtraktion usw. Zwischen + und * definiert man daher die Beziehungen

$$+ \quad <\!\cdot \quad *$$

$$* \quad \cdot\!> \quad +$$

Das führt etwa dazu, daß in einer Folge

$$E + E * E + E$$

Relationen gelten (Nichtterminale werden ignoriert)

$$E + <\!\cdot \; E * E \; \cdot\!> + E$$

so daß, wie gewünscht, der Teilausdruck $E * E$ zuerst reduziert wird.

Wir betrachten als Beispiel wieder unsere Grammatik:

$$E \to E + T$$
$$E \to T$$
$$T \to T * F$$
$$T \to F$$
$$F \to (E)$$
$$F \to \mathbf{id}$$

Da die Nichtterminale in der Analyse keine Rolle spielen, können wir mit einem einzigen auskommen und die Grammatik vereinfachen:

$$E \to E + E$$
$$E \to E * E$$
$$E \to (E)$$
$$E \to \mathbf{id}$$

Es müssen Vorrangrelationen festgelegt werden zwischen allen Terminalsymbolen, hier also den Symbolen $\{+, *, (,), \mathbf{id}\}$ sowie dem speziellen Symbol \$, das in der Analyse benutzt wird. Die drei Vorrangrelationen müssen disjunkt sein, d.h., es darf zwischen je zwei Symbolen nur eine der drei Beziehungen bestehen. Daher kann man die Relationen gut in einer einzigen Tabelle darstellen. Wir betrachten zunächst den Ablauf des Parsens bei vorgegebener Tabelle; später werden wir sehen, wie man Tabellen konstruiert. Hier ist die Tabelle für unser Beispiel:

		Eingabe					
		+	*	(	)	id	$
Stack	+	·>	<·	<·	·>	<·	·>
	*	·>	·>	<·	·>	<·	·>
	(	<·	<·	<·	≐	<·	
	)	·>	·>		·>		·>
	id	·>	·>		·>		·>
	$	<·	<·	<·		<·	

Dabei sind Leereinträge als Fehler zu interpretieren. Eine Ausnahme bildet der fehlende Eintrag für das Paar ($, $); an dieser Stelle akzeptiert der Parser.

Wir analysieren wieder die Folge **id + id * id**:

Stack		*Eingabe*	*Aktion*
$	<·	**id + id * id** $	*shift*

Wir sehen die Beziehung zwischen $ und **id** in der Tabelle nach und finden <·. Also ist *shift* die richtige Aktion. Auf dem Stack tragen wir die Beziehung mit ein.

| $ <· **id** | ·> | + **id * id** $ | *reduce* mit $E \to$ **id** |
| $ E | <· | + **id * id** $ | *shift* |

Hier wird die Beziehung zwischen $ und + nachgesehen; E wird ignoriert.

$ E <· +	<·	**id * id** $	*shift*
$ E <· + <· **id**	·>	* **id** $	*reduce* mit $E \to$ **id**
$ E <· + E	<·	* **id** $	*shift*
$ E <· + E <· *	<·	**id** $	*shift*
$ E <· + E <· * <· **id**	·>	$	*reduce* mit $E \to$ **id**
$ E <· + E <· * E	·>	$	*reduce* mit $E \to E * E$

Die genaue „Spielregel" für Reduktionen lautet, daß zu den Terminalsymbolen innerhalb des durch <· und ·> bestimmten Handles die angrenzenden Nichtterminale hinzugenommen werden. Deshalb erhalten wir jetzt:

| $ E <· + E | ·> | $ | *reduce* mit $E \to E + E$ |
| $ E | | $ | *accept* |

Wir betrachten noch ein weiteres Beispiel, um zu sehen, wie Klammern behandelt werden bzw. um auch die Relation ≐ einmal zu benutzen. Die zu analysierende Folge sei **id * (id + id)**.

Stack		*Eingabe*	*Aktion*
\$	$<\!\cdot$	id * (id + id) \$	*shift*
\$ $<\!\cdot$ id	$\cdot\!>$	* (id + id) \$	*reduce* mit $E \to$ id
\$ E	$<\!\cdot$	* (id + id) \$	*shift*
\$ $E <\!\cdot$ *	$<\!\cdot$	(id + id) \$	*shift*
\$ $E <\!\cdot$ * $<\!\cdot$ (	$<\!\cdot$	id + id) \$	*shift*
\$ $E <\!\cdot$ * $<\!\cdot$ ($<\!\cdot$ id	$\cdot\!>$	+ id) \$	*reduce* mit $E \to$ id
\$ $E <\!\cdot$ * $<\!\cdot$ (E	$<\!\cdot$	+ id) \$	*shift*
\$ $E <\!\cdot$ * $<\!\cdot$ ($E <\!\cdot$ +	$<\!\cdot$	id) \$	*shift*
\$ $E <\!\cdot$ * $<\!\cdot$ ($E <\!\cdot$ + $<\!\cdot$ id	$\cdot\!>$	) \$	*reduce* mit $E \to$ id
\$ $E <\!\cdot$ * $<\!\cdot$ ($E <\!\cdot$ + E	$\cdot\!>$	) \$	*reduce* mit $E \to E + E$
\$ $E <\!\cdot$ * $<\!\cdot$ (E	$\doteq$	) \$	*shift*
\$ $E <\!\cdot$ * $<\!\cdot$ ($E \doteq$)	$\cdot\!>$	\$	*reduce* mit $E \to (E)$
\$ $E <\!\cdot$ * E	$\cdot\!>$	\$	*reduce* mit $E \to E * E$
\$ E		\$	*accept*

Man beachte, wie in der drittletzten Zeile zum ersten Mal ein Handle mit mehr als einem Terminalsymbol, nämlich „(" und „)", reduziert wird. Dazu ist die Relation $\doteq$ erforderlich.

Wie berechnet man nun die Tabelle mit den Vorrangrelationen? Prinzipiell kann man entweder von einer gegebenen Grammatik ausgehen oder direkt Operatoren wie +, * usw. aufgrund bekannter Regeln zu Vorrang und Assoziativität miteinander in Beziehung setzen. Damit eine Grammatik sich eignet, müssen einige Regeln gelten, u.a.:

- Auf keiner rechten Seite einer Produktion darf es zwei aufeinanderfolgende Nichtterminale geben.

- Es darf keine Produktionen mit gleicher rechter Seite geben.

- Es darf keine ε-Produktionen geben.

Man kann dann die Grammatik analysieren und Vorrangrelationen anhand folgender Regeln definieren:

1. Wenn eine Folge Ab auf der rechten Seite einer Produktion erscheint und wenn aus A eine Folge αa ableitbar ist, dann muß gelten $a \cdot\!> b$.

   Abbildung 3.27 macht klar, warum diese Regel gilt; offensichtlich liegt ein Handle auf dem Stack, wenn a mit b verglichen wird. Die Gültigkeit der weiteren Regeln kann man sich auf ähnliche Art klarmachen.

2. Wenn eine Folge aA auf der rechten Seite einer Produktion erscheint und wenn aus A eine Folge $b\alpha$ ableitbar ist, dann muß gelten $a <\!\cdot b$.

3. Wenn auf der rechten Seite einer Produktion eine Folge aAb erscheint, dann muß gelten $a \doteq b$.

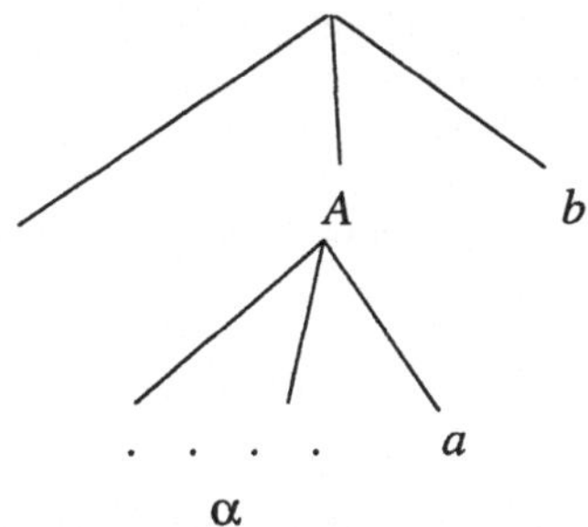

Abb. 3.27. Beispiel zu Regel 1: Vorrangrelation $a \cdot> b$ muß gelten.

Wenn nach Untersuchung der Grammatik herauskommt, daß es keine Konflikte zwischen den Vorrangrelationen gibt (das heißt, für jedes Paar von Terminalen gilt genau eine Relation), dann kann man die Operator-Vorrangmethode benutzen. Diese Vorgehensweise ist aber mühsam und bei vielen Grammatiken treten Konflikte auf. Deshalb wird allgemein empfohlen, das Verfahren nur für die Analyse von Ausdrücken einzusetzen und die Vorrangrelationen aus Vorrang (Priorität) und Assoziativität der Operatoren zu ermitteln. Dafür gelten folgende Regeln:

1. Wenn a höhere Priorität hat als b, dann setze $b <\cdot\ a$ und $a \cdot> b$.

   Zum Beispiel für + und * setze $+ <\cdot\ *$ und $* \cdot> +$.

2. Wenn a und b gleiche Priorität haben (insbesondere, wenn $a = b$), dann betrachte Assoziativität. Falls die Operatoren links-assoziativ sind, setze $a \cdot> b$ und $b \cdot> a$; falls sie rechts-assoziativ sind, setze $a <\cdot\ b$ und $b <\cdot\ a$.

   Die Operatoren +, − sind z.B. links-assoziativ. Das heißt, der Ausdruck

   $$a - b - c + d$$

   ist auszuwerten als

   $$((a - b) - c) + d$$

   Hingegen ist der Operator ↑ (Exponentiation) rechts-assoziativ. Ein Ausdruck

   $$a \uparrow b \uparrow c$$

   sollte ausgewertet werden als

   $$a \uparrow (b \uparrow c)$$

   Die Regel erzwingt jeweils die gewünschte Auswertung.

3. Alle Arten von Klammern (etwa ( ) oder []) stehen in Beziehung $\doteq$ zueinander (also ($\doteq$) und [$\doteq$]). Für alle Symbole a, die benachbart zu Klammern auftreten können, setzen wir $a <\cdot\ ($ und $) \cdot> a$. Damit erzwingen wir, daß die Klam-

mer mit ihrem Inhalt vor der Umgebung reduziert wird. Andererseits setzen wir
($<\cdot$ a und a $\cdot>$) und erreichen dadurch, daß der Ausdruck in den Klammern
zunächst vollständig reduziert wird.

4. Bezeichner sollten vor Operatoren reduziert werden; deshalb setzen wir **id** $\cdot> a$
    und $a <\cdot$ **id**.

5. Das Endsymbol $ hat niedrigere Priorität als jedes andere Symbol a, also $ $<\cdot a$
    und $a \cdot>$ $.

Aufgabe 3.7: Konstruieren Sie eine Vorrangtabelle für die Operatoren +, –, *, / und
↑. Daneben gibt es natürlich weiterhin die Symbole **id**, (,) und $. □

Aufgabe 3.8: Parsen Sie mit Ihrer Tabelle den Ausdruck

$$\textbf{id} - \textbf{id} \uparrow \textbf{id} * \textbf{id} - (\textbf{id} + \textbf{id})$$

□

3.3.3   LR-Analyse

Wir betrachten nun die mächtigste Klasse von Shift-Reduce-Parsern, genannt *LR-Parser*. Die Namenskonvention haben wir schon bei LL(k)-Grammatiken kennen-gelernt: Ein LR(k)-Parser liest von **links** nach **rechts**, erkennt eine **Rechtsableitung**
(in umgekehrter Reihenfolge) unter Vorausschau auf die nächsten k Zeichen. In der
Praxis beschränkt man sich auch wieder auf Vorausschau um ein Zeichen, arbeitet
also mit LR(1)-Parsern. Wir lassen die (1) gewöhnlich weg. Eine Grammatik ist –
nichtformal gesprochen – vom Typ LR(k), wenn die (unten zu beschreibende) Kon-struktion einer entsprechenden Analysetabelle konfliktfrei gelingt. Wir verzichten
auf eine formale Definition.

LR-Parser sind aus folgenden Gründen attraktiv:

*   Praktisch alle in Programmiersprachen vorkommenden Konstrukte können
    damit analysiert werden.

*   Dies ist die allgemeinste Shift-Reduce-Technik, die ohne Backtracking aus-kommt; sie kann ebenso effizient implementiert werden wie die anderen Shift-Reduce-Verfahren.

*   LR-Parser sind echt mächtiger als LL-Parser, das heißt, für alle Grammatiken,
    für die man „predictive parser" gemäß Abschnitt 3.2 konstruieren kann, kann
    man auch LR-Parser bauen. Darüber hinaus gibt es Grammatiken und Kon-strukte, die mit LR-Parsern analysierbar sind, nicht aber mit LL-Parsern.

*   Mit LR-Parsern kann man beim Lesen der Eingabe Fehler so früh erkennen wie
    irgend möglich.

Ein intuitives Argument, warum LR(k)-Parser mächtiger sind als LL(k)-Parser, ist
das folgende: Ein LR-Parser entscheidet, daß in der Ableitung eines zu analysieren-den Wortes die Produktion $A \rightarrow \beta$ angewandt wurde, nachdem er alles gesehen hat,
was aus den Symbolen von β abgeleitet wurde (zu jedem Symbol aus β liegt der

Ableitungsbaum schon auf dem Stack) sowie die nächsten k Zeichen der Eingabe. Ein LL-Parser muß diese Entscheidung treffen, nachdem er nur die ersten k Zeichen des aus β abgeleiteten Terminalwortes gesehen hat.

Ein Nachteil von LR-Parsern besteht darin, daß ihre Analysetabellen von Hand nur sehr schwer konstruierbar sind. Dies wird kompensiert durch die Möglichkeit, Werkzeuge zu benutzen (wie z.B. Yacc, das wir in Abschnitt 3.4 besprechen), die zu einer gegebenen Grammatik automatisch einen LR-Parser erzeugen.

Wie schon erwähnt, benutzen LR-Parser ebenfalls die Grundmethodik des Shift-Reduce-Parsens. Unterschiede liegen nur in der auf dem Stack verwalteten Information und in der Struktur der Analysetabelle. Es gibt noch verschiedene Varianten des LR-Parsens, die sich aber nur in der Methode zur Konstruktion der Tabelle unterscheiden. Die allgemeine Struktur eines LR-Parsers ist in Abb. 3.28 gezeigt.

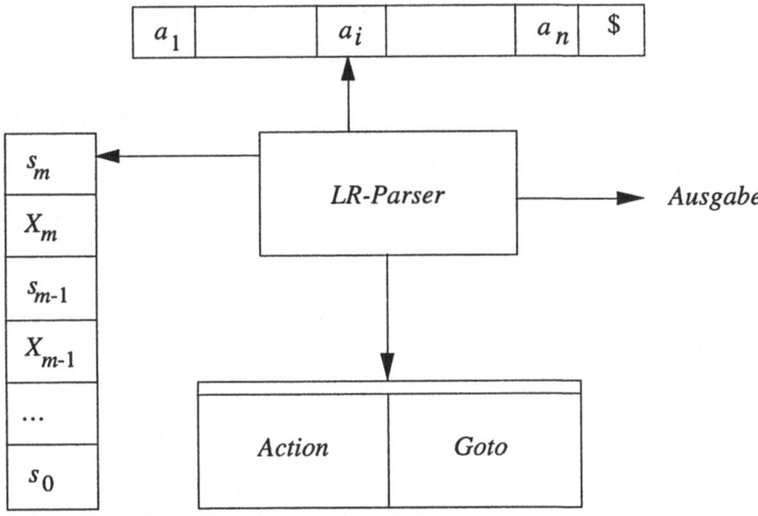

Abb. 3.28. LR-Parser als abstrakte Maschine

Neu ist gegenüber den bisher gezeigten Techniken des Shift-Reduce-Parsens, daß auf dem Stack eine alternierende Folge $s_0 X_1 s_1 X_2 \ldots s_{m-1} X_m s_m$ verwaltet wird, wobei die X_i Grammatiksymbole sind (wie bisher) und die s_i *Zustände.* Genau genommen braucht man auf dem Stack sogar *nur* die Zustände; es ist aber leichter zu verstehen, was passiert, wenn man die Grammatiksymbole mitbetrachtet.

Die Tabelle, die den Ablauf steuert, besteht bei LR-Parsern aus zwei Teilen, genannt *action* und *goto.* Für unsere Standard-Beispielgrammatik

1. $E \rightarrow E + T$
2. $E \rightarrow T$

3. $T \rightarrow T * F$
4. $T \rightarrow F$
5. $F \rightarrow (E)$
6. $F \rightarrow \mathbf{id}$

ist die Tabelle in Abb. 3.29 gezeigt. Wir sehen uns zunächst wieder an, wie das Parsen bei gegebener Tabelle abläuft, und wenden uns dann der Frage zu, wie die Tabelle konstruiert wird.

| Zustand | Action | | | | | | Goto | | |
	id	+	*	(	)	$	E	T	F
0	s5			s4			1	2	3
1		s6				acc			
2		r2	s7		r2	r2			
3		r4	r4		r4	r4			
4	s5			s4			8	2	3
5		r6	r6		r6	r6			
6	s5			s4				9	3
7	s5			s4					10
8		s6			s11				
9		r1	s7		r1	r1			
10		r3	r3		r3	r3			
11		r5	r5		r5	r5			

Abb. 3.29. Tabelle für einen LR-Parser

Der *Action*-Teil der Tabelle enthält Einträge zu jedem Zustand und jedem Terminalsymbol der Grammatik. Es gibt 4 Arten von Einträgen, nämlich

1. *shift s*, wobei *s* ein Zustand ist
2. *reduce* $A \rightarrow \beta$
3. *accept*
4. *error*

In Abb. 3.29 ist *shift* mit *s* abgekürzt, *reduce* mit *r*, *accept* mit *acc*. Leere Felder enthalten wieder den Eintrag *error*. Der Eintrag „s5" steht also für „*shift* mit Zustand

5". In „r6" bezeichnet 6 eine Produktionsnummer; dieser Eintrag bedeutet also „*reduce* mit Produktion $F \rightarrow$ **id**".

Der *Goto*-Teil der Tabelle enthält Einträge zu Zuständen und Nichtterminalen; der Eintrag ist jeweils ein Zustand. Ein LR-Parser arbeitet mit diesen Tabellen wie folgt:

Zu Beginn steht der Eingabezeiger auf dem ersten Zeichen der Eingabe; auf dem Stack liegt der Zustand s_0. In jedem Schritt betrachtet der Parser den Zustand s_m oben auf dem Stack und das aktuelle Eingabesymbol a_i und führt die in der Tabelle an der Stelle $action[s_m, a_i]$ beschriebene Aktion durch:

1. Falls $action[s_m, a_i]$ = *shift s*, so wird das Eingabesymbol a_i und der Zustand s auf den Stack gelegt. Die Eingabe wird auf das nächste Zeichen gesetzt.

2. Falls $action[s_m, a_i]$ = *reduce* $A \rightarrow \beta$: Sei $l = |\beta|$ die Länge von β. Die obersten l Zustände und l Grammatiksymbole (also die Symbole von β) werden vom Stack genommen. Sei nun s' der oberste Stackzustand. Das Nichtterminal A und der Zustand $Goto[s', A]$ werden auf den Stack gelegt. Produktion $A \rightarrow \beta$ wird ausgegeben. – An dieser Stelle kommt also der *Goto*-Teil der Tabelle ins Spiel.

3. Falls $action[s_m, a_i]$ = *accept*, so wird das Parsen erfolgreich beendet.

4. Falls $action[s_m, a_i]$ = *error*, so wird eine Fehlerbehandlung eingeleitet.

Wir spielen die Analyse wieder an unserem Beispiel **id** + **id** * **id** durch. Unter „Action" notieren wir, was in der Tabelle gefunden wird; bei *reduce*-Schritten fügen wir die benutzte und ausgegebene Produktion hinzu:

Stack	*Eingabe*	*Action*
0	**id** + **id** * **id** $	s5
0 **id** 5	+ **id** * **id** $	r6 $F \rightarrow$ **id**
0 F 3	+ **id** * **id** $	r4 $T \rightarrow F$
0 T 2	+ **id** * **id** $	r2 $E \rightarrow T$
0 E 1	+ **id** * **id** $	s6
0 E 1 + 6	**id** * **id** $	s5
0 E 1 + 6 **id** 5	* **id** $	r6 $F \rightarrow$ **id**
0 E 1 + 6 F 3	* **id** $	r4 $T \rightarrow F$
0 E 1 + 6 T 9	* **id** $	s7
0 E 1 + 6 T 9 * 7	**id** $	s5
0 E 1 + 6 T 9 * 7 **id** 5	$	r6 $F \rightarrow$ **id**
0 E 1 + 6 T 9 * 7 F 10	$	r3 $T \rightarrow T * F$
0 E 1 + 6 T 9	$	r1 $E \rightarrow E + T$
0 E 1	$	acc

Konstruktion der Tabelle

LR-Parsen bei gegebener Tabelle ist also relativ leicht zu verstehen. Die Kernfrage ist wieder, wie man zu der Tabelle kommt.

Zunächst kann man beobachten, daß die alternierende Folge von Zuständen und Grammatiksymbolen, die auf dem Stack verwaltet wird, sehr stark an Pfade in endlichen Automaten erinnert. Offenbar handelt es sich hier um einen endlichen Automaten, dessen Kanten (im Zustandsdiagramm) mit Grammatiksymbolen beschriftet sind. Einen Teil des Automaten sehen wir in der zweiten Zeile der obigen Beispielanalyse:

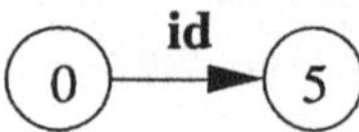

Abb. 3.30. Zustandsübergang gemäß Zeile 2 der Beispielanalyse

Der gesamte Teil des endlichen Automaten, der in der Beispielanalyse benutzt wird, ist in Abb. 3.31 gezeigt.

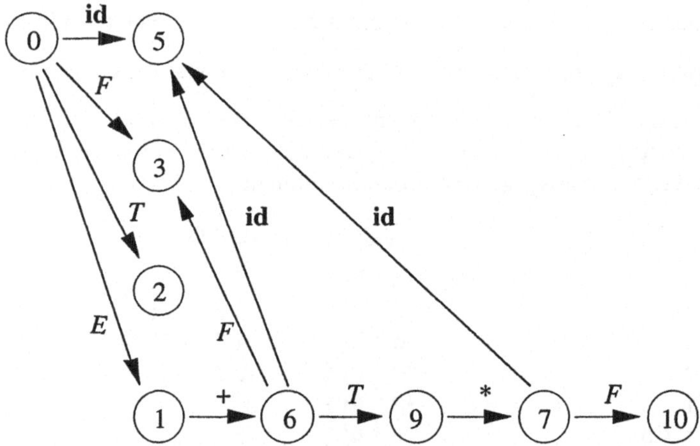

Abb. 3.31. Darstellung von Zuständen in der LR-Analyse als endlicher Automat

Tatsächlich ist die von einem solchen Automaten akzeptierte Sprache exakt die Menge der geeigneten Präfixe (Definition 3.17) der Bottom-up-Analyse, wenn wir alle Zustände als Endzustände auffassen. Ein Shift-Schritt beim Parsen entspricht einem Zustandsübergang im Automaten mit einem Terminalsymbol. Ein Reduce-Schritt bedeutet, daß man im Automaten zurückgeht zu dem Zustand, von dem ab Symbole in der rechten Seite der reduzierenden Produktion vorkommen, und dann einen Zustandsübergang mit einem Nichtterminal zu einem weiteren Zustand durchführt.

In diesem Automaten beschreibt ein *einzelner* Zustand, nämlich jeweils der oberste Stackzustand, vollständig das Ergebnis der bisherigen Analyse. Das Ergebnis der bisherigen Analyse ist gerade die Folge der Symbole, die auf dem Stack steht. Wenn man diese Folge von links nach rechts (auf dem Stack von unten nach oben) liest, gewinnt man genausoviel Information wie durch Ansehen des obersten Stackzustands.

Man könnte einwenden, daß man aus dem Zustand, z.B. Zustand 5, nicht erkennen kann, ob auf dem Stack lediglich das Symbol „**id**" oder etwa eine Folge „$E + T * $**id**" steht. Offenbar sind diese Folgen aber für die weitere Analyse gleichwertig, brauchen also nicht unterschieden zu werden.

Es bleibt die Frage, wie man die Zustände gewinnt. Ein Zustand soll „den bisherigen Fortschritt in der Analyse" darstellen. Während der Analyse sind gewisse Teile des noch unbekannten Ableitungsbaums gesehen und reduziert worden. Das heißt, daß in jeder der im Ableitungsbaum benutzten Produktionen gewisse Fortschritte zu verzeichnen sind. Betrachten wir dazu noch einmal den Ableitungsbaum für „**id** + **id** * **id**" aus Abb. 3.26 und die Zeile innerhalb der obigen Analyse mit dem Stackzustand

$$0\,E\,1 + 6\,T\,9$$

Zu diesem Zeitpunkt sind aus dem kompletten Ableitungsbaum nur die Reduktionen durchgeführt worden, die in Abb. 3.32 fett gezeichnet sind.

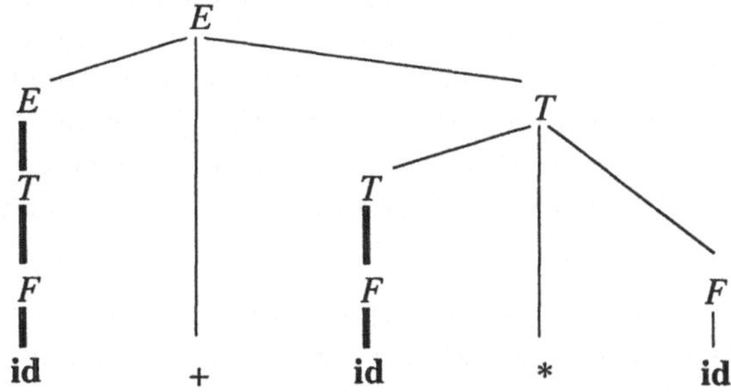

Abb. 3.32. Teilweise erkannter Ableitungsbaum in der LR-Analyse

Innerhalb der Produktionen

$$E \rightarrow E + T$$
$$T \rightarrow T * F$$

sind wir bis zu einer gewissen Stelle vorgedrungen, die wir mit einem Punkt markieren:

$$E \rightarrow E + \cdot\, T$$
$$T \rightarrow T \cdot * F$$

Die im linken Ast verwendeten Produktionen sind vollständig abgearbeitet, ebenso die im mittleren Ast:

$$F \to \mathbf{id} \cdot$$
$$T \to F \cdot$$
$$E \to T \cdot$$

Schließlich ist die Produktion im rechten Ast noch unbearbeitet:

$$F \to \cdot \, \mathbf{id}$$

Solche mit einer Position markierten Produktionen heißen *LR(0)-Elemente* oder kurz *Elemente* (engl. *LR(0)-Items* bzw. kurz *Items*).

Definition 3.18: Sei $A \to \alpha$ eine Produktion einer kontextfreien Grammatik G. Für jede Zerlegung $\beta\gamma$ von α (d.h. $\alpha = \beta\gamma$) ist $A \to \beta \cdot \gamma$ ein *LR(0)-Element* von G. Falls $\alpha = \varepsilon$, so ist $A \to \cdot$ ein LR(0)-Element von G. $\qquad\square$

Man beachte, daß in der Definition auch $\beta = \varepsilon$ oder $\gamma = \varepsilon$ erlaubt ist. Zu einer Produktion $A \to XYZ$ gibt es also vier Elemente:

$$A \to \cdot \, XYZ$$
$$A \to X \cdot YZ$$
$$A \to XY \cdot Z$$
$$A \to XYZ \cdot$$

Die Grundidee zur Konstruktion des endlichen Automaten besteht nun darin, alle Produktionen der Grammatik und die in ihnen in der Analyse erzielten Fortschritte in Form von LR(0)-Elementen parallel zu betrachten. Ein Zustand des Automaten entspricht einer *Menge von LR(0)-Elementen*. Ein Zustandsübergang mit einem gegebenen Symbol führt zu einer neuen Menge von Elementen. Ein Zustandsübergang mit dem Symbol X überführt z.B. das Element $A \to \cdot XYZ$ in das Element $A \to X \cdot YZ$.

Die Konstruktion beginnt mit den Produktionen, die zum Startsymbol S der Grammatik gehören. Aus technischen Gründen ergänzt man die Grammatik um ein neues Startsymbol S' sowie eine Produktion $S' \to S$. Das Ziel dabei ist, genau eine Produktion zu bekommen, bei der der Shift-Reduce-Parser nicht reduziert, sondern akzeptiert und damit die Analyse beendet. In unserer Beispielgrammatik fügen wir also ein neues Startsymbol E' und die Produktion $E' \to E$ hinzu, diese Produktion bekommt die Nummer 0, so daß die Grammatik jetzt die Form hat:

0. $E' \to E$
1. $E \to E + T$
2. $E \to T$
3. $T \to T * F$
4. $T \to F$
5. $F \to (E)$
6. $F \to \mathbf{id}$

Der Startzustand 0 des endlichen Automaten entspricht offenbar dem LR(0)-Element

$$E' \rightarrow \cdot\, E$$

Das besagt soviel wie „ich erwarte, daß im weiteren Verlauf der Analyse die Produktion $E' \rightarrow E$ zu reduzieren sein wird; von der rechten Seite E ist noch nichts verarbeitet". Wenn wir aber den Ableitungsbaum in Abb. 3.32 betrachten, sehen wir, daß zuerst die Produktion $F \rightarrow$ **id** reduziert werden muß; wir müßten also ein Element $F \rightarrow \cdot$ **id** haben. Wir erreichen das, indem wir zu dem Element $E' \rightarrow \cdot\, E$ alle Elemente hinzunehmen, die sich aus der rechten Seite ableiten lassen. In diesen Produktionen ist auch jeweils noch nichts von der rechten Seite verarbeitet, der Punkt steht also am Anfang. Wir müssen folglich hinzunehmen:

$$E \rightarrow \cdot\, E + T$$
$$E \rightarrow \cdot\, T$$

Natürlich könnte die erste zu reduzierende rechte Seite auch aus T abgeleitet sein; wir müssen daher weitere Elemente hinzunehmen, bis es keine Produktionen mehr gibt, an deren Anfang die Analyse stehen könnte:

$$T \rightarrow \cdot\, T * F$$
$$T \rightarrow \cdot\, F$$
$$F \rightarrow \cdot\, (E)$$
$$F \rightarrow \cdot\, \textbf{id}$$

Dieses Hinzunehmen weiterer Elemente, solange es geht, nennt man „den Abschluß bilden" und definiert eine entsprechende Operation *closure*:

Definition 3.19: Sei M eine Menge von LR(0)-Elementen. Der *Abschluß von M*, notiert *closure*(M), wird nach folgenden Regeln gebildet:

(i) Jedes Element in M ist auch in *closure*(M).
(ii) Wenn $A \rightarrow \alpha \cdot B\beta$ in *closure*(M) ist, dann ist für jede Produktion $B \rightarrow \gamma$ auch das Element $B \rightarrow \cdot\, \gamma$ in *closure*(M). $\square$

Bei einer Berechnung von *closure*(M) ist der Definition gemäß die zweite Regel iteriert anzuwenden, bis nichts mehr hinzukommt.

Der Startzustand des zu konstruierenden endlichen Automaten ist nun gerade die Menge von LR(0)-Elementen *closure*($\{S' \rightarrow \cdot\, S\}$), in unserem Beispiel also

$$s_0 := closure(\{E' \rightarrow \cdot\, E\}) =$$

$$\{\; E' \rightarrow \cdot\, E,$$
$$E \rightarrow \cdot\, E + T,$$
$$E \rightarrow \cdot\, T,$$
$$T \rightarrow \cdot\, T * F,$$
$$T \rightarrow \cdot\, F,$$
$$F \rightarrow \cdot\, (E),$$
$$F \rightarrow \cdot\, \textbf{id}\}$$

Weitere Zustände erhält man, indem man Zustandsübergänge auf die Elemente eines gegebenen Zustands anwendet. Ein Zustandsübergang entspricht dem Verschieben des Punktes über ein Symbol hinweg. Vom Zustand s_0 aus sind solche Übergänge möglich mit den Symbolen E, T, F, (, und **id**. Nach einem Zustandsübergang ergibt sich eine neue Menge von LR(0)-Elementen, von der dann noch der Abschluß gebildet wird, um einen endgültigen neuen Zustand zu bilden.

Vom Zustand s_0 aus erhalten wir so durch einen Übergang mit E die Menge von Elementen

$$E' \to E \cdot$$
$$E \to E \cdot + T$$

Zustandsübergänge sind formal über eine Funktion *goto* definiert:

Definition 3.20: Sei M eine Menge von LR(0)-Elementen, X ein Grammatiksymbol. Dann ist $goto(M, X) := closure(\{A \to \alpha X \cdot \beta \mid A \to \alpha \cdot X\beta \in M\})$.   □

Um den neuen Zustand s_1 zu erhalten, bilden wir also

$$s_1 := closure(\{E' \to E \cdot , E \to E \cdot + T\}) =$$

$$\{\, E' \to E \cdot ,$$
$$\quad E \to E \cdot + T\}$$

In diesem Fall ist durch die Abschlußbildung nichts hinzugekommen, da in keinem der Elemente ein Nichtterminal rechts vom Punkt steht. Damit haben wir einen ersten kleinen Teil des endlichen Automaten konstruiert, den man z.B. so darstellen könnte:

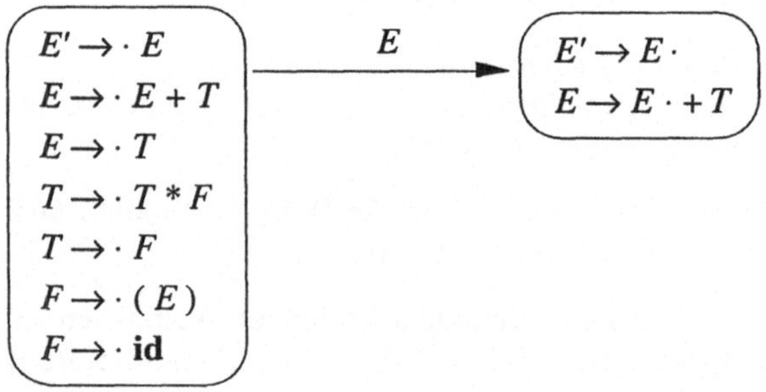

$$E' \to \cdot E$$
$$E \to \cdot E + T$$
$$E \to \cdot T$$
$$T \to \cdot T * F$$
$$T \to \cdot F$$
$$F \to \cdot (E)$$
$$F \to \cdot \; \textbf{id}$$

$$\xrightarrow{\quad E \quad}$$

$$E' \to E \cdot$$
$$E \to E \cdot + T$$

Abb. 3.33. Konstruktion eines endlichen Automaten, dessen Zustände Mengen von LR(0)-Elementen sind

Natürlich kann man nach der Konstruktion auch die knappere Darstellung in Abb. 3.34 wählen:

Abb. 3.34. Äquivalente Darstellung der Zustände aus Abb. 3.33

Wir berechnen nun den gesamten endlichen Automaten. Die Darstellung soll den
Ablauf der Berechnung illustrieren. Der Vollständigkeit halber geben wir die bereits
bekannten Zustände 0 und 1 noch einmal mit an:

$$0 \xrightarrow{\;E\;} 1$$

0: $\;E' \to \cdot E$	1: $\;E' \to E \cdot$
$E \to \cdot E + T$	$E \to E \cdot + T$
$E \to \cdot T$	
$T \to \cdot T * F$	
$T \to \cdot F$	
$F \to \cdot (E)$	
$F \to \cdot \mathbf{id}$	

Den Ablauf der Berechnung muß man sich so vorstellen:

$$0 \xrightarrow{\;T\;}$$

$E \to T \cdot$
$T \to T \cdot * F$

Wir berechnen zunächst die Menge von LR(0)-Elementen, die sich als $goto(s_0, T)$
ergibt. Anschließend stellen wir fest, ob es eine solche Menge bzw. diesen Zustand
schon gibt. Wenn das nicht der Fall ist, vergeben wir eine neue Zustandsnummer. In
jedem Fall tragen wir in der oberen Zeile die Nummer des Zielzustands ein. Als
Ergebnis bekommen wir also in diesem Fall die Darstellung:

$$0 \xrightarrow{\;T\;} 2$$

2: $\;E \to T \cdot$
$T \to T \cdot * F$

Die weiteren Zustände ergeben sich wie folgt:

$$0 \xrightarrow{\;F\;} 3 \qquad\qquad 0 \xrightarrow{\;(\;} 4$$

3: $T \to F \cdot$	4: $F \to (\cdot E)$ $E \to \cdot E + T$ $E \to \cdot T$ $T \to \cdot T * F$ $T \to \cdot F$ $F \to \cdot (E)$ $F \to \cdot \mathbf{id}$

$$0 \xrightarrow{\;\mathbf{id}\;} 5 \qquad\qquad 1 \xrightarrow{\;+\;} 6$$

5: $F \to \mathbf{id} \cdot$	6: $E \to E + \cdot T$ $T \to \cdot T * F$ $T \to \cdot F$ $F \to \cdot (E)$ $F \to \cdot \mathbf{id}$

$$2 \xrightarrow{\;*\;} 7 \qquad\qquad 4 \xrightarrow{\;E\;} 8$$

7: $T \to T * \cdot F$ $F \to \cdot (E)$ $F \to \cdot \mathbf{id}$	8: $F \to (E \cdot)$ $E \to E \cdot + T$

$$4 \xrightarrow{\;T\;} 2 \qquad\qquad 4 \xrightarrow{\;F\;} 3$$

$E \to T \cdot$ $T \to T \cdot * F$	$T \to F \cdot$

$$4 \xrightarrow{\;(\;} 4 \qquad\qquad 4 \xrightarrow{\;\mathbf{id}\;} 5$$

$F \to (\cdot E)$ ...	$F \to \mathbf{id} \cdot$

Hier haben wir uns das Auflisten des Abschlusses des Elementes $F \to (\cdot E)$ erspart. Durch dieses Element ist der Zustand 4 bereits eindeutig identifiziert.

$$6 \xrightarrow{\;T\;} 9 \qquad\qquad 6 \xrightarrow{\;F\;} 3$$

9: $E \to E + T \cdot$ $T \to T \cdot * F$	$T \to F \cdot$

$$6 \xrightarrow{\;(\;} 4 \qquad\qquad 6 \xrightarrow{\;\mathbf{id}\;} 5$$

$F \rightarrow (\,\cdot\,E\,)$ ...	$F \rightarrow \mathbf{id}$

$$7 \xrightarrow{\;F\;} 10 \qquad\qquad 7 \xrightarrow{\;(\;} 4$$

$10\colon\; T \rightarrow T * F\,\cdot$	$F \rightarrow (\,\cdot\,E\,)$ ...

$$7 \xrightarrow{\;\mathbf{id}\;} 5 \qquad\qquad 8 \xrightarrow{\;)\;} 11$$

$F \rightarrow \mathbf{id}\,\cdot$	$11\colon\; F \rightarrow (\,E\,)\,\cdot$

$$8 \xrightarrow{\;+\;} 6 \qquad\qquad 9 \xrightarrow{\;*\;} 7$$

$E \rightarrow E + \cdot\,T$ ...	$T \rightarrow T * \cdot\,F$ ...

Die Gesamtheit dieser Mengen von LR(0)-Elementen, von denen jede einzelne
einen Zustand des endlichen Automaten definiert, heißt *kanonische LR(0)-Kollek-*
tion für die Grammatik G' (G' ist die um das neue Startsymbol S' und die Produktion
$S' \rightarrow S$ erweiterte Grammatik G). Die gerade gezeigte Vorgehensweise zur Berechnung kann man so zusammenfassen:

> **procedure** *sets_of_items(G')*
> **begin**
> $C := \{closure(\{S' \rightarrow\, \cdot\, S\})\};$ (C ist eine Menge von Mengen von
>   LR(0)-Elementen)
>   **repeat** für jede Menge M in C und für jedes Grammatiksymbol X, für die
> $goto(M, X)$ nicht leer und noch nicht in C ist:
>   füge $goto(M, X)$ zu C hinzu
>   **until** keine weitere Menge kann zu C hinzugefügt werden
> **end**

Der vollständige endliche Automat, den wir so konstruiert haben, ist in Abb. 3.35
gezeigt.

Aufgabe 3.9: Gegeben sei die erweiterte Grammatik $G = (N, \Sigma, P, S')$ mit

$$N = \{S', A, B\}$$
$$\Sigma = \{\mathbf{a}, \mathbf{b}, \mathbf{c}, \mathbf{d}, \mathbf{e}\}$$
$$P = \{\quad S' \rightarrow A$$
$$A \rightarrow \mathbf{a}B\mathbf{b} \mid \mathbf{ade} \mid \mathbf{b}B\mathbf{c} \mid \mathbf{bdd}$$
$$B \rightarrow \mathbf{d} \qquad\qquad\qquad \}$$

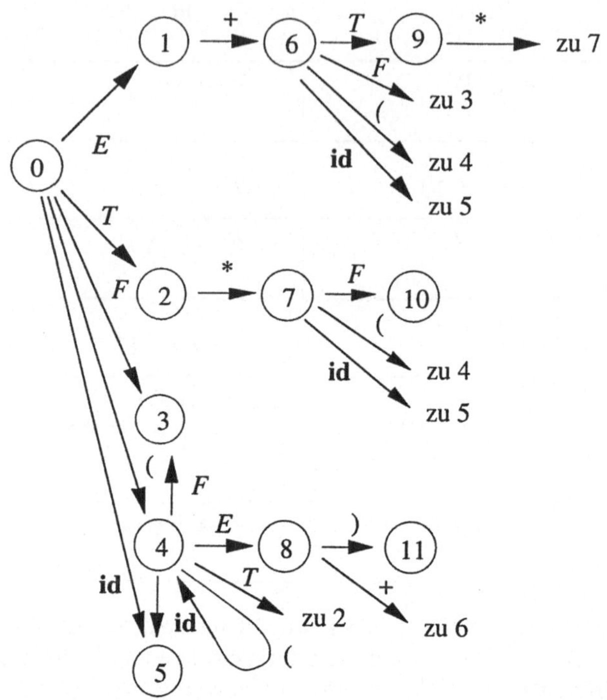

Abb. 3.35. Vollständiger endlicher Automat für die Beispielgrammatik

(a) Berechnen Sie die kanonische LR(0)-Kollektion für G.

(b) Analysieren Sie das Wort **adb**.   ☐

Die letzte noch offene Frage ist, wie man aus dem endlichen Automaten die Steuertabelle (mit *Action-* und *Goto*-Teilen) für den Shift-Reduce-Parser erhält, für unser Beispiel also die Tabelle aus Abb. 3.29. Dazu kann man sich folgendes überlegen:

1. In der *Goto*-Tabelle stehen Übergänge von Zuständen aus mit Nichtterminalen. Diese kann man unmittelbar aus dem endlichen Automaten übernehmen. Also für jeden Zustand i, von dem aus eine mit einem Nichtterminal A beschriftete Kante zu einem Zustand j führt, erzeugen wir einen Eintrag $goto[i, A] = j$ in der *Goto*-Tabelle. Alle anderen Felder bleiben leer.

2. Die *Action*-Tabelle enthält Einträge zu jedem Zustand und Terminalsymbol. Wenn im endlichen Automaten von einem Zustand i eine mit einem Terminalsymbol a beschriftete Kante zu einem Zustand j führt, muß das Terminalsymbol und der neue Zustand auf den Stack gelegt werden. Wir erzeugen also einen Eintrag $action[i, a] = shift\ j$ in der *Action*-Tabelle.

3. Zu reduzieren ist offenbar, wenn in einem Zustand eine Produktion vollständig abgearbeitet ist, das heißt, wenn die LR(0)-Menge des Zustands ein Element $A \to \alpha \cdot$ enthält. Für welche Terminalsymbole sind dann Einträge „*reduce* $A \to \alpha$" zu erzeugen? Die mehr oder weniger überraschende Antwort lautet, daß es genau die Terminalsymbole in der Menge FOLLOW(A) sind, die wir in Abschnitt 3.2 definiert haben. Denn das sind ja die Terminale, die in beliebigen Satzformen der Grammatik auf das Nichtterminal A folgen können.

Falls die LR(0)-Menge zwei oder mehr Elemente $A \to \alpha \cdot$, $B \to \alpha \cdot$, ... enthält, für die die FOLLOW-Mengen nicht disjunkt sind, haben wir einen *reduce/reduce-Konflikt*, denn man kann nicht entscheiden, mit welcher Produktion reduziert werden soll. Die Konstruktion der Tabelle schlägt dann fehl; die Grammatik eignet sich nicht für diese Art der Analyse.

Nun gibt es vom Zustand i im allgemeinen auch Übergänge mit Terminalsymbolen in andere Zustände, und wir haben oben schon gesehen, daß wir für diese Terminale *shift*-Einträge in der *Action*-Tabelle erzeugen müssen. Daher ist es möglich, daß einerseits vom Zustand i ein Übergang mit Terminalsymbol a in Zustand j vorliegt, andererseits aber das gleiche Symbol a auch in FOLLOW(A) liegt. In diesem Fall haben wir einen *shift/reduce-Konflikt*, und auch dann schlägt die Konstruktion der Tabelle fehl; die Grammatik ist nicht geeignet.

Wenn es auch keine *shift/reduce*-Konflikte gibt, so erzeugen wir für jedes a in FOLLOW(A) einen Eintrag $action[i, a] = reduce\ A \to \alpha$.

4. Sei m der Zustand, der das Element $S' \to S \cdot$ enthält. Wir setzen $action[m, \$] = accept$ (überschreiben damit einen *reduce*-Eintrag, den wir gemäß Regel 3 erzeugt haben).

5. Alle anderen Einträge der *Action*-Tabelle werden auf *error* gesetzt.

Wir fassen diese Überlegungen noch einmal kurz zusammen in Algorithmus 3.21. Die bisher beschriebene Grundform der Konstruktion einer LR-Analysetabelle heißt *simple LR* oder kurz *SLR-Verfahren*. Eine Grammatik, bei der die Konstruktion konfliktfrei gelingt, heißt *vom Typ SLR*(1). Dabei steht die (1) wieder für Vorausschau um 1 Zeichen.

Algorithmus 3.21: Berechnung einer SLR(1)-Analysetabelle

Eingabe   Eine erweiterte kontextfreie Grammatik G'

Ausgabe   Tabellen *Action* und *Goto* für G'

Methode

1.   Berechne $C = \{M_0, ..., M_n\}$, die kanonische LR(0)-Kollektion für G'.

2.   Berechne die *Goto*-Tabelle: Für jedes Paar (M_i, M_j) in C und Nichtterminal A, für die gilt $goto(M_i, A) = M_j$, setze $goto[i, A] = j$.

3.   Berechne die *Action*-Tabelle:

3.1 Für jedes Paar (M_i, M_j) in C und Terminalsymbol a, für die gilt $goto(M_i, a) = M_j$, setze $action[i, a] = shift\ j$.

3.2 Für jede Menge M_i in C, die ein LR(0)-Element $A \to \alpha \cdot$ enthält, und für jedes Terminal a in FOLLOW(A), setze $action[i, a] = reduce\ A \to \alpha$. Abbruch bei *reduce/reduce-* oder *shift/reduce*-Konflikten.

3.3 Für die Menge M_m in C, die das Element $S' \to S \cdot$ enthält, setze $action[m, \$] = accept$.

3.4 Setze alle bisher nicht belegten Einträge in der *Action*-Tabelle auf *error*.

Um unser Beispiel zu Ende führen zu können, müssen wir also noch die FOLLOW-Mengen für die gegebene (erweiterte) Grammatik G' mit dem Algorithmus 3.15 aus Abschnitt 3.2.4 berechnen. Dabei ergibt sich der in Abb. 3.36 gezeigte Graph; die Terminalsymbole an den Knoten entsprechen den FOLLOW-Mengen.

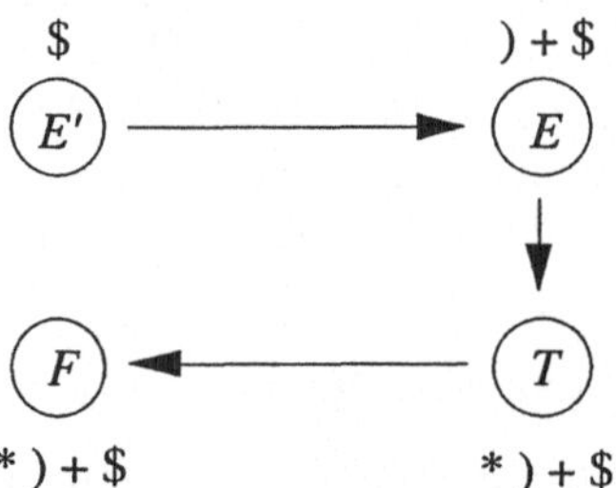

Abb. 3.36. Berechnung von FOLLOW-Mengen

Wenn man nun den Algorithmus 3.21 auf unsere Beispielgrammatik anwendet, erhält man genau die in Abb. 3.29 gezeigte Analysetabelle.

Aufgabe 3.10: Geben Sie die Steuertabelle für die Grammatik aus Aufgabe 3.9 an.

$\square$

Kanonische LR-Parser

Die bisher beschriebenen SLR-Parser sind schon sehr mächtig und decken weitgehend die in Programmiersprachen benutzten Konstrukte ab. Es gibt allerdings noch eine kleine Steigerung in der Leistungsfähigkeit des Analyseverfahrens, die man durch eine Verfeinerung der gezeigten Technik erreicht, genannt *kanonisches LR-Verfahren*.

Zunächst brauchen wir ein Beispiel, bei dem die SLR-Methode versagt. Es ist relativ schwierig, einfache praktisch interessante Beispiele zu finden. In Ermangelung eines besseren Beispiels betrachten wir die folgende Grammatik:

0. $S' \rightarrow S$
1. $S \rightarrow E = E$
2. $S \rightarrow \mathbf{id}$
3. $E \rightarrow E + \mathbf{id}$
4. $E \rightarrow \mathbf{id}$

Wir versuchen, eine SLR-Tabelle zu konstruieren. Das heißt, wir beginnen mit der Konstruktion der kanonischen LR(0)-Kollektion. Ausgangszustand ist

$$
\begin{array}{ll}
0: & S' \rightarrow \cdot\, S \\
   & S \rightarrow \cdot\, E = E \\
   & S \rightarrow \cdot\, \mathbf{id} \\
   & E \rightarrow \cdot\, E + \mathbf{id} \\
   & E \rightarrow \cdot\, \mathbf{id}
\end{array}
$$

Wir berechnen Zustandsübergänge mit S, E und $\mathbf{id}$:

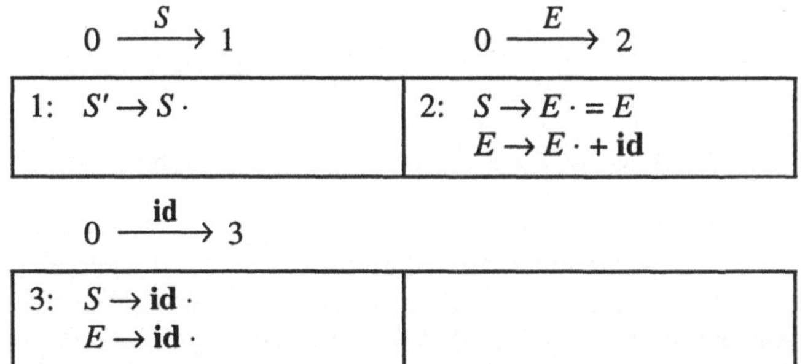

$$0 \xrightarrow{\ S\ } 1 \qquad\qquad 0 \xrightarrow{\ E\ } 2$$

$$
\begin{array}{ll|ll}
1: & S' \rightarrow S \cdot & 2: & S \rightarrow E \cdot = E \\
   &   &   & E \rightarrow E \cdot + \mathbf{id}
\end{array}
$$

$$0 \xrightarrow{\ \mathbf{id}\ } 3$$

$$
\begin{array}{ll}
3: & S \rightarrow \mathbf{id} \cdot \\
   & E \rightarrow \mathbf{id} \cdot
\end{array}
$$

An dieser Stelle wird bereits das Problem erkennbar, nämlich ein reduce/reduce-Konflikt im Zustand 3. Genaugenommen tritt der Konflikt allerdings erst auf, wenn auch die FOLLOW-Mengen nicht disjunkt sind. Wir berechnen die FOLLOW-Mengen (Abb. 3.37):

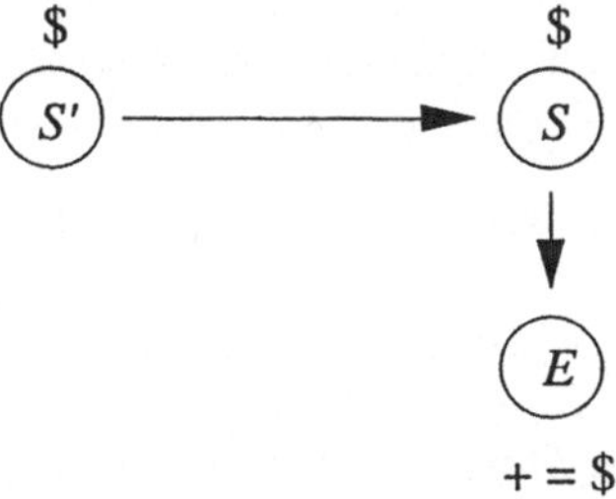

Abb. 3.37. Berechnung von FOLLOW-Mengen

Wie man sieht, enthalten in der Tat beide FOLLOW-Mengen (von S und E) das Symbol \$, und ein reduce/reduce-Konflikt liegt vor.

Wenn man die Grammatik genauer untersucht, stellt man allerdings fest, daß beim Übergang aus dem Startzustand mit einem einzigen Symbol **id** zwar beide Reduktionen möglich sind, bei Reduktion mit $E \rightarrow$ **id** das nächste Symbol aber nicht \$ sein kann. Man betrachte dazu die Ableitungsbäume in Abb. 3.38.

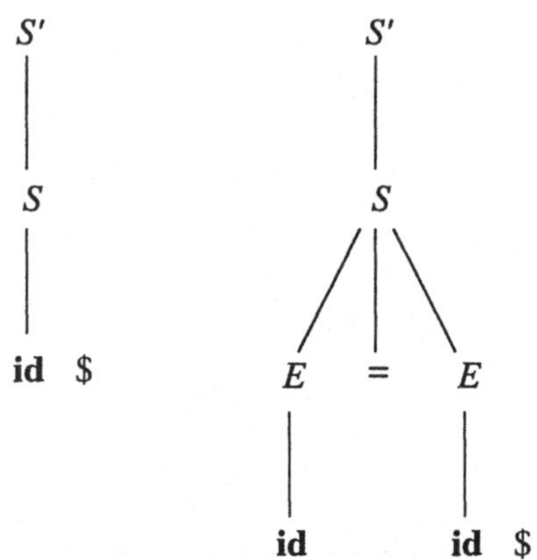

Abb. 3.38. Mögliche Folgesymbole bei Reduktion von **id**

Bei Reduktion mit $E \rightarrow$ **id** kann das Folgesymbol „=" sein (gemäß dem rechten Ableitungsbaum in Abb. 3.38) oder „+", falls aus dem Startsymbol $E + E$ abgeleitet wurde. Der Parser könnte dies eigentlich wissen, arbeitet also nicht präzise genug. Das Problem stammt daher, daß die FOLLOW-Mengen nur global berechnet werden, daher nicht den gerade erreichten Zustand (des endlichen Automaten) berücksichtigen.

Die Idee zur Lösung dieses Problems besteht darin, bei der Berechnung der Zustände des Automaten die jeweils möglichen Folgezeichen mitzuberechnen. Um diese Information mitzuverwalten, benutzt man anstelle der LR(0)-Elemente nun *LR(1)-Elemente*. Das sind Paare der Form $[A \rightarrow \alpha \cdot \beta, s]$, wobei s eine Menge von Terminalsymbolen (einschließlich \$) der Länge 1 ist, also eine Menge von einzelnen Symbolen. Dies ist sozusagen die spezielle FOLLOW-Menge für dieses Element.

Definition 3.22: Sei $A \rightarrow \alpha$ eine Produktion einer kontextfreien Grammatik $G = (N, \Sigma, P, S)$ und sei $s \subseteq (\Sigma \cup \{\$\})$. Für jede Zerlegung $\beta\gamma$ von α (d.h. $\alpha = \beta\gamma$) ist das Paar $[A \rightarrow \beta \cdot \gamma, s]$ ein *LR(1)-Element* von G. Falls $\alpha = \varepsilon$, so ist $[A \rightarrow \cdot, s]$ ein LR(1)-Element von G. Die erste Komponente, also $A \rightarrow \beta \cdot \gamma$, heißt *Kern*, die zweite Komponente s *Vorausschau-Menge* des Elementes. □

Allgemeiner kann man LR(k)-Elemente betrachten, wobei die Menge s Terminalzeichenfolgen der Länge k enthält. Damit ist auch der Ursprung der

Bezeichnung „LR(0)-Element" geklärt; diese enthalten eben eine Vorausschau um 0 Zeichen, also keine Vorausschau. Man sollte sich dabei aber nicht verwirren lassen: Das SLR(1)-Verfahren insgesamt hat trotzdem eine Vorausschau um 1 Zeichen, nur wird diese nicht innerhalb der Elemente berücksichtigt.

Wie wir sehen werden, sind am SLR-Verfahren insgesamt folgende Änderungen vorzunehmen:

1. Verwendung von LR(1)- anstelle von LR(0)-Elementen.

2. Definition des Abschlusses (*closure*) ändern.

3. Definition der *goto*-Funktion ändern.

4. Anfangszustand ist *closure*($\{[S' \to \cdot\ S, \{\$\}]\}$).

5. Bei der Konstruktion der *Action*-Tabelle werden nicht mehr die FOLLOW-Mengen benutzt, sondern Vorausschau-Mengen der LR(1)-Elemente.

Wir betrachten diese Änderungen nun im einzelnen.

Definition 3.23: Sei M eine Menge von LR(1)-Elementen. Der *Abschluß von M*, notiert *closure*(M), wird nach folgenden Regeln gebildet:

(i) Jedes Element in M ist auch in *closure*(M).

(ii) Wenn $[A \to \alpha \cdot B\beta, s]$ in *closure*(M) ist, dann bilde für jede Produktion $B \to \gamma$ und jedes $a \in s$ ein Element $[B \to \cdot\ \gamma, \mathrm{FIRST}(\beta a)]$. Falls es in *closure*($M$) schon ein Element $[B \to \cdot\ \gamma, t]$ gibt, so ersetze dieses durch $[B \to \cdot\ \gamma, t \cup \mathrm{FIRST}(\beta a)]$. Andernfalls füge $[B \to \cdot\ \gamma, \mathrm{FIRST}(\beta a)]$ als neues Element hinzu.

$\square$

Auch hier ist die zweite Regel anzuwenden, bis nichts mehr hinzukommt. Neu in Regel (ii) ist die Berechnung der Vorausschau-Menge. Welche Terminalsymbole können in dem neuen Element $[B \to \cdot\ \gamma, \dots]$ (nach Reduktion) auf B folgen? Da dieses Element aus dem Element $[A \to \alpha \cdot B\beta, s]$ abgeleitet ist, sind es offensichtlich gerade die Symbole in $\mathrm{FIRST}(\beta)$. Darüber hinaus könnten Symbole aus der Menge s folgen, falls aus β das leere Wort ε ableitbar ist. Durch Verwendung von $\mathrm{FIRST}(\beta a)$ für jedes $a \in s$ in der Definition wird dieser Fall automatisch mitbehandelt. Falls es schon ein Element mit Kern $B \to \cdot\ \gamma$ in *closure*(M) gibt, ist dieses mit dem neu erzeugten Element zu verschmelzen, indem die Vorausschau-Mengen vereinigt werden.

Wir berechnen nach dieser Regel den Abschluß des Startelementes $[S' \to \cdot\ S, \{\$\}]$ für unsere Beispielgrammatik:

0. $S' \to S$
1. $S \to E = E$
2. $S \to \mathbf{id}$
3. $E \to E + \mathbf{id}$
4. $E \to \mathbf{id}$

Der besseren Lesbarkeit wegen lassen wir hier einige Klammern weg und notieren die Vorausschau-Mengen einfach durch Auflisten der Symbole rechts vom Kern:

$$S' \to \ \cdot \, S, \, \$$$

Im ersten Schritt kommen Elemente für die Produktionen mit Nichtterminal S (kurz S-Produktionen) hinzu:

$$S \to \ \cdot \, E = E, \, \$$$
$$S \to \ \cdot \, \mathbf{id}, \, \$$$

In diesem Fall ist β aus Regel (ii) leer, und die FIRST-Menge für das neue Element ist jeweils FIRST($\$$) = $\{\$\}$. Mit anderen Worten, wenn rechts vom betrachteten Nichtterminal nichts mehr steht, kann man einfach die Vorausschau-Menge des Ausgangselementes kopieren. – Im nächsten Schritt kommen E-Produktionen hinzu, abgeleitet aus dem jetzt vorhandenen Element $[S \to \ \cdot \, E = E, \, \{\$\}]$:

$$E \to \ \cdot \, E + \mathbf{id}, \, =$$
$$E \to \ \cdot \, \mathbf{id}, \, =$$

Hier ist FIRST($= E\$$) berechnet worden, was die Menge $\{=\}$ ergibt. Beim SLR-Verfahren wären wir jetzt schon fertig. Hier aber ist E noch in einem neuen Kontext hinzugekommen, nämlich innerhalb des Elementes $[E \to \ \cdot \, E+ \mathbf{id}, \, \{=\}]$, und wir müssen Regel (ii) noch einmal anwenden. Damit erhalten wir zunächst neue Elemente:

$$E \to \ \cdot \, E + \mathbf{id}, \, +$$
$$E \to \ \cdot \, \mathbf{id}, \, +$$

Da diese Kerne schon vorhanden sind, verschmelzen wir die Elemente:

$$E \to \ \cdot \, E + \mathbf{id}, \, = +$$
$$E \to \ \cdot \, \mathbf{id}, \, = +$$

Damit ist der Abschluß von $[S' \to \ \cdot \, S, \, \{\$\}]$ vollständig berechnet, und der Startzustand des Automaten ist:

$$
\boxed{
\begin{array}{ll}
0: & S' \to \ \cdot \, S, \, \$ \\
   & S \to \ \cdot \, E = E, \, \$ \\
   & S \to \ \cdot \, \mathbf{id}, \, \$ \\
   & E \to \ \cdot \, E + \mathbf{id}, \, = + \\
   & E \to \ \cdot \, \mathbf{id}, \, = +
\end{array}
}
$$

Zustandsübergänge, also die *goto*-Funktion, werden im Grunde genauso berechnet wie bisher. Die Definition ändert sich nur technisch, da jetzt LR(1)-Elemente zu behandeln sind. Natürlich wird auch die neue Definition des Abschlusses verwendet.

Definition 3.24: Sei M eine Menge von LR(1)-Elementen, X ein Grammatiksymbol. Dann ist $goto(M, X) := closure(\{[A \to \alpha X \cdot \beta, s] \mid [A \to \alpha \cdot X\beta, s] \in M\})$. $\square$

Wir berechnen für unser Beispiel wieder Zustandsübergänge mit S, E und **id**:

$$0 \xrightarrow{\ S\ } 1 \qquad\qquad 0 \xrightarrow{\ E\ } 2$$

1: $\ S' \to S \cdot, \$$	2: $\ S \to E \cdot = E, \$$ $\quad\ E \to E \cdot + \mathbf{id}, = +$

$$0 \xrightarrow{\ \mathbf{id}\ } 3$$

3: $\ S \to \mathbf{id} \cdot, \$$ $\quad\ E \to \mathbf{id} \cdot, = +$

Man sieht sehr schön, daß jetzt der reduce/reduce-Konflikt nicht auftritt, da die Vorausschau-Mengen der beiden Kerne $S \to \mathbf{id} \cdot$ und $E \to \mathbf{id} \cdot$ disjunkt sind.

Die letzte Änderung gegenüber dem SLR-Verfahren betrifft die Konstruktion der *Action*-Tabelle. In Algorithmus 3.21 ist Anweisung 3.2 zu ersetzen durch:

> 3.2 Für jede Menge M_i in C, die ein LR(1)-Element $[A \to \alpha \cdot, s]$ enthält, und für jedes Terminal a in s setze $action[i, a] = reduce\ A \to \alpha$. Abbruch bei *reduce/reduce*- oder *shift/reduce*-Konflikten.

Wir verwenden also jetzt die Vorausschau-Mengen der LR(1)-Elemente anstelle der globalen FOLLOW-Mengen. Wenn die Konstruktion der Tabellen mit diesem Verfahren konfliktfrei gelingt, so haben wir einen *kanonischen LR(1)-Parser* erhalten, und die Grammatik heißt *vom Typ LR(1)*.

Aufgabe 3.11: Gegeben sei die erweiterte Grammatik $G = (N, \Sigma, P, S')$ mit

$$N = \{S', S, A, B\}$$
$$\Sigma = \{\mathbf{a}, \mathbf{b}, \mathbf{c}, \mathbf{d}, \mathbf{e}\}$$
$$P = \{\ S' \to S$$
$$\qquad S \to \mathbf{a}A\mathbf{b} \mid \mathbf{c}B\mathbf{b} \mid \mathbf{a}B\mathbf{d} \mid \mathbf{c}A\mathbf{d}$$
$$\qquad A \to \mathbf{e}$$
$$\qquad B \to \mathbf{e}$$
$$\qquad \}.$$

(a) Zeigen Sie: G ist keine SLR(1)-Grammatik.

(b) Erstellen Sie eine geeignete Steuertabelle für G. $\qquad\qquad\square$

LALR(1)-Parser

Wir haben jetzt alle grundlegenden Konzepte der LR-Analyse besprochen. In der Praxis werden LR-Parser von Werkzeugen konstruiert wie etwa von Yacc, das Thema des folgenden Abschnitts ist. Die praktisch eingesetzten LR-Parser gehen in der Verfeinerung des Grundkonzepts noch zwei Schritte weiter; wir skizzieren sie noch kurz.

Der erste Schritt resultiert aus einer Beobachtung, die man bei der Konstruktion von kanonischen LR-Parsern im Vergleich mit SLR-Parsern macht. Man stellt fest, daß ein kanonischer LR-Parser oft sehr viel mehr Zustände besitzt als ein entsprechender SLR-Parser. Bei typischen Programmiersprachen kann z.B. ein SLR-Parser mehrere hundert, ein kanonischer LR-Parser mehrere tausend Zustände besitzen. Andererseits beobachtet man, daß beim kanonischen LR-Parser viele dieser Zustände gleich sind in bezug auf die Kerne ihrer Elemente und sich nur in den Vorausschau-Mengen unterscheiden.

Die Idee besteht nun darin, alle Zustände, deren Kerne gleich sind (genauer: die Mengen der Kerne ihrer Elemente), zu verschmelzen. Man verschmilzt zwei Zustände, indem man darin jeweils die beiden Elemente mit gleichem Kern nimmt und ihre Vorausschau-Mengen vereinigt. Zustandsübergänge werden beim Verschmelzen auch richtig mitbehandelt (das werden wir unten noch genauer sehen). Anschließend konstruiert man die *Action-* und *Goto*-Tabellen wie vorher beim kanonischen LR(1)-Verfahren. Wenn die Konstruktion konfliktfrei gelingt, dann hat man einen *LALR(1)-Parser* erhalten und die Grammatik heißt *vom Typ LALR(1)*. Dabei steht LALR für *lookahead-LR*.

Wenn die Ausgangsgrammatik vom Typ LR(1) ist, dann können durch das Verschmelzen keine shift/reduce-Konflikte entstehen. Es ist allerdings möglich, daß reduce/reduce-Konflikte entstehen; dies kommt aber nur sehr selten vor. Insofern ist die LALR(1)-Sprachklasse minimal schwächer als die LR(1)-Klasse. Der Vorteil ist aber, daß der LALR(1)-Parser nur genauso viele Zustände hat wie der entsprechende SLR-Parser.

Eine einfache, allerdings ineffiziente Vorgehensweise zur Konstruktion eines LALR-Parsers ist also die folgende:

Algorithmus 3.25: Berechnung einer LALR(1)-Analysetabelle

Eingabe   Eine erweiterte kontextfreie Grammatik G'

Ausgabe   LALR(1)-Tabellen *Action* und *Goto* für G'

Methode

1. Berechne $C = \{M_0, \ldots, M_n\}$, die kanonische Kollektion von Mengen von LR(1)-Elementen. Bezeichne K_i den Kern von M_i, d.h. die Menge der Kerne der Elemente von M_i.

2. Für jeden Kern K_j, der in C vorkommt, bestimme alle Mengen von LR(1)-Elementen in C mit diesem Kern und ersetze sie durch ihre Vereinigung.

3. Sei $C' = \{L_0, \ldots L_m)$ die resultierende neue Kollektion von Mengen von LR(1)-Elementen. Zustandsübergänge (die *goto*-Funktion) werden wie folgt berechnet: Wenn L die Vereinigung von $M_{i1} \cup M_{i2} \cup \ldots \cup M_{ip}$ ist, dann sind die Kerne von $goto(M_{i1}, X)$, $goto(M_{i2}, X)$, $\ldots$, $goto(M_{ip}, X)$ alle gleich. Sei L' die Menge aus

C', die den gleichen Kern hat wie alle diese Mengen. Definiere dann die neue *goto*-Funktion für C' als $goto(L, X) = L'$.

4. Konstruiere *Action*- und *Goto*-Tabellen wie beim kanonischen LR(1)-Verfahren. Wenn Konflikte auftreten, schlägt die Konstruktion fehl; dann ist die Grammatik nicht vom Typ LALR(1).

Der zweite Verbesserungsschritt besteht darin, die LALR(1)-Tabelle zu bestimmen, ohne dabei die riesige kanonische LR(1)-Kollektion zu berechnen. Die grobe Strategie dabei sieht so aus, daß man zunächst die LR(0)-Kollektion bestimmt (also die Zustände des SLR-Parsers) und dann Vorausschau-Mengen hinzufügt. Das genaue Verfahren ist relativ kompliziert; es ist z.B. in (Aho, Sethi und Ullman 1986) beschrieben.

3.3.4   Yacc: Ein Parsergenerator

Das Werkzeug *Yacc*, das mit UNIX-Systemen verfügbar ist, erzeugt aus einer Grammatik-Spezifikation einen LALR(1)-Parser. Ähnlich wie bei Lex ist es möglich, C-Programmcode einzubetten und dadurch Übersetzungsaktionen ausführen zu lassen. Natürlich kooperieren von Yacc erzeugte Parser auch mit Scannern, die von Lex generiert wurden, verbrauchen also die Folge von Token, die von diesen geliefert werden. Das Wort *Yacc* steht übrigens für „yet another compiler-compiler", deutet also an, daß es schon eine ganze Reihe solcher Systeme gab, als Yacc geschrieben wurde. Nichtsdestoweniger ist Yacc das populärste von allen geworden, sicherlich auch wegen der Verbreitung mit UNIX.

Die grundsätzliche Vorgehensweise bei Spezifikation und Erzeugen des Parsers (Abb. 3.39) ist ähnlich wie die für Lex in Abb. 2.9 gezeigte.

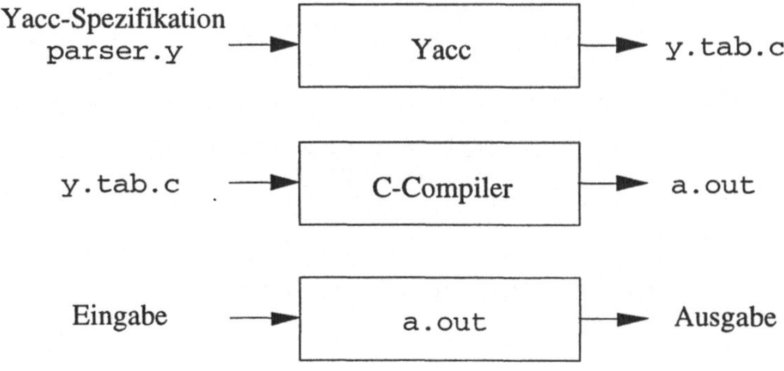

Abb. 3.39. Generierung eines Parsers mit Yacc

Das Spezifikationsfile, hier benannt *parser.y*, wird von Yacc übersetzt in ein C-Programm mit dem festen Namen *y.tab.c* durch ein Kommando (unter UNIX):

```
yacc parser.y
```

Anschließend übersetzt man das C-Programm z.B. mit einem Befehl

```
cc y.tab.c -ly
```

Dabei dient der Parameter „-ly" dazu, die Yacc-Bibliotheken hinzuzubinden, insbesondere das eigentliche LR-Parse-Programm, das ja fest ist, wie wir oben gesehen haben (nur die Tabellen werden jeweils neu berechnet). Bei dieser Befehlsform wird ein ausführbares Programm *a.out* erzeugt, das den generierten Parser darstellt. Natürlich kann man auch *y.tab.c* mit anderen Programmen zusammen übersetzen oder binden. Dann steht der erzeugte Parser als Funktion *yyparse*() zur Verfügung.

Die Yacc-Spezifikation selbst hat folgende Struktur:

```
Deklarationen
%%
Grammatik (Produktionen) mit semantischen Aktionen
%%
Hilfsprozeduren
```

Ein beliebtes Beispiel ist die Yacc-Spezifikation eines einfachen Taschenrechners. Grundlage ist in etwa die Grammatik für arithmetische Ausdrücke, die wir schon so oft gesehen haben. Hier werden semantische Aktionen angehängt, die die Berechnung jeweils sofort ausführen. Das folgende ist ein komplettes Yacc-Programm:

```
%{
#include <ctype.h>
#include <stdio.h>
%}
%token NUMBER
%%
lines    : lines expr '\n'{ printf("%d\n", $2); }
         | lines '\n'
         |
         ;
expr     : expr '+' term { $$ = $1 + $3; }
         | expr '-' term { $$ = $1 - $3; }
         | term
         ;
term     : term '*' factor{ $$ = $1 * $3; }
         | term '/' factor{ $$ = $1 / $3; }
         | factor
         ;
factor   : '(' expr ')'   { $$ = $2; }
         | NUMBER
         ;
%%
int yylex() {
   int c;
   c = getchar();
```

```
if (isdigit(c)) {
  ungetc(c, stdin); scanf("%d", &yylval); return NUMBER;
}
return c;
}
```

Diese Spezifikation steht (beim Autor) in einem File *calculator.y*. Man kann es mit Yacc, anschließend mit dem C-Compiler übersetzen und dann aufrufen; anschließend kann man arithmetische Ausdrücke eintippen und bekommt jeweils das Ergebnis ausgegeben. Ein Beispiel (Ausgaben des Systems sind fett gedruckt, „>" ist der System-Prompt):

```
>yacc calculator.y
>cc y.tab.c -ly
>a.out
6*3
18
10
10
(3*5+(22-7))
30
500-50-20
430
500-(50-20)
470
100 + 100
syntax error
>
```

Die Zeile „100 + 100" ist fehlerhaft, da sie Leerzeichen enthält, die die Spezifikation nicht vorsieht. Der Parser gibt die Meldung „syntax error" und bricht ab.

Wir betrachten nun die Yacc-Spezifikation genauer und beginnen mit dem mittleren, dem *Grammatik-Teil*. Hier gelten folgende Regeln:

- Nichtterminale werden durch einfache Zeichenfolgen oder Zeichen, ohne besondere Kennzeichnung oder Klammerung, dargestellt. Im Beispiel sind *lines*, *expr*, *term* usw. Nichtterminale. Nichtterminale brauchen nicht deklariert zu werden.

- Terminale („Token") können entweder einzelne Zeichen sein (Typ *char* oder *int* in C); in diesem Fall werden sie in Produktionen in einfache Anführungszeichen gesetzt. Im Beispiel sind '+', '(', '\n' so notiert. Oder es sind explizit deklarierte Token (im Beispiel NUMBER); die Deklaration steht dann im ersten Teil der Spezifikation in der Form

  ```
  %token NUMBER
  ```

- Eine Menge von *A*-Produktionen $A \rightarrow \alpha_1 \mid \alpha_2 \mid \ldots \mid \alpha_n$ wird in Yacc notiert als

  ```
  A : <alpha1> | <alpha2> | ... | <alpha-n>;
  ```

  Meist schreibt man Produktionen untereinander, also

```
A         : <alpha1>
          | <alpha2>
          ...
          | <alpha-n>
          ;
```

insbesondere deshalb, weil man mit jeder Alternative noch eine *semantische Aktion* (s.u.) verbinden will, die man dann ans Ende der Zeile setzen kann, also:

```
A         : <alpha1> {<sem. Aktion für alpha1>}
          | <alpha2> {<sem. Aktion für alpha2>}
          ...
          | <alpha-n>{<sem. Aktion für alpha-n>}
          ;
```

Eine ε-Produktion notiert man als leere rechte Seite, z.B. das Paar $A \rightarrow \alpha_1 \mid \varepsilon$:

```
A         : <alpha1>
          |
          ;
```

Semantische Aktionen sind C-Code, der auszuführen ist, wenn eine Reduktion mit der zugehörigen rechten Seite vorgenommen wird. Dort können beliebige Programmstücke stehen; insbesondere manipuliert man aber *Attribute*, die den Grammatiksymbolen zugeordnet sind (dies ist ein Vorgriff auf Kapitel 4, in dem wir *attributierte Grammatiken* besprechen). Attribute sind einfach Behälter für beliebige Informationen. Yacc verwaltet für jedes Symbol auf dem Parserstack eine Datenstruktur zur Darstellung des Attributs. Solange man diese Datenstruktur nicht besonders deklariert, ist jedem Symbol ein *Integer*-Wert zugeordnet. Im Programmcode für die semantische Aktion bezieht man sich auf die Attribute der Symbole der *rechten Seite* mit den Bezeichnern \$1, \$2, ..., \$n, auf das Attribut des Symbols auf der linken Seite mit dem Bezeichner \$\$. In der Zeile

```
expr      : expr '+' term { $$ = $1 + $3; }
```

sind daher \$1, \$2 und \$3 die Attribute von *expr*, + und *term* auf der rechten Seite, und \$\$ gehört zu *expr* auf der linken Seite. Die semantische Aktion berechnet also bei der Reduktion den Wert des Ausdrucks links als Summe der bereits vorliegenden Werte von *expr* und *term* auf der rechten Seite.

Wenn für eine Alternative mit einem einzelnen Symbol auf der rechten Seite keine semantische Aktion angegeben wird, so greift die *Default-Aktion* {\$\$ = \$1;}. Deshalb braucht im obigen Beispiel etwa für

```
expr      : term
```

keine Aktion angegeben zu werden; das Attribut von *term* wird automatisch dem Attribut von *expr* zugewiesen.

Im *Deklarationsteil* stehen zunächst, eingeklammert durch %{ und %}, reguläre C-Deklarationen, die für semantische Aktionen des Teils 2 oder für Hilfsprozeduren des Teils 3 benötigt werden. Darüber hinaus enthält dieser Teil Tokendeklarationen.

In unserem Scannerbeispiel in Abschnitt 2.3 hatten wir Token explizit als Integer-Konstanten definiert. In Yacc könnte man schreiben:

```
%token OPEN, CLOSE, INTEGER, REAL, BOOLEAN, STRING, SYMBOL
%token OPENTEXT, CLOSETEXT
```

Damit werden die Token automatisch als Integer-Konstanten definiert. Yacc plaziert diese Definitionen in einem File *y.tab.h*. Um diese Konstanten auch einem Lex-generierten Scanner bekanntzumachen, genügt es daher, im Deklarationsteil der Lex-Spezifikation zu sagen

```
#include "y.tab.h"
```

Schließlich stehen im Teil 3 *Hilfsprozeduren*, die somit in semantischen Aktionen verwendet werden können. Im Beispiel haben wir hier die Funktion *yylex*() für die lexikalische Analyse untergebracht. Eine solche als

```
int yylex() {…}
```

deklarierte Prozedur muß entweder explizit vom Programmierer geschrieben oder durch Lex erzeugt werden; der von Yacc erzeugte Parser ruft sie jeweils auf, um das nächste Token zu bekommen. Token sind einfach Integer-Werte; insofern können einzelne Zeichen wie auch deklarierte Token auf gleiche Art übergeben werden.

Die lexikalische Analyse kann einem Token bereits einen Wert zuordnen. Dieser wird über eine globale Variable

```
int yylval;
```

vom Scanner an den Parser übergeben. In unserem Beispiel werden Token und Wert in den Anweisungen

```
scanf("%d", &yylval); return NUMBER;
```

übergeben. Auf der Seite des Parsers kann auf diesen Wert als Attribut des Terminal-symbols (Tokens) zugegriffen werden.

Konflikte. Man kann Yacc auch mit mehrdeutigen Grammatiken verwenden bzw. Grammatiken, die nicht vom Typ LALR(1) sind. In diesem Fall gibt Yacc nicht einfach auf, sondern löst die Konflikte nach folgenden Regeln auf:

1. Bei shift/reduce-Konflikten wird stets zugunsten von shift entschieden. Dies ist normalerweise das gewünschte Verhalten. Zum Beispiel wird bei

```
cond      : IF boolexpr THEN statement
          | IF boolexpr THEN statement ELSE statement
          ;
```

   bei Auftreten von ELSE shift gewählt, der ELSE-Zweig bei geschachtelten bedingten Anweisungen also der inneren Anweisung zugeordnet, was die übliche Interpretation ist.

2. Bei reduce/reduce-Konflikten wird mit der Produktion reduziert, die in der Yacc-Spezifikation zuerst aufgelistet ist.

Beim Übersetzen der Spezifikation meldet Yacc die Anzahlen aufgetretener shift/ reduce- und reduce/reduce-Konflikte. Man kann Yacc mit einer Option „–v" aufrufen, also

```
yacc -v parser.y
```

Dadurch wird ein File *y.output* generiert, das eine lesbare Beschreibung der erzeugten LALR-Parse-Tabellen enthält. Dort kann man überprüfen, wie Konflikte aufgelöst wurden. Insbesondere bei reduce/reduce-Konflikten ist es ratsam, dort nachzuschauen.

In Kapitel 5 betrachten wir als ein ausführliches Anwendungsbeispiel für Yacc (und Lex) die Konstruktion eines Compilers für eine Dokument-Beschreibungssprache.

3.4   Aufgaben

Aufgabe 3.12: Zeigen oder widerlegen Sie folgende Aussagen:

(a) Ist G eine starke LL(k)-Grammatik, dann ist G auch eine starke LL(k+1)-Grammatik.

(b) Ist G eine starke LL(k+1)-Grammatik, dann ist G auch eine starke LL(k)-Grammatik.

Aufgabe 3.13: Gegeben sei die Grammatik $G = (\{S\}, \{\mathbf{a}, \mathbf{b}\}, P, S)$ mit

$$P = \{S \rightarrow \mathbf{a}S\mathbf{ab} \mid \mathbf{a}S\mathbf{abb} \mid \mathbf{b}\}.$$

Zeigen Sie: G ist keine LL(k)-Grammatik für irgendein k.

Aufgabe 3.14: Gegeben sei die Grammatik $G = (N, \Sigma, P, S)$ mit

$$
\begin{aligned}
N &= \{S, A, B, C, D\}, \\
\Sigma &= \{\mathbf{a}, \mathbf{b}, \mathbf{c}, \mathbf{d}, \mathbf{e}\} \text{ und} \\
P &= \{\ S \rightarrow \mathbf{a}A\mathbf{c}A \mid A \mid \mathbf{d}D\,, \\
&\qquad\ A \rightarrow \mathbf{b}B\,, \\
&\qquad\ B \rightarrow \mathbf{e} \mid \varepsilon\,, \\
&\qquad\ C \rightarrow S \mid D\,, \\
&\qquad\ D \rightarrow \mathbf{c}C\ \}.
\end{aligned}
$$

Zeigen Sie: G ist eine starke LL(1)-Grammatik.

Aufgabe 3.15: Gegeben sei die folgende Grammatik G = (*N*, Σ, *P*, *S*) mit

$$N = \{S, A, B, C, D, E\},$$
$$\Sigma = \{t, u, v, w, x, y, z\} \text{ und}$$
$$P = \{ \quad S \rightarrow zAt,$$
$$A \rightarrow yBy \mid \varepsilon,$$
$$B \rightarrow CD \mid E,$$
$$C \rightarrow Cx \mid w,$$
$$D \rightarrow E \mid \varepsilon,$$
$$E \rightarrow Ev \mid u \}.$$

(a) Ist *G* eine LL(1)-Grammatik? Wenn ja, dann beweisen Sie dies. Falls nicht, dann geben Sie eine äquivalente LL(1)-Grammatik *G'* an.

(b) Berechnen Sie die *initialen Steuermengen*. Erstellen Sie zunächst gemäß dem im Kurs angegebenen Verfahren einen Graphen, der die Reihenfolge zur Berechnung der FIRST-Mengen angibt.

(c) Bestimmen Sie die Steuermengen für die Produktionen in *P'*. Berechnen Sie dazu die FOLLOW-Mengen mit Algorithmus 3.15, und geben Sie auch den Graphen an, der aus der Anwendung dieses Algorithmus resultiert.

(d) Erstellen Sie die zugehörige Analysetafel.

(e) Analysieren Sie die Eingabe **zywxuvyt**.

Aufgabe 3.16: Anstatt beim rekursiven Abstieg jedem Nichtterminal *A* eine Prozedur *A* zuzuordnen, kann man eine einzige Prozedur *RekursiverAbstieg* mit einem Parameter *NichtTerminal* vom Typ *char* vereinbaren, deren Rumpf aus einer von Programmiersprachen her bekannten *case*-Anweisung besteht. Diese *case*-Anweisung bewirkt, daß in Abhängigkeit vom aktuellen Wert des Parameters *NichtTerminal* diejenigen Anweisungen ausgeführt werden, die sonst im Rumpf der Prozedur *A* stehen müßten. Der Wert des Parameters *NichtTerminal* wird hierbei durch das gerade betrachtete Nichtterminal *A* bestimmt.

Formulieren Sie für die Grammatik

$$G = (\{S, A\}, \{a, b\}, \{S \rightarrow aA \mid \varepsilon, A \rightarrow aSbb \mid \varepsilon\}, S)$$

die Prozedur *RekursiverAbstieg(NichtTerminal : char)*.

Aufgabe 3.17: Gegeben sei eine boolsche Algebra mit der Menge der Wahrheitswerte {**TRUE, FALSE**} und den bekannten Operatoren **and, or, not**, äquivalent (=) und antivalent (<>). Berechnen Sie die Tabelle mit den Vorrangrelationen für die boolsche Algebra. Gehen Sie davon aus, daß

> **not** die höchste Priorität besitzt,
> **and** eine höhere Priorität als **or** besitzt,
> = die gleiche Priorität wie **and, or** und <> besitzt und
> <> die gleiche Priorität wie **and, or** und = besitzt.

In den boolschen Ausdrücken soll die Verwendung von Klammern gestattet sein.

Aufgabe 3.18: Gegeben sei die erweiterte Grammatik $G = (N, \Sigma, P, S')$ mit

$$N = \{S', S\}$$
$$\Sigma = \{\textbf{true}, \textbf{not}, \textbf{and}, /\}$$
$$P = \{\ S' \rightarrow S,$$
$$\qquad S \rightarrow \textbf{true} \mid \textbf{not}\ S \mid S\ \textbf{and}\ S \mid /S/\ \}.$$

(a) Zeigen Sie: G ist keine SLR(1)-Grammatik.

(b) Ist G eine LR(1)-Grammatik? Begründen Sie Ihre Antwort.

Aufgabe 3.19: Gegeben sei die kontextfreie Grammatik $G = (N, \Sigma, P, S')$ mit

$$N = \{S', S, E, T\}$$
$$\Sigma = \{1, \wedge, +, [,]\}$$
$$P = \{\ S' \rightarrow S,$$
$$\qquad S \rightarrow S+E \mid E,$$
$$\qquad T \rightarrow [S] \mid 1 \mid T^{\wedge},$$
$$\qquad E \rightarrow ET \mid T\quad \}.$$

(a) Stellen Sie eine (möglichst einfache) Analysetafel für G auf.

(b) Analysieren Sie die Eingabe **1[1]^+1+11^**.

Aufgabe 3.20: Es sei die boolsche Algebra aus Aufgabe 3.18 ohne den **not**-Operator gegeben. Zur Vereinfachung nehmen wir an, daß die Operatoren **and**, **or**, = und <> gleiche Priorität besitzen.

(a) Geben Sie eine LR(1)-Grammatik zur Beschreibung der Ausdrücke dieser Algebra an.

(b) Mit Hilfe von *Lex* und *Yacc* soll nun ein Parser für die Grammatik erzeugt werden, der einen boolschen Term parsen kann und das Resultat ausgibt. Gegeben sei die folgende Yacc-Spezifikation der boolschen Algebra.

```
%{
#include <stdio.h>
%}
%token OPEN, CLOSE, BOOL, AND, OR, AEQUI, ANTI
%%
...
%%
extern FILE *yyin;
main()
{
        yyparse();
}

yyerror(s)
char *s;
{
        fprintf(stderr, "%s\n",s);
}
```

Erläuterungen: Im Deklarationsteil sind bereits Token eingetragen. Dabei stehe OPEN für die öffnende, CLOSE entsprechend für die schließende Klammer; BOOL sei das Token für TRUE bzw. FALSE. Das Hauptprogramm selbst besteht nur aus dem Aufruf des Parsers. Die Routine yyerror gibt „bei Bedarf" eine Fehlermeldung aus.

(i) Geben Sie eine Lex-Spezifikation zur Erzeugung eines Scanners für Ihre Grammatik aus Teilaufgabe (a) an. Verwenden Sie dabei die bereits in der Yacc-Spezifikation definierten Token.

(ii) Geben Sie eine Yacc-Spezifikation zur Erzeugung eines Parsers für Ihre Grammatik an. Vervollständigen Sie dazu die vorgegebene Spezifikation, indem Sie einen passenden Grammatik-Teil angeben.

3.5 Literaturhinweise

Gute Darstellungen der in diesem Kapitel behandelten Themen bieten (Aho, Sethi und Ullman 1986) und (Parsons 1992); formale Definitionen bzw. Darstellungen der LL(k) und LR(k)-Analyse aus formaler Sicht finden sich in (Sudkamp 1988). Eine umfassende Behandlung der Theorie der Syntaxanalyse bieten (Sippu und Soisalon-Soininen 1988, 1990).

Top-Down-Analyse mit rekursivem Abstieg war sehr früh eine beliebte Syntaxanalyse-Technik; ein solcher vorausschauender Analysator wird schon in (Conway 1963) beschrieben. LL(k)-Grammatiken stammen von Lewis und Stearns (1968); die Theorie dazu wurde in (Rosenkrantz und Stearns 1970) weiterentwickelt. Das Buch (Lewis, Rosenkrantz und Stearns 1976) beschreibt den Einsatz vorausschauender Analysatoren im Compilerbau. Auch Knuth (1971) studierte die Top-down-Analyse. Algorithmen, um Grammatiken in die LL(1)-Form zu bringen, wurden u.a. von Stearns (1971) und Soisalon-Soininen und Ukkonen (1979) entwickelt.

Die Operator-Vorranganalyse geht zurück auf Floyd (1963). Operator-Vorrangmethoden können übrigens auch in einer Top-down-Analyse eingesetzt werden (Pratt 1973).

Die Theorie der LR(k)-Analyse stammt von Knuth (1965). Dies wurde zunächst für ein rein theoretisches Ergebnis gehalten, bis Korenjak (1969) und DeRemer die Methode im Hinblick auf praktische Einsatzfähigkeit verbesserten; DeRemer entwickelte dabei die SLR- und LALR-Verfahren (DeRemer 1969, 1971). Effiziente Methoden zur Berechnung von LALR(1)-Vorausschau-Mengen wurden u.a. von Kristensen und Madsen (1981) und DeRemer und Pennello (1982) vorgeschlagen. Ein Übersichtsartikel zur LR(k)-Analyse ist (Aho und Johnson 1974). Dem zweiten Autor, S.C. Johnson, verdanken wir auch das Yacc-System (Johnson 1975). Nähere Informationen und eine gute Einführung zu Yacc bietet (Levine, Mason und Brown 1992).

Kapitel 4

Syntaxgesteuerte Übersetzung

In den letzten beiden Kapiteln haben wir auf der Basis von Techniken zur Beschreibung der syntaktischen Struktur von Programmiersprachen – regulären Ausdrücken und kontextfreien Grammatiken – Methoden für die lexikalische und syntaktische Analyse entwickelt. Wir sind also nun in der Lage, für eine gegebene Eingabezeichenfolge der Quellsprache einen Ableitungsbaum zu konstruieren. Unser nächstes Ziel muß darin bestehen, aus dem gegebenen Ableitungsbaum Programme der Zielsprache der Übersetzung zu generieren.

Tatsächlich wird ein Ableitungsbaum im allgemeinen nicht komplett aufgebaut, bevor mit der Übersetzung begonnen wird, sondern Übersetzungsschritte werden ausgeführt, sobald Teilstrukturen des Ableitungsbaumes erkannt sind. Das heißt, Übersetzungsschritte werden verzahnt mit der Analyse, z.B. einer Top-down-Analyse, ausgeführt, und der Ableitungsbaum existiert gewöhnlich nur implizit. In diesem Kapitel betrachten wir zunächst das methodische Problem, Übersetzungsaktionen mit dem Erkennen von Teilstrukturen des Ableitungsbaumes zu verbinden. Es gibt dazu eine elegante Technik, nämlich die der *syntaxgesteuerten Übersetzung*, deren formale Grundlage *attributierte Grammatiken* bilden.

Bei der Besprechung von Lex und Yacc haben wir schon einen Eindruck davon bekommen, wie „semantische Aktionen" in Regeln der lexikalischen Analyse bzw. der Syntaxanalyse eingebettet werden können. Das sind tatsächlich Anwendungen der Methodik, die wir in diesem Kapitel allgemein studieren. Abschnitt 4.1 beschreibt das Grundkonzept der *attributierten Grammatik* und der daran angelehnten *syntaxgesteuerten Definition*. In Abschnitt 4.2 werden eingeschränkte Klassen syntaxgesteuerter Definitionen betrachtet, die sich effizient in die Syntaxanalyse integrieren lassen. In Abschnitt 4.3 erweitern wir die in Abschnitt 3.2 eingeführte Implementierungstechnik für die Top-down-Analyse, insbesondere die Analyse mit rekursivem Abstieg, um die Einbettung von Übersetzungsaktionen. Schließlich diskutieren wir in Abschnitt 4.4 spezielle Probleme bei der Verbindung von Übersetzungsaktionen mit der Bottom-up-Analyse.

4.1   Attributierte Grammatik, syntaxgesteuerte Definition

Man kann sich leicht klarmachen, daß ein zentrales und ganz allgemeines Problem bei der Übersetzung darin besteht, Information mit Teilstrukturen des Ableitungsbaumes zu assoziieren und diese Information beim Aufbau des Baumes geeignet zu verwalten. Beispielsweise möchte man letztlich jedem Teilbaum, der ausführbare Anweisungen darstellt, ein entsprechendes Code-Fragment zuordnen. Da Ableitungsbäume auf kontextfreien Grammatiken basieren, bietet es sich an, jedem Symbol der Grammatik eine Menge von *Attributen* als „Informationsbehälter" zuzuordnen und jeder Produktion der Grammatik eine Menge von Regeln, die die Berechnung von Attributwerten aus den Werten von Attributen anderer in der Produktion vorkommender Symbole beschreiben. Das ist gerade die Idee der attributierten Grammatik.

Definition 4.1: Gegeben sei eine kontextfreie Grammatik $G = (N, \Sigma, P, S)$. Eine *attributierte Grammatik* enthält für jedes Symbol $X \in (N \cup \Sigma)$ eine Menge von *Attributen $A(X)$* und für jede Produktion $p: X_0 \rightarrow X_1 \ldots X_m$ $(X_i \in N \cup \Sigma)$ eine Menge von *semantischen Regeln $R(p)$* der Form

$$X_i.a := f(X_j.b, \ldots, X_k.c)$$

wobei die X_i usw. in der Regel vorkommende Symbole darstellen und $X_i.a$ usw. deren Attribute. Für jedes Auftreten von X in einem Ableitungsbaum (zu einem Wort in $L(G)$) ist höchstens eine Regel anwendbar, um $X.a$ zu berechnen, für alle $a \in A(X)$.   □

Eng verwandt, aber etwas allgemeiner, ist der Begriff der *syntaxgesteuerten Definition*. Der einzige Unterschied besteht darin, daß eine semantische Regel auch Seiteneffekte haben darf, d.h., man darf beliebige Anweisungen benutzen. Wir arbeiten im folgenden mit syntaxgesteuerten Definitionen.

Die Art der in Attributen aufbewahrten Information ist nicht näher spezifiziert, es könnte z.B. ein Codefragment, die Adresse der Folgeinstruktion, der Name einer Sprungmarke, ein Typ in einer Deklaration sein.

In einer semantischen Regel

$$b := f(c_1, \ldots, c_k)$$

in der b und die c_i Attribute sind, hängt der Wert von b von den Werten der c_i ab. Das heißt, b kann erst berechnet werden, sobald die c_i bekannt sind. Entsprechend muß die Reihenfolge, in der Attributwerte berechnet werden, mit der Reihenfolge beim Aufbau des Ableitungsbaumes oder mit der eines Durchlaufs des Baumes zusammenpassen. Dies führt zu einer wichtigen Unterscheidung von zwei Arten von Attributen. Sei

$$p: X_0 \rightarrow X_1 \ldots X_m$$

die Produktion p, zu deren Regelmenge die Regel $b := f(c_1, ..., c_k)$ gehört. Das Attribut b heißt *synthetisiert*, falls es Attribut von X_0 ist; es heißt *vererbt*, falls es Attribut eines der X_i auf der rechten Seite von p ist. Die c_i sind Attribute beliebiger in der Produktion vorkommender Symbole, bei einem synthetisierten Attribut sind es gewöhnlich Attribute von Symbolen der rechten Seite.

Aufgrund der Bedingung, daß für jedes Attribut nur ein definierendes Auftreten erlaubt ist, lassen sich damit für jedes Symbol X seine Attribute in die zwei Klassen der synthetisierten und vererbten Attribute zerlegen.

Synthetisierte Attribute

Eine syntaxgesteuerte Definition, in der nur synthetisierte Attribute vorkommen, heißt *S-attributierte Definition*. Eine solche Definition ist besonders einfach zu behandeln, da für jeden Knoten des Ableitungsbaumes seine Attribute bottom-up aus den Attributen seiner Söhne zu berechnen sind.

Beispiel 4.2: Wir betrachten, ähnlich dem Yacc-Beispiel in Abschnitt 3.3.4, eine vereinfachte Grammatik, die die Eingabe arithmetischer Ausdrücke auf einem Taschenrechner beschreibt. Es sei nur erlaubt, einzelne Ziffern einzugeben und diese zu addieren oder zu multiplizieren. Mit Hilfe einer syntaxgesteuerten Definition soll der Wert des eingegebenen Ausdrucks berechnet werden. Dazu wird jedem Nichtterminal ein Attribut *val* zugeordnet.

Produktion	*Semantische Regel*
$L \rightarrow E =$	*output* ($E.val$)
$E \rightarrow E_1 + T$	$E.val := E_1.val + T.val$
$E \rightarrow T$	$E.val := T.val$
$T \rightarrow T_1 * F$	$T.val := T_1.val * F.val$
$T \rightarrow F$	$T.val := F.val$
$F \rightarrow (E)$	$F.val := E.val$
$F \rightarrow \textbf{digit}$	$F.val := \textbf{digit}.lexval$

Wie man sieht, kennzeichnen wir innerhalb einer Produktion mehrfach vorkommende Symbole durch Indizierung, um Eindeutigkeit in der semantischen Regel zu erreichen. Es wird angenommen, daß **digit** als Ergebnis der lexikalischen Analyse entsteht und daß im Attribut *lexval* der dort ermittelte Ziffernwert erhältlich ist. Die Eingabe wird mit einem Gleichheitszeichen abgeschlossen, woraufhin der Taschenrechner das Ergebnis liefert. $\Box$

Man sieht, daß diese syntaxgesteuerte Definition nur synthetisierte Attribute benutzt. Der folgende Ableitungsbaum (Abb. 4.1) für die Eingabe

$6 * (3 + 5)$

ist mit den Werten des Attributs *val* (bzw. *lexval*) beschriftet; Pfeile zwischen diesen Beschriftungen zeigen den Datenfluß zwischen den Attributen. Der so erweiterte Ableitungsbaum mit den Belegungen der Attribute heißt *Datenflußgraph*.

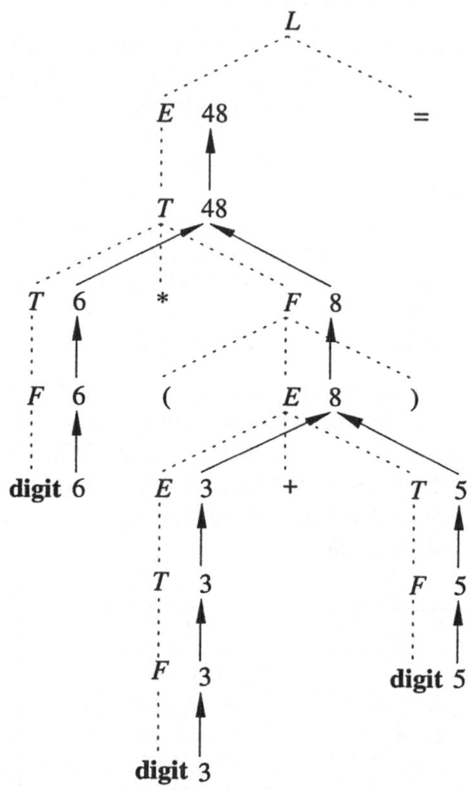

Abb. 4.1. Ableitungsbaum und Datenflußgraph für den Ausdruck 6 * (3 + 5)

Eine solche S-attributierte Definition läßt sich auf recht einfache Art innerhalb einer LR-Syntaxanalyse implementieren. Ansatzpunkt sind die Reduktionsschritte. Dort werden ja die Symbole der rechten Seite einer Produktion, die gerade zuoberst auf dem Stack stehen, durch das Symbol auf der linken Seite der Produktion ersetzt. Um eine S-attributierte Definition zu implementieren, verwaltet man nun auf dem Stack Darstellungen der Symbole, die ihre Attribute beinhalten. (Zum Beispiel könnte jedes Symbol mit seinen Attributen als Record dargestellt sein; der Stack könnte Zeiger auf solche Records enthalten.) Vor dem Reduktionsschritt stehen dann die Attribute der Symbole der rechten Seite auf dem Stack zur Verfügung, die zur Produktion gehörigen semantischen Regeln können ausgewertet werden. Die Ergebnisse werden dann nach der Reduktion den Attributen des neuen obersten Stacksymbols zugewiesen.

Aufgabe 4.1: Sei die Grammatik $G = (\{R, A, B, S\}, \{\, \textbf{ziffer}, \textbf{.}, \textbf{e}, \textbf{+}, \textbf{-}\,\}, P, R)$ zur Darstellung reeller Zahlen im Exponentialformat mit

$$
\begin{aligned}
P = \{\ R &\to A.BeA \\
A &\to SB \\
S &\to + \\
S &\to - \\
B &\to B\ \textbf{ziffer} \\
B &\to \textbf{ziffer} \quad \}
\end{aligned}
$$

gegeben. Es wird angenommen, daß **ziffer** als Ergebnis der lexikalischen Analyse entsteht und in dem Attribut **ziffer**.*lexval* der ermittelte Ziffernwert zu finden ist. Geben Sie eine syntaxgesteuerte Definition an, die den Zahlenwert (nicht String!) jedes Unterausdrucks im Fließkommaformat bestimmt. (Hinweis: Verwenden Sie zwei Attribute.) $\qquad\Box$

Vererbte Attribute

Vererbte Attribute sind oft nützlich, wenn man an ein Symbol Informationen aus dem Kontext, in dem es auftritt, übertragen will.

Beispiel 4.3: Wir betrachten Typ-Deklarationen der Form

> **integer** a, b, c;
> **real** $\quad e, f$;

Hier muß der erkannte Typ der Deklaration an die deklarierten Identifikatoren hinabgereicht werden. Die syntaxgesteuerte Definition sieht so aus:

Produktion	*Semantische Regel*
$D \to T\,L;$	$L.type := T.type$
$T \to \textbf{integer}$	$T.type := integer$
$T \to \textbf{real}$	$T.type := real$
$L \to L_1, \textbf{id}$	$L_1.type := L.type$ $addtype\,(\textbf{id}.entry, L.type)$
$L \to \textbf{id}$	$addtype\,(\textbf{id}.entry, L.type)$

Die Prozedur *addtype* trägt für einen Identifikator seinen Typ in die Symboltabelle ein.

Hier ist das Attribut *type* des Nichtterminals L ein vererbtes Attribut. Das Attribut *type* des Nichtterminals T nennt man *intrinsisch*, das heißt, sein Wert ist für eine gewählte Produktion fest vorgegeben. Dies ist ein Spezialfall eines synthetisierten Attributs. $\qquad\Box$

Wenn man zu einem gegebenen Ableitungsbaum die Attribute der vorkommenden Symbole als Knoten und die Abhängigkeiten zwischen Attributen, die aufgrund der semantischen Regeln entstehen, als Kanten einträgt, erhält man den *Abhängigkeitsgraphen* zu diesem Baum. Für synthetisierte Attribute haben wir einen solchen Graphen schon im vorigen Beispiel gesehen. In Beispiel 4.3 ergibt sich für eine Deklaration

    real a, b, c;

der in Abb. 4.2 gezeigte Ableitungsbaum und Abhängigkeitsgraph.

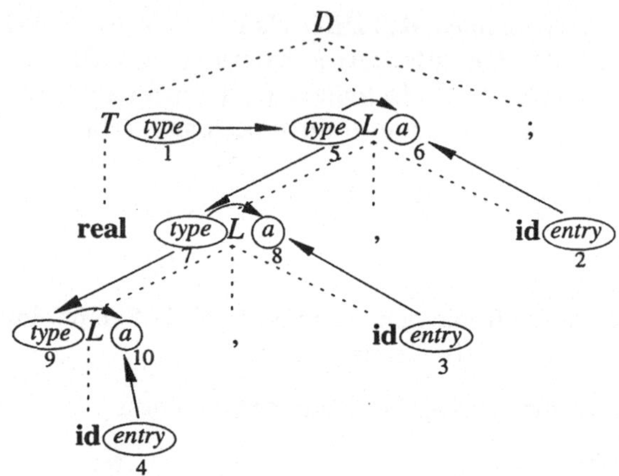

Abb. 4.2. Ableitungsbaum und Abhängigkeitsgraph für die Deklaration **real**: a, b, c;

Um den Abhängigkeitsgraphen zu zeichnen, fassen wir eine semantische Regel, die nur aus einem Prozeduraufruf $f(c_1, \ldots, c_k)$ besteht, als Zuweisung an ein synthetisiertes Dummy-Attribut $d := f(c_1, \ldots, c_k)$ auf. Im Beispiel betrifft das die Prozedur *addtype*; wir haben dort für das Nichtterminal L ein Attribut a eingeführt, um die *addtype*-Abhängigkeiten darzustellen.

Um aus einem Abhängigkeitsgraphen eine geeignete Reihenfolge für die Auswertung der semantischen Regeln zu erhalten, muß man ihn *topologisch sortieren*. Das heißt, man muß für die Knoten eine Reihenfolge

    $n_1, \ldots, n_k$

ermitteln, so daß für jede Kante (n_i, n_j) im Graphen gilt $i \le j$. Algorithmen für topologisches Sortieren eines azyklischen, gerichteten Graphen findet man in Büchern zu Datenstrukturen, z.B. (Aho, Hopcroft und Ullman 1983) oder (Sedgewick 1990). Man erhält einen solchen Algorithmus auch relativ leicht als Variante des Tiefendurchlaufs durch den Graphen: Wenn die Durchlaufprozedur den Namen des besuchten Knotens jeweils *nach* dem Besuch der Söhne ausgibt, werden die Knoten insgesamt in *umgekehrter* topologischer Ordnung ausgegeben. Das heißt, man erhält die gewünschte Folge, indem man das Ergebnis von hinten nach vorne liest.

Das topologische Sortieren läßt sich allerdings nur dann durchführen, wenn der gegebene Graph azyklisch ist. Es gibt Algorithmen, die überprüfen, ob eine gegebene syntaxgesteuerte Definition für jeden Ableitungsbaum zu einem azyklischen Abhängigkeitsgraphen führt; diese werden hier aber nicht besprochen.

Im Beispiel ist eine derartige Reihenfolge durch Indizierung der Knoten dargestellt. Damit würden die semantischen Regeln in folgender Reihenfolge ausgeführt (Attribute sind mit Knotennummern indiziert):

$type_1 := real;$

$type_5 := type_1;$

$addtype\ (entry_2, type_5);$

$type_7 := type_5;$

$addtype\ (entry_3, type_7);$

$type_9 := type_7;$

$addtype\ (entry_4, type_9);$

Die explizite Konstruktion von Abhängigkeitsgraphen ist ein sehr allgemeines, aber auch sehr aufwendiges Verfahren. In der Praxis beschränkt man sich daher oft auf speziellere Klassen syntaxgesteuerter Definitionen, bei denen man ohne diese Konstruktion auskommt. Eine solche Klasse betrachten wir im folgenden.

4.2   L-attributierte Definition, Übersetzungsschema

Eine syntaxgesteuerte Definition läßt die Reihenfolge der Ausführung ihrer semantischen Regeln offen. Sie erlaubt damit eine Spezifikation eines Übersetzungsvorgangs auf recht hoher Ebene. Wir gehen nun zu einer etwas niedrigeren Spezifikationsebene über, auf der diese Reihenfolge festgelegt wird; dadurch ist es möglich, weitere Implementierungsdetails auszudrücken. An die Stelle der syntaxgesteuerten Definition tritt nun ein *Übersetzungsschema*. Gleichzeitig betrachten wir eine eingeschränkte Klasse syntaxgesteuerter Definitionen, genannt *L-attributierte Definition*, die sich direkt in ein Übersetzungsschema überführen läßt.

Ausgangspunkt ist die Beobachtung, daß es für Bäume, und damit auch für Ableitungsbäume, gewisse Standard-Durchlaufarten gibt und daß man die Auswertung semantischer Regeln mit einem solchen Durchlauf verbinden kann. Die naheliegende Durchlaufart ist der *Tiefendurchlauf*, bei dem die Söhne eines Knotens in der Reihenfolge *von links nach rechts* (also wie üblich) besucht werden. Die Auswertung semantischer Regeln wird wie folgt einbezogen:

procedure *dfeval* (*n*: *node*)
begin Seien $m_1, \ldots, m_k$ (von links nach rechts) die Söhne von *n*
   for $i := 1$ **to** k **do**
      berechne die vererbten Attribute von m_i; *dfeval* (m_i)
   od;
   berechne die synthetisierten Attribute von *n*
end

Damit das funktioniert, dürfen offensichtlich die Regeln, die vererbten Attributen von m_i einen Wert zuweisen, nur auf vererbte oder synthetisierte Attribute von $m_1, \ldots, m_{i-1}$ und auf vererbte Attribute von *n* zurückgreifen.

Definition 4.4: Eine syntaxgesteuerte Definition heißt *L-attributiert*, wenn jedes vererbte Attribut eines Symbols X_j auf der rechten Seite einer Produktion $X_0 \to X_1 \ldots X_m$ nur abhängt von

  (i) Attributen der Symbole $X_1, \ldots, X_{j-1}$, und
  (ii) vererbten Attributen von X_0.

(das L steht für „von links nach rechts").   □

Übrigens ist jede S-attributierte Definition auch L-attributiert, da nur Einschränkungen für vererbte Attribute gemacht werden.

Ein *Übersetzungsschema* ist eine kontextfreie Grammatik mit Attributen zu Grammatiksymbolen, in der die rechten Seiten von Produktionen Folgen von Grammatiksymbolen und semantischen Regeln sind.

Beispiel 4.5: Das folgende Übersetzungsschema überführt einfache arithmetische Ausdrücke aus der Infix- in die Postfix-Notation. (In der Postfix-Notation werden Operatoren nachgestellt, d.h. 2+(3*5) wird zu 235*+.) Im Beispiel kommen nur Additions- und Subtraktionsoperatoren und keine Klammern vor.

$$
\begin{array}{lll}
expr & \to & term\ rest \\
rest & \to & +\ term\ \{write\ (\texttt{"+"})\}\ rest \\
     &   & |-\ term\ \{write\ (\texttt{"-"})\}\ rest \\
     &   & |\ \varepsilon \\
term & \to & \mathbf{num}\ \{write\ (\mathbf{num}.value)\}
\end{array}
$$

Einen Ableitungsbaum für ein Übersetzungsschema stellt man in der Form dar, daß semantische Regeln als zusätzliche Blätter auftreten. Für den Ausdruck

$$17 - 6 - 9$$

ergibt das den in Abb. 4.3 gezeigten Baum.

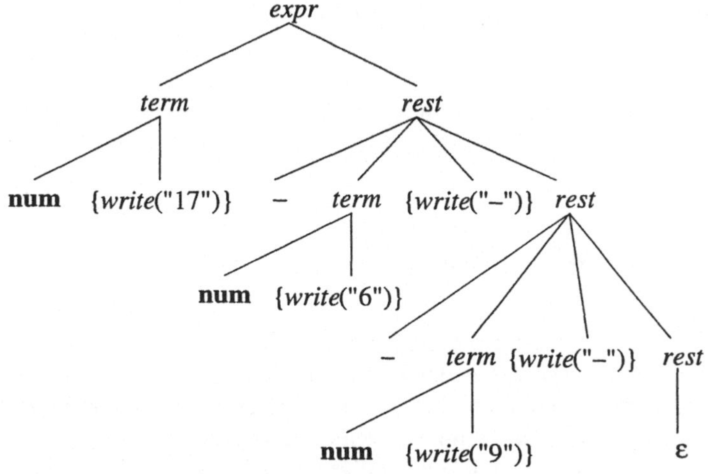

Abb. 4.3. Ableitungsbaum für das Übersetzungsschema für $17 - 6 - 9$

Ein Tiefendurchlauf durch diesen Baum, bei dem semantische Aktionen ausgeführt werden, sobald das entsprechende Blatt besucht wird, ergibt:

$$17 \; 6 - 9 -$$

Das ist die Postfix-Darstellung des Ausdrucks $17 - 6 - 9$. □

Man kann ein Übersetzungsschema direkt angeben. Man kann es aber auch aus einer gegebenen L-attributierten Definition systematisch erzeugen, und zwar nach folgenden Regeln:

1. Der Wert eines vererbten Attributs eines Symbols auf der rechten Seite einer Produktion muß in einer semantischen Regel *vor* diesem Symbol zugewiesen werden.
2. Der Wert eines synthetisierten Attributs wird in einer semantischen Regel zugewiesen, die am Ende der rechten Seite steht.

Die syntaxgesteuerte Definition aus Beispiel 4.3 ist L-attributiert. Mit den obigen Regeln erhalten wir dazu folgendes Übersetzungsschema:

$$
\begin{aligned}
D \;\to\;\; & T \qquad \{L.type := T.type\} \\
& L \\
& ; \\
T \;\to\;\; & \textbf{integer} \;\; \{T.type := integer\} \\
T \;\to\;\; & \textbf{real} \qquad \{T.type := real\}
\end{aligned}
$$

$$L \rightarrow \qquad \{L_1.type := L.type\}$$

$$L_1$$

$$,$$

$$\textbf{id} \quad \{addtype\ (\textbf{id}.entry,\ L.type)\}$$

$$L \rightarrow \textbf{id} \quad \{addtype\ (\textbf{id}.entry,\ L.type)\}$$

4.3   Top-down-Übersetzung

Ein vorgreifender Analysator (predictive parser, Abschnitt 3.2) besucht die Knoten des Ableitungsbaumes gerade in der Tiefendurchlauf-Reihenfolge, die die Basis für eine L-attributierte Definition und ein Übersetzungsschema ist. Das führt dazu, daß ein Übersetzungsschema direkt im Rahmen einer Top-down-Analyse implementiert werden kann, falls die zugrundeliegende Grammatik vom Typ LL(1) ist. In diesem Abschnitt erweitern wir das Schema aus Abschnitt 3.2.5 zur Implementierung eines vorgreifenden Analysators durch ein System rekursiver Prozeduren in der Weise, daß wir die Implementierung eines Übersetzungsschemas erhalten. Damit erhalten wir insgesamt eine systematische Technik zur Implementierung einer L-attributierten syntaxgesteuerten Definition auf der Basis einer LL(1)-Grammatik.

In der Praxis kommt es jedoch oft vor, insbesondere bei der Übersetzung von Ausdrücken, daß man eine syntaxgesteuerte Definition am einfachsten für eine linksrekursive Grammatik erstellen kann. Als letzter Baustein in unserer Methodik fehlt also noch eine Technik zur *Beseitigung von Linksrekursion aus einem Übersetzungsschema*. Wir beschränken uns allerdings auf die Behandlung eines linksrekursiven Übersetzungsschemas mit synthetisierten Attributen.

In Abschnitt 3.2.1 wurde ein Paar linksrekursiver Produktionen

$$A \quad \rightarrow \quad A\alpha \mid \beta$$

umgewandelt in

$$A \quad \rightarrow \quad \beta A'$$
$$A' \quad \rightarrow \quad \alpha A' \mid \varepsilon$$

Wir betrachten nun ein linksrekursives Übersetzungsschema

$$A \quad \rightarrow \quad A_1\ Y \quad \{A.a := g(A_1.a,\ Y.y)\}$$
$$\mid X \quad \{A.a := f(X.x)\}$$

Dabei gibt es zu jedem Grammatiksymbol ein synthetisiertes Attribut, das mit einem entsprechenden Kleinbuchstaben bezeichnet wird. Der durch dieses Schema erzeugte Datenfluß- bzw. Abhängigkeitsgraph ist in Abb. 4.4 veranschaulicht.

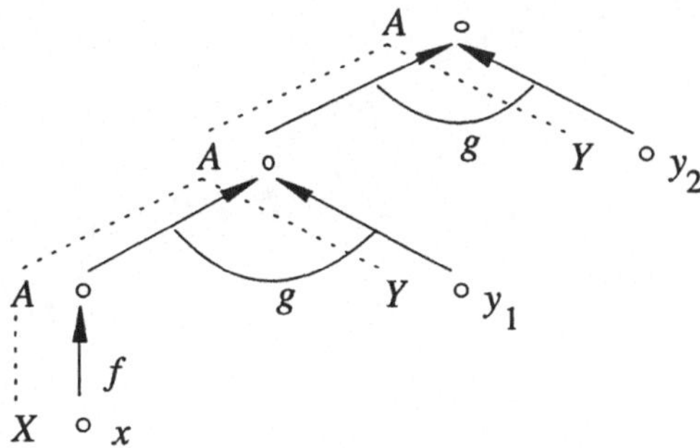

Abb. 4.4. Datenflußgraph für linksrekursives Übersetzungsschema

Wenn wir die übliche Technik zur Beseitigung von Linksrekursion einsetzen, erhalten wir zunächst die Produktionen

$$A \quad \rightarrow \quad X R$$
$$R \quad \rightarrow \quad Y R' \mid \varepsilon$$

und es würde für die gleiche Blattfolge XYY der Baum erzeugt:

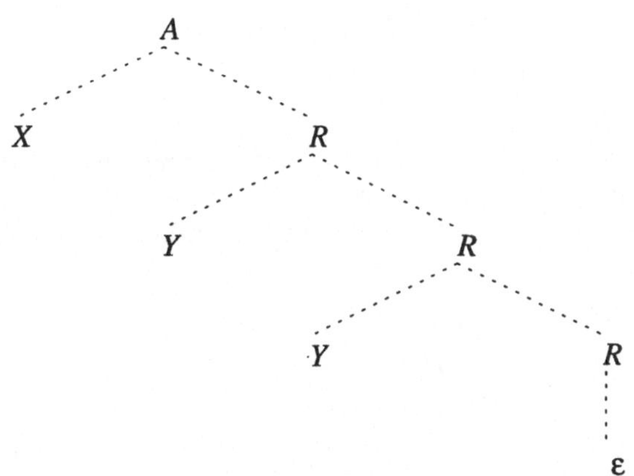

Abb. 4.5. Ableitungsbaum für modifizierte Grammatik

Die Idee besteht nun darin, das Symbol R mit einem vererbten Attribut $R.v$ und einem synthetisierten Attribut $R.s$ auszustatten und dann den Datenfluß so zu organisieren, wie in Abb. 4.6 gezeigt. $R.v$ und $R.s$ sind dort links und rechts von R gezeichnet.

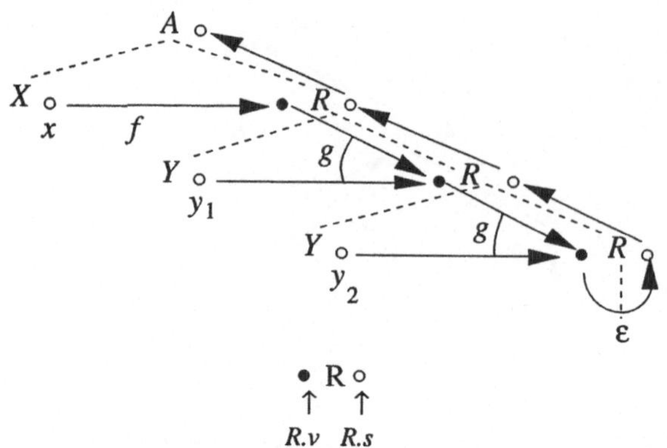

Abb. 4.6. Datenflußgraph für modifiziertes Übersetzungsschema

Man sieht, daß dieses Schema äquivalent ist, da der resultierende Wert für $A.a$ in der Wurzel in beiden Fällen gleich ist, nämlich $g(g(f(x), y_1), y_2)$. Das entsprechende Übersetzungsschema ist dann:

$$
\begin{array}{lll}
A & \to\ X & \{R.v := f(X.x)\} \\
  & \quad\ R & \{A.a := R.s\} \\
R & \to\ Y & \{R_1.v := g(R.v,\ Y.y)\} \\
  & \quad\ R_1 & \{R.s := R_1.s\} \\
R & \to\ \varepsilon & \{R.s := R.v\}
\end{array}
$$

Beispiel 4.6: Wir wenden die Technik nun auf ein konkretes linksrekursives Übersetzungsschema an, das wiederum Ausdrücke mit Addition und Subtraktion darstellt. Diesmal berechnet das Schema aber nicht Postfix-Notation, sondern den Wert des Ausdrucks.

$$
\begin{array}{lll}
E & \to\ E_1 + T & \{E.val := E_1.val + T.val\} \\
E & \to\ E_1 - T & \{E.val := E_1.val - T.val\} \\
E & \to\ T & \{E.val := T.val\} \\
T & \to\ (E) & \{T.val := E.val\} \\
T & \to\ \mathbf{num} & \{T.val := \mathbf{num}.lexval\}
\end{array}
$$

Als umgeformtes Schema ergibt sich:

$$
\begin{array}{lll}
E & \to\ T & \{R.v := T.val\} \\
  & \quad\ R & \{E.val := R.s\} \\
R & \to\ + & \\
  & \quad\ T & \{R_1.v := R.v + T.val\} \\
  & \quad\ R_1 & \{R.s := R_1.s\}
\end{array}
$$

$$
\begin{aligned}
R &\rightarrow\ - \\
&\quad T \qquad \{R_1.v := R.v - T.val\} \\
&\quad R_1 \qquad \{R.s := R_1.s\} \\
R &\rightarrow\ \varepsilon \qquad \{R.s := R.v\} \\
T &\rightarrow\ (\\
&\quad E \\
&\quad) \qquad \{T.val := E.val\} \\
T &\rightarrow\ \mathbf{num} \qquad \{T.val := \mathbf{num}.lexval\}
\end{aligned}
$$

$\square$

Aufgabe 4.2

(a) Geben Sie eine zu der Grammatik aus Aufgabe 4.1 äquivalente LL(1)-Grammatik G_1 an.

(b) Geben Sie zu G_1 ein entsprechendes LL(1)-Übersetzungsschema an, das ebenfalls den Zahlwert im Fließkommaformat bestimmt. Geben Sie auch die von Ihnen verwendeten vererbten Attribute an. $\square$

Wir gehen nun davon aus, daß ein Übersetzungsschema auf der Basis einer LL(1)-Grammatik gegeben ist, und erweitern die Methode zur Konstruktion eines vorgreifenden Analysators (mit rekursivem Abstieg) aus Abschnitt 3.2.5 zu einer Methode zur Konstruktion eines entsprechenden *syntaxgesteuerten Übersetzers*. Gegeben sei also für jedes Nichtterminal A die Menge der A-Produktionen

$$
\begin{aligned}
A \rightarrow\quad & \alpha_1 \quad | \quad D_1 \\
& \alpha_2 \quad | \quad D_2 \\
& \quad\cdots \\
& \alpha_m \qquad D_m
\end{aligned}
$$

mit zugeordneten Steuermengen D_i (die Produktionsnummern interessieren uns hier nicht, da das Ziel nicht darin besteht, eine Ableitung auszugeben). Die Symbole der Grammatik haben nun natürlich Attribute und die α_i sind entsprechende rechte Seiten eines Übersetzungsschemas.

Algorithmus 4.7: Konstruktion eines syntaxgesteuerten Übersetzers.

Eingabe   Ein syntaxgesteuertes Übersetzungsschema auf der Basis einer LL(1)-Grammatik.

Ausgabe   Programmtext für einen syntaxgesteuerten Übersetzer.

Methode

1. Erzeuge für jedes Nichtterminal A eine Funktionsprozedur. Diese Prozedur hat einen formalen Parameter für jedes vererbte Attribut von A, und sie liefert die Werte der synthetisierten Attribute von A als Ergebnis zurück. Falls A nur *ein* synthetisiertes Attribut besitzt, ist das ohne weiteres realisierbar. Falls mehrere synthetisierte Attribute vorkommen, kann die Prozedur z.B. einen Zeiger auf einem Record zurückgeben, der die Werte dieser Attribute enthält. Wir nehmen

im folgenden der Einfachheit halber an, daß A nur *ein* synthetisiertes Attribut besitzt. Die Prozedur hat weiterhin lokale Variablen für alle in A-Produktionen vorkommenden Attribute.

2. Die Struktur des Prozedurrumpfes ist ebenso wie in Abschnitt 3.2.5, also

> **if** *symbol* $\in D_1$ **then**
>   bearbeite α_1
> **elsif** *symbol* $\in D_2$ **then**
>   ...
> **else** *error*
> **fi**

3. Die Behandlung der rechten Seiten, also „bearbeite α_i" wird nun etwas anders verfeinert. Die rechten Seiten sind Folgen von Terminalsymbolen, Nichtterminalen und semantischen Regeln:

(i) Terminalsymbol X:

Falls X Attribute besitzt, deren Werte hier benötigt werden, erzeuge Anweisungen, die diese Werte in lokale Variablen übertragen, z.B.

$$Xx := symbol.x$$

Erzeuge anschließend eine Anweisung

$$match(X)$$

(ii) Nichtterminal X:

Erzeuge eine Zuweisung

$$Xs := X (Xv_1, \ldots, Xv_n)$$

wobei Xs die lokale Variable zur Aufnahme des synthetisierten Attributs von X ist und rechts ein Aufruf der Funktionsprozedur für X steht, dessen Parameter die Variablen sind, die zu den vererbten Attributen gehören.

(iii) Semantische Regel $b := f(c_1, \ldots, c_k)$:

Kopiere die Regel in den Programmtext, wobei alle Bezüge auf Attribute durch die entsprechenden Variablen ersetzt werden. $\square$

Wir wenden den Algorithmus auf das Übersetzungsschema aus Beispiel 4.6 an. Nach dem Verfahren aus Abschnitt 3.2.3 konstruiert man zunächst die Steuermengen:

$$
\begin{array}{lcll}
E & \rightarrow & T\,R & \{(, \mathbf{num}\} \\
R & \rightarrow & +\,T\,R & \{+\} \\
  &   & |-T\,R & \{-\} \\
  &   & |\,\varepsilon & \{\$,)\} \\
T & \rightarrow & (E) & \{(\} \\
  &   & |\,\mathbf{num} & \{\mathbf{num}\}
\end{array}
$$

Der Algorithmus erzeugt dann folgende Funktionsprozeduren. Wir nehmen an, daß numerische Werte als *integer* darstellbar sind.

```
function E : integer;
var Tval, Eval, Rv, Rs: integer;
begin
    if symbol = ( or symbol = num
    then Tval := T; Rv := Tval; Rs := R(Rv); Eval := Rs; return Eval
    else error
    fi
end;

function R (Rv :integer): integer;
var Tval, R1v, R1s, Rs: integer;
begin
    if symbol = + then
        match (+); Tval := T; R1v := Rv + Tval; R1s := R(R1v); Rs := R1s;
        return Rs
    elsif symbol = - then
        (analog)
    elsif symbol = $ or symbol = ) then
        Rs := Rv; return Rs;
    else error
    fi
end;

function T : integer;
var Tval, Eval, numlexval: integer;
begin
    if symbol = ( then
        match ((); Eval := E; match := ()); Tval := Eval; return Tval
    elsif symbol = num then
        numlexval := symbol.lexval; match (num); Tval := numlexval;
        return Tval;
    else error
    fi
end;
```

Es gelten ähnliche Bemerkungen wie in Abschnitt 3.2.5: Der hier gezeigte Programmtext wurde streng nach dem Schema des Algorithmus 4.7 erzeugt; Effizienzverbesserungen könnten von Hand oder automatisch vorgenommen werden.

Aufgabe 4.3: Konstruieren Sie zu der Grammatik G_1 aus Aufgabe 4.2 einen syntaxgesteuerten Übersetzer. $\Box$

4.4   Bottom-up-Übersetzung

Das Grundmuster der syntaxgesteuerten Übersetzung im Rahmen einer Bottom-up-Analyse ist sehr einfach, und wir haben es schon bei der Einführung S-attributierter Definitionen beschrieben: Zusammen mit den Darstellungen der Grammatiksymbole auf dem Parserstack werden ihre Attribute verwaltet; bei einem Reduktionsschritt wird ein neues Symbol (das der linken Seite) auf den Parserstack gelegt, dessen Attribute aus denen der Symbole der rechten Seite berechnet werden. Die Behandlung synthetisierter Attribute bzw. S-attributierter Definitionen ist also kein Problem.

Noch offen ist die Frage, ob und wie ggf. L-attributierte Definitionen oder syntaxgesteuerte Übersetzungsschemata implementiert werden können, die für einige konkrete Übersetzungsprobleme dringend benötigt werden. Dabei gibt es zwei Aspekte:

1.   Es werden auch den Symbolen der *rechten Seite* Attributwerte zugewiesen, die sich aus den Attributen weiter links stehender Symbole der rechten Seite sowie aus vererbten Attributen des Symbols der linken Seite ergeben können.
2.   Übersetzungsaktionen sind in rechte Seiten eingebettet, müssen also ausgeführt werden, *bevor* eine komplette rechte Seite auf dem Stack liegt und die Reduktion ausgeführt wird.

Betrachten wir zunächst den zweiten Aspekt. Dies kann man relativ einfach durch eine Transformation des Übersetzungsschemas lösen, die dafür sorgt, daß Übersetzungsaktionen nur noch am Ende von rechten Seiten auftreten, also beim Reduktionsschritt ausgeführt werden können. Die Idee ist, sog. *Markierungs-Nichtterminale* einzuführen, die ins leere Wort ε ableiten und den einzigen Zweck haben, bei ihrer Reduktion eine Übersetzungsaktion auszulösen. Nehmen wir also an, es gebe eine Regel

$$A \quad \rightarrow \quad X \quad \{action_1\} \quad Y$$

Dann führen wir ein Markierungs-Nichtterminal M ein und eine Produktion $M \rightarrow \varepsilon$ und transformieren in ein neues Übersetzungsschema

$$A \quad \rightarrow \quad X \quad M \quad Y$$
$$M \quad \rightarrow \quad \varepsilon \quad \{action_1\}$$

Betrachten wir nun den ersten oben genannten Aspekt. Daran ist weniger die Tatsache problematisch, daß Attribute von weiter links stehenden Symbolen der rechten Seite benötigt werden; diese Symbole stehen ja bereits auf dem Stack, und ihre Attributwerte können benutzt werden. Das Problem entsteht dadurch, daß wir vererbte Attribute des *Symbols der linken Seite* benutzen wollen. Dieses Symbol ist aber noch nicht vorhanden; es wird erst dann auf dem Stack stehen, wenn die gerade aktuelle rechte Seite komplett bearbeitet ist, also zu spät. Außerdem erhält es seinen Wert ja nicht durch Auswertung dieser rechten Seite (dann wäre es ein synthetisiertes Attribut), sondern aus der Umgebung.

Auch dieses Problem kann man durch eine Transformation des Übersetzungsschemas lösen, jedenfalls dann, wenn die Grammatik vom Typ LL(1) ist. Wir nehmen zunächst der Einfachheit halber an, daß jedes Terminalsymbol T ein synthetisiertes Attribut $T.s$ besitzt (dessen Wert in der lexikalischen Analyse bestimmt wird) und jedes Nichtterminal A genau ein synthetisiertes Attribut $A.s$ und ein vererbtes Attribut $A.v$. Die Idee besteht dann wieder darin, Markierungs-Nichtterminale einzuführen, die nach ε ableiten, und zwar auf folgende Art. Für jede Produktion

$$A \; \to \; X_1 \ldots X_n$$

führen wir neue Markierungssymbole $M_1, \ldots, M_n$ ein und ersetzen sie durch die Produktion

$$A \; \to \; M_1 X_1 \ldots M_n X_n$$

Auf dem Parserstack speichern wir nun für jedes Nichtterminal X_i sein synthetisiertes Attribut $X_i.s$ zusammen mit der Darstellung des Symbols X_i, sein vererbtes Attribut $X_i.v$ aber mit der Darstellung des Symbols M_i !

Das bedeutet, daß nun während der Analyse einer aus X_i abgeleiteten rechten Seite, sagen wir mit der Produktion

$$X_i \; \to \; Y_1 \ldots Y_k \, ,$$

aus der durch die Transformation eine Produktion

$$X_i \; \to \; N_1 Y_1 \ldots N_k Y_k$$

geworden ist, bekannt ist, daß das vererbte Attribut von X_i, also $X_i.v$, auf dem Parserstack auf der Position links von N_1 steht (denn das ist die Position von M_i). Für die Berechnung eines vererbten Attributs von Y_j stehen also nun alle synthetisierten und vererbten Attribute von $Y_1 \ldots Y_{j-1}$ auf den $2 \cdot (j-1)$ Stackpositionen links von der obersten Stackposition zur Verfügung sowie das vererbte Attribut von X_i auf der Position $-2 \cdot (j-1) - 1$ (wenn wir die oberste Stackposition als Position 0 bezeichnen, die links davon als -1 usw.). Der Parserstack sieht also gerade so aus:

$$\ldots \quad M_i \quad N_1 \quad Y_1 \quad \ldots \quad N_{j-1} \quad Y_{j-1} \quad N_j$$

Das vererbte Attribut von Y_j wird ja bei der Reduktion mit der Regel $N_j \to \varepsilon$ berechnet und ist N_j zugeordnet. Die Berechnung eines synthetisierten Attributs, etwa des Attributs $X_i.s$, erfolgt bei der Reduktion mit der Regel $X_i \to N_1 Y_1 \ldots N_k Y_k$; auch hier sind die Stackpositionen aller synthetisierten und vererbten Attribute der Y_j bekannt.

Diese Technik kann man noch etwas verbessern:

1. Man führt Markierungssymbole nur ein für Nichtterminale, die tatsächlich vererbte Attribute besitzen. Dann muß man natürlich mit den Stackpositionen entsprechend mitrechnen, das ist aber machbar.
2. Falls das erste Symbol einer rechten Seite, also Y_1 in der Regel $X_i \to Y_1 \ldots Y_k$, ein vererbtes Attribut besitzt, das sich als $Y_1.v := X_i.v$ ergibt, so braucht man kein Markierungssymbol N_1 für Y_1 einzuführen, da der benötigte Wert ja schon links

von Y_1 auf dem Stack steht, nämlich in M_i. Das ist vor allem deshalb von Bedeutung, weil man bei linksrekursiven Regeln sonst Parse-Konflikte erzeugt.

Weitere Details hierzu findet man bei (Aho, Sethi und Ullman 1986, Abschnitt 5.6).

Auswirkung auf Yacc-Spezifikationen

In Ergänzung zu der Beschreibung in Abschnitt 3.3.4 ist es in Yacc-Spezifikationen erlaubt, semantische Aktionen innerhalb rechter Seiten (also nicht am Ende) auftreten zu lassen. Dabei darf auf Attributwerte von Symbolen links von der semantischen Aktion zugegriffen werden. Damit ist z.B. folgende Spezifikation erlaubt:

```
A       :       B           {$$ = 1;}
                C           {x = $2; y = $3;}
        ;
```

Yacc sorgt selbst durch Einsatz von Markierungssymbolen für die Auswertung eingebetteter semantischer Regeln. – Zu beachten ist, daß bei der Numerierung der Symbole auf der rechten Seite die semantischen Aktionen mitgezählt werden und auch einen Wert liefern. Deshalb bezieht sich oben $2 auf die Regel {$$ = 1;} und liefert den Wert 1; $3 ist dem Symbol C zugeordnet.

Schließlich kann man die beschriebene Technik zur Behandlung vererbter Attribute in Yacc selbst implementieren, indem man auf Stacksymbole links von denen der aktuellen Regel zugreift, insbesondere auf das Symbol $0, das unmittelbar links von $1 steht. Dort kann man also ein vererbtes Attribut des Symbols der linken Seite unterbringen.

4.5   Aufgaben

Aufgabe 4.4: Gegeben sei die folgende Grammatik G für eine Binärdarstellung rationaler Zahlen (Startsymbol ist N):

$$N \rightarrow \quad L \mid L.L$$
$$L \rightarrow \quad B \mid LB$$
$$B \rightarrow \quad 0 \mid 1$$

Wir verbinden mit dem Nonterminal B die Attribute $B.v$ und $B.s$ (für „Wert" und „Stellenwert"), mit L die Attribute $L.v$, $L.l$ und $L.s$ (für „Wert", „Länge" und „Stellenwert") sowie mit N das Attribut $N.v$ (für „Wert"). Diese Attribute haben entweder ganzzahlige oder rationale Werte und seien wie folgt definiert:

Produktion	Semantische Regel
$B \rightarrow 0$	$B.v := 0$
$B \rightarrow 1$	$B.v := 2^{B.s}$
$L \rightarrow B$	$L.v := B.v$; $B.s := L.s$; $L.l := 1$
$L_1 \rightarrow L_2\, B$	$L_1.v := L_2.v + B.v$; $B.s := L_1.s$; $L_2.s := L_1.s+1$; $L_1.l := L_2.l+1$
$N \rightarrow L$	$N.v := L.v$; $L.s := 0$
$N \rightarrow L_1 . L_2$	$N.v := L_1.v + L_2.v$; $L_1.s := 0$; $L_2.s = -L_2.l$

(a) Welche der Attribute sind vererbt, welche synthetisiert?

(b) Geben Sie den *Abhängigkeitsgraphen* für den Ableitungsbaum des Wortes 101.11 an.

(c) Geben Sie den *Datenflußgraphen*, d.h. den Ableitungsbaum mit Belegung der Attribute, für das Wort 101.11 an.

Hinweis: Bei den Graphen sollten Sie der Übersichtlichkeit halber die vererbten Attribute links und die synthetisierten Attribute rechts neben das Nonterminal schreiben. (*abCd* bedeutet also beispielsweise: *a* und *b* sind vererbte Attribute, *d* ist synthetisiertes Attribut von *C*.)

Aufgabe 4.5: Gegeben Sei die Grammatik G (Startsymbol L_0):

$$L_0 \rightarrow L$$
$$L \rightarrow S \mid S\, ; L$$
$$S \rightarrow D := E$$
$$D \rightarrow \mathbf{id}$$
$$E \rightarrow \mathbf{id} \mid \mathbf{num}$$

Dabei entsprechen **id** und **num** einem von der lexikalischen Analyse bestimmten Identifier bzw. Zahlenwert. (**id** und **num** sind also als Terminalzeichen mit den Attributwerten „Name des Identifiers" bzw. „Wert der Konstanten" aufzufassen.)

(a) Erweitern Sie G zu einer attributierten Grammatik, so daß die Belegung des Speichers vor und nach einer Zuweisung aus Attributwerten hervorgeht, die S zugeordnet sind. (Die Speicherbelegung kann durch eine Menge von Tupeln (Identifier, Wert) dargestellt werden. Die Anfangsbelegung (vor der ersten Zuweisung) wird durch die leere Menge repräsentiert.) Achten Sie darauf, daß die möglichen Abhängigkeitsgraphen keine Zyklen enthalten dürfen, da sonst die Attribute nicht berechenbar sind.

(b) Erläutern Sie die Berechnung der Attributwerte an dem Beispiel:

```
a:= 5; b := a; c := b
```

Das heißt, geben Sie den Datenflußgraphen an. (a, b und c werden von der lexikalischen Analyse als Identifier (**id**) erkannt, die 5 als Konstante (**num**).)

Aufgabe 4.6: Gegeben sei die Grammatik $G = (N, S, P, E\,)$ mit

$$N = \{E, T, F\}$$
$$S = \{\mathbf{x}, \mathbf{num}, +, *, (,\,)\}$$
$$P = \{\ E \rightarrow E + T \mid T,$$
$$T \rightarrow T * F \mid F,$$
$$F \rightarrow (E) \mid \mathbf{x} \mid \mathbf{num}\ \}.$$

(a) Erweitern Sie G zu einer attributierten Grammatik, so daß zu Ausdrücken aus $L(G)$ die erste Ableitung nach x berechnet wird. Bei der Ableitung muß keine Vereinfachung vorgenommen werden. Geben Sie dazu die semantischen Regeln für die synthetisierten Attribute *diff* (Ableitung des Ausdrucks) und *exp* (unausgewerteter Ausdruck als Zeichenkette) an. Beide Attributwerte seien vom Typ *string*. Konkatenation von Strings kann durch einfaches Hintereinanderschreiben ausgedrückt werden.

(b) Geben Sie den Datenflußgraphen für den Ausdruck **2*(x+1)** an.

Aufgabe 4.7: Gegeben sei die folgende Grammatik G für die Darstellung von bis zu dreistelligen Zahlen, die in englisch geschrieben sind:

Zahl	$\rightarrow$	**zero** | *Ziffer* | *XX* | *XXX*
XXX	$\rightarrow$	*Ziffer* **hundred** *RestXXX*
RestXXX	$\rightarrow$	**and** *XX* | ε
XX	$\rightarrow$	*Ziffer* | *Zehner* | *Zig RestXX*
RestXX	$\rightarrow$	*Ziffer* | ε
Ziffer	$\rightarrow$	**one** | **two** | … | **nine**
Zehner	$\rightarrow$	**ten** | **eleven** | … | **nineteen**
Zig	$\rightarrow$	**twenty** | **thirty** | … | **ninety**

(a) Erweitern Sie G zu einer attributierten Grammatik, so daß die numerische Darstellung der in Worten ausgedrückten Zahl ermittelt wird.

(b) Erläutern Sie die Berechnung der Attributwerte an folgendem Beispiel, d.h., geben Sie den Datenflußgraphen dazu an:

three hundred and seventy six

Aufgabe 4.8: In dieser Aufgabe soll schrittweise mit Hilfe von Lex und Yacc ein einfacher Taschenrechner spezifiziert werden.

(a) Geben Sie eine Lex- und Yacc-Spezifikation eines einfachen Taschenrechners an, der folgende Eigenschaften besitzt:

- Erlaubte Operationen sind: +, −, *, /, Negation von Zahlen (unäres Minus).
- Klammern in Ausdrücken sind erlaubt.
- Es sollen nur Integer-Zahlen verarbeitet werden.

- Bei einer (ganzzahligen) Division durch 0 erfolgt eine entsprechende Fehlermeldung.
- Die Verarbeitung mehrerer arithmetischer Ausdrücke ist möglich, wobei jeweils ein arithmetischer Ausdruck in einer Zeile steht und durch einen Zeilenvorschub beendet wird. In der darauffolgenden Zeile erfolgt die Ausgabe des Ergebnisses in der Form „= <Ergebnis>". In der nächsten Zeile ist dann die Eingabe eines neuen arithmetischen Ausdrucks möglich.
- Das Programm wird durch einen Zeilenvorschub am Anfang einer Zeile beendet.
- Leerzeichen und Tabulatoren sind bei der Eingabe erlaubt.
- Variablen werden zur Verfügung gestellt, die der Einfachheit halber Kleinbuchstaben von „a" bis „z" sind. Einer Variablen wird durch <Variablenname> = <Ausdruck> ein Wert zugewiesen, wobei <Ausdruck> Variablen enthalten darf.

Hinweis: Verwenden Sie zur Abspeicherung der Werte der Variablen einen Array mit dem Indexbereich 0..25.

(b) Der einfache Taschenrechner aus dem Aufgabenteil (a) soll nun dahingehend erweitert bzw. verändert werden, daß Fließkommazahlen erlaubt sind. Fließkommazahlen sollen dabei analog zum Zustandsdiagramm für REAL-Token (s. Abb. 2.5) aufgebaut sein.

Jedem Symbol in einem Yacc-Parser wird ein Wert zugeordnet, der zusätzliche Informationen über eine spezielle Instanz des Symbols angibt. In der Regel haben die Werte von unterschiedlichen Symbolen unterschiedliche Datentypen, z.B. *int* oder *double* für numerische Symbole und *char* * für Strings. Wenn es mehrere Typen für Werte von Symbolen gibt, muß man diese in der Yacc-Spezifikation auflisten, so daß Yacc hieraus eine C *union* Typdefinition (die einem varianten Recordtyp entspricht) erzeugen kann. Dies wird von Yacc wie folgt unterstützt:

Nehmen wir an, daß eine Yacc-Spezifikation die Tokens `INTEGER` und `REAL` sowie ein Nichtterminal `expression` enthält. Dann wird im Deklarationsteil eine `%union`-Deklaration hinzugefügt, die Variablen für alle möglichen Symboltypen der Spezifikation enthält, z.B.

```
%union {
int int_num,
double real_num;
}
```

In Lex wird der Wert eines Symbols in Abhängigkeit von dessen Typ nun als `yylval.int_num` oder als `yylval.real_num` angesprochen. Dem Yacc-Parser muß im Deklarationsteil unterhalb der `%union`-Deklaration mitgeteilt werden, welcher Typ dem Wert eines Symbols zugeordnet ist. Hierzu wird der entsprechende Feldname aus der union-Struktur in eckigen Klammern vor das Token geschrieben:

```
%token <int_num> INTEGER
%token <real_num> REAL
```

Der Typ für das Nichtterminal `expression` wird durch eine `%type`-Deklaration angegeben:

```
%type <real_num> expression
```

In den Aktionen qualifiziert Yacc Symbolwertreferenzen automatisch mit dem entsprechenden Feldnamen. Ist z.B. das dritte Symbol ein Integer, so verhält sich eine Referenz auf `$3` wie `$3.int_num`.

4.6   Literaturhinweise

Die Darstellung in diesem Kapitel orientiert sich an dem Buch von Aho, Sethi und Ullman (1986), das das Thema natürlich sehr viel eingehender behandelt. Gute, weiterführende Darstellungen finden sich z.B. auch in (Wilhelm und Maurer 1997) und (Alblas und Nymeyer 1996).

Das Konzept der attributierten Grammatik stammt von Knuth (1968, 1971). Dort werden auch vererbte Attribute und Abhängigkeitsgraphen eingeführt. L-attributierte Grammatiken wurden von Lewis, Rosenkrantz und Stearns (1974) definiert mit dem Ziel, die Auswertung der Attributdefinitionen gleichzeitig mit dem Aufbau das Ableitungsbaums vornehmen zu können; die gleiche Absicht liegt den in (Bochmann 1976) beschriebenen Baumdurchlauftechniken zugrunde. Verallgemeinerungen mit mehreren Baumdurchläufen wurden von Alblas (1981) untersucht. Die Konstruktion eines vorgreifenden Analysators mit rekursivem Abstieg aus einem syntaxgesteuerten Übersetzungsschema gemäß Alg. 4.7 wird in ähnlicher Form in (Bochmann und Ward 1978) beschrieben.

Die von Kastens (1980) definierte Klasse der *geordneten attributierten Grammatiken* erlaubt es, für jedes Grammatiksymbol eine Ordnung auf der Menge seiner Attribute zu bestimmen, nach der dann Attributdefinitionen in jedem entsprechenden Knoten eines Ableitungsbaumes ausgewertet werden können. Diese Auswertungstechnik wurde von Engelfriet und Filé (1982) weiter analysiert. Einen Überblick zu weiteren Auswertungsstrategien bietet (Alblas 1991).

Unter anderem im Zusammenhang mit syntaxgesteuerten Editoren ist man daran interessiert, nach Transformationen des Ableitungsbaumes Attribute neu auszuwerten, wobei sich die Auswertung auf die betroffenen Teile beschränken sollte. Man bezeichnet das als *inkrementelle Attributauswertung*. Ein bekanntes System, das inkrementelle Auswertung unterstützt, ist der *Synthesizer Generator* (Demer, Reps und Teitelbaum 1981, Reps und Teitelbaum 1989). Ähnliche Funktionalität bietet das System OPTRAN (Lipps et al. 1988).

Überblicksartikel zum Gebiet der attributierten Grammatiken und dazugehörigen Systeme sind (Courcelle 1984, Engelfriet 1984, Deransart, Jourdon und Lorho 1988, Paakki 1995).

Kapitel 5

Übersetzung einer Dokument-Beschreibungssprache

Die nun folgenden drei Kapitel sind verschiedenen Anwendungsgebieten von Compilertechnik gewidmet. Kapitel 6 behandelt das klassische Thema der Implementierung imperativer Programmiersprachen, Kapitel 7 die Übersetzung funktionaler Sprachen. In diesem Kapitel beginnen wir bewußt mit einer weniger „klassischen" Anwendung, nämlich der Übersetzung einer „Formatierungs-" oder Markup-Sprache, in der zu setzende Dokumente in Form von ASCII-Texten beschrieben werden. Dafür gibt es zwei Gründe:

- Es ist wesentlich wahrscheinlicher, daß Sie die in diesem Buch gewonnenen Kenntnisse praktisch einsetzen werden, indem Sie eine „kleine Sprache" für eine spezielle Anwendung implementieren, als daß Sie einen ausgewachsenen Compiler für eine normale Programmiersprache schreiben. Das in diesem Kapitel gezeigte Beispiel steht stellvertretend für viele solcher Nicht-Standard-Anwendungen. Es geht also nicht darum, speziell etwas über die Übersetzung von Markup-Sprachen zu lernen. Es ist vielmehr wichtig, einen Blick dafür zu gewinnen, daß man manche Probleme relativ einfach lösen kann, indem man eine Sprache definiert und einen Compiler dafür schreibt.
- Wir wollen gern eine vollständige Compiler-Implementierung vorführen. Sie sollen sehen, wie die Werkzeuge Lex und Yacc zusammenarbeiten und wie sie in eine Umgebung eingebunden werden. Das ist nur im Rahmen einer solchen kleinen Anwendung möglich, bei der Quell- und Zielsprache relativ einfach sind. Sie sollen dabei auch lernen, den Aufwand für eine solche Implementierung einzuschätzen.

Im folgenden motivieren wir zunächst kurz die Anwendung, erklären Quell- und Zielsprache und beschreiben die Komponenten des Systems einschließlich der Lex- und Yacc-Spezifikationen. Im Anhang A ist das komplette (in Englisch) dokumentierte und lauffähige Programm wiedergegeben.

5.1 Integration von Programmen und Dokumentation

Das Ziel der hier beschriebenen Entwicklung bestand darin, die Möglichkeiten zur Dokumentation von Programmen zu verbessern und insbesondere, Programme und ihre Dokumentation integriert darzustellen; das heißt konkret: Programm und zugehörige Dokumentation sollten in der gleichen Datei stehen.

Einerseits möchte man für Dokumentation (also für Texte, die erklären, wie ein Programm funktioniert) die gleichen Möglichkeiten haben, wie für jeden anderen Text, also z.B. Überschriften, Einrückungen, Aufzählungen, Zeichnungen, verschiedene Schrifttypen usw. Diese Möglichkeiten werden von Textsystemen angeboten. Andererseits sind die Möglichkeiten, die übliche Programmiersprachen bzw. ihre Compiler dazu anbieten, sehr beschränkt: Das Programmfile muß ein ASCII-File sein; als Dokumentation kann man ASCII-Texte in Kommentarklammern einfügen, die vom Compiler ignoriert werden.

Eine offensichtliche, aber schlechte Lösung besteht darin, Programme wie üblich, also nur geringfügig kommentiert, zu schreiben und Dokumentation getrennt davon mit einem Textsystem anzufertigen. Das führt zu mehreren Problemen:

- Es gibt eine Tendenz, daß das lästige Schreiben von Dokumentation überhaupt unterbleibt, da es eine von der Programmentwicklung getrennte Aktivität ist. Es ist auch nicht leicht, zu erklären, auf welche Stelle des Programms man jeweils Bezug nimmt.
- Programme sind dynamisch und werden in der Entwicklung und später in der Wartung immer wieder geändert, Programmstücke neu zusammengebaut usw. Wenn die Dokumentation getrennt geführt wird, ist es so gut wie unausweichlich (oder nur mit strikten organisatorischen Maßnahmen zu verhindern), daß Programme und Dokumentation auseinanderdriften.

Einen prinzipiellen Ausweg aus dem Dilemma bieten Markup-Sprachen wie LaTeX oder HTML, die in einem ASCII-File den eigentlichen Text mit „Markup" vermischen, also mit Markierungen, die anzeigen: „Das Folgende ist eine Überschrift", „dieser Absatz ist einzurücken" usw. Ein Beispiel für HTML wurde schon in der Einführung (Abschnitt 1.1) gezeigt. Eine einfache Idee besteht darin, ein Programmfile in zwei Arten von Abschnitten zu zerlegen, nämlich *Dokumentations-* und *Programmabschnitte*, getrennt durch öffnende und schließende Kommentarklammern der Programmiersprache. In Dokumentationsabschnitten steht dann markierter Text, z.B. in LaTeX, in Programmabschnitten eben normaler Programmcode. Ein solches File ist einerseits direkt übersetzbar; der Inhalt der Kommentarabschnitte interessiert den Compiler ja nicht. Andererseits kann man mit einem kleinen Präprozessor das File so umformen, daß das Formatiersystem (also z.B. das LaTeX/TeX-System) die Programmtexte als wörtlich wiederzugebende Textstücke interpretiert (dargestellt mit einem speziellen Schrifttyp, mit allen Einrückungen usw.) und so in der Lage ist, das Ganze hübsch zu formatieren.

So weit, so gut. Das einzige verbleibende Problem ist noch, daß es zwei Klassen von Menschen gibt: solche, die LaTeX (oder ähnliche Markup-Sprachen) mögen, und solche, die sie nicht mögen. Die Leute, die sie nicht mögen, stört, daß durch die Vermischung von Markup und Text der eigentliche Text nur noch schwer lesbar ist. Eingefleischte LaTeX-Fans sind für diese Tatsache allerdings blind geworden:

```
f\"{u}r sie ist es {\em genauso leicht\/}, LaTeX zu lesen, wie
f{\"{u}r andere Leute, ein Ausrufezeichen.
```

Um auch eine zufriedenstellende Lösung für die zweite Klasse von Menschen zu finden, ist die Idee nun, in den Dokumentationsabschnitten ein weniger aufdringliches, möglichst „implizites" Markup zu verwenden. Man kann in ASCII-Files gewisse Textelemente auch ohne explizites Markup kenntlich machen. So wird jeder verstehen, daß

```
5.1 Integration von Programmen und Dokumentation
```

wohl eine Überschrift ist, und daß

```
* Es gibt eine Tendenz, da[ss] das l[ae]stige Schreiben von
Dokumentation ...

* Programme sind dynamisch und werden in der Entwicklung und
sp[ae]ter in der Wartung immer wieder ...
```

wohl eine Aufzählung von Punkten ist, wie auf der vorigen Seite. Diese Idee wird in der im folgenden beschriebenen Sprache der *PD-Texte* (**P**rogramme mit **D**okumentation) weiter verfolgt. Das in diesem Kapitel vorgestellte *PD-System* ist ein Compiler, der PD-Texte nach LaTeX übersetzt.

5.2   Die Quellsprache: PD-Texte

Wir kommen nicht sofort mit einer Grammatik daher, sondern definieren die Sprache zunächst nicht-formal, aus Anwendungssicht. Auf den ersten Blick ist es übrigens gar nicht so leicht zu sehen, daß es tatsächlich eine formale Sprache ist.

Die Grundstruktur eines PD-Textes (bzw. eines PD-Files) sind alternierende Dokumentations- und Programmabschnitte, getrennt durch Kommentarklammern, die jeweils allein in einer Zeile stehen.

```
(**********************************************************
*
Hier ist ein Doku-Abschnitt. Dies ist ein erster Absatz.

Ein zweiter Absatz darin.

**********************************************************
*)
(* normaler Programmtext, hier in Modula-2 *)
```

```
MODULE Example;

FROM ... IMPORT ...

(*

Ein zweiter Doku-Abschnitt.

*)
...
```

Man darf zu der Grundform der Klammern – in Modula-2 „(*" und „*)", in C „/*"
und „*/" noch beliebig viele Sterne in der Zeile hinzufügen, um den Quelltext über-
sichtlich zu machen. Wir betrachten nun den Inhalt der Dokumentationsabschnitte.

Ein Textsystem bietet mindestens die folgenden Formatierungsmöglichkeiten:

1. Es gibt Textelemente wie normale Absätze, Überschriften, Aufzählungen usw.
    Derartige Elemente werden durch *Absatzformate* beschrieben.
2. Die Schrift selbst kann verschiedene Eigenschaften haben wie Schrifttyp, kur-
    siv, fett, hochgestellt usw. Dies wird durch eine Reihe von *Zeichenformaten*
    beschrieben.
3. Schließlich möchte man *Sonderzeichen* wie „ü", α, $\rightarrow$ usw. benutzen, die alle
    im ASCII-Alphabet nicht vorkommen, die man also auch irgendwie beschreiben
    muß.

Wir entwickeln jetzt möglichst wenig störende ASCII-Beschreibungen für diese drei
Arten von Formatierung.

5.2.1 Absatzformate

Ein Absatz ist in einem PD-File beschrieben durch eine Folge von (nichtleeren) Zeilen, gefolgt von mindestens einer Leerzeile. Die gleiche Konvention gilt übrigens in
LaTeX. Wir legen eine kleine Anzahl häufig benötigter „vordefinierter" Absatzformate fest und bieten zusätzlich die Möglichkeit, weitere Absatzformate in einem
PD-File zu definieren. Absatzformate werden beschrieben durch die ersten Zeichen
(in der ersten Zeile) des Absatzes. Vordefinierte Absatzformate sind:

- Standard
- Überschriften (3 Ebenen)
- eingerückter Absatz
- numerierte und nichtnumerierte Aufzählungen
- (Verweis auf einzubettende) Abbildung
- Programmzitat

Diese Formate werden durch folgende Konventionen beschrieben:

Jeder Absatz, der nicht durch eine der im folgenden genannten speziellen Zeichenfolgen eingeleitet wird, ist ein *Standardabsatz* (*standard_paragraph*). Er wird im
Blocksatz mit dem Standardzeichensatz gesetzt wie dieser Absatz hier auch.

```
Dies ist ein kleiner Standardabsatz. Die ihn abschliessende
Leerzeile lassen wir aus Platzgr[ue]nden weg.
```

Überschriften (*headings*) werden durch ein- oder zweiziffrige Zahlen und Punkte
sowie ein darauffolgendes Leerzeichen gekennzeichnet.

```
1 Dies ist eine [Ue]berschrift der ersten Ebene


1.1 Zweite Ebene


3.12.6 Dritte Ebene
```

Ein *eingerückter Absatz* (*display*) wird durch ein Tabulatorsymbol oder durch 8 führende Leerzeichen gekennzeichnet (der Standard-Texteditor unter UNIX springt mit
Tabulator-Zeichen jeweils auf durch 8 teilbare Positionen, also auf 8, 16, 24 usw.,
wenn wir die Positionen in der Zeile ab 0 numerieren).

```
        Dies ist ein einger[ue]ckter Absatz. Man kann die
Folgezeilen auch einr[ue]cken, mu[ss] es aber nicht.
```

Es gibt zwei Arten von Aufzählungen (*lists*), nämlich numerierte (*enumeration
lists*), in denen jeder Absatz durch eine Ziffer eingeleitet wird, und nichtnumerierte
(*itemized lists*), in denen jeder Absatz durch einen fetten Punkt eingeleitet wird. Beispiele für beide Arten sind auf den vorigen Seiten zu sehen. Darüber hinaus kann
man Aufzählungen noch ineinander schachteln (aber nur bis zur Tiefe 2) und es kann
zu einem Element einer Aufzählung Folgeabsätze (*followups*) geben. Wir kennzeichnen sie wie folgt:

```
 * Auf der ersten Ebene wird ein Absatz einer unnumerierten
Aufz[ae]hlung durch eine Gruppe von vier Zeichen (zwei
Leerzeichen, Stern, Leerzeichen) eingeleitet.


Ein Folgeabsatz beginnt mit 4 Leerzeichen.


 * Abs[ae]tze numerierter Aufz[ae]hlungen (dies ist selbst
keiner) werden durch zwei Leerzeichen, Ziffer, Leerzeichen oder
durch Leerzeichen, zwei Ziffern, Leerzeichen eingeleitet.


1 Eine Ebene tiefer geht alles genauso, aber es gibt zwei
weitere f[ue]hrende Leerzeichen.
```

```
    17 Welche Ziffern gew[ae]hlt werden, spielt keine Rolle, da
das dahinterliegende Formatiersystem die Elemente selbst
numeriert.
```

```
    Auch auf der zweiten Ebene kann es Folgeabs[ae]tze geben.
```

Alles dies würde etwa so gesetzt:

- Auf der ersten Ebene wird ein Absatz einer unnumerierten Aufzählung durch eine Gruppe von vier Zeichen (zwei Leerzeichen, Stern, Leerzeichen) eingeleitet.

  Ein Folgeabsatz beginnt mit 4 Leerzeichen.

- Absätze numerierter Aufzählungen (dies ist selbst keiner) werden durch zwei Leerzeichen, Ziffer, Leerzeichen oder durch Leerzeichen, zwei Ziffern, Leerzeichen eingeleitet.

  1. Eine Ebene tiefer geht alles genauso, aber es gibt zwei weitere führende Leerzeichen.

  2. Welche Ziffern gewählt werden, spielt keine Rolle, da das dahinterliegende Formatiersystem die Elemente selbst numeriert.

  Auch auf der zweiten Ebene kann es Folgeabsätze geben.

Abbildungen werden eingebettet durch einen Absatz, der mit zwei Tabulatorsymbolen oder 16 Leerzeichen beginnt (hier sollen die Punkte die Leerzeichen zeigen).

```
...............Abbildung 1: Baumdarstellung eines
              Listenausdrucks [mytext.Figure1.eps]
```

Der Rest dieses Absatzes hat die Struktur $<Text_1>$: $<Text_2>$ [$<Text_3>$]. $Text_1$ wird ignoriert (der Formatierer erzeugt automatisch einen Text „Figure n"), $Text_2$ wird als Bildunterschrift verwendet, und $Text_3$ ist der Name der Datei, in der die Abbildung in Form von „encapsulated postscript" steht. Die Postscript-Datei muß man mit einem geeigneten Zeichenprogramm erzeugen.

Schließlich möchte man manchmal *Programmstücke* im Text *zitieren* (*program display*), also innerhalb der Dokumentationsabschnitte. Dies ist genaugenommen kein Absatzformat, da auch beliebig viele Leerzeilen innerhalb eines solchen Textstückes vorkommen können. Wir klammern diesen Text ein in jeweils 4 Bindestriche am Anfang der Zeile, also z.B.

```
----      PROCEDURE CreateSegment
            (VAR SegId : INTEGER        (* out *);
             VAR Error : SMErrorType    (* out *));

----
```

Dies würde formatiert fast genauso aussehen:

```
PROCEDURE CreateSegment
   (VAR SegId : INTEGER        (* out *);
    VAR Error : SMErrorType    (* out *));
```

Die horizontalen Linien in der formatierten Darstellung haben den Zweck, dies als Programmzitat kenntlich zu machen; ansonsten wäre es nicht unterscheidbar von einem „echten" Programmstück, das auch der Compiler sieht (die Kommentarklammern, die Dokumentations- und Programmabschnitte trennen, sieht man nicht mehr in der formatierten Version).

Spezielle Absatzformate

Wenn dieser Grundbestand an Absatzformaten nicht ausreicht, kann der Benutzer des PD-Systems spezielle Absatzformate definieren. Absätze mit einem solchen Format werden im Text eingeleitet durch eine ein- oder zweiziffrige Zahl in eckigen Klammern.

```
[10] Dies k[oe]nnte zum Beispiel ein Absatz sein, der zentriert
darzustellen ist.
```

Das Absatzformat wird definiert – unter Rückgriff auf die Möglichkeiten der dahinterliegenden Formatiersprache, also z.B. LATEX – durch eine Zeile am Anfang des PD-Files (im ersten Dokumentationsabschnitt) der Form:

```
//paragraph [10] centered:   [\begin{center}]   [\end{center}]
```

Das einleitende Schlüsselwort *paragraph* sagt, daß hier ein Absatzformat definiert wird, 10 ist die Nummer, *centered* der Name des Formats. Es folgt in zwei Paaren von eckigen Klammern LATEX-Code, der *vor* den Absatz zu setzen ist, und LATEX-Code, der *hinter* den Absatz zu setzen ist. Das PD-System wird den obigen Absatz aufgrund der Definition also konvertieren in einen Text

```
\begin{center}Dies k\"{o}nnte zum Beispiel ein Absatz sein, der
zentriert darzustellen ist.\end{center}
```

LATEX sorgt dann für die gewünschte zentrierte Darstellung. – Es war geplant, das Format nicht nur über die Nummer, sondern auch über den Namen (*centered*) aufrufbar zu machen; dies ist aber bisher nicht implementiert.

5.2.2   Zeichenformate

Hier führen wir nur Möglichkeiten ein, *Kursivschrift* und **Fettdruck** direkt zu kennzeichnen, da diese Zeichenformate häufig gebraucht werden. Zusätzlich kann man spezielle Zeichenformate als Benutzer definieren, ähnlich wie für Absatzformate.

Um Zeichenformate zuzuweisen, muß man innerhalb von Absätzen Zeichenfolgen kennzeichnen, die dieses Format bekommen sollen. Dies geschieht durch Einklammern der Zeichenfolge auf besondere Art:

```
Wir notieren ~Kursivschrift~ durch Einklammern in Tilde-
Zeichen, *Fettdruck* durch Einklammern in Sterne.
"Benutzerdefinierte Zeichenformate"[1] werden in normale
Doppelanf[ue]hrungsstriche gesetzt, wobei am Ende eine
Zeichenformatnummer (wieder eine oder zwei Ziffern in eckigen
Klammern) folgt. Bei einer "wiederholten Verwendung" desselben
Formats kann man die Formatnummer weglassen.
```

Ein Zeichenformat wird ebenso definiert wie ein Absatzformat, nur mit einem Schlüsselwort *characters*. Auch hier wird einfach LATEX-Code angegeben, der davor- bzw. dahinterzuhängen ist.

```
//characters [10] underlined:   [\underline{]     [}]
```

Manchmal möchte man die Zeichen ~, * und " natürlich auch mit ihrer normalen Bedeutung verwenden.

```
Wir erlauben es, sie entweder in eckigen Klammern zu schreiben,
also [~], [*], ["], in diesem Fall werden die Klammern vom
System bei der [Ue]bersetzung entfernt. Oder sie k[oe]nnen in
Leerzeichen eingeschlossen werden, also ~ , * , " ; die
Leerzeichen erscheinen dann auch in der Ausgabe.
```

Die doppelten Anführungsstriche braucht man übrigens normalerweise nicht, da in LATEX und auch in PD-Texten Paare von einfachen Anführungsstrichen verwendet werden:

```
So kann man etwas ``zitieren´´.
```

5.2.3   Sonderzeichen

Sonderzeichen werden durch Zeichenfolgen in eckigen Klammern beschrieben, für „ü“, „ä“, „ö“ kam das oben schon in verschiedenen Beispielen vor. Entsprechende Definitionen am Anfang des PD-Files sehen so aus:

```
//[ae]          [\"{a}]
//[alpha]       [$\alpha $]
//[->]          [$\rightarrow $]
```

Man gibt also einfach zwei Paare von eckigen Klammern an. Das erste Paar enthält die Zeichenfolge, die man im Text verwenden will, das zweite Paar entsprechenden LATEX-Code, der bei der Übersetzung dafür einzusetzen ist. – Damit sind PD-Texte als Quellsprache der Übersetzung vollständig beschrieben.

5.3   Die Zielsprache: LaTeX

Das Ziel dieses Abschnitts kann natürlich nicht sein, einen LaTeX-Kurs zu geben.[1]
Wir wollen nur kurz zeigen, wie die in PD-Texten vorkommenden Elemente zu
übersetzen sind. Ein LaTeX-File beginnt mit einem Vorspann, der allgemeine Parameter setzt und insbesondere einen Dokumentstil auswählt. Die Grundstruktur ist:

```
\documentstyle{article}

...

\begin{document}

...

\end{document}
```

Der für das Setzen von PD-Texten gewählte Vorspann findet sich in Anhang A in
Abschnitt 6.1. Der eigentliche Text des Dokumentes wird durch `\begin{document}`
und `\end{document}` eingeklammert. In diesem Teil ist also der Inhalt eines PD-
Files unterzubringen. Allgemein ist ein LaTeX-File eine geschachtelte Klammer-
struktur, mit Klammerungen ähnlich den gerade gezeigten.

Programmabschnitte sollten exakt so gesetzt werden wie im Quelltext, insbesondere
Einrückungen, die die Schachtelungsstruktur des Programms zeigen. Es muß ein
Zeichensatz verwendet werden, bei dem alle Zeichen gleich breit sind (also kein
Proportionalfont). Außerdem wollen wir den Programmtext insgesamt einrücken
und eine etwas kleinere Schriftgröße wählen. In LaTeX erreicht man alles dies so:

```
{\small \begin{quote} \begin{verbatim}
MODULE Example;


FROM ... IMPORT ...

...

\end{verbatim} \end{quote} }
```

Absatzformate. Für *Standardabsätze* ist gar nichts zu tun; sie sehen in LaTeX
genauso aus. *Überschriften* werden so übersetzt:

```
\section{Dies ist eine \"{U}berschrift der ersten Ebene}
\subsection{Zweite Ebene}
\subsubsection{Dritte Ebene}
```

---

[1]   Die offizielle Schreibweise des Wortes „LaTeX" ist nicht leicht zu setzen, außer mit LaTeX
selbst. Näherungsweise sieht es so aus, wie von uns geschrieben, die genaue Form findet sich z.B.
im Anhang A in der Überschrift 6.

Eingerückte Absätze:

```
\begin{quote}Dies ist ein einger\"{u}ckter Absatz. Man kann die
Folgezeilen auch einr\"{u}cken, mu{\ss} es aber nicht.

\end{quote}
```

Aufzählungen:

```
\begin{itemize}
\item Auf der ersten Ebene wird ein Absatz einer unnumerierten
Aufz\"{a}hlung durch eine Gruppe von vier Zeichen (zwei
Leerzeichen, Stern, Leerzeichen) eingeleitet.

Ein Folgeabsatz beginnt mit 4 Leerzeichen.

\item Abs\"{a}tze numerierter Aufz\"{a}hlungen (dies ist selbst
keiner) werden durch zwei Leerzeichen, Ziffer, Leerzeichen oder
durch Leerzeichen, zwei Ziffern, Leerzeichen eingeleitet.

\end{itemize}
```

Um numerierte Aufzählungen zu erhalten, klammert man mit

```
\begin{enumerate} ... \end{enumerate}
```

Diese Darstellungen kann man auch ineinanderschachteln, um Aufzählungen auf der zweiten Ebene zu erhalten.

Abbildungen werden mit folgendem Code eingebettet:

```
\begin{figure}[htb]
\begin{center} \leavevmode
      \epsfbox{Figures/mytext.Figure1.eps}
\end{center}
      \caption{ Baumdarstellung eines Listenausdrucks}
\end{figure}
```

Programmzitate behandeln wir ähnlich wie Programmabschnitte. Wir erzeugen zusätzlich die kennzeichnenden horizontalen Linien (die genauen Maße ergeben sich nach etwas Experimentieren) und lassen die Einrückung weg, da dies im Quelltext normalerweise schon eingerückt geschrieben wird.

```
\hspace{0.9cm} \rule{2in}{0.1pt}
{\small \begin{verbatim}
      PROCEDURE CreateSegment
         (VAR SegId : INTEGER         (* out *);
          VAR Error : SMErrorType     (* out *));


\end{verbatim} }
\hspace{0.9cm} \rule{2in}{0.1pt}
```

Um benutzerdefinierte Absatzformate müssen wir uns hier nicht kümmern; der LaTEX-Code wird ja explizit in der Definition angegeben.

Zeichenformate. Auch hier sind nur die beiden vordefinierten Formate von Interesse:

```
Wir notieren {\em Kursivschrift\/} durch Einklammern in Tilde-
Zeichen, {\bf Fettdruck} durch Einklammern in Sterne.
```

Sonderzeichen. Hier benötigen wir keine speziellen LaTEX-Kenntnisse; wir müssen nur den Mechanismus für die Einbettung des vom Benutzer angegebenen LaTEX-Codes implementieren.

Dies genügt als Beschreibung der Zielsprache unserer Übersetzung.

5.4   Entwurf des Übersetzers

Nachdem wir Quell- und Zielsprache kennen, können wir mit dem Entwurf des Übersetzers beginnen. Mit etwas Nachdenken findet man, daß folgende Fragen zu klären sind:

1. Wie sieht die Aufgabenverteilung zwischen lexikalischer Analyse und Parsen aus? Also welche lexikalischen Symbole werden benötigt, und wie kann man dann die Grammatik definieren?
2. Was soll das zu konstruierende System eigentlich aus Benutzersicht tun, und wie arbeitet es mit anderen Programmen zusammen (Systemumgebung)?
3. Kann man in den Übersetzungsaktionen vom Parser analysierte Textteile unmittelbar ausgeben, oder muß Text zunächst in irgendwelchen Datenstrukturen gesammelt werden?
4. Offenbar werden Datenstrukturen benötigt, um benutzerdefinierte Absatzformate, Zeichenformate und Sonderzeichen zu speichern. Wie sollen sie aussehen?

Die erste Frage ist offenbar die zentrale und technisch schwierigste Frage, die uns eine Weile beschäftigen wird. Denken wir zunächst über die einfacheren Fragen (2) bis (4) nach und anschließend über (1). Dies sind die Themen der folgenden Abschnitte.

5.4.1   Systemfunktion und Umgebung

Die Grundfunktion des Systems, das wir *PD-System* nennen, besteht darin, ein PD-File *pdfile* zu lesen und ein entsprechendes LaTeX-File *pdfile.tex* zu schreiben. Als Benutzer würde man gern durch einen Programmaufruf erreichen, daß das im PD-File beschriebene Dokument formatiert und am Bildschirm angezeigt wird. Das kann man erreichen, indem man für das erzeugte LaTeX-File *pdfile.tex* das LaTeX/TeX-System aufruft:

```
latex pdfile.tex
```

Als Ergebnis erhält man ein File *pdfile.dvi*. Weiterhin gibt es ein Programm, das *dvi*-Files am Bildschirm anzeigen kann, nämlich *xdvi*:

```
xdvi pdfile.dvi
```

Außerdem kann man *dvi*-Files drucken (bzw. in Postscript umwandeln und dem Drucker schicken) mit *dvips*:

```
dvips pdfile.dvi
```

Wir werden uns geeignete Kommandoprozeduren auf UNIX-Ebene ausdenken, die diese Befehle kombinieren, so daß z.B. ein Kommando

```
pdview pdfile
```

alle Schritte durchführt, bis das formatierte Dokument am Bildschirm zu sehen ist, und

```
pdprint pdfile
```

ein solches File formatiert ausdruckt.

Betrachten wir nun das Erzeugen des LaTeX-Files etwas genauer. In Abschnitt 5.3 haben wir gesehen, daß das LaTeX-File mit einem Vorspann beginnt, in dem gewisse Parameter gesetzt werden. Wenn wir die Schreibbefehle für den Vorspann fest in das Übersetzungsprogramm hineinschreiben, gibt es für den Benutzer keine Möglichkeit, an den Parametern etwas zu ändern. Besser ist es, wenn der Vorspann in einem File *pd.header* steht, das der Benutzer ändern kann, und von dort in das Zielfile kopiert wird. Dazu brauchen wir kein Programm zu schreiben; das tut das Systemkommando *cat*:

```
cat pd.header > pdfile.tex
```

Anschließend muß die Übersetzung des Eingabefiles *pdfile* dahintergeschrieben werden.

Wir müssen noch ein Problem lösen, das man allerdings erst entdeckt, wenn man mit dem hier konstruierten System zu arbeiten beginnt. Das Problem sind Tabulatorsymbole. Oben wurde schon erwähnt, daß der UNIX-Texteditor mit Tabsymbolen auf durch 8 teilbare Positionen springt. Leider weiß LaTeX nichts davon. Das hat den

Effekt, daß Programmtexte, in denen Tabsymbole vorkommen und die von LaTeX ja „verbatim" (wörtlich) gesetzt werden sollen, in der formatierten Version ziemlich durcheinandergeraten. Die Lösung für dieses Problem sieht so aus, daß wir vor den Übersetzer einen kleinen Präprozessor schalten, ein Programm, das lediglich Tabsymbole in entsprechende Folgen von Leerzeichen umwandelt. Dieses Programm *tabs* findet sich in Anhang A.7.1. Wir können also jetzt davon ausgehen, daß die Eingabe für den Übersetzer keine Tabsymbole mehr enthält.

Noch eine andere Kleinigkeit: Wir wollen beim Schreiben von PD-Texten normalerweise in Absätzen keine Zeilenendesymbole benutzen (das Zeichen '\n'), damit der Zeilenumbruch vom Texteditor vorgenommen wird und auch nach Änderungen im Absatz noch stimmt. Andererseits sollte man dem (Zeilen-)Drucker nur Zeilen begrenzter Länge schicken. Wir schreiben dazu ein kleines Programm *linebreaks*, das ein File liest (egal ob *pdfile* oder *pdfile.tex*) und durch Einfügen von Zeilenumbrüchen beim Kopieren in ein Ausgabefile dafür sorgt, daß Zeilen nicht länger als 80 Zeichen werden. Dieses Programm ist im Anhang A.7.2 abgedruckt. Wir benutzen es einerseits, um PD-Files als Quelltext zu drucken, und andererseits, um die Zeilenlänge in den erzeugten LaTeX-Files zu begrenzen.

Unsere Strategie zum Erzeugen des LaTeX-Files sieht jetzt insgesamt so aus:

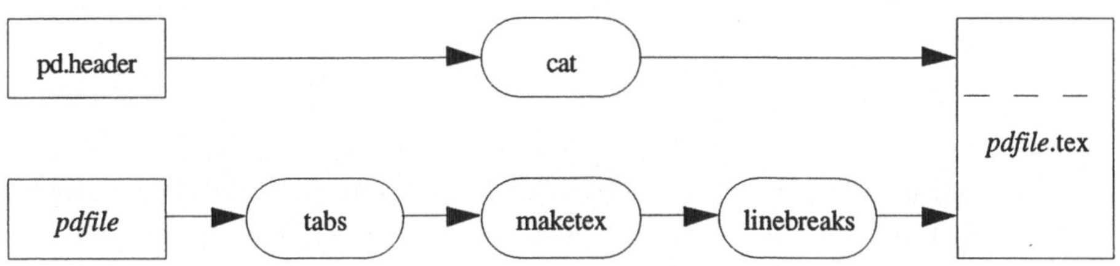

Abb. 5.1. Schritte beim Erzeugen des Files *pdfile*.tex aus *pdfile*

Dabei ist *maketex* das eigentliche Übersetzungsprogramm.

5.4.2   Text-Datenstrukturen

In Abschnitt 3.3.4 haben wir gesehen, wie man Übersetzungsaktionen in eine Yacc-Spezifikation aufnehmen kann. Die Frage ist nun, ob man mit einfacher sequentieller Ausgabe (*printf*-Befehlen) in den Übersetzungsaktionen auskommt. Das könnte vielleicht etwa so funktionieren:

```
chars    :

         | chars CHAR                {print($2);}

         ;
```

Nehmen wir an, daß die lexikalische Analyse jeweils ein einzelnes Zeichen als Token CHAR liefert (das Zeichen selbst steht als Attribut in $2), und sei *print* eine

Prozedur (Funktion in C), die ein Attributzeichen ausgibt. Dann würde diese Regel einen beliebig langen Text reduzieren und in der richtigen Reihenfolge ausgeben.

Dies wäre sicherlich die einfachste Strategie. Leider gibt es Situationen, in denen man Texte zunächst bis zum Ende lesen muß, bis man entscheiden kann, welcher LaTeX-Code *davor* zu schreiben ist. Ein Beispiel dafür sind benutzerdefinierte Zeichenformate.

```
"Hier steht irgendein beliebig langer Text"[5]; erst wenn die
Zeichenformatnummer 5 gelesen ist, kann der er[oe]ffnende
LaTeX-Code geschrieben werden.
```

Selbst wenn man dieses Problem nicht hätte, wäre es ziemlich mühsam, die Übersetzungsregeln so zu schreiben, daß bei Reduktionen Text stets unmittelbar ausgegeben wird. Wir benötigen also eine Datenstruktur, in der Text als Attribut eines Grammatiksymbols dargestellt werden kann. Die wesentliche Operation auf dieser Datenstruktur ist *Konkatenation* von Texten, da sich der Text des Symbols auf der linken Seite einer Regel meist als Konkatenation der Texte der rechten Seite ergibt. Damit können wir so vorgehen:

```
text      : chars                      {print($2);}
          ;

chars     :                            {$$ = empty();}
          | chars CHAR                 {$$ = concat($1, $2);}
          ;
```

Hier ist *print* eine Funktion, die einen Wert des Attribut-Datentyps *Text* ausgibt, *concat* eine Funktion, die zwei Argumenttexte aneinanderhängt, und *empty* eine Funktion, die einen leeren Text erzeugt.

Eine Datenstruktur, mit der man effizient Texte darstellen und konkatenieren kann, ist ein Binärbaum, in dessen Blättern Textstücke („Textatome") stehen (Abb. 5.2).

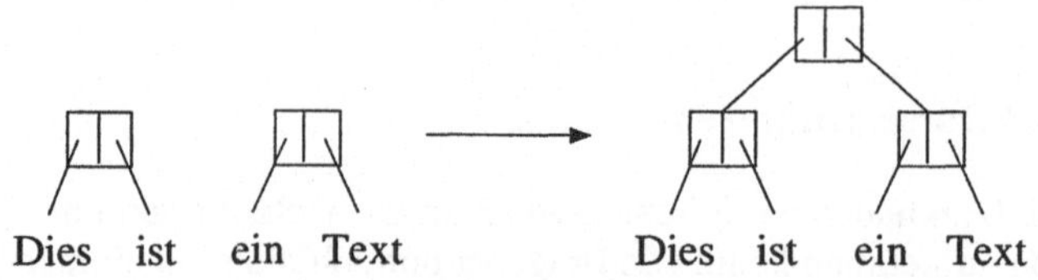

Abb. 5.2. Binärbaum zur Darstellung von Text

Um zwei Binärbäume zu konkatenieren, braucht man nur eine neue Wurzel zu erzeugen und die beiden gegebenen Bäume zu ihren Söhnen zu machen. Wir entwerfen die Datenstruktur als einen abstrakten Datentyp *listexpr* (das hat damit zu tun, daß in der Sprache Lisp ähnliche Strukturen zur Darstellung geschachtelter Listen benutzt werden) und bieten folgende Operationen an:

$$
\begin{array}{lll}
\textit{atom}: & \textit{string} \times \textit{int} & \rightarrow \textit{listexpr} \\
\textit{atomc}: & \textit{string} & \rightarrow \textit{listexpr} \\
\textit{concat}: & \textit{listexpr} \times \textit{listexpr} & \rightarrow \textit{listexpr} \\
\textit{print}: & \textit{listexpr} & \rightarrow \varepsilon \\
\textit{copyout}: & \textit{listexpr} \times \textit{int} & \rightarrow \textit{string} \\
\textit{release-storage}
\end{array}
$$

Die Funktion *atom* erzeugt ein Textatom, d.h. ein Blatt der Baumstruktur, aus einem String und einer Längenangabe. In der Implementierung wird der Typ *string* ein Zeiger in einen *array of char* sein. Die Funktion ist in dieser Form vor allem deshalb von Interesse, weil die lexikalische Analyse über die Variablen *yytext* und *yyleng* die gerade als lexikalisches Symbol erkannte Zeichenfolge bekanntmacht. Wir können also mit *atom(yytext, yyleng)* in der lexikalischen Analyse ein Textatom für das gerade erkannte Symbol erzeugen.

Die Funktion *atomc* ist eine Variante von *atom*, die die Länge selbst berechnet; hiermit kann man in Übersetzungsaktionen Atome für konstante Texte erzeugen, z.B.

```
atomc("\\subsection{")
```

Man beachte, daß das Backslash-Symbol „\" innerhalb von Stringkonstanten als Escape-Symbol benutzt wird; um also einen Backslash selbst zu notieren (der in LaTeX häufig benötigt wird), muß man „\\" schreiben. Das hier erzeugte Atom wird die Zeichenfolge

```
\subsection{
```

enthalten. Die Funktion *concat* ist klar, *print* schreibt einen als Baum dargestellten Text auf die Standardausgabe, *copyout* schreibt einen Text in einen Array (of char) und kontrolliert dabei, daß die im zweiten Parameter angegebene Schranke für die Länge des Textes (nämlich der vorhandene Platz im Array) nicht überschritten wird. *Release-storage* gibt sämtlichen Speicherplatz für innere Knoten und Textatome für alle existierenden Bäume frei.

Zur Implementierung benutzen wir einen großen Array für Knoten *nodespace* (jedes Element ist ein Knoten), in dem die Knoten von Index 0 bis *first-free-node* − 1 bereits vergeben sind; wann immer ein Knoten benötigt wird, belegen wir das Element *first-free-node* und erhöhen diesen Index um 1. Für die Speicherung der eigentlichen Zeichenfolgen der Textatome benutzen wir einen zweiten Array *text*; ein Blatt des Baumes enthält einen Text als Zeiger in den Array *text* plus Längenangabe.

Ein Wert des Datentyps *listexpr* wird damit beschrieben durch den Wurzelknoten seines Baumes, dieser wiederum durch einen Index in den Array *nodespace*. Der Datentyp *listexpr* wird damit technisch realisiert durch den Typ *integer*. Das ist sehr praktisch, weil Attribute in Lex und Yacc ohne weiteres vom Typ *integer* sind. Wir können also Texte in Form von Zahlen an Grammatiksymbole zuweisen.

Die Implementierung des Datentyps *listexpr* findet sich in einem „Modul" *Nested-Text*, in C dargestellt durch zwei Files *NestedText.h* und *NestedText.c*, die im Anhang A in den Abschnitten 2.1 und 2.2 wiedergegeben sind.

5.4.3   Datenstrukturen für benutzerdefinierte Formate und Zeichen

Datenstrukturen für benutzerdefinierte Absatzformate, Zeichenformate und Sonderzeichen können sehr einfach sein; es werden Tabellen benötigt, um die jeweiligen Informationen aus der Definition aufzubewahren. Wir brauchen also für Definitionen von Absatzformaten

```
//paragraph [10] centered:    [\begin{center}]    [\end{center}]
```

eine Tabelle

Formatnummer	*Formatname*	*Vorspann*	*Nachspann*
10	centered	\begin{center}	\end{center}
...	...	...	...

Das kann man einfach als Array definieren, in dem man sequentiell nach der Formatnummer sucht. Sequentielle Suche genügt, da nur wenige Formatdefinitionen existieren werden (und maximal 100, da nur zwei Ziffern erlaubt sind). In der Implementierung wird von hinten nach vorne gesucht. Dies hat mit der Absicht zu tun, Absatzformate über den Namen aufrufbar zu machen, was bisher nicht implementiert ist. Bei der gegenwärtigen Implementierung könnte man die Tabelle auch von vorne an durchlaufen.

Datenstrukturen für Zeichenformate und Sonderzeichen gehen analog. Diese Strukturen sind in einem File *ParserDS.c* implementiert, das in Anhang A.4 wiedergegeben ist.

5.4.4   Lexikalische Symbole und Grammatik

Wir kommen jetzt zum Kernproblem, nämlich dem Entwurf einer Grammatik für unsere Anwendung. Die spannende Frage dabei ist die Aufgabenverteilung zwischen lexikalischer Analyse und Syntaxanalyse, also die Frage, welche lexikalischen Symbole benötigt werden. Kandidaten für lexikalische Symbole (Token) sind offenbar alle Zeichen oder Zeichenfolgen, über die wir in der Spezifikation der Quellsprache (Abschnitt 5.2) explizit gesprochen haben, also die folgenden:

`(*********`	öffnende Klammer Doku-Abschnitt
`*************)`	schließende Klammer Doku-Abschnitt
`\n\n`	Absatzende
`1    17.5    3.1.1`	Überschriften
`¬¬¬¬¬¬¬¬`	(8 Leerzeichen) eingerückter Absatz

`¬¬*¬`
`¬¬1¬`
`¬10¬`
`¬¬¬¬`
`¬¬¬¬*¬`
`¬¬¬¬1¬`
`¬¬¬10¬`
`¬¬¬¬¬¬`
	Elemente von Aufzählungen („¬" stellt das Leerzeichen dar)

`¬¬¬¬¬¬¬¬¬¬¬¬¬¬¬` `:    [    ]`	(16 Leerzeichen) Abbildungen
`----`	Programmzitat
`[1]    [20]`	spezielles Absatzformat

`~    [~]    ¬~¬`
`*    [*]    ¬*¬`
`"    ["]    ¬"¬`
`[1]    [20]`
	Zeichenformate und Escape-Mechanismus

`[    ]`	Sonderzeichen
`//    [1]    [20]    :    [    ]` `paragraph    characters`	Formatdefinitionen des Benutzers

Es ist sehr instruktiv, zu betrachten, wie man die Interaktion zwischen lexikalischer Analyse und Syntaxanalyse *falsch* anlegen könnte (tatsächlich hat der Autor es im ersten Entwurf so gemacht). Man könnte versucht sein, z.B. eingerückte Absätze, die verschiedenen Arten von Aufzählungselementen und Abbildungen in Yacc so zu spezifizieren:

```
display         : "        " paragraph_rest
                ;

bulletpar1      : "  * " paragraph_rest
                ;

enum1           : "  " DIGIT " " paragraph_rest
                | "  " DIGIT DIGIT " " paragraph_rest
                ;
```

```
followup1            : "     " paragraph_rest
                     ;
```

Wenn man so vorgeht, meldet Yacc eine beträchtliche Anzahl von shift/reduce- und reduce/reduce-Konflikten. Das ist auch klar, denn die explizit in den Regeln notierten Zeichen (z.B. 8 Leerzeichen in der ersten Regel) kommen alle einzeln aus der lexikalischen Analyse. Die Vorausschau umfaßt aber nur ein einziges Zeichen, also das erste Leerzeichen für alle diese Regeln, die damit sämtlich miteinander in Konflikt stehen. Wir müssen daher unbedingt die lexikalische Analyse so anlegen, daß die jeweiligen Anfänge dort zu einem einzigen Token zusammengefaßt werden! Damit sehen die obigen Regeln etwa so aus:

```
display              : DISPLAY paragraph_rest
                     ;
bulletpar1           : BULLET1 paragraph_rest
                     ;
```

(usw.)

Wir betrachten im folgenden die Yacc- und Lex-Spezifikationen der Dokumentstruktur, einiger Absatzformate und der Struktur von Aufzählungen.

Dokumentstruktur

Nehmen wir an, es gebe für die öffnenden und schließenden Klammern der Dokumentationsabschnitte Token OPEN und CLOSE. Dann können wir die Dokumentstruktur so definieren:

```
doc                  : doc_section
                     | doc program_section doc_section
                     ;
doc_section          : OPEN elements CLOSE
                     ;
```

Damit erreichen wir, daß ein PD-Dokument mit einem Doku-Abschnitt beginnen muß; es können dann jeweils Paare von Programm- und Doku-Abschnitten folgen. Ein Dokumentationsabschnitt beinhaltet auch seine öffnenden und schließenden Klammern, dazwischen können die verschiedenen Arten von Absätzen usw. stehen.

Die Token OPEN und CLOSE lassen sich in Lex so spezifizieren:

```
lbracket             ("(*"|"/*")
rbracket             ("*)"|"*/")
star                 [*]
open                 {lbracket}{star}*(" "*[\n])+
close                {star}*{rbracket}(" "*[\n])+
%%
```

```
^{open}              {return(OPEN);}
^{close}             {return(CLOSE);}
```

Die Definition erzwingt, daß *open*- und *close*-Symbole jeweils eine vollständige
Zeile beinhalten; sie müssen am Anfang der Zeile beginnen, können nach *lbracket*
und vor *rbracket* beliebig viele zusätzliche Sterne enthalten und beinhalten dann
auch beliebig viele Leerzeichen bis zum Zeilenendesymbol. *Open* und *close* „ver-
zehren" darüber hinaus noch beliebig viele folgende Leerzeilen. Ihr Bereich (also
die darin aufgesammelten Eingabezeichen) endet exakt vor dem ersten Zeichen
einer Zeile, die nicht vollständig leer ist.

Wichtig ist hier, daß *jedes* Zeichen der Eingabe irgendwo verarbeitet werden muß.
Wir wollen in Doku-Abschnitten nach der öffnenden Klammer Absätze verarbeiten;
der Absatz wird jeweils mit dem ersten Zeichen seiner ersten (per Definition nichtleeren) Zeile beginnen; also müssen Leerzeilen davor von *open* aufgesammelt werden. Eine ähnliche Überlegung gilt für Leerzeilen am Anfang von Programmabschnitten, d.h. für *close*.

Nicht so schön ist, daß ein PD-Text nun mit einem Doku-Abschnitt enden muß; es
wäre durchaus in Ordnung, mit einem Programmabschnitt zu schließen. Das läßt
sich durch ein neues Startsymbol *document* und eine weitere Regel leicht erreichen:

```
document          : doc
                  | doc program_section
                  ;
```

Nach diesen Definitionen muß das erste Zeichen eines PD-Files eine öffnende
Klammer eines Doku-Abschnittes sein, genauer: das erste Zeichen des lex. Symbols
lbracket, also „(" oder „/". Führende Leerzeilen ergeben einen Syntaxfehler, was
etwas ärgerlich ist. Deshalb wollen wir führende Leerzeilen im ersten *open*-Symbol
aufsammeln. Dies sollte allerdings nur am Anfang des Dokuments passieren. Wir
erreichen das wie folgt: In der Syntaxanalyse modifizieren wir die Regel für *doc*, so
daß am Anfang des Dokuments Leerzeichen bis zum ersten Zeilenendesymbol in
einem Nichtterminal *space* aufgenommen werden.

```
doc               : space doc_section
                  | doc program_section doc_section
                  ;
space             :
                  | space ' '
                  ;
```

Das nun folgende Zeilenendesymbol, ggf. darauffolgende Leerzeilen und schließlich die öffnende Klammer des Doku-Abschnittes reduzieren wir in der lexikalischen Analyse mit einer Variante von *open*:

```
open2                ([\n]" "*)*[\n]{lbracket}{star}*(" "*[\n])+
%%
```

```
{open2}                  {return(OPEN);}
```

Auch hier wird deutlich, daß man sich das Zusammenspiel von lexikalischer und Syntaxanalyse genau überlegen muß.

Wir betrachten nun die Programmabschnitte:

```
program_section :           {printf("{\\small \\begin{quote}
                            \\begin{verbatim}\n");}
                chars
                            {printf("\n\\end{%s}
                            \\end{quote}}\n\n", "verbatim");}
                ;
chars           :
                | chars text_char         {print($2);}
                ;
```

Die Regel für *program_section* ist etwas unübersichtlich; auf der rechten Seite steht nur das Nichtterminal *chars* zwischen zwei semantischen Regeln, die den LATEX-Vorspann bzw. Nachspann (vgl. Abschnitt 5.3) schreiben. Die *print*-Funktion stammt aus dem *NestedText*-Modul und druckt hier jeweils ein einzelnes Zeichen. Beide Yacc-Regeln zusammen schreiben Vorspann, Programmtext und Nachspann in der richtigen Reihenfolge. Die erste Regel ist übrigens ein Beispiel dafür, daß eine semantische Aktion auch innerhalb einer rechten Seite – hier am Anfang – auftreten darf (vgl. Abschnitt 4.4).

Die zweite semantische Aktion innerhalb von *program_section* ist deshalb so trick-reich formuliert, damit man diesen Programmtext (des Parsers) selbst auch in LATEX „verbatim" setzen kann. Das einzige, was nämlich innerhalb eines verbatim zu setzenden Textes nicht vorkommen darf, ist die Zeichenfolge

```
\end{verbatim}
```

Durch die gewählte Formulierung wird diese Folge zwar geschrieben, ist aber im Text für LATEX nicht zu sehen. – Damit ist die äußere Struktur des PD-Files vollständig definiert; zu beschreiben bleibt die Struktur der Dokumentationsabschnitte.

Absatzformate

Inhalt von Dokumentationsabschnitten sind vor allem Absätze der verschiedenen vordefinierten Formate. Die Formate sollen anhand der ersten Zeichen des Absatzes erkannt werden. Jeder Absatz endet mit einem Zeilenendesymbol, gefolgt von einer Leerzeile; eine Leerzeile ist wieder eine möglicherweise leere Folge von Leerzeichen gefolgt von einem Zeilenendesymbol. Der Absatz sollte weitere folgende Leerzeilen mitverzehren (ähnlich wie oben *open* und *close*). Wir führen ein lexikalisches Symbol *epar* ein, um das Absatzende zu beschreiben:

```
epar                    [\n]" "*[\n](" "*[\n])*
%%
{epar}                  {yylval = atom(yytext, yyleng); return(EPAR);}
```

Die zum erkannten Symbol *epar* gehörige Eingabezeichenfolge wird als Textatom-Attribut dem Token EPAR zugewiesen (über die Variable *yylval*). Warum?

Der Grund ist, daß die lexikalische Analyse *epar*-Symbole auch innerhalb von Programmtexten erkennen wird. Dort sollten die entsprechenden Zeichenfolgen aber völlig unverändert in die Ausgabe übernommen werden. Wir müssen deshalb den Text in der lexikalischen Analyse erfassen und die Regel für *chars* erweitern:

```
chars                   :
                        | chars text_char       {print($2);}
                        | chars EPAR            {print($2);}
                        ;
```

Nach dem gleichen Prinzip werden wir jedes weitere benötigte Symbol der lexikalischen Analyse behandeln.

Ein Absatz wird also irgendeine spezielle Einleitung haben, gefolgt von beliebigem Text, und durch ein EPAR-Token abgeschlossen werden. Bei einem Standardabsatz fehlt die spezielle Einleitung. Ihn können wir so beschreiben:

```
standard_paragraph : paragraph_rest       {print($1);
                                           printf("\n\n");}
                   ;
paragraph_rest     : text EPAR            {$$ = $1;}
                   ;
```

Was genau *text* ist, ist natürlich noch zu definieren. Wie man sieht, wird in diesem Kontext die EPAR zugeordnete Zeichenfolge ignoriert; es werden stets zwei Zeilenendesymbole geschrieben, um den Absatz in der Ausgabe abzuschließen.

Es würde zu weit führen, hier die Spezifikationen sämtlicher Absatzformate zu besprechen. Wir betrachten als Beispiele nur Überschriften und eingerückte Absätze.

```
heading                 : heading1
                        | heading2
                        | heading3
                        ;
heading1                : HEAD1 paragraph_rest
                                {printf("\\section {"); print($2);
                                printf("}\n\n");}
                        ;
```

```
heading2              : HEAD2 paragraph_rest
                          {printf("\\subsection {"); print($2);
                          printf("}\n\n");}
                      ;
heading3              : HEAD3 paragraph_rest
                          {printf("\\subsubsection {");
                          print($2); printf("}\n\n");}
                      ;
display               : DISPLAY paragraph_rest
                          {printf("\\begin{quote}\n");
                          printf("           "); print($2);
                          printf("\n\\end{quote}\n\n");}
                      ;
```

Dabei sind die lexikalischen Symbole so definiert:

```
digit              [0-9]
num                ({digit}{digit}|{digit})
head1              {num}" "
head2              {num}"."{head1}
head3              {num}"."{head2}
display            "          "
%%
^{head1}           {yylval = atom(yytext, yyleng);
                   return(HEAD1);}
^{head2}           {yylval = atom(yytext, yyleng);
                   return(HEAD2);}
^{head3}           {yylval = atom(yytext, yyleng);
                   return(HEAD3);}
^{display}         {yylval = atom(yytext, yyleng);
                   return(DISPLAY);}
```

Auch hier werden die tatsächlichen Zeichenfolgen den lexikalischen Symbolen
zugeordnet, um sie in anderen Kontexten ausgeben zu können. Zum Beispiel darf
eine Folge „3.17" natürlich auch als normaler Text innerhalb eines Absatzes vorkommen oder in einem Programm als Konstante auftreten.

Aufzählungen

Wir betrachten nur einen kleinen Teil davon, nämlich nichtnumerierte Aufzählungen auf der ersten Ebene; der Rest geht analog.

```
list                : itemized1
                            {printf("\\begin{itemize}\n");
                            print($1);
                            printf("\n\n\\end{itemize}\n\n");}
                    | enum1
                            {printf("\\begin{enumerate}\n");
                            print($1);
                            printf("\n\n\\end{enumerate}\n\n");}
                    ;

itemized1           : bulletitem1   {$$ = $1;}
                    | itemized1 bulletitem1
                                    {$$ = concat($1, $2);}
                    ;

bulletitem1         : bulletpar1    {$$ = $1;}
                    | bulletitem1 followup1
                                    {$$ = concat($1, $2);}
                    | bulletitem1 list2
                                    {$$ = concat($1, $2);}
                    ;

bulletpar1          : BULLET1 paragraph_rest
                            {$$ = concat(atomc("\n  \\item "),
                            concat($2, atomc("\n\n")));}
                    ;

followup1           : FOLLOW1 paragraph_rest
                            {$$ = concat($1, concat($2,
                            atomc("\n\n")));}
                    ;
```

Eine nichtnumerierte Liste der ersten Ebene (*itemized1*) besteht aus einer Folge von *bulletitem1*. Jedes solche Element hat mindestens einen ersten Absatz mit Einleitung „ * " (*bulletpar1*); darauf folgen können beliebig viele *followup1*-Absätze oder hineingeschachtelte Listen der 2. Ebene (*list2*). Die lexikalischen Symbole dazu sind:

```
bullet1             "  *  "
follow1             "     "
%%
^{bullet1}          {yylval = atom(yytext, yyleng);
                    return(BULLET1);}
^{follow1}          {yylval = atom(yytext, yyleng);
                    return(FOLLOW1);}
```

Abschließende Bemerkungen

Die übrigen Teile der Grammatik wollen wir nicht mehr im einzelnen besprechen. Die komplette Spezifikation des Parsers findet sich in Abschnitt 5 des Anhangs A, die Spezifikation der lexikalischen Analyse in Abschnitt A.3. Sie können sich dort alle interessierenden Mechanismen im Detail ansehen. Die folgenden Hinweise können dabei nützlich sein:

Die Struktur von Texten, die in Absätzen und dort in bestimmten Zusammenhängen auftreten können, ist relativ komplex zu beschreiben (Abschnitt A.5.7 bis A.5.10). Wir erklären kurz die dort auftretenden syntaktischen Kategorien:

- *text* ist eine Folge, die mit einem *start_elem* beginnt; es dürfen *start_elems* und *follow_elems* folgen.
- *follow_elem* ist ein lexikalisches Symbol, das innerhalb eines Absatzes vorkommen darf und dort keine besondere Interpretation hat; es darf aber nicht am Anfang von *paragraph_rest* auftreten, da sonst Konflikte entstehen. Wenn z.B. ein HEAD1-Symbol am Anfang von *paragraph_rest* stehen dürfte, gäbe es einen Konflikt, da man dann *paragraph_rest* auch zu einem *standard_paragraph* reduzieren könnte.
- *start_elem*: lexikalisches Symbol, das auch am Anfang von *paragraph_rest* stehen darf.
- *text_char*: normales Zeichen im Absatz.
- *ftext_char*: Zeichen, die in Abbildungsunterschriften verwendet werden können. Das sind alle normalen Zeichen außer dem Doppelpunkt.
- *emphasized* und *bold_face* bezeichnen Kursivschrift und Fettdruck. Innerhalb der Klammern darf dann nicht noch einmal *emphasized* oder *bold_face* stehen, da sonst der Parser beim Auftreten der schließenden Klammer (also des zweiten „~" oder „*"-Zeichens) einen shift/reduce-Konflikt bekommt und sich für shift entscheidet. Deshalb die etwas mühsame Konstruktion, innerhalb der Klammern eine *unemph_list* (Liste von Material außer *emphasized*) bzw. *unbold_list* zu verwenden.
- *plain_list*: Material, das innerhalb eines benutzerdefinierten Zeichenformats vorkommen darf.
- *btext*: Text, der innerhalb eckiger Klammern (Sonderzeichendefinitionen) stehen darf. Er darf eckige Klammern enthalten, aber nur korrekt geklammert.
- *btext2*: wie *btext*, aber zur Verwendung in Formatdefinitionen mit anderen semantischen Regeln.

Formatdefinitionen des Benutzers werden durch Yacc-Regeln in ihre Bestandteile zerlegt; diese werden mit einer Funktion *enter_def* in die in Abschnitt 5.4.3 skizzierten Tabellen-Datenstrukturen eingetragen (Anhang A.5.4). Beim Erkennen spezieller Absatzformate oder Zeichenformate wird mit einer Funktion *lookup_def* in der Tabelle nachgesehen, ob eine entsprechende Formatnummer existiert und ggf. der Index in der Tabelle zurückgegeben. Der Absatz oder die Zeichenfolge wird dann mit dem in der Tabelle nachgeschlagenen Vorspann bzw. Nachspann eingeklammert (Anhang A, Abschnitte 5.5.3 und 5.8). Analog verfährt man mit Definitionen von Sonderzeichen (Anhang A.5.4 und A.5.9); hier heißen die Funktionen zum Eintragen und Nachschlagen *enter_schar* und *lookup_schar* (*schar* = *special character*).

Abschnitt 9 des Anhangs A enthält das sog. *Makefile* für das gesamte PD-System und seine Dokumentation. In einem Makefile kann man beschreiben, welche Komponenten eines Programmsystems von welchen anderen Komponenten abhängen und was zu tun ist, wenn irgendeines der beteiligten Files sich ändert. Beispielsweise hängt das C-Programm *lex.yy.c* von der Spezifikation *PDLex.l* und auch von den Datenstrukturen in *PDNestedText.h* ab. Wenn z.B. *PDLex.l* geändert wird, muß mit dem Kommando

```
lex PDLex.l
```

das File *lex.yy.c* neu erzeugt werden.

Die Dokumentation für das gesamte Programmsystem wird erstellt, indem mit dem Systemkommando *cat* alle Files, die Quelltexte, Spezifikationen, reine Dokumentation, Kommandoprozeduren usw. enthalten, in geeigneter Reihenfolge verkettet, also in ein einziges File geschrieben werden. Das so erzeugte File ist *docu*, ein PD-File, das exakt den PD-Text für den Anhang A enthält. Der Anhang läßt sich nach Aufruf von *make*, das das Makefile auswertet, durch die Folge von Kommandos

```
pdview docu
pdprint docu
```

erzeugen.[2] Sie finden im Anhang A also nicht nur eine Beschreibung des PD-Systems, von der das tatsächliche Programm inzwischen durch ein paar Änderungen etwas abweicht, sondern Sie sehen exakt das vollständige Programm, das auch der Compiler sowie Lex und Yacc verarbeiten. Diese Einheit von Programm und Dokumentation war ja das in Abschnitt 5.1 beschriebene Ziel.

Anhang B zeigt einen Teil des Quelltextes der Dokumentation, nämlich das File *PDNestedText.h*; dies entspricht dem Abschnitt 2.1 des Anhangs A. Anhang C enthält das vom PD-System daraus mit dem Befehl

```
pd2tex PDNestedText.h
```

erzeugte LaTeX-File *PDNestedText.h.tex*.

---

[2] Für die Aufnahme in dieses Buch wurde das File *pd.header* etwas modifiziert, um die Seitenzahl zu setzen und die Größe des Textfeldes auf der Seite anzupassen, was auch in Abschnitt 6.1 des Anhangs zu sehen ist. Die Seiten 290-320 wurden vom PD-System und LaTeX formatiert und dann direkt gedruckt. Anstelle des Druckbefehls *pdprint docu* wurde *dvips* mit einigen Parametern verwendet, um die nötige Verkleinerung zu erzielen.

5.5   Literaturhinweise

Das PD-System wurde von einem der Autoren dieses Buches entworfen und implementiert; der Bericht (Güting 1995) ist so etwas wie ein „Benutzerhandbuch" dazu. Es wird in der Software-Entwicklung am Lehrgebiet Praktische Informatik IV der FernUniversität Hagen regelmäßig zur Programmdokumentation eingesetzt, insbesondere in Diplomarbeiten. Über die hier gezeigte Implementierung hinaus wurden noch Varianten des Parsers geschrieben, die PD-Files nach HTML sowie nach ASCII übersetzen (wobei letzteres einem Entfernen des Markups entspricht). Da man hier nur Ausgabeanweisungen in den Yacc-Spezifikationen in die neue Zielsprache umsetzen muß, ist eine solche Erweiterung mit sehr wenig Aufwand, d.h. in einigen Stunden, zu realisieren. Das PD-System ist frei verfügbare Software; man kann es über die Web-Adresse

```
http://www.fernuni-hagen.de/inf/pi4/Software/PDSystem/
```

herunterladen. Derzeit läuft es unter UNIX und Linux.

Kurze Beschreibungen zu Lex und Yacc finden sich z.B. in den Übersetzerbau-Büchern von Aho, Sethi und Ullmann (1986) und Parsons (1992). Speziell Lex und Yacc gewidmete Bücher sind (Levine, Mason und Brown 1992) und (Herold 1995). Gute Einführungen zu LATEX bieten (Lamport 1986) und (Kopka 1996).

Das Buch von Schmitz (1995) betont, ähnlich wie wir, Anwendungen von Compilertechnik in anderen Bereichen als der klassischen Implementierung von Programmiersprachen. Dort wird u.a. die Übersetzung einer kleinen Sprache zur Beschreibung von mathematischen Formeln (ein modifizierter Ausschnitt aus LaTeX) nach Postscript vorgeführt.

Kapitel 6

Übersetzung imperativer Programmiersprachen

In diesem Kapitel behandeln wir die klassische Anwendung des Übersetzerbaus, die Übersetzung imperativer Sprachen wie PASCAL, Modula-2, C usw. In Abschnitt 6.1 betrachten wir zunächst allgemein die Strategie zur Speicheraufteilung und -verwaltung für imperative Sprachen. In Abschnitt 6.2 führen wir eine konkrete Zwischensprache ein, die zunächst Ziel der Übersetzung sein soll und deren zugrundeliegendes Maschinenmodell die Strategie aus Abschnitt 6.1 widerspiegelt. Schließlich geben wir in Abschnitt 6.3 konkrete Übersetzungsschemata für die wesentlichen Konzepte imperativer Sprachen an.

6.1 Speicherorganisation und Laufzeitsystem

Wir betrachten zunächst die Anforderungen an die Speicherverwaltung, die sich aus den Konzepten imperativer Sprachen ergeben. Im zweiten Unterabschnitt entwerfen wir dann ein Konzept für die Speicherverwaltung, die teilweise zur Laufzeit durch das *Laufzeitsystem* der Programmiersprache vorgenommen werden muß.

6.1.1 Anforderungen

Die Aufgabe des Übersetzers besteht darin, für alle im Programm benutzten Variablen Speicherbereiche bereitzustellen und im Zielprogramm jede Benutzung der Variablen durch Zugriff auf die entsprechende Adresse zu realisieren. Wir betrachten folgende Aspekte von Variablen und ihre Konsequenzen für die Speicherverwaltung:

- Bedeutung verschiedener Datentypen,
- Lebensdauer von Variablen,
- Sichtbarkeit von Bezeichnern.

Bedeutung verschiedener Datentypen. Programmiersprachen bieten einen Satz *primitiver* Datentypen wie *integer*, *real*, *char*, *boolean* usw., außerdem Typkonstruktoren wie *record*, *array*. Mit Hilfe der Typkonstruktoren können komplexe Datentypen aus den primitiven Typen konstruiert werden. Schließlich kann man

Zeigertypen definieren, die es ermöglichen, auch dynamische Datenstrukturen (Listen, Bäume usw.) zu erzeugen.

Ganz allgemein gilt, daß der Übersetzer Werte jedes beliebigen Datentyps jeweils in einem zusammenhängenden Speicherbereich, also in einer Folge von Speicherzellen (Bytes oder Worten), darstellt. Für jede Variable ist daher ein solcher Speicherblock anzulegen. Primitive Datentypen werden in einer kleinen, konstanten Anzahl von Bytes dargestellt, etwa 1 Byte für *char*, 2 Bytes für *short integer*, 4 Bytes für *real* usw. Typkonstruktoren (*array*, *record*) erzeugen einen neuen Typ aus einer Menge von Argumenttypen. Die Darstellung des erzeugten Typs ergibt sich dabei jeweils durch sequentielle Anordnung (ggf. mit Lücken, wie wir noch sehen werden) der Darstellungen der Argumenttypen. Damit entsteht wieder ein zusammenhängender Speicherbereich für den neuen Typ. Alle Zeigertypen werden in einem Wort dargestellt; der dargestellte Wert ist die Adresse eines anderen Datenobjekts.

Lebensdauer von Variablen. Nicht alle in einem Programm vorkommenden Variablen sind während der gesamten Laufzeit eines Programms *gültig*. Das liegt vor allem an der Möglichkeit, Unterprogramme, also Prozeduren oder Funktionen, zu deklarieren (wir sprechen im folgenden einheitlich von Prozeduren). Innerhalb von Prozeduren deklarierte Variablen heißen *lokale*, außerhalb von allen Prozeduren deklarierte Variablen *globale Variablen*. Lokale Variablen sind nur gültig, während eine Prozedurinkarnation aktiv ist. Globale Variablen sind gültig während der gesamten Laufzeit des Hauptprogramms. In manchen Sprachen kann man lokale Variablen auch innerhalb von *Blöcken* oder *Verbundanweisungen* (z.B. durch *begin - end* geklammert) deklarieren; eine solche Variable ist in allen eingeschlossenen Blöcken gültig. Den Ablauf eines Programms mit geschachtelten Prozeduraufrufen kann man als Aufrufbaum darstellen (Abb. 6.1):

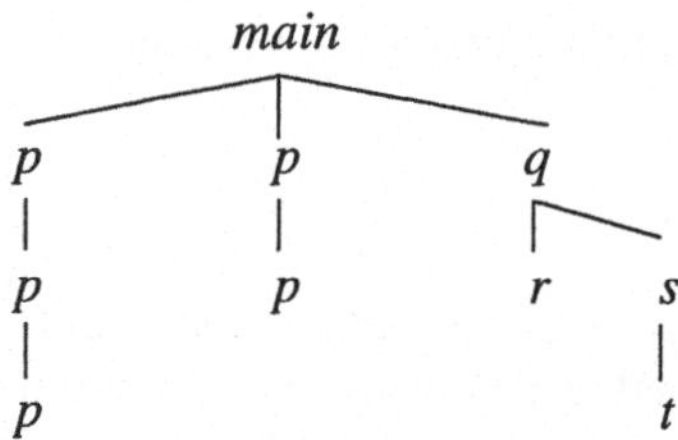

Abb. 6.1. Aufrufbaum für geschachtelte Prozeduraufrufe

Wenn wir für jede Prozedurinkarnation den Speicherbereich für ihre lokalen Variablen als Rechteck darstellen, erhalten wir Abb. 6.2.

Von zentraler Bedeutung ist die Tatsache, daß zu jedem Zeitpunkt nur die lokalen Variablen der Prozedurinkarnationen *entlang einem Pfad im Aufrufbaum* gültig sind und nur für sie Speicherbereiche existieren müssen, also etwa gerade die fett gezeichneten Speicherbereiche in Abb. 6.2. Diese Überlegung führt unmittelbar

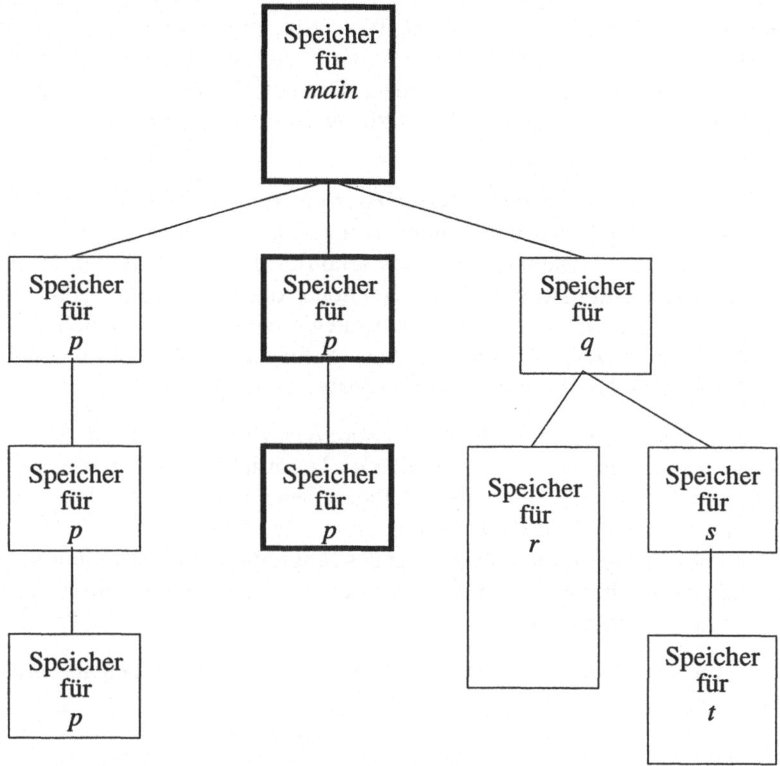

Abb. 6.2. Speicherbereiche für Aufrufbaum

zum Konzept einer *kellerartigen Speicherverwaltung*, wie in Abb. 6.3 gezeigt. Bei jedem Eintritt in eine neue Prozedurinkarnation wird der entsprechende Speicherbereich rechts an den Kellerspeicher angehängt (dieser Stack wächst also nach rechts); beim Verlassen der Prozedur wird der Speicher wieder freigegeben. Der dem Programm zur Verfügung stehende noch freie Speicher ist grau dargestellt.

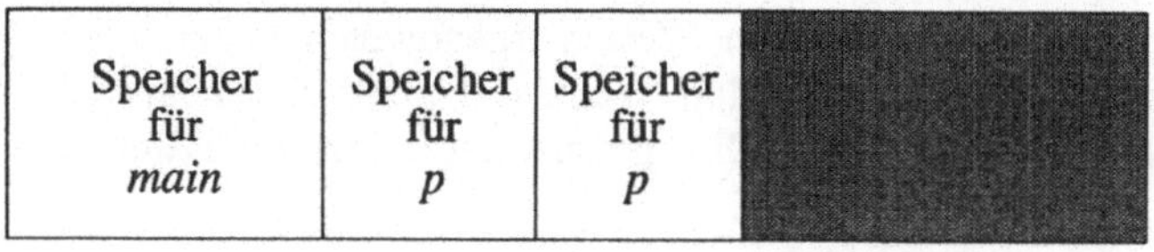

Abb. 6.3. Kellerartige Speicherverwaltung

Die bisherige Betrachtung gilt zunächst für Sprachen, in denen keine lokalen Variablen in Blöcken deklariert werden können (z.B. PASCAL). Wenn lokale Variablen in Blöcken möglich sind, so kann man beobachten, daß der Eintritt in Blöcke und das Verlassen von Blöcken genauso verläuft wie Eintritt und Verlassen geschachtelter Prozedurinkarnationen. Insofern kann man Speicherplatz für lokale Variablen von Blöcken vollkommen analog behandeln. Das heißt, beim Eintritt in den Block wird Speicherplatz für ihn auf dem Stack zugewiesen, beim Verlassen des Blockes freigegeben.

Es gibt allerdings doch einen Unterschied zwischen Blöcken und Prozeduren: Blöcke können nicht rekursiv durchlaufen werden – in dem Sinne, daß Block A noch einmal aktiviert würde, während man sich schon im Block A befindet. Es müssen also niemals gleichzeitig zwei oder mehr Versionen des Speicherplatzes für Block A existieren. Damit ist auch die alternative Strategie möglich, den Speicherplatz für alle Blöcke einer Prozedur jeweils auf einen Schlag zuzuweisen, was wieder der oben für Prozeduren beschriebenen Vorgehensweise entspricht.

Wenn die zu übersetzende Sprache *keine rekursiven Prozeduren* zuläßt (z.B. FOR-TRAN), so kann man die gerade für Blöcke beschriebene Speicherzuordnung – nämlich Platz für alle Blöcke ist gleichzeitig, nebeneinander vorhanden – auch für Prozeduren verwenden. Jede Prozedur bekommt einen festen Speicherbereich zuge-wiesen, der über die gesamte Lebensdauer des Programms zur Verfügung steht. Die Kellerspeicherverwaltung ist dann nicht notwendig. Alle modernen Sprachen erlau-ben aber rekursive Prozeduren.

In manchen Sprachen ist es möglich, lokale Variablen in Prozeduren als *statisch* zu deklarieren, etwa in der Sprache C:

```
static int i;
```

Eine solche Variable hat die gleiche Lebensdauer wie globale Variablen; ihr Wert steht also über verschiedene Prozedurinkarnationen hinweg zur Verfügung. Solche Variablen müssen in einem statischen Speicherbereich untergebracht werden, z.B. in dem Bereich, in dem auch globale Variablen angelegt werden.

Eine wichtige Frage ist noch die, ob der Platzbedarf für alle Inkarnationen einer Pro-zedur p eigentlich gleich groß und zur Übersetzungszeit bekannt ist? Das ist dann der Fall, wenn die Sprache keine *dynamischen Arrays* zuläßt. Das heißt, für jede Array-Variable sind die Indexgrenzen zur Übersetzungszeit bekannte Konstanten (z.B. PASCAL, Modula-2). Eine Sprache besitzt dynamische Arrays, wenn es mög-lich ist, in einer Prozedur oder einem Block einen Array zu deklarieren, dessen Indexgrenzen von den aktuellen Werten irgendwelcher Variablen abhängen, die damit erst zur Laufzeit bekannt sind. Wenn es dynamische Arrays gibt, so kann bzw. muß der Platz für sie auf dem Kellerspeicher zur Laufzeit bei Eintritt in die Prozedur oder den Block angelegt werden.

Neben *globalen* und *lokalen* Variablen gibt es Variablen (Behälter für Werte), deren Lebensdauer im Programm *speziell festgelegt* wird und zwar dadurch, daß Speicher-platz für sie explizit angefordert und ggf. wieder freigegeben wird. Diese Variablen sind selbst anonym (besitzen keine Namen) und werden über Zeigervariablen ange-sprochen. Das Anfordern und Freigeben von Speicherplatz geschieht z.B. in PAS-

CAL über Aufrufe von *new* und *dispose*. Mit solchen Variablen werden dynamische Datenstrukturen (Bäume usw.) aufgebaut.

Für die Speicherverwaltung ergibt sich als Konsequenz, daß ein gewisser Speicherbereich zur Verfügung stehen muß, aus dem Speicherblöcke unterschiedlicher Größe in nicht vorhersagbarer Reihenfolge angefordert und wieder freigegeben werden können. Ein solcher Speicherbereich wird üblicherweise als *Heap* bezeichnet.

Sichtbarkeit von Bezeichnern. Der gleiche Name oder Bezeichner kann in einem Programmtext durchaus für verschiedene Variablen verwendet werden. Eine Prozedur oder ein Block definiert einen *Sichtbarkeitsbereich* (*Scope*) für eine dort deklarierte Variable. Prozeduren und Blöcke treten sowohl im Programmtext als auch während der Ausführung des Programms geschachtelt auf. Dadurch sind auch die Sichtbarkeitsbereiche geschachtelt, und zwar einerseits *statisch* (im Programmtext), andererseits *dynamisch* (zur Laufzeit). Die Bindung von Namen an Variablen wird durch diese Schachtelung der Sichtbarkeitsbereiche bestimmt. Die meisten Sprachen benutzen die *statische* oder *lexikalische* Schachtelung (*statischer Scope*, z.B. PASCAL, Modula-2, C, Ada); es gibt aber auch Sprachen, die die dynamische Schachtelung zugrunde legen (*dynamischer Scope*, z.B. Lisp). Wir beschränken uns im folgenden auf die Diskussion von Sprachen mit statischem Scope.

Die allgemeine und recht einfache Idee zur Bindung eines Namens x besteht darin, daß man die geschachtelten Scopes von innen nach außen durchläuft, bis man auf eine Deklaration für x stößt; x wird mit der ersten so gefundenen Deklaration gebunden. Die Frage ist dann nur noch, wie man Scopes lexikalisch in der gegebenen Sprache schachteln darf. Man kann unterscheiden:

(i) Prozedurdeklarationen dürfen geschachtelt werden oder nicht.
(ii) Blöcke können lokale Variablen haben oder nicht.

In PASCAL und Modula-2 z.B. kann man Prozedurdeklarationen schachteln, aber es gibt keine lokalen Variablen in Blöcken. In C gibt es lokale Variablen in Blöcken, aber man kann Prozedur- bzw. Funktionsdeklarationen nicht schachteln. Wir betrachten ein Beispiel mit geschachtelten Prozedurdeklarationen in Abb. 6.4. Die äußerste Ebene ist die des Hauptprogramms.

Eine Variable ist *sichtbar* in dem Scope, in dem sie deklariert wird, mit allen eingeschlossenen Scopes abzüglich derer, in denen es eine andere Deklaration mit demselben Namen gibt. Im Gegensatz dazu ist eine Variable *gültig* in dem Scope, in dem sie deklariert wird, und allen eingeschlossenen Scopes. Wenn sie in einem eingeschlossenen Scope gültig, aber nicht sichtbar ist, nennen wir sie dort *verdeckt*. Der Begriff der Gültigkeit entspricht der Lebensdauer der Variablen.

Im Beispiel in Abb. 6.4 ist die Variable s im gesamten Programm sichtbar, da es keine eingeschlossene Prozedur gibt, in der s erneut deklariert wird. Die in Prozedur A deklarierte Variable i ist im Scope von A sichtbar mit Ausnahme des Scopes von B. Denn in B wird erneut eine Variable i deklariert.

```
var s: array[1..100] of integer;

procedure A(...);
  var i, m: integer;

  procedure B(...);
    var i, j, k: integer;
  begin
    ...
    s[i] := 50; C(...)
    ...
  end B;

begin
  ... A(...); B(...);
  write(i)
end A;

procedure C(...);
begin
    ...
  i := i+1
end C;

...
```

Scope von B

Scope von A

Scope von C

Scope des Hauptprogramms

Abb. 6.4. Sichtbarkeitsbereiche (Scopes)

Das Laufzeitsystem muß so konstruiert werden, daß zur Laufzeit auf alle Variablen zugegriffen werden kann, die gerade gültig und darüber hinaus sichtbar sind. Insbesondere muß je nach Sichtbarkeitsregeln der Sprache die Verwaltung des Kellerspeichers ggf. so angelegt werden, daß auf Speicherblöcke von Prozeduren oberhalb des Speichers der gerade aktiven Prozedur zugegriffen werden kann. Die genauere Technik dazu besprechen wir in Abschnitt 6.1.2.

6.1.2 Speicheraufteilung

Aus den bisher diskutierten Anforderungen ergibt sich das in Abb. 6.5 dargestellte Konzept für die Speicheraufteilung.

Der gesamte einem Programm zur Verfügung stehende Speicherplatz wird aufgeteilt in die vier gezeigten Bereiche. Da Stack- und Heap-Bereiche dynamisch sind, d.h., ihre Größen variieren, läßt man diese Bereiche aufeinander zu wachsen. Dazwischen liegt der noch freie Speicher. Wenn zur Laufzeit Stack- und Heap-Grenze aneinanderstoßen, entsteht ein Fehler („Stack Overflow" oder „Heap Overflow"). – Über

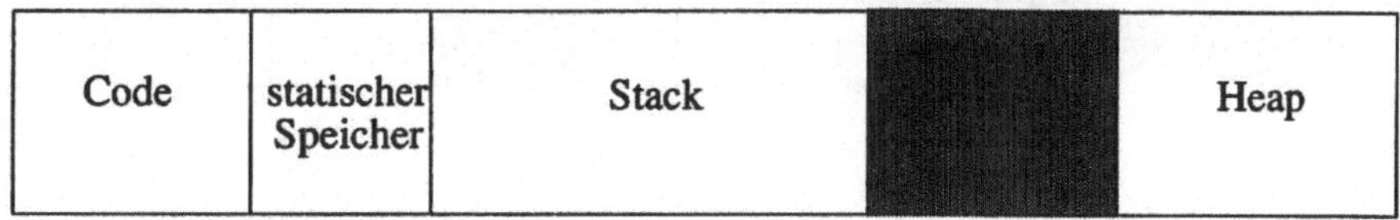

Abb. 6.5. Grundkonzept für die Speicherverwaltung

den Bereich für den Programmcode ist nichts weiter zu sagen. Die Verwaltung der drei anderen Bereiche diskutieren wir in den folgenden Abschnitten etwas genauer.

Statischer Speicher und Layout lokaler Daten

Der statische Speicher dient zur Verwaltung globaler Variablen und ggf. der Verwaltung als statisch deklarierter lokaler Variablen von Prozeduren. Hier besteht die Aufgabe eigentlich nur darin, Speicherbereiche für Variablen sequentiell aneinanderzureihen. Die gleiche Aufgabe entsteht an zwei anderen Stellen, nämlich beim Layout des Speichers für lokale Daten einer Prozedur (innerhalb des Speichers für die Prozedur auf dem Stack) sowie beim Anordnen der Komponenten einer Record-Variablen.

Der Übersetzer kann Platz fortlaufend vergeben beim Übersetzen der Variablendeklarationen. Analog dazu wird in einer Typdefinition für einen Record zwar noch kein Speicherplatz zugeordnet, aber mitgezählt, wieviel Platz innerhalb des Records vergeben ist, und es werden *Offsets* für die Feldnamen des Records gemerkt. Die jeweils benötigte Anzahl von Bytes liegt für primitive Typen fest; für im Programm definierte Typen wird sie einer Symboltabelle entnommen, in die die Größe bei der Übersetzung der Typdeklaration eingetragen wird.

Zu beachten bei diesem Aneinanderreihen ist lediglich das Problem des *Alignments*: Aufgrund der Maschinenarchitektur ist es gewöhnlich nötig, daß etwa 4-Byte Integer-Werte auf durch 4 teilbaren Speicheradressen beginnen müssen, 8-Byte-Darstellungen (z.B. *longreal*) auf durch 8 teilbaren Adressen usw. Das Einfügen von Lükken aus diesem Grund bezeichnet man als *Padding*.

Beispiel 6.1: Eine Folge von Deklarationen

```
char c;                  (1 Byte)
int i;                   (4 Bytes)
short int j;             (2 Bytes)
float f;                 (4 Bytes)
```

würde etwa zu dem in Abb. 6.6 gezeigten Layout führen.   □

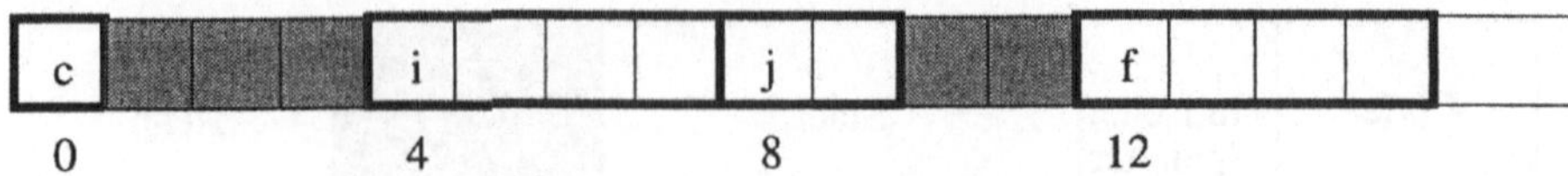

Abb. 6.6. Alignment für Variablen verschiedener Größe

Stack-Verwaltung

Wir betrachten nun die Verwaltung von Speicherbereichen für Prozedurinkarnationen auf dem Kellerspeicher genauer. Die Speicherbereiche werden *Prozedurrahmen* genannt. Eine mögliche Struktur von Prozedurrahmen ist in Abb. 6.7 gezeigt.

| Rückgabeparameter |
| aktuelle Parameter |
| optionaler Kontrollzeiger |
| optionaler Zugriffszeiger |
| gesicherter Maschinenstatus |
| lokale Variablen |
| temporäre Variablen |
| Bereich für dynamische Arrays |

Abb. 6.7. Struktur von Prozedurrahmen

Die Felder haben folgende Bedeutung:

- Platz für *aktuelle Parameter* und *Rückgabeparameter* dienen der Parameterübergabe zwischen Aufrufer und aufgerufener Prozedur. Wenn möglich, wird man aus Effizienzgründen allerdings Parameter in Registern übergeben; dann entfallen diese Felder.
- Der *Kontrollzeiger* zeigt auf den Beginn des Prozedurrahmens des Aufrufers (der im Stack direkt oberhalb von diesem Prozedurrahmen liegt).
- Der *Zugriffszeiger* zeigt auf den Prozedurrahmen einer Vorgängerprozedur p auf dem Stack, deren lexikalischer Scope den Scope des Textes dieser Prozedur

q direkt einschließt. Das heißt, p ist der direkte Vorgänger von q in der statischen Schachtelung.

- Der *gesicherte Maschinenstatus* enthält Statusinformationen des Aufrufers wie Programmzähler und Registerinhalte; diese Umgebung muß bei der Rückkehr für den Aufrufer wiederhergestellt werden.
- Platz für *lokale Variablen* wird vergeben wie oben beschrieben; *temporäre Variablen* werden bei der Übersetzung von Ausdrücken erzeugt.
- Speicherbereiche für dynamische Arrays (soweit vorgesehen in der Sprache) werden beim Eintritt in die Prozedur am Ende des Prozedurrahmens angelegt.

Beim Aufruf einer Prozedur muß für den Aufgerufenen ein neuer Prozedurrahmen auf dem Stack angelegt und geeignet initialisiert werden. Bei der Rückkehr muß der Rahmen abgebaut und die Umgebung für den Aufrufer wiederhergestellt werden. Der Programmcode für die dabei durchzuführenden Aktionen kann im Aufrufer oder im Aufgerufenen plaziert werden; hier gibt es eine gewisse Freiheit bei der Aufgabenverteilung.

Zugriffszeiger werden in Sprachen mit geschachtelten Prozedurdeklarationen benötigt und dienen dem Zugriff auf nicht-lokale Variablen. In einer Sprache ohne geschachtelte Prozeduren, wie etwa C, entsteht dieses Problem nicht: Jede Variable, die nicht lokal zu einer Prozedur ist, ist global für alle Prozeduren und wird im statischen Speicherbereich untergebracht. In C beziehen sich Variablennamen also nur entweder auf den obersten Prozedurrahmen auf dem Stack oder auf den statischen Speicher.

Ein Beispiel für geschachtelte Prozedurdeklarationen haben wir in Abb. 6.4 gesehen. Wir betrachten eine Aufrufhierarchie $main - A - A - B - C$. Dann entsteht auf dem Stack die in Abb. 6.8 gezeigte Anordnung von Prozedurrahmen mit ihren Zugriffszeigern (hier wächst der Stack nach unten):

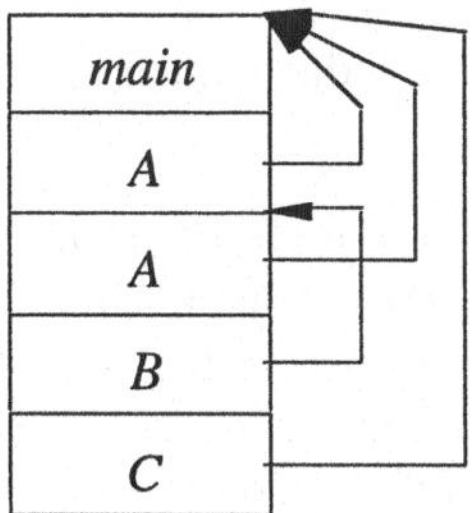

Abb. 6.8. Prozedurrahmen mit Zugriffszeigern

Die statische Schachtelung der Prozeduren in Abb. 6.4 ist

```
main                        (Tiefe 0)
   A                        (Tiefe 1)
      B                     (Tiefe 2)
   C                        (Tiefe 1)
```

Wie man sieht, zeigt im Stack der Zugriffszeiger jeweils auf den statischen Vorgänger, in A und C also auf *main*, in B auf die letzte Inkarnation von A. Beim Zugriff auf eine Variable muß lediglich ihre *relative Tiefe* beachtet werden. Wenn B auf die Variable s des Hauptprogramms zugreift, dann ist deren relative Tiefe 2, nämlich Tiefe(B) − Tiefe(*main*) . Das heißt, man muß zwei Zugriffszeigern folgen, um die Basisadresse des Prozedurrahmens für s zu erhalten. Variablen i, j, k in B haben relative Tiefe 0. Der Übersetzer kann die Tiefen und damit die relativen Tiefen aller Variablen bei der Analyse des Programmtextes bestimmen.

Es gibt noch eine etwas effizientere Alternative zur Verwendung von Zugriffszeigern, den sog. *Display*-Mechanismus. Dabei benutzt man ein separates Feld von Zeigern auf die Prozedurrahmen statischer Vorgänger der gerade aktiven Prozedur (Abb. 6.9).

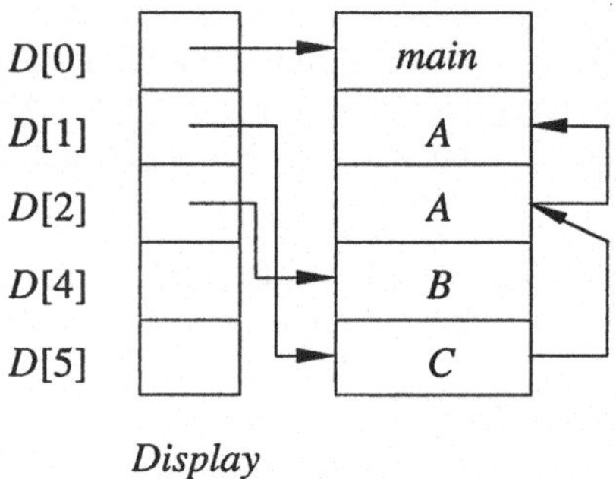

Abb. 6.9. Verwaltung von Prozedurrahmen mit dem Display-Mechanismus

Der Display-Zeiger $D[i]$ zeigt auf den obersten Prozedurrahmen einer Prozedur der statischen Schachtelungstiefe i auf dem Stack. Um in einer Prozedur, die selbst Tiefe k hat, auf eine Variable der relativen Tiefe j zuzugreifen, folgt man hier nicht j Zugriffszeigern, sondern findet den richtigen Prozedurrahmen über den Display-Zeiger $D[k-j]$. Um z.B. in B (Tiefe 2) auf die Variable s zuzugreifen (relative Tiefe 2), benutzt man $D[0]$. Dies ist im allgemeinen effizienter, da man stets nur einem Zeiger folgen muß.

Bei diesem Verfahren gibt es in den Prozedurrahmen anstelle der Zugriffszeiger Felder zur Sicherung von Display-Zeigern. Beim Aufruf einer Prozedur p der Schachtelungstiefe i wird ein neuer Prozedurrahmen für p angelegt und der Display-Zeiger $D[i]$ auf diesen Rahmen umgesetzt. Der alte Wert von $D[i]$ wird im Sicherungsfeld des Rahmens für p gemerkt. Bei Beendigung von p wird der gesicherte Wert in $D[i]$ restauriert. Abb. 6.10 illustriert in 5 Schnappschüssen die Übergänge in der Verwaltung von Display und Prozedurrahmen bei sukzessivem Aufruf der Prozeduren *main* – *A* – *A* – *B* – *C*; der letzte Schnappschuß entspricht also Abb. 6.9. Man beachte, daß die Übergänge bei Beendigung der Prozeduren auch alle in umgekehrter Richtung ausführbar sind.

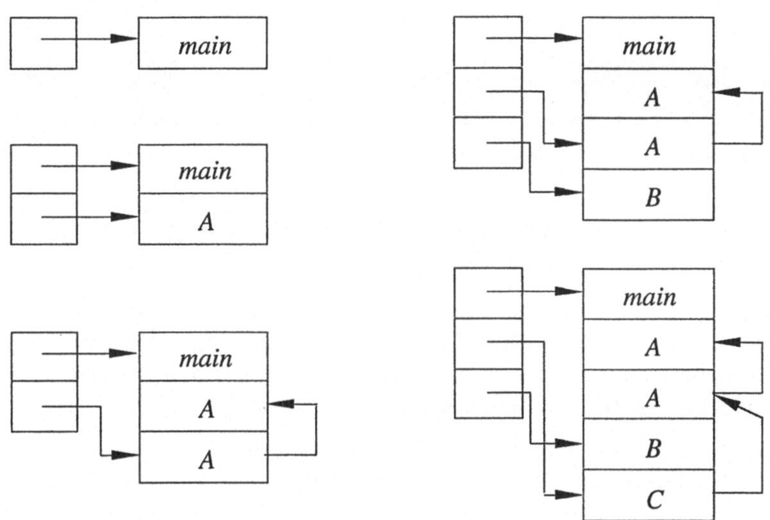

Abb. 6.10. Verwaltung von Prozedurrahmen mit dem Display-Mechanismus: 5 Schnappschüsse für die Aufruffolge *main* – *A* – *A* – *B* – *C*

Der Display selbst kann z.B. im statischen Speicherbereich untergebracht werden. Seine (Maximal-)Größe ist zur Übersetzungszeit bekannt; sie entspricht der maximalen statischen Schachtelungstiefe. Noch effizienter ist es, die Display-Felder in einer Folge von Registern unterzubringen.

Heap-Verwaltung

Die Aufgabe der Heap-Verwaltung besteht darin, explizite Speicheranforderungen des Programms zur Laufzeit zu erfüllen und für explizite Speicherfreigaben den Platz wieder verfügbar zu machen. Im Programm geschieht dies etwa durch Befehle *new* und *dispose* oder *allocate* und *deallocate*.

In den hier betrachteten imperativen Sprachen ist die Folge angeforderter Blockgrößen und freizugebender Blöcke nicht vorhersagbar (im Gegensatz zu Sprachen wie etwa LISP, in denen große Mengen gleich großer Blöcke benötigt werden). In dieser allgemeinen Situation gibt es zwei Hauptklassen von Strategien zur Speicherverwaltung, nämlich:

(i) Zuordnen von Blöcken exakt der angeforderten Größe,
(ii) Buddy-Verfahren.

Auf Buddy-Verfahren wollen wir hier nicht weiter eingehen. Bei Strategie (i) ist der verfügbare Speicherbereich nach einer Folge von Anforderungen und Freigaben zerlegt in eine alternierende Folge von belegten Blöcken und Lücken (Abb. 6.11).

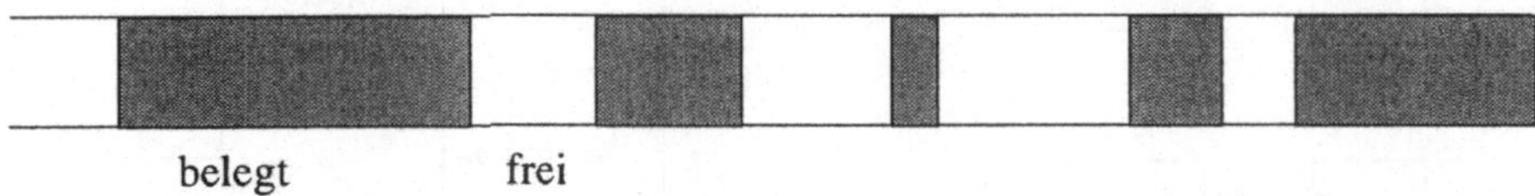

Abb. 6.11. Zerlegung des Speichers in belegte und freie Blöcke

Bei Freigabe eines Blockes ist sein Speicherbereich mit den angrenzenden Lücken zu einer neuen Lücke zu verschmelzen. Bei Anforderung eines Blockes ist eine Lücke auszuwählen, aus der ein Block der gewünschten Größe entnommen werden kann. Bekannte Taktiken zur Auswahl dieser Lücke sind:

1. *First fit*. Wähle die erste Lücke, die groß genug ist.
2. *Rotating first fit*. Wie first fit, aber beginne die Suche dort, wo zuletzt ein Block gefunden wurde (damit nicht immer von Anfang des Speichers an gesucht wird).
3. *Best fit*. Wähle die kleinste Lücke, in die der Block hineinpaßt.
4. *Worst fit*. Wähle die größte Lücke, damit noch etwas Brauchbares übrigbleibt.

Wenn keine geeignete Lücke mehr zu finden ist, wächst der Heap-Bereich insgesamt nach unten (= links). Wenn er dabei mit dem Stack-Bereich des Programms kollidiert, entsteht der Laufzeitfehler „Heap Overflow".

Diese Verfahren und ihre Vor- und Nachteile werden in Büchern zu Datenstrukturen, z.B. (Aho, Hopcroft und Ullman 1983, Kap. 12), oder auch zu Betriebssystemen genauer diskutiert. In Betriebssystemen entsteht dieses Problem bei segmentierter Speicherung, wenn Programmteile variabler Größe eingelagert werden können.

6.2   3-Adreß-Code: Eine Zwischensprache

6.2.1   Zwischendarstellungen

In der Einführung (Kapitel 1) wurde das *Erzeugen von Zwischencode* als eine der Übersetzungsphasen – nach lexikalischer und Syntaxanalyse – beschrieben. Vorteil gegenüber dem direkten Übersetzen in Maschinensprache ist das noch etwas höhere Sprachniveau und das Abstrahieren von Details der speziellen Zielmaschine. Darüber hinaus ist es möglich, ein einziges *Compiler-Frontend* zu schreiben, das Zwischencode erzeugt, und dahinter verschiedene *Backends* zu schalten, die aus dem Zwischencode Code für unterschiedliche Zielmaschinen generieren.

Die Bezeichnung „Zwischencode" oder „Zwischensprache" ist eigentlich etwas zu speziell: Es geht um eine geeignete Darstellung des Programms „auf halbem Wege" zwischen Quellprogramm und Zielprogramm, also als Ergebnis der lexikalischen und der Syntaxanalyse sowie ggf. daran angeschlossener weiterer Analyse- (semantische Analyse, Typprüfung) und Übersetzungsaktionen. Einige bekannte Darstellungen sind:

- (abstrakte) Syntaxbäume,
- gerichtete azyklische Graphen (*DAG = directed acyclic graph*),
- Postfix-Notation,
- 3-Adreß-Code.

Syntaxbäume. Den Begriff des Syntaxbaums haben wir schon in Kapitel 3 (Definition 3.5) als Synonym zu Ableitungsbaum eingeführt. Diese müßte man nun als „konkrete" Syntaxbäume bezeichnen. Als Zwischendarstellung verwendet man „abstrakte" Syntaxbäume. Das sind etwas vereinfachte Darstellungen konkreter Syntaxbäume, bei denen die Struktur weniger an grammatischen Kategorien (Nichtterminalen) als an der Bedeutung des Konstrukts, d.h. den durchzuführenden Operationen orientiert ist.

Beispiel 6.2: Eine Zuweisung

```
x := a + b * (a + b)/2
```

würde so dargestellt, wie in Abb. 6.12 gezeigt.

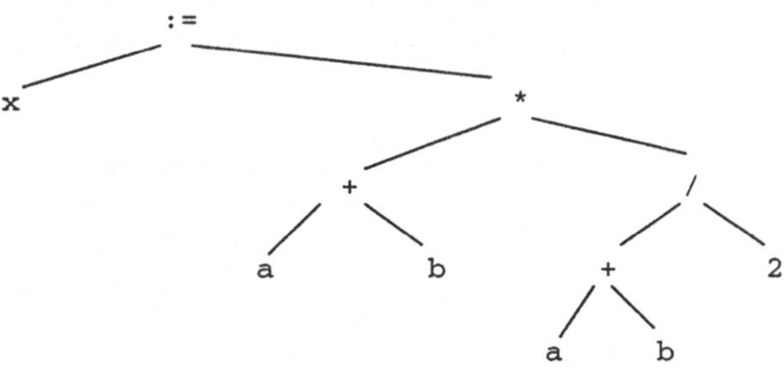

Abb. 6.12. Abstrakter Syntaxbaum für Zuweisung

DAGs, gerichtete azyklische Graphen. Diese sind eng verwandt mit Syntaxbäumen, unterscheiden sich aber darin von ihnen, daß im Syntaxbaum mehrfach auftretende Teilstrukturen nur einmal vorkommen. Ein DAG für die Zuweisung in Abb. 6.12 würde so aussehen (Abb. 6.13):

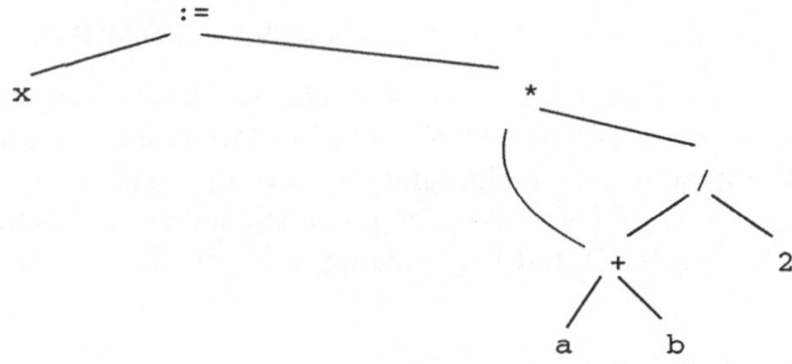

Abb. 6.13. DAG-Darstellung der Zuweisung

Der Vorteil liegt darin, daß am Ende weniger Code erzeugt wird. Normalerweise wird für jeden Teilbaum ein Code-Fragment erzeugt; bei mehrfach benutzten Teilstrukturen im DAG entsteht dann nur ein Code-Fragment.

Postfix-Notation. Wir kennen Postfix-Notation schon aus Beispiel 4.5 als Darstellung für arithmetische Ausdrücke. Die allgemeine Idee besteht darin, zunächst die Operanden und danach die auszuführende Operation hinzuschreiben. Die Zuweisung aus Beispiel 6.2 sähe damit so aus:

```
x  a  b  +  a  b  +  2  /  *  :=
```

Postfix-Notation läßt sich ausbauen zu einer Zwischensprache für eine abstrakte „Stack-Maschine". Operanden werden jeweils auf den Stack geladen. Operationen entnehmen die obersten Elemente auf dem Stack als Argumente und legen ihr Ergebnis wieder auf den Stack. Code für eine Stack-Maschine für den obigen Ausdruck könnte dann so aussehen. Wir zeigen parallel zum Programm den Ablauf der Berechnung auf dem Stack.

Code	*Stack*			*Kommentar*
lvar x	[x]			lade die Adresse von x
var a	[x]	a		lade den Wert von a
var b	[x]	a	b	
+	[x]	a+b		
var a	[x]	a+b	a	
var b	[x]	a+b	a	b
+	[x]	a+b	a+b	
const 2	[x]	a+b	a+b	2	lade Konstante 2
/	[x]	a+b	a+b/2	

```
*            [x]   (a+b)*(a+b/2)
```

```
:=
```
speichere den Wert im obersten Element an die Adresse im zweitobersten Element

3-Adreß-Code. Auch 3-Adreß-Code ist uns schon begegnet, und zwar im Überblick im ersten Kapitel. 3-Adreß-Code (kurz: 3AC) hat Befehle mit bis zu drei Argumenten, also läßt sich

```
x := a + b
```

in einem einzelnen Befehl darstellen. Die Argumente sind dabei (Adressen von) Variablen oder Konstanten. Wie in Assemblersprachen können Befehle mit Sprungmarken versehen werden, z.B.

```
L1:      x := y[i]
```

Gegenüber Postfix-Code hat 3AC den Vorteil, daß sich Befehlsfolgen leichter umordnen lassen, da mit expliziten Variablen gearbeitet wird, während man bei Postfix-Notation aufpassen muß, was gerade auf dem Stack steht. Darüber hinaus kann man sich auch nach Erzeugen des Codes noch entschließen, bestimmten Variablen Maschinenregister zuzuordnen und damit Speicherzugriffe einzusparen. Beide Aspekte zusammen machen 3AC besonders geeignet für eine anschließende Optimierungsphase (vgl. Kapitel 8).

Wir werden im folgenden 3-Adreß-Code genauer betrachten und ihn in Abschnitt 6.3 als Zielsprache benutzen. 3AC kann etwa folgende Klassen von Befehlen enthalten, die wir hier zunächst informal beschreiben (die gezeigte Wahl entspricht [Aho, Sethi und Ullman 1986, Kap. 8]).

`1. x := y op z`	Hier ist *op* ein binärer Operator, z.B. +, *, *and* usw. Diese Klasse enthält für jeden solchen Operator einen Befehl. Die Werte von *y* und *z* werden mit *op* verknüpft und der Variablen *x* zugewiesen.
`2. x := op y`	Analog, nur ist *op* ein unärer Operator (z.B. *not*)
`3. x := y`	einfache Zuweisung
`4. goto L`	Sprung zum 3-Adreß-Befehl mit Sprungmarke *L*
`5. if x cop y goto L`	Hier ist *cop* ein Vergleichsoperator, z.B. =, <, ≤, ≠ usw. Bedingter Sprung nach *L*, falls der Vergleich von *x* und *y* mit *cop true* ergibt. Auch hier gibt es einen Befehl für jeden Operator *cop*.

`6. x := y[i]` `   x[i] := y`	Indizierte Zuweisungen zur Übersetzung von Array-Zugriffen. Der erste Befehl weist x den Wert der Speicherzelle zu, die i Speicherzellen hinter y liegt. Der zweite weist der Speicherzelle, die i Zellen hinter x liegt, den Wert von y zu.

`7. x := &y`
`   x := *y`
`   *x := y`
	Befehle zur Manipulation von Zeigervariablen. Der erste weist x die Adresse von y zu. Der zweite Befehl weist x den Wert der Speicherzelle zu, deren Adresse in y steht. Der dritte Befehl weist der Speicherzelle, deren Adresse in x steht, den Wert von y zu (Notationen wie in der Sprache C).

`8. param x`
`   call p`
`   return y`
	Diese Befehle dienen der Übersetzung von Prozeduraufrufen. Ein Aufruf $p(x_1, ..., x_n)$ wird übersetzt in eine Folge von Befehlen
	
	`        param x1`
	`        ...`
	`        param xn`
	`        call p`
	
	Der *return*-Befehl steht im Code für die Prozedur und bewirkt Rückkehr aus der Prozedur. Das Argument y ist optional und dient der Rückgabe des Ergebnisses in Funktionsprozeduren.

6.2.2   Eine abstrakte Maschine für 3-Adreß-Code

Ziel dieses Abschnitts ist es, für die Befehle des 3-Adreß-Code eine präzise Bedeutung festzulegen. Man muß sich darüber im klaren sein, daß die Semantik von 3AC nicht allgemein fixiert ist. Denn beim Entwurf der Speicherverwaltung und des Laufzeitsystems hat man viele Freiheitsgrade, und man muß diese Entscheidungen schon in Abhängigkeit von der zu implementierenden Sprache treffen. Beispielsweise benötigt man zur Übersetzung der Sprache C den ganzen komplizierten Mechanismus zur Behandlung statischer Schachtelungen (z.B. Display) nicht. Selbst wenn man statische Schachtelungen unterstützen muß, hat man die Wahl, Zeiger auf statische Vorgänger zu verwalten oder die Display-Technik zu benutzen. Was genau bei der Auswertung eines Befehls im 3AC geschieht, insbesondere bei Prozeduraufrufen, hängt aber von diesen Entscheidungen ab.

Wir werden also jetzt eine Reihe solcher Entscheidungen treffen und damit eine konkrete Speicherorganisation festlegen. Anschließend beschreiben wir die Bedeutung der Befehle des 3AC in bezug auf dieses Modell. Damit sollte es möglich sein, einen Interpreter für 3-Adreß-Code zu schreiben. Wir bekämen dann eine abstrakte Maschine zur Auswertung von 3-Adreß-Code (vgl. Abschnitt 1.4). Alternativ kann man 3-Adreß-Programme natürlich optimieren und daraus Maschinencode erzeugen, gemäß der in Kapitel 8 beschriebenen Vorgehensweise.

Das Maschinenmodell

Wir nehmen an, daß wir statisch geschachtelte Prozedurdeklarationen unterstützen müssen und wählen dazu die Display-Technik. Die Speicherorganisation sei so wie in Abb. 6.14 gezeigt.

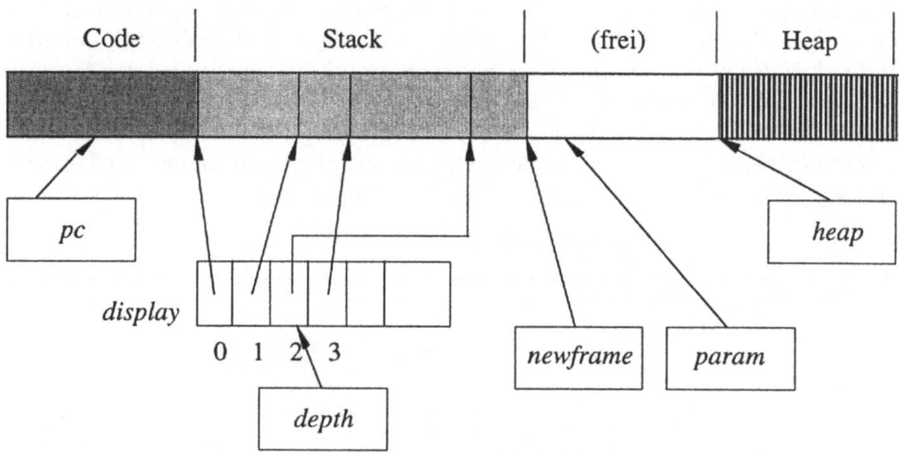

Abb. 6.14. Speicherverwaltung mit dazugehörigen Registern für die 3-Adreß-Maschine

Wir verwenden eine Reihe von Registern, nämlich:

- *pc* zeigt auf die Darstellung des aktuellen 3AC-Befehls im Code-Speicher.
- *display* ist ein ganzer Satz von Registern, die auf die Anfänge von Prozedurrahmen zeigen.
- *depth* gibt die (statische) Tiefe der gerade aktiven Prozedur an.
- *newframe* und *param* zeigen auf den Beginn des freien Speichers bzw. in diesen hinein; die genaue Verwendung wird im Zusammenhang mit Prozeduraufrufen und Rückkehr daraus klar werden.
- *heap* zeigt auf den Anfang des Heap-Bereichs.

Es gibt keinen besonderen statischen Speicherbereich; seine Rolle wird vom mit *display*[0] adressierten Prozedurrahmen übernommen.

Den Speicher insgesamt bezeichnen wir mit *STORE*. Wir nehmen an, daß einzelne Bytes adressierbar sind; *STORE*[*i*] bezeichnet also das Byte an der Position *i*. Die größten Einheiten, für die – nach der Architektur der Zielmaschine – Alignment zu beachten ist, seien 8 Bytes lang (z.B. *double* oder *longreal*-Typen). Um mit dem Alignment keine Probleme zu bekommen, lassen wir alle Speicherbereiche (Code, Prozedurrahmen, Heap) auf durch 8 teilbaren Speicheradressen beginnen. Bei der Vergabe relativer Adressen innerhalb dieser Speicherbereiche können wir dann das Alignment beachten (vgl. Abschnitt 6.1.2).

3-Adreß-Programme

Programme im 3-Adreß-Code sollen in diesem Modell interpretierbar, also durch einen Interpreter auswertbar, sein. Das hat zur Folge, daß ein Programm nicht nur eine Folge von 3AC-Befehlen ist, vielmehr sind einige Symboltabellen *integraler Bestandteil des Programms*. Der Interpreter benutzt diese Tabellen bei der Auswertung. Bei einer übersetzenden Weiterverarbeitung des 3-Adreß-Programms würden diese Tabellen in der Optimierung und Codeerzeugung zur Verfügung stehen und die entsprechende Information in das Zielprogramm eingebaut werden, so daß dann zur Laufzeit natürlich keine Tabellen mehr benötigt würden.

Wir benutzen folgende Symboltabellen:

	Variables & Constants							
	type	*name*	*s_depth*	*offset*	*size*	*value*	*alignm.*	*typeindex*
1	var	x	2	44	4	–	4	1
2	const	–	0	12	4	3	4	1
3	var	field	0	168	192		8	14
	...							

Diese Tabelle enthält eine Zeile für jede im 3-Adreß-Programm vorkommende Variable oder Konstante. Wir haben oben gesagt, daß Argumente im 3AC Variablen oder Konstanten sein können. Wir können das jetzt präzisieren: Argumente sind Indizes in diese Tabelle der Variablen und Konstanten. Der Befehl

```
x := x + 3
```

würde also intern dargestellt als

```
([:= +], 1, 1, 2)
```

wobei [:= +] der Befehlscode sein soll (eine ganze Zahl). Tatsächlich behandeln wir Konstanten in diesem Modell wie Variablen. Das heißt, wir schreiben ihre Werte vor Beginn der Interpretation in den statischen Speicher unter *display*[0] und greifen darauf zu wie auf Variablen; die Werte ändern sich dann allerdings nicht zur Laufzeit. Die Einträge in der Tabelle haben folgende Bedeutung.

- *type*: Variable oder Konstante.
- *name*: Name der Variablen. Verschiedene Variablen im Programm können den gleichen Namen haben (wenn sie in unterschiedlichen Scopes deklariert sind), der Index in diese Tabelle identifiziert die Variable eindeutig.
- *s_depth*: Die Variable oder Konstante hat statische Tiefe *s_depth*, gehört also zu einem Prozedurrahmen, der über *display*[*s_depth*] adressiert wird.
- *offset*: Beginn der Darstellung innerhalb des Prozedurrahmens.
- *size*: Größe in Bytes.
- *value*: Wert für Konstante.
- *alignment*: Darstellung muß auf durch *alignment* teilbarer Position beginnen.
- *typeindex*: Index in eine Tabelle von Typbeschreibungen (die in Abschnitt 6.3.1 erklärt wird). Gibt den Typ für diese Variable oder Konstante an.

Während der Interpretation werden die Werte für *s_depth* und *offset* benötigt, um die Adresse zu ermitteln. Das geschieht mit der *Adreßfunktion*:

```
adr(v) = display[s_depth(v)] + offset(v)
```

Dabei bezeichnet *v* den Index der Variablen oder Konstanten (die Zeile in der Tabelle), und wir notieren z.B. mit *offset*(*v*) den Zugriff auf den Wert in der Spalte *offset*.

Eine zweite Tabelle verwaltet Sprungmarken im 3-Adreß-Programm:

	Labels	
	label	*index*
1	L	432
2	kappa	1318
	...	

Damit ist z.B. 432 die Adresse des Befehls mit Sprungmarke *L* im Code-Speicher, genauer die Adresse des ersten Bytes der Befehlsdarstellung. Schließlich verwaltet eine dritte Tabelle Information über Prozeduren:

	Procedures				
	name	*static_depth*	*static_size*	*start*	*typeindex*
1	p	2	48	624	4
	...				

Hier bezeichnet *static_depth* die statische Schachtelungstiefe der Prozedur, *static_size* die Größe ihres Prozedurrahmens einschließlich Verwaltungsinformation und Platz für lokale und temporäre Variablen, aber ohne ggf. noch anzulegende dynamische Arrays. *Start* ist die Anfangsadresse im Code-Speicher. *Typeindex* ist ein Index in eine Typtabelle (Abschnitt 6.3.1) und beschreibt den Ergebnistyp für Funktionsprozeduren.

Semantik von 3-Adreß-Befehlen

Damit sind wir in der Lage, die Ausführung von 3-Adreß-Befehlen präzise zu beschreiben. Wir erweitern den Befehlssatz noch geringfügig gegenüber dem in Abschnitt 6.2.1 vorgestellten Konzept.

```
1. x := y op z
       STORE[adr(x)] := STORE[adr(y)] op STORE[adr(z)];
       next(pc)
   x :- y op z
       STORE[adr(x)] :- STORE[adr(y)] op STORE[adr(z)];
       next(pc)
```

Wir erlauben in allen Befehlen zwei Varianten von Zuweisungen von einer Speicheradresse an eine andere. Die erste Variante, notiert mit „:=", kopiert wortweise, also 4 Bytes (das erste Byte ist das adressierte). Die zweite Variante, notiert mit „:–", kopiert nur genau das adressierte Byte. Im folgenden geben wir die zweite Variante des Befehls jeweils in eckigen Klammern an, notieren aber die Bedeutung nicht noch einmal dafür. – Die Operation *next* erhöht den Programmzähler um die Anzahl von Bytes, die zur Darstellung eines Befehls benutzt werden; diese ist für alle Befehle gleich.

```
2. x := op y     [x :- op y]
       STORE[adr(x)] := op STORE[adr(y)]; next(pc)
3. x := y        [x :- y]
       STORE[adr(x)] := STORE[adr(y)]; next(pc)
4. goto L
       pc := index(L)
```

Die Position des Zielbefehls wird der Tabelle *Labels* entnommen.

```
5. if x cop y goto L
       if STORE[adr(x)] cop STORE[adr(y)] then pc := index(L)
       else next(pc) end
6. x := y[i]     [x :- y[i]]
       STORE[adr(x)] := STORE[adr(y) + STORE[adr(i)]];
       next(pc)
   x[i] := y     [x[i] :- y]
       STORE[adr(x) + STORE[adr(i)]] := STORE[adr(y)];
       next(pc)
7. x := &y
       STORE[adr(x)] := adr(y); next(pc)
   x := *y       [x :- *y]
       STORE[adr(x)] := STORE[STORE[adr(y)]]; next(pc)
   *x := y       [*x :- y]
       STORE[STORE[adr(x)]] := STORE[adr(y)]; next(pc)
   x := *y[i]    [x :- *y[i]]
       STORE[adr(x)] := STORE[STORE[adr(y)] + STORE[adr(i)]];
       next(pc)
```

```
*x[i] := y    [*x[i] :- y]
        STORE[STORE[adr(x)] + STORE[adr(i)]] := STORE[adr(y)];
        next(pc)
```

Hier haben wir die Gruppe 7 erweitert um „indirekt indizierte" Varianten der Befehle, die wir bei der Übersetzung von Zeigerdereferenzierungen benötigen. – Die nun folgenden Befehle der Gruppe 8 zur Behandlung von Prozeduraufrufen modifizieren wir etwas gegenüber dem allgemeinen Konzept. Es gebe folgende Befehle:

```
8. refparam x          return
   valparam x          freturn y
   call p
   getresult y
```

Neu ist, daß wir zwei Arten der Parameterübergabe unterscheiden, nämlich *call-by-reference* (mittels *refparam*) und *call-by-value* (mittels *valparam*). Weiterhin führen wir separate Befehle für Rücksprung aus einer Prozedur oder aus einer Funktion ein sowie einen Befehl zum Empfang des Ergebnisses einer Funktion.

Wir wählen die in Abb. 6.15 gezeigte Struktur von Prozedurrahmen:

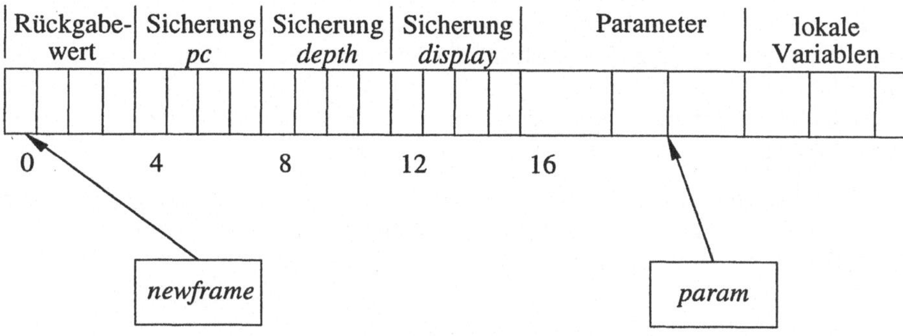

Abb. 6.15. Detaillierte Struktur von Prozedurrahmen für die 3-Adreß-Maschine

Der Prozedurrahmen beginnt mit 4 Feldern zu jeweils 4 Bytes für den Rückgabewert und zur Sicherung von Registern. Es folgen dann Bereiche für Parameter und lokale Variablen. Der Zeiger (im Register) *newframe* zeigt jeweils auf den Anfang des freien Speichers oberhalb des Stacks, also an die Stelle, an der ein neuer Prozedurrahmen beginnen müßte, und innerhalb des neuen Prozedurrahmens damit auf den Rückgabewert. Hier wird angenommen, daß der Rückgabewert in einem Speicherwort (4 Bytes) darstellbar ist. Das ist eine in vielen Programmiersprachen übliche Annahme; damit kann man entweder eine Zahl oder einen Zeiger auf eine Struktur zurückgeben. Der Zeiger *param* zeigt vor Beginn der Parameterübergabe auf den Beginn des Parameterbereichs, also auf Relativposition 16. Mit jedem *valparam* oder *refparam*-Befehl wird dieser Zeiger auf die nächste mit einem Parameter zu belegende Position weitergesetzt. – Damit können wir zunächst die Bedeutung der beiden *param*-Befehle angeben:

```
refparam x
      align(param, 4)
      STORE[param] := adr(x); param := param + 4; next(pc)
```

Adressen haben, wie schon erwähnt, Länge 4. Die Operation *align*(*param*, *j*) erhöht den Wert von *param* soweit, daß er durch *j* teilbar ist, ist also so definiert:

```
align(m, n) ==
      if m mod n ≠ 0 then m := m + n - (m mod n) end;
```

Bei *call-by-value* wird jeweils der Wert, nicht die Adresse der Variablen kopiert; hier muß die Länge der Darstellung beachtet werden.

```
valparam x
      align(param, alignment(x));
      for i := 0 to size(x) - 1 do
        STORE[param + i] :- STORE[adr(x) + i]
      end;
      param := param + size(x); next(pc)
```

Beachten Sie, daß in der Schleife die Darstellung des Parameters byteweise kopiert wird. Innerhalb der Prozedur wird auf die Parameter zugegriffen wie auf lokale Variablen. Beim Übersetzen der Prozedur werden entsprechende Einträge in der Variablentabelle erzeugt. Dabei müssen natürlich die gleichen Kriterien für das Alignment benutzt werden wie im hier gezeigten Code.

Die Situation vor der Ausführung eines *call*-Befehls ist in Abb. 6.16 gezeigt. Hier bezeichnen α, β und γ Adressen. Die Parameter sind bereits kopiert worden. Anschließend werden folgende Aktionen durchgeführt:

```
call p
      next(pc); STORE[newframe + 4] := pc;
      STORE[newframe + 8] := depth; depth := static_depth(p);
      STORE[newframe + 12] := display[depth];
      display[depth] := newframe;
      newframe := newframe + static_size(p);
      if newframe >= heap then error("stack overflow") end;
      param := newframe + 16; pc := start(p)
```

Beim Auftreten des Fehlers „stack overflow" wird die Ausführung des gesamten Programms abgebrochen. Nehmen wir an, daß die aufgerufene Prozedur *p* statische Tiefe 2 hat. Dann erhalten wir als Ergebnis der Ausführung des *call*-Befehls die Situation in Abb. 6.17.

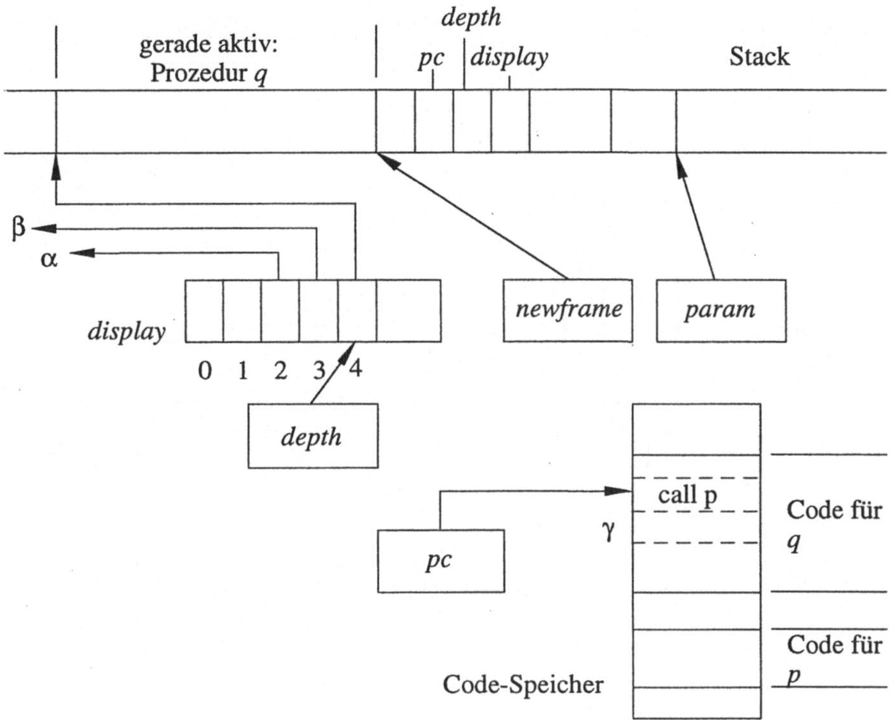

Abb. 6.16. Situation vor der Ausführung eines *call*-Befehls

Durch einen *return*-Befehl in p wird nun der vorherige Zustand wiederhergestellt. Wir betrachten zunächst die *freturn*-Variante:

```
freturn y
     STORE[display[depth]] := STORE[adr(y)];(*)
     newframe := display[depth]; param := newframe + 16;
     display[depth] := STORE[newframe + 12];
     depth := STORE[newframe + 8];
     pc := STORE[newframe + 4]
```

Überzeugen Sie sich, daß nun der Zustand in Abb. 6.16 wiederhergestellt ist, bis auf folgendes: (i) Der von p berechnete Rückgabewert steht nun in *STORE*[*newframe*], und (ii) der Programmzähler zeigt auf Position γ, also den Befehl nach *call p*.

Die Bedeutung des *return*-Befehls ist fast die gleiche:

```
return
     {wie freturn y, nur ohne die Anweisung (*)}
```

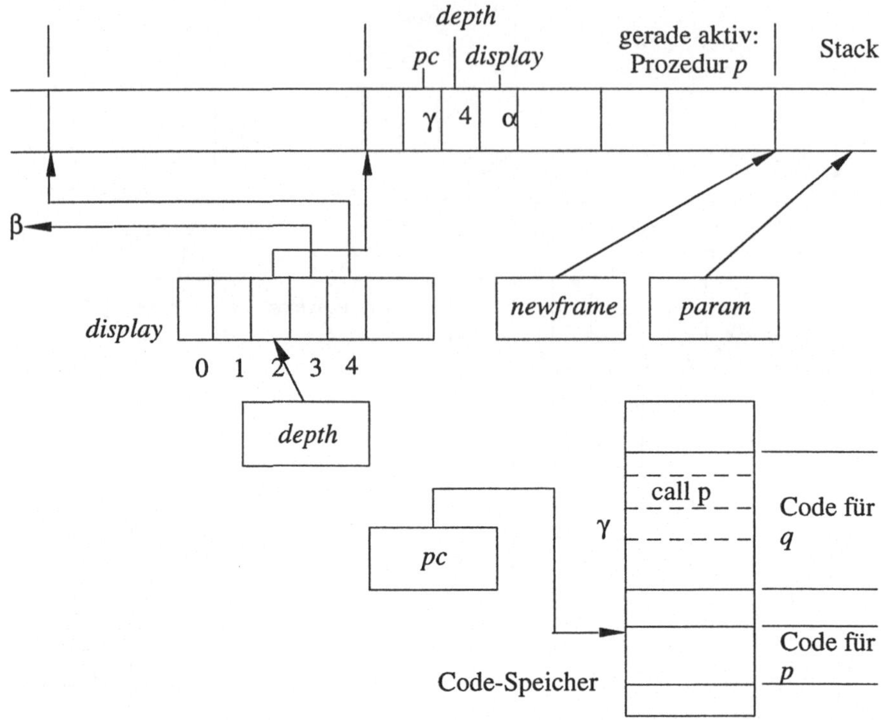

Abb. 6.17. Situation nach der Ausführung des *call*-Befehls

Der Befehl *getresult* wird im Code des Aufrufers plaziert, um das Ergebnis eines Funktionsaufrufs zu erhalten. Der Befehl kopiert 4 Bytes; ggf. muß im Aufrufer Code stehen, der ein einzelnes Byte extrahiert.

```
getresult y
        STORE[adr(y)] := STORE[newframe]; next(pc)
```

Damit haben wir eine vollständige, präzise Beschreibung aller mit Prozeduraufrufen und Prozedurrückkehr verbundenen Aktionen erhalten. Wir führen noch drei neue Gruppen von Befehlen ein. Die erste Gruppe dient der Vergabe von Speicherplatz auf dem Stack:

```
9. init_stack n
        newframe := display[0] + STORE[adr(n)];
        if newframe >= heap then error("stack overflow") end;
        param := newframe + 16; next(pc)
```

```
extend_stack x, n
    STORE[adr(x)] := newframe;
    newframe := newframe + STORE[adr(n)];
    if newframe >= heap then error("stack overflow") end;
    param := newframe + 16; next(pc)
```

Der Befehl *init_stack* erlaubt die Initialisierung der Register *newframe* und *param*
gemäß der Größe des Hauptprogramms, die in der Variablen *n* angegeben wird. Der
Befehl *extend_stack* allokiert Speicherplatz auf dem Stack (indem *newframe* und
param „weitergeschoben" werden). In *n* wird der Platzbedarf angegeben, *x* wird ein
Zeiger auf den Speicherblock zugewiesen. Damit können lokale, dynamische Arrays
in Prozeduren angelegt werden.

Gruppe 10 enthält Befehle für die dynamische Speichervergabe auf dem Heap:

```
10. alloc x, n
        STORE[adr(x)] := {Adresse eines Speicherblocks der
        Größe n im Heapbereich}; next(pc)
    dealloc x, n
        {der Speicherblock der Größe n, dessen Adresse in
        STORE[adr(x)] steht, wird freigegeben}; next(pc)
```

Dies sind die einzigen Befehle, bei denen wir die Bedeutung nicht vollständig festlegen, da wir sonst ein Programm für die Heap-Verwaltung angeben müßten, was
hier zu aufwendig ist. – Schließlich enthält Gruppe 11 noch einen Befehl:

```
11. noop
        next(pc)
```

Dieser Befehl tut nichts. Bei der Übersetzung ist es aber praktisch, ihn zu haben; er
wird beim Erzeugen von Sprungmarken benutzt, wenn der Folgebefehl noch nicht
bekannt ist.

Schließlich müssen wir noch den Anfangszustand der 3-Adreß-Maschine beim Start
eines Programms angeben. Die Register haben folgende Werte: $pc = 0$, $depth = 0$,
display[0] zeigt auf die erste durch 8 teilbare Adresse nach dem letzten Befehl des
Code-Speichers, *newframe* und *param* sind undefiniert, und *heap* = *STOREMAX*
(die letzte Adresse im Speicher). – Damit ist unsere abstrakte Maschine für 3-Adreß-
Code vollständig beschrieben.

6.3   Übersetzung in 3-Adreß-Code

In diesem Abschnitt betrachten wir die Übersetzung der wichtigsten Sprachkonzepte
imperativer Sprachen in 3-Adreß-Code. Wir entwerfen dazu eine Beispielsprache,
die sich im wesentlichen an PASCAL oder Modula-2 anlehnt, in Einzelheiten aber
davon abweicht. Die Abweichungen liegen darin begründet, daß wir die Übersetzung möglichst einfach halten wollen.

Wir zerlegen das Problem in vier Teilprobleme, nämlich Übersetzung von Deklarationen, von Zuweisungen und Ausdrücken, von Kontrollstrukturen und schließlich von Prozeduraufrufen. Dies sind die Themen der folgenden Unterabschnitte.

6.3.1   Deklarationen

Wir beginnen mit dem Entwurf der Grammatik für unsere Sprache. Die Sprache soll geschachtelte Prozedurdeklarationen erlauben und Arrays, Records und Zeigertypen besitzen.

```
program ->      types vars procs stmt .
```

Ein Programm ist eine Folge von Typdeklarationen, Variablendeklarationen, Prozedurdeklarationen und einer Anweisung, gefolgt von einem Punkt. Die strikte Reihenfolge der Deklarationen ist wie in PASCAL. Dort gibt es noch Konstantendeklarationen, auf die wir hier verzichten.

Zur Notation: Wir beschreiben die Grammatik und später Übersetzungsschemata angelehnt an Yacc-Notation, verzichten allerdings darauf, Terminalsymbole in Anführungszeichen zu setzen. Die Zeichenfolgen „->" (nur direkt nach dem Nichtterminal der linken Seite) und „|" gehören zur „Metasprache" (Produktionspfeil und Trennung von Alternativen); alle Sonderzeichen auf rechten Seiten sind Terminalsymbole. Wörter beschreiben Symbole der Grammatik; Wörter für Terminalsymbole kennzeichnen wir durch Fettdruck.

```
types    ->      type id = typeexpr ; types
         |
```

Eine leere rechte Seite entspricht einer Ableitung ins leere Wort ε.

```
vars     ->      var decls ;
         |

decls    ->      decl
         |       decls ; decl

decl     ->      id : typeexpr

typeexpr ->      simpletype
         |       array [ intconst ] of typeexpr
         |       record decls end
         |       pointer to typeexpr
         |       typeident

simpletype ->    integer
         |       real
         |       boolean
         |       char
```

Die Sprache besitzt also vier atomare Datentypen, Zeiger, Records und der Einfachheit halber nur statische Arrays, d.h. die Arraygröße muß als Konstante zur Übersetzungszeit bekannt sein. Arrays werden jeweils eindimensional durch Angabe der Anzahl der Elemente deklariert (wie in C); es gibt folglich keine Untergrenzen (das erste Element wird mit Index 0 angesprochen). Wie man sieht, lassen sich aber Array- und Record-Deklarationen beliebig schachteln, so daß auch mehrdimensionale Arrays deklariert werden können.

```
procs      ->      proc procs
           |       function procs
           |


proc       ->      procedure id parameters ;
                   vars procs stmt ;


parameters ->      ( params )
           |


params     ->      param
           |       params ; param


param      ->      var id : paramtype
           |       id : paramtype


paramtype  ->      simpletype
           |       typeident


function   ->      function id ( params ) : paramtype ;
                   vars procs stmt ;
```

Eine Funktion muß Parameter haben; bei Prozeduren sind sie optional. Parameterübergabe erfolgt mit call-by-reference (mit **var**) oder call-by-value. Wenn man komplexe Typen als Parameter übergeben will, benötigt man eine explizite Typdeklaration. Typen können übrigens nur global deklariert werden, nicht innerhalb von Prozeduren.

Globale Symboltabellen

Bevor wir mit der Übersetzung beginnen, müssen wir Klarheit über die „Infrastruktur" gewinnen, d.h. über vorhandene Symboltabellen, globale Variablen, Hilfsfunktionen usw. Es gebe vier globale Symboltabellen, nämlich:

- Variables & Constants
- Labels
- Procedures
- Types

Die ersten drei kennen wir schon, da sie in der abstrakten 3-Adreß-Maschine auch zur Laufzeit benötigt werden. Die Tabelle über Typen braucht man nur während der Übersetzung. Dort soll für jede Variable und jede Typdeklaration der Typ in „auswertbarer" Form dargestellt sein. Auswertbar heißt, daß man etwa für eine Array-

Variable nachsehen kann, wie viele Komponenten der Array hat, oder für einen
Record einen Feld-Offset auffinden kann. Die Tabelle sieht so aus:

Types

	type	*name*	*nocomps*	*compsize*	*compindex*	*fieldtable*
1	integer					
2	real					
3	boolean					
4	char					
5	array		50	4	2	
6	array	matrix	20	200	5	
7	record					→
8	pointer	matpointer			6	
9	integer	number				
	...					

Mit Hilfe der Tabelle läßt sich jeder im Programm vorkommende Typ durch eine
ganze Zahl darstellen, nämlich durch einen Index in diese Tabelle. Ein Typ kann
dabei explizit deklariert sein oder implizit durch eine Variablendeklaration erzeugt
werden. Jede Anwendung eines Konstruktors (array, record, pointer) auf einen gegebenen Typ erzeugt einen neuen Typeintrag in der Tabelle. Die Zeilen 5 und 6 in der
obigen Tabelle sind z.B. durch eine Typdeklaration

```
type matrix = array [20] of array [50] of real;
```

zustandegekommen. Zeilen 8 und 9 entsprechen den darauffolgenden Deklarationen:

```
type matpointer = pointer to matrix;
type number = integer;
```

Die Felder der Tabelle haben folgende Bedeutung. *Type* enthält einen Grundtyp oder
einen der Typkonstruktoren *array*, *record*, *pointer*. Die vier Grundtypen sind fest in
die Tabelle eingetragen. Das Feld *name* enthält einen Typnamen, falls der Typ explizit deklariert wurde. *Nocomps* und *compsize* enthalten für Arrays die Anzahl der
Komponenten sowie die Größe einer Komponente in Bytes. *Compindex* enthält für
konstruierte Typen *array* und *pointer* den Typindex des Komponententyps. Schließlich enthält *fieldtable* für einen Recordtyp einen Verweis auf eine Tabelle von Feldnamen, deren Struktur wir unten beschreiben.

Für die drei Tabellen für Variablen, Prozeduren und Typen gibt es jeweils eine Funktion *enter_var*, *enter_proc*, bzw. *enter_type*, die einen neuen Eintrag in der Tabelle erzeugt. Die Funktion vergibt jeweils den nächsten freien Index und liefert diesen zurück. Felder, in die nichts einzutragen ist, werden beim Aufruf durch „–" gekennzeichnet. Der Eintrag in Zeile 5 wäre z.B. erzeugt worden durch einen Aufruf:

```
index := enter_type(array, -, 50, 4, 2, -)
```

und hätte den Wert 5 zurückgegeben.

Namenstabellen

Neben den vier globalen Tabellen benutzen wir einen *Stack von Namenstabellen*. Jede Tabelle enthält Paare der Form (*name, index*), wobei *name* ein im Programm deklarierter Variablen- oder Prozedurname ist und *index* der Index für die entsprechende Tabelle. Der Stack von Tabellen beschreibt die statische Schachtelung der Deklarationen entsprechend dem in Abschnitt 6.1 beschriebenen Sichtbarkeitskonzept. Zum Beispiel beim Übersetzen der Deklaration der Prozedur *B* innerhalb der Deklaration der Prozedur *A* innerhalb des Hauptprogramms gemäß Abb. 6.4 gäbe es einen Stack von Tabellen (Abb. 6.18, dieser Stack wächst nach rechts):

```
 ┌──────────┐   ┌──────────┐   ┌──────────┐
 │ s    12  │   │ i    13  │   │ i    15  │
 │          │   │ m    14  │   │ j    16  │
 └──────────┘   └──────────┘   │ k    17  │
                               └──────────┘
```

Abb. 6.18. Stack von Namenstabellen

Zum Arbeiten mit diesem Stack stellen wir folgende Prozeduren zur Verfügung:

```
pushnametable          enter_name(depth, name, index)
popnametable           v := lookup(name)
```

Die ersten beiden Prozeduren legen eine neue Tabelle auf den Stack bzw. löschen die oberste Tabelle. *Enter_name* trägt ein Paar in die Tabelle der Tiefe *depth* ein. Normalerweise ist *depth* die Tiefe der obersten (rechts außen stehenden) Tabelle; beim Übersetzen von Prozedurparametern benötigt man aber auch Einträge in die zweitoberste Tabelle. *Enter_name* löst automatisch eine Fehlerbehandlung aus, falls der einzutragende Name in dieser Tabelle bereits existiert. Um das Abfangen dieses Fehlers braucht man sich daher im Übersetzungsschema nicht zu kümmern. Die Funktion *lookup* durchsucht den Stack von Tabellen von oben nach unten, bis der Name *name* gefunden wird, und liefert dann den dazugehörigen Index zurück. Auch diese Funktion löst eine Fehlerbehandlung aus, falls der gesuchte Name nicht existiert.

Für die Verwaltung von Feldnamen in Records benutzen wir ebenfalls eine Namenstabelle, die genauso aussieht wie die Tabellen auf dem Stack. Diese Tabelle wird, wie oben erwähnt, über den *fieldtable*-Eintrag für den Recordtyp in der Typtabelle erreicht. Eintragen und Nachsehen von Namen erfolgt über Prozeduren

```
enter_fieldname(recordindex, name, index)
v := lookup_field(recordindex, name)
```

analog zu den obigen, wobei *recordindex* den Index in der Typtabelle bezeichnet. Auch diese Prozeduren sorgen selbst für Fehlerbehandlung. Man beachte, daß die zu einem Feldnamen zu verwaltenden Informationen wie für Variablen in der Variablentabelle vermerkt werden; deshalb genügen hier einfache Namenstabellen. In der Variablentabelle gibt es jetzt folgende mögliche Einträge in das *type*-Feld, wobei die letzten beiden zur Beschreibung von Prozedurparametern dienen:

```
const                  refparam
var                    valparam
recordfield
```

Globale Variablen und Hilfsfunktionen

Es gibt drei globale Variablen:

```
depth
prog_counter
temp_offset
```

Depth bezeichnet die aktuelle Schachtelungstiefe beim Übersetzen von Deklarationen. *Prog_counter* ist die Adresse des nächsten freien Speicherplatzes für einen 3-Adreß-Befehl beim fortlaufenden Erzeugen und Eintragen von Befehlen. *Temp_offset* bezeichnet das aktuelle Offset in Prozedurrahmen beim Belegen von Speicherplatz für temporäre Variablen. Die globalen Variablen werden z.T. von folgenden Hilfsfunktionen manipuliert:

```
putcode(command)
v := newtemp(typeindex)
l := newlabel()
```

Putcode erhält als Parameter eine Beschreibung eines 3-Adreß-Befehls und schreibt diesen an die Position *prog_counter* des (ggf. fiktiven) Befehlsspeichers. Falls der Befehl einen Label enthält, wird der aktuelle Wert des Programmzählers in die Labeltabelle eingetragen. Anschließend wird *prog_counter* um die zur Darstellung eines Befehls nötige Anzahl von Bytes erhöht. Die Funktion *newlabel*() liefert einfach den nächsten freien Index in der Labeltabelle und erhöht diesen. Zum Beispiel hat die Folge von Anweisungen

```
label := newlabel();
putcode(label ':' var1 ':=' var2 '+' '1');
```

bei aktuellem Stand 496 des Programmzählers und bei freiem Labelindex 70 folgenden Effekt: Zunächst wird in Zeile 70 der Labeltabelle ein Paar (L70, –) eingetragen.[1] Anschließend wertet der *putcode*-Befehl alle Argumente aus, die nicht in Anführungszeichen stehen, erhält also für *label* den Wert 70 und für *var1* und *var2* Indizes in die Variablentabelle (sagen wir 9 und 10). Nehmen wir weiterhin an, daß 110 der Befehlscode für den Befehl [:= +] ist. Dann wird zunächst 1 als Konstante in die Variablentabelle eingetragen (z.B. unter Index 22). Anschließend wird ein Befehl

```
(110, 9, 10, 22)
```

an Position 496 in den Befehlsspeicher geschrieben und *prog_counter* entsprechend erhöht. Schließlich wird in Zeile 70 der Labeltabelle das Paar (L70, 496) geschrieben.

Die Funktion *newtemp* erzeugt einen Eintrag für eine neue (temporäre) Variable in der Variablentabelle und gibt diesen zurück. Dabei wird Speicherplatz für die Variable an der Position *temp_offset* im gerade bearbeiteten Prozedurrahmen reserviert und *temp_offset* (unter Beachtung von Alignment, siehe unten) erhöht. Der Parameter *typeindex* gibt den Index des Typs in der Typtabelle an. Temporäre Variablen werden nur für die atomaren oder für Zeigertypen angelegt, belegen also entweder 1 Byte oder 4 Bytes.

Übersetzung von Deklarationen

Wir beginnen mit der Übersetzung von Typausdrücken. Für Typen sind drei Informationen relevant, nämlich die Größe der Typdarstellung (also der benötigte Speicherplatz), das Alignment (auf welchen Positionen darf eine Variable dieses Typs plaziert werden) und der Index des Typs in der Typtabelle. Daher verwalten wir drei Attribute *size*, *alignment* und *typeindex* für die entsprechenden Grammatiksymbole.

```
simpletype ->   integer         {simpletype.size := 4;
   size                          simpletype.alignment := 4;
   alignment                     simpletype.typeindex := 1}
   typeindex
              |   real           {simpletype.size := 4;
                                  simpletype.alignment := 4;
                                  simpletype.typeindex := 2}
              |   boolean        {simpletype.size := 1;
                                  simpletype.alignment := 1;
                                  simpletype.typeindex := 3}
              |   char           {simpletype.size := 1;
                                  simpletype.alignment := 1;
                                  simpletype.typeindex := 4}
```

Wir notieren in Übersetzungsschemata die zu einem Nichtterminal der linken Seite gehörenden Attribute, indem wir sie darunterschreiben. Im folgenden fügen wir auch erklärende Absätze in Übersetzungsschemata ein.

---

[1] Die Darstellung „L70" ist höchstens für eine Druckausgabe des 3-Adreß-Programms von Bedeutung. Das *label*-Feld der Labeltabelle dient eigentlich der Verwaltung benutzerdefinierter Sprungmarken.

```
typeexpr ->        simpletype        {typeexpr.* := simpletype.*}
   size
   alignment
   typeindex
```

Die Notation $A.* := B.*$ steht abkürzend dafür, daß alle Attributwerte von B den Attributen von A zugewiesen werden. Hier sind alle drei Attribute übrigens synthetisiert.

```
      |         pointer to typeexpr₁
                    {typeexpr.typeindex:=
                    enter_type(pointer, -, -, -,
                       typeexpr₁.typeindex, -);
                    typeexpr.size := 4;
                    typeexpr.alignment := 4;}
```

Wie in Kapitel 4 indizieren wir in einer Produktion mehrfach vorkommende Symbole, um sie zu unterscheiden. Beachten Sie, wie die Struktur in der Typtabelle aufgebaut wird.

```
      |         typeident        {typeexpr.* := typeident.*}
```

Das Übersetzungsschema zu *typeident*, auf dessen Angabe wir verzichten, hat die Attribute mit Hilfe der Typtabelle ermittelt.

```
      |         array [ intconst] of typeexpr₁
                    {index := enter_type(array, -,
                       intconst.value, typeexpr₁.size,
                       typeexpr₁.typeindex, -);
                    typeexpr.size := intconst.value *
                       typeexpr₁.size;
                    align(typeexpr.size, 8);
                    typeexpr.alignment := 8;
                    typeexpr.typeindex := index}
```

Man sieht auch hier, wie die geschachtelte Struktur in der Typtabelle nachgebildet wird. Die Größen von Arrays und Records erhöhen wir grundsätzlich auf durch 8 teilbare Werte.

Bevor wir das Übersetzungsschema für Record-Typen betrachten, sehen wir uns die Übersetzung von Variablendeklarationen an, da diese im Record-Schema verwendet werden. Deklarationen legen Speicherplatz für Variablen an. Dabei ist das Offset in der aktuellen Umgebung (z.B. Prozedurrahmen) zu verwalten. Wir benutzen ein Attribut *offset* für jedes der Symbole *decls* und *decl*. *Decls* vererbt den Wert an *decl*. *Decl* ändert das Offset gemäß dem belegten Speicherplatz und reicht den geänderten Wert wieder hinauf an *decls*. Der Datenfluß im Ableitungsbaum ist in Abb. 6.19 dargestellt.

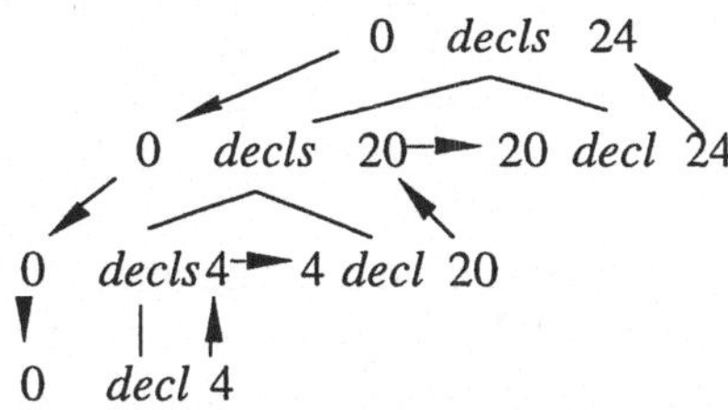

Abb. 6.19. Datenfluß für das Übersetzungsschema für Deklarationen

Dieser Datenfluß wird durch das folgende Übersetzungsschema realisiert:

```
decls   ->                          {decl.offset := decls.offset}
   offset        decl               {decls.offset := decl.offset}
      |                             {decls1.offset :=
                                        decls.offset}
                 decls1 ;           {decl.offset := decls1.offset}
                 decl               {decls.offset := decl.offset}
```

Tatsächlich ist das Übersetzungsschema für *decls* noch ein kleines bißchen komplizierter, da wir es auch für die Übersetzung von Felddeklarationen in Records mitbenutzen wollen. Wir benötigen dazu noch zwei zusätzliche Attribute: ein Attribut *type* mit möglichen Werten *var* oder *recordfield*, das festhält, ob diese Deklarationen Variablen oder Record-Felder beschreiben; weiterhin ein Attribut *recordindex*, das im zweiten Fall den Index des Recordtyps in der Typtabelle enthält. Dieses Attribut dient dazu, die Feldnamen in die richtige *fieldtable* eintragen zu können. Die beiden Attribute *type* und *recordfield* werden einfach nur von oben nach unten vererbt. Damit erhalten wir folgendes Schema für *decls*:

```
decls   ->                          {decl.* := decls.*}
   offsetdecl                       {decls.offset := decl.offset}
   type
   recordfield
      |                             {decls1.* := decls.*}
                 decls1 ;           {decl.* := decls1.*}
                 decl               {decls.offset := decl.offset}
```

Nun übersetzen wir die Deklarationen selbst:

```
decl    ->      id : typeexpr
   offset              {align(decl.offset,
                            typeexpr.alignment);
   type               index := enter_var(decl.type, id.name,
   recordindex           depth, decl.offset, typeexpr.size,
                         -, typeexpr.alignment,
                         typeexpr.typeindex);
                      decl.offset := decl.offset +
                         typeexpr.size;
```

```
                           if decl.type = var then
                             enter_name(depth, id.name, index)
                           else enter_fieldname(decl.recordindex,
                             id.name, index)
                           end       }
```

Zunächst wird das aktuelle Offset anhand des Alignment-Wertes des Typausdrucks
ggf. korrigiert. Dann wird die Variable in die Variablentabelle eingetragen. Alle dort
benötigten Informationen stehen aus Attributen bzw. der globalen Variablen *depth*
zur Verfügung. Das Offset wird erhöht. Schließlich wird der Name der Variablen
entweder in der obersten Tabelle im Stack der Namenstabellen oder in der Tabelle
des Record-Typs eingetragen.

Die drei Attribute erbt *decls* aus der Umgebung, nämlich entweder aus Variablendeklarationen oder aus einer Record-Deklaration:

```
    vars      ->      var       {decls.offset := vars.offset;
       offset                    decls.type := var;
                                 decls.recordindex := 0}
                      decls ;  {vars.offset := decls.offset;
                                 align(vars.offset, 8)}

                  |
```

Das Symbol *vars* erbt selbst das Attribut *offset* aus seiner Umgebung (Programm
oder Prozedur). Auch für eine Gruppe von Variablen insgesamt sorgen wir abschließend für ein Alignment von 8. – Der noch ausstehende Fall der Record-Deklaration
innerhalb von *typeexpr* sieht ähnlich aus wie das Schema für *vars*:

```
    typeexpr ->…
       size   |       record    {decls.type := recordfield;
       alignment                 decls.offset := 0;
       typeindex                 index := enter_type(record,-,-,-,-,-);
                                 decls.recordindex := index}
                      decls
                      end       {typeexpr.size := decls.offset;
                                 align(typeexpr.size, 8);
                                 typeexpr.alignment := 8;
                                 typeexpr.typeindex :=
                                     decls.recordindex}
```

In jeder Record-Deklaration wird das Offset zu 0 initialisiert, da nur relative Offsets
zum Feldanfang von Interesse sind. Der Index des Record-Typs wird an die *decls*
hinabgereicht, damit Feldnamen in die dazugehörige Namenstabelle eingetragen
werden können. Der Gesamtplatzbedarf für den Record wird auf ein Vielfaches von
8 erhöht.

Aufgabe 6.1: Geben Sie das Übersetzungsschema für explizite Typdeklarationen
an. Einen Namen *alpha* kann man unter einem Index *v* der Typtabelle eintragen mit
name(*v*) := *alpha*. Beachten Sie, daß der Typausdruck ein atomarer Typ sein kann!

```
    types     ->       type id = typeexpr ; types                    □
```

In den Übersetzungen für *program* und für Prozedur- bzw. Funktionsdeklarationen
muß das richtige Offset für Variablendeklarationen berechnet werden. In Prozeduren muß außerdem der Stack der Namenstabellen und die globale Variable *depth*
verwaltet werden.

```
program  ->                    {depth := 0; vars.offset := 0;
                               start := newlabel();
                               putcode('goto' start)}
                 types vars procs
                               {putcode(start ':' noop);
                               temp_offset := vars.offset}
                 stmt  .  {mainsize := newtemp(integer);
                               align(temp_offset, 8);
                               putcode(mainsize ':='
                                 const(temp_offset));
                               putcode('init_stack' mainsize)}
```

Da die 3-Adreß-Maschine die Auswertung mit dem ersten Befehl im Befehlsspeicher beginnt, erzeugen wir als ersten Befehl (vor der Übersetzung von Prozeduren)
einen Sprung zum Beginn des Hauptprogramms. Danach wird der Code für die am
tiefsten geschachtelten Prozeduren zuerst plaziert werden, der für das Hauptprogramm zuletzt. Im Hauptprogramm wird weiterhin Speicherplatz für globale Variablen vergeben und anschließend für temporäre Variablen. Dazu wird nach der Übersetzung der Variablendeklarationen das erreichte Offset an die globale Variable
temp_offset übergeben, die von da an die Vergabe von Platz für temporäre Variablen
kontrolliert. Schließlich wird nach der Übersetzung der Anweisung(sfolge) die
erreichte Gesamtgröße des Hauptprogramms zur Initialisierung des Stacks benutzt.
Die Funktion *const* innerhalb des *putcode*-Befehls sorgt dafür, daß der Wert von
temp_offset als Konstante in den Befehl eingetragen wird; andernfalls würde diese
Zahl als Index in die Variablentabelle interpretiert.

```
procs    ->        proc procs
         |         function procs
         |


proc     ->        procedure
   start           id       {depth := depth + 1; pushnametable;
                            parameters.procname := id.name}
                 parameters
                            {vars.offset := parameters.offset}
                 vars
                 procs    {temp_offset := vars.offset;
                            proc.start := prog_counter}
                 stmt ;   {depth := depth -1; popnametable;
                            static_size := temp_offset;
                            align(static_size, 8);
                            index := enter_proc(id.name, depth,
                              static_size, proc.start, -);
                            enter_name(depth, id.name, index)}
```

Interessant ist hier die Vergabe von Speicherplatz innerhalb des Prozedurrahmens.
Die Übersetzung der Parameter wird Platz ab Position 16 belegen und das am Ende

erreichte Offset an das Symbol *vars* übergeben. *Vars* belegt seinerseits Speicherplatz und übergibt das erreichte Offset vor der Übersetzung der Anweisung(sfolge) an *temp_offset*. Am Ende steht in *temp_offset* die erreichte Gesamtgröße des Prozedurrahmens, die nach Alignment in der Prozedurtabelle vermerkt wird.

Bei der Übersetzung von Parameterlisten von Prozeduren bzw. Funktionen ist einerseits Speicherplatz zu belegen analog zur Beschreibung von *refparam* und *valparam*-Befehlen der 3-Adreß-Maschine. Darüber hinaus muß man sich für jeden Parameter merken, ob es ein Referenz- oder ein Wertparameter ist, damit beim Aufruf jeweils *refparam* oder *valparam*-Befehle erzeugt werden können. Und zwar muß man diese Information dort nachschlagen können, wo die Prozedur aufgerufen wird, also in demselben Scope, in dem auch der Prozedurname vermerkt wird. Beim Aufruf ist der jeweilige Name des formalen Parameters aber nicht bekannt. Man muß die Entscheidung zwischen *refparam* und *valparam* also anhand der Position in der Argumentliste treffen.

Wir denken uns dazu folgende Strategie aus: Ein Parameter wird zunächst in die Variablentabelle eingetragen, wobei als *type* entweder *refparam* oder *valparam* vermerkt wird. Anschließend wird ein Verweis auf diesen Eintrag in *zwei* Namenstabellen erzeugt. Der erste Eintrag erfolgt mit dem Namen des formalen Parameters, der in der Deklaration steht, in der Namenstabelle oben auf dem Stack. Dieser Eintrag wird innerhalb der Übersetzung der Prozedur benutzt (ebenso wie lokale Variablen der Prozedur). Der zweite Name wird vom Übersetzer erzeugt als Konkatenation des Prozedurnamens und der Parameternummer. Der zweite Parameter einer Prozedur *mergesort* bekäme damit den Namen *mergesort#2*. Dieser Name wird in die gleiche Namenstabelle eingetragen wie der Prozedurname selbst. Zum Zeitpunkt der Übersetzung der Parameter ist das die Namenstabelle der Tiefe *depth* − 1.

Die Ausführung dieser Idee ist etwas mühsam und technisch, und wir lassen sie hier weg. Bei Interesse können Sie sich die Übersetzung im Anhang D ansehen.

Die Übersetzung von Funktionsdeklarationen verläuft analog zu der von Prozeduren; lediglich der Rückgabeparameter muß zusätzlich beachtet werden. Wir lassen auch sie weg. Damit ist die Übersetzung von Deklarationen abgeschlossen.

6.3.2   Zuweisungen und Ausdrücke

Die Zuweisung ist die erste Art von Anweisung, die wir betrachten, und auch die zentrale. Alle anderen Arten von Anweisungen steuern ja nur den Kontrollfluß. Bei der Übersetzung von Zuweisungen gibt es folgende interessante Aspekte:

- Erzeugen temporärer Variablen zur Auswertung von Ausdrücken.
- Typüberprüfung (type checking) bei der Anwendung von Operatoren und bei der Zuweisung selbst − die Typen der Variablen und des Ausdrucks müssen kompatibel sein.
- Zugriff auf strukturierte Variablen, also Komponenten von Arrays und Records, und Verfolgen von Zeigern.

Wir erweitern zunächst die Grammatik:

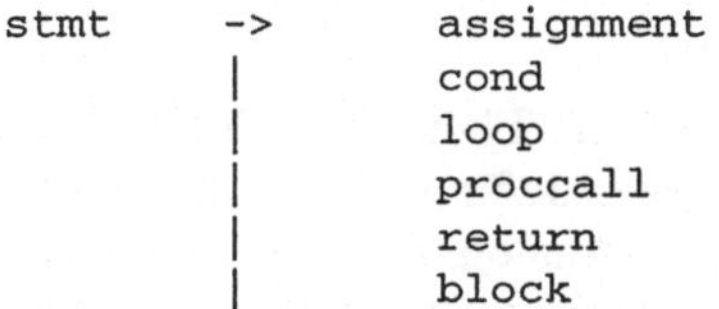

```
stmt        ->        assignment
            |         cond
            |         loop
            |         proccall
            |         return
            |         block
```

Die anderen Arten von Anweisungen verfolgen wir weiter in Abschnitt 6.3.3.

```
assignment ->    var := expr

var         ->        id
            |         var [ intexpr ]
            |         var . id
            |         var ->

intexpr ->        expr
```

Diese Regeln beschreiben den Zugriff auf strukturierte Variablen. Die zweite Zeile definiert den Array-Zugriff, z.B. $x[i]$. Die dritte Zeile beschreibt Feldselektion in Records, z.B. $x.k$. Die vierte Zeile zeigt die Dereferenzierung von Zeigervariablen mit der Notation x->. Beachten Sie, daß man durch Aneinanderreihung Zugriffe beliebig tief schachteln kann, z.B.

```
x[i][j+1].tablepointer->[k].index
```

Beim Entwurf der Grammatik für Ausdrücke wollen wir boolesche von anderen Ausdrücken unterscheiden. Boolesche Ausdrücke werden meist zur Steuerung des Kontrollflusses benutzt und deshalb anders übersetzt. Das betrachten wir in Abschnitt 6.3.3.

```
expr        ->        simple
            |         boolexpr

simple      ->        term
            |         simple addop term

term        ->        factor
            |         term mulop factor

factor      ->        var
            |         ( expr )
            |         ( - factor )
            |         functioncall

boolexpr ->        boolterm
            |         boolexpr or boolterm

boolterm ->        boolfactor
            |         boolterm and boolfactor
```

```
boolfactor ->    not boolfactor
          |      simple
          |      simple cop simple
```

Diese Regeln erzeugen im wesentlichen verschiedene Ebenen von Präzedenz bei der Auswertung arithmetischer Operatoren und sorgen dafür, daß Operationen gleicher Präzedenz linksassoziativ ausgewertet werden. Analog wird für boolesche Ausdrücke Vorrang zwischen *and*, *or* und *not* festgelegt. Zu den Terminalsymbolen gehören folgende Lexeme, die man jeweils durch ein Attribut *op* erhalten kann:

```
addop           +    -
mulop           *    /    div mod
cop             <    <=   =    #    >=    >
```

Wir beginnen mit der Übersetzung der Zuweisung selbst, also der Regel

```
assignment ->var := expr
```

Auf der linken Seite kann ein beliebig tief geschachtelter Variablenzugriff stehen, auf der rechten Seite ebenso (*expr* leitet nach *var* ab) oder ein komplexerer Ausdruck. Die Frage ist, welche Informationen in Attributen von *var* und *expr* gesammelt sein müssen, damit die Zuweisung übersetzt werden kann.

Wir müssen zunächst einmal eine Entscheidung treffen, welche „Breite" die Zuweisung haben darf. Damit ist folgendes gemeint. Ein Befehl der 3-Adreß-Maschine kopiert entweder 4 Bytes oder 1 Byte. Die Zuweisung in der Programmiersprache könnte hingegen einen ganzen Record oder Array kopieren. In diesem Fall müßte die Übersetzung eine Schleife im 3-Adreß-Code generieren. Wir entscheiden uns hier zunächst für die etwas einfachere Variante und erlauben in der Programmiersprache nur Zuweisungen von atomaren Datentypen oder Zeigern. Damit ist ein Programmierer gezwungen, zum Kopieren eines Arrays eine Schleife zu schreiben bzw. einen Record feldweise zu kopieren. Die für den Programmierer komfortablere Variante (Kopieren größerer Breite als 4 Bytes) betrachten wir ggf. in den Übungen.

Die Idee zur Realisierung des Zugriffs auf strukturierte Variablen besteht nun darin, dem Symbol *var* auf der linken Seite *zwei* Variablen zuzuordnen, die in Attributen *var.var* und *var.offset* verwaltet werden. Die erste Variable *var.var* ist normalerweise die im Programm deklarierte; sie beschreibt den *Anfang* des Speicherbereichs anhand der Einträge in der Variablentabelle. Die zweite Variable *var.offset* wird vom Übersetzer erzeugt, und ihr Wert wird entsprechend den übersetzten Zugriffen zur Laufzeit erhöht. Wenn also auf der linken Seite z.B. $x[3*i]$ steht, so wird $var.var = x$ sein, und der Übersetzer wird eine Variable *var.offset* sowie Code erzeugt haben, so daß *offset* den richtigen Wert hat, um auf die Komponente $3*i$ zuzugreifen. Diese Situation ist in Abb. 6.20 gezeigt. Hier sind die Speicherbereiche der Variablen *var.var* und *var.offset* grau dargestellt; die gerade durch diese beiden Variablen adressierte Komponente ist schwarz gezeichnet.

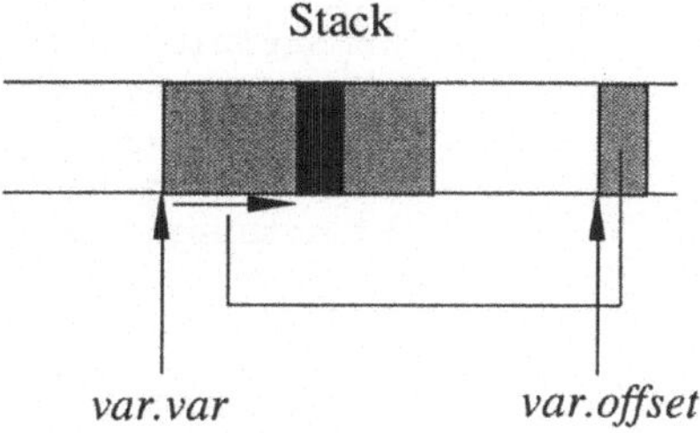

Abb. 6.20. Adressierung über die Variablen *var.var* und *var.offset*

Es gibt noch eine Variante dieser Situation, die dadurch entsteht, daß Speicherplatz auf dem Heap allokiert worden ist (Abb. 6.21).

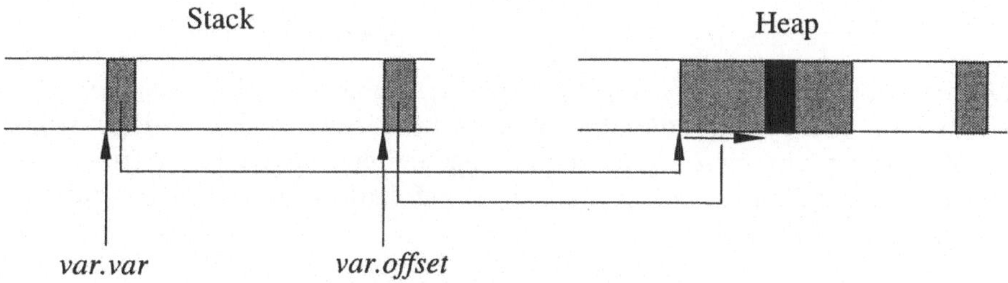

Abb. 6.21. Adressierung von Heap-Speicher mittels *var.var* und *var.offset*

Das heißt, *var.var* ist selbst eine Zeigervariable, die auf den Anfang eines Speicherbereichs im Heap zeigt, und wir haben die gerade adressierte Komponente (schwarz gezeichnet) durch bereits mindestens einmaliges Dereferenzieren erreicht. Die Strategie, durch Erhöhen des Wertes von *var.offset* auf Komponenten strukturierter Variablen zuzugreifen, gilt ebenfalls für Heap-Speicherbereiche. Wir merken uns in einem dritten Attribut *var.indirect*, ob *var.var* eine Zeigervariable ist (entsprechend Abb. 6.21).

Der Ausdruck auf der rechten Seite besitzt als Attribut *expr.var* eine temporäre Variable, in der der Wert des Ausdrucks berechnet worden ist. Die Symbole auf beiden Seiten der Zuweisung besitzen weiterhin ein Attribut *type*, das den jeweiligen Typ als Index in die Typtabelle enthält. Variablen sind ebenfalls als Indizes in die Variablentabelle dargestellt. Insgesamt gibt es also Attribute *var.var*, *var.offset*, *var.indirect* und *var.type* sowie *expr.var* und *expr.type*.

```
assignment ->    var := expr
                        {if compatible(var.type, expr.type) then
                           if width(var.type) = 1 then
                             ass := ':-'
                           else ass := ':=' end;
                           if not var.indirect then
                             if var.offset = 0 (* no variable
                               "offset" exists *) then
                               putcode(var.var ass expr.var)
                             else putcode(var.var '['
                               var.offset ']' ass expr.var)
                             end
                           else
                             if var.offset = 0 then
                               putcode('*' var.var ass
                                 expr.var)
                             else putcode('*' var.var '['
                               var.offset ']' ass expr.var)
                             end
                           end
                         else error end}
```

Die Funktion *compatible* ist für die Typüberprüfung zuständig. Funktion *width*
ermittelt aus dem Typindex die Größe 1 oder 4 der Darstellung. Bei der Übersetzung
der Zuweisung wird diese Größe beachtet und der entsprechende 3-Adreß-Befehl
erzeugt. Das Attribut *var.indirect* steuert, ob ggf. indirekte oder indirekt indizierte
Zugriffe benutzt werden.

```
expr      ->       simple  {expr.* := simple.*}
  var     |        ...
  type
```

Die Alternative *boolexpr* betrachten wir erst in Abschnitt 6.3.3.

```
simple  ->       term     {simple.* := term.*}
  var   |        simple₁ addop term
  type           {simple.type := typemap(simple₁.type,
                     addop.op, term.type);
                 if simple.type ≠ 0 then
                   simple.var := newtemp(simple.type);
                   putcode(simple.var ':='
                     simple₁.var addop.op term.var)
                 else error
                 end      }
```

Die Funktion *typemap* berechnet aus den Typen der Argumente und dem Operator
den Ergebnistyp (ebenfalls als Index in die Typtabelle) und gibt im Fehlerfall den
Wert 0 zurück.

```
term    ->       factor  {term.* := factor.*}
  var   |        term₁ mulop factor
  type           {...}
```

Diese Übersetzung ist analog zu der von *simple*.

```
factor   ->       var      {if width(var.type) = 1 then
                               ass := ':-'
   var                      else ass := ':=' end;
   type                     if not var.indirect then
                              if var.offset = 0
                                (* no "offset" var. *)
                              then factor.var := var.var
                              else factor.var :=
                                newtemp(var.type);
                                putcode(factor.var ass var.var
                                  '[' var.offset ']')
                              end
                            else factor.var := newtemp(var.type);
                              if var.offset = 0 then
                                putcode(factor.var ass '*'
                                  var.var)
                              else putcode(factor.var ass
                                '*' var.var '[' var.offset ']')
                              end
                            end;
                            factor.type := var.type}
```

Falls auf der rechten Seite eine einfache Variable steht, wird sie für *factor* übernommen. Falls dort Zugriff auf eine strukturierte Variable erfolgt, kopieren wir an dieser Stelle in eine einfache Variable (unter Beachtung der Breite).

```
        |      ( expr )          {factor.* := expr.*}
        |      ( - factor_1 )    {if type(factor_1.type) =
                                     integer or
                                     type(factor_1.type) = real
                                   then factor.* := factor_1.*;
                                     putcode(factor.var ':=' '-'
                                       factor_1.var)
                                   else error
                                   end      }
        |      functioncall      {factor.* := functioncall.*}
```

Das Symbol *functioncall* hat ebenfalls Attribute *var* und *type* (vgl. Abschnitt 6.3.4).

Es fehlt noch die Übersetzung von Zugriffen auf strukturierte Variablen:

```
var      ->       id       {v := lookup(id.name); var.var := v;
   var                      var.offset := 0; var.indirect := false;
   offset                   var.type := typeindex(v)}
   indirect
   type
```

Hierbei ist der Wert 0 für das Attribut *offset* so zu interpretieren, daß (noch) keine *offset*-Variable existiert. – Spannend wird nun die Übersetzung von Array-Zugriffen. Einerseits muß eine Variable *offset* den richtigen Wert bekommen. Darüber hinaus muß Code erzeugt werden, der *zur Laufzeit* überprüft, ob der berechnete Index innerhalb der Arraygrenzen liegt. Wenn das nicht der Fall ist, muß dann zu einer Adresse *RangeErr* gesprungen werden, die eine Fehlermeldung „range error" ausgibt.

```
|       var_1 [ intexpr ]
              {if type(var_1.type) = array then
                (* range checking *)
                y := intexpr.var;
                x := newtemp(integer);
                putcode(x ':='
                  const(nocomps(var_1.type)));
                putcode('if' y '<' '0' 'goto'
                  RangeErr);
                putcode('if' y '>=' x 'goto'
                  RangeErr);

                if var_1.offset = 0 then
                  var.offset := newtemp(integer);
                  putcode(var.offset ':=' '0')
                else var.offset := var_1.offset
                end;
                z := newtemp(integer);
                putcode(z ':='
                  const(compsize(var_1.type)) '*' y);
                putcode
                  (var.offset ':=' var.offset '+' z);
                var.var := var_1.var;
                var.indirect := var_1.indirect;
                var.type := compindex(var_1.type)
              else error
              end       }
```

Dabei sind *type(var_1.type)*, *nocomps(…)* usw. Zugriffe auf die Typtabelle. Beachten Sie, daß bei einem Array mit n Komponenten diese mit den Indizes $0, \ldots, n-1$ angesprochen werden.

Aufgabe 6.2: Übersetzen Sie den Zugriff auf Felder von Record-Variablen, also die rechte Seite

```
|       var_1 . id
```

Benutzen Sie die Funktion *lookup_field*, um den Eintrag für den Feldselektor in der Variablentabelle zu finden.   □

Es folgt die Dereferenzierung. Das bisher mit *var_1.var* und *var_1.offset* erreichte Feld (auf dem Stack oder auf dem Heap) sollte einen Zeiger auf den Heap-Bereich enthalten, der nun dereferenziert wird. Die Idee ist, eine neue temporäre Variable für *var.var* zu erzeugen und ihr diesen Zeiger auf den Heap-Bereich zuzuweisen (nun wird also *var.indirect = true* sein). Anschließend können wir mit einer neuen Variablen *var.offset* bei Bedarf weiter in den Heap-Bereich hineingreifen.

```
|          var₁ ->
                {if type(var₁.type) = pointer then
                    z := newtemp(pointer);
                    if not var₁.indirect then
                      if var₁.offset = 0
                        (* no offset var.*)
                        then putcode(z := var₁.var)
                        else putcode(z :=
                          var₁.var '[' var₁.offset ']')
                        end
                      else
                      if var₁.offset = 0
                        (* no offset var.*)
                        then putcode(z := '*' var₁.var)
                        else putcode(z :=
                          '*' var₁.var '[' var₁.offset ']')
                        end
                      end;
                      var.var := z; var.offset := 0;
                      var.indirect := true;
                      var.type := compindex(var₁.type)
                    else error
                  end        }
```

Das Symbol *intexpr* in der Regel für den Arrayzugriff dient nur der Typprüfung:

```
intexpr ->        expr     {if type(expr.type) = integer then
                                intexpr.* := expr.*
                                else error end}
```

6.3.3   Kontrollstrukturen und boolesche Ausdrücke

Wir vervollständigen zunächst die Grammatik, wobei die Produktionen für *stmt* ja schon in Abschnitt 6.3.2 eingeführt wurden:

```
stmt      ->        assignment
          |         cond
          |         loop
          |         proccall
          |         return
          |         block

block     ->        begin stmts end

stmts     ->        stmt
          |         stmts ; stmt

cond      ->        if boolexpr then stmt else stmt end
          |         if boolexpr then stmt end

loop      ->        while boolexpr do stmt end
```

Prozeduraufrufe und *return*-Anweisungen sind Thema des Abschnitts 6.3.4. Natürlich gibt es weitere interessante Kontrollstrukturen wie *for*-Schleifen, *case*-Anweisungen usw., auf deren Realisierung wir hier verzichten. Auch Sprünge lassen wir weg. Zur Übersetzung von Kontrollstrukturen sind grundsätzlich nur einige Sprunganweisungen zu generieren. Für *while*-Schleifen und bedingte Anweisungen ist die Struktur des zu erzeugenden Codes in Abb. 6.22 gezeigt.

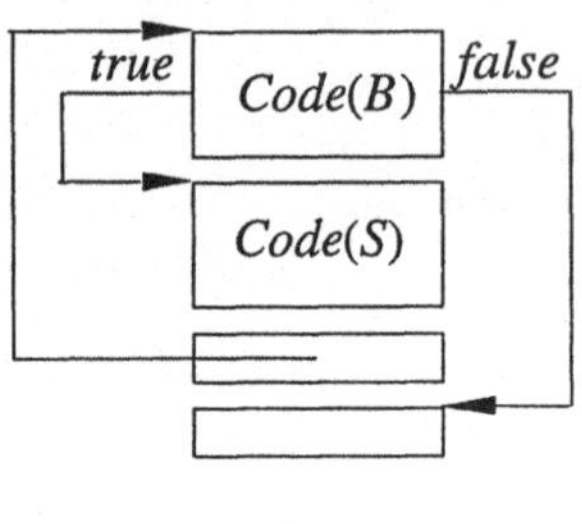

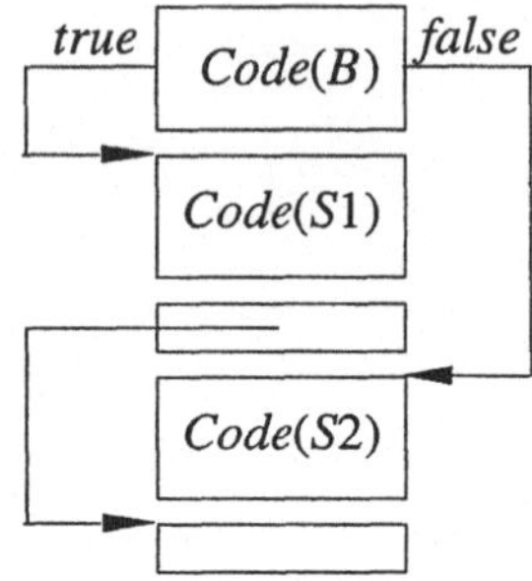

while *B* **do** *S* **end**

if *B* **then** *S*1 **else** *S*2 **end**

Abb. 6.22. Code-Anordnung für Kontrollstrukturen

In dieser Darstellung zeigt jeweils das letzte, leere Rechteck die Folgeanweisung. Streng genommen ist der Sprung aus *Code*(*B*) bei Auswertung zu *true* nicht nötig. Es ist aber für die Übersetzung ganz praktisch, ihn vorzusehen. In der anschließenden Optimierungsphase können solche überflüssigen Sprünge sicherlich entfernt werden.

Die Auswertung boolescher Ausdrücke hat im Kontext von Kontrollstrukturen also das Ziel, einen von zwei Sprüngen auszuführen. Dabei ist es wichtig, zu beobachten, daß boolesche Ausdrücke oft nicht vollständig ausgewertet werden müssen, da das Ergebnis nach partieller Auswertung bereits feststeht. Zum Beispiel kann die Auswertung des Ausdrucks

```
A and (B or C or (x < 5))
```

sofort abgebrochen werden, wenn *A* den Wert *false* hat.

Die folgende Technik zur Übersetzung boolescher Ausdrücke, auch *Kurzschließen boolescher Ausdrücke* genannt, nutzt diese Beobachtungen aus. Die Idee ist, an das Symbol *boolexpr* in zwei Attributen *true* und *false* die Sprungmarken zu vererben, an die bei Auswertung zu *true* bzw *false* gesprungen werden soll. Die Übersetzungsschemata für *and*, *or* und *not* vererben diese oder neu generierte Sprungmarken weiter an die jeweiligen Teilausdrücke. Abb. 6.23 illustriert die Übersetzungsstrategie.

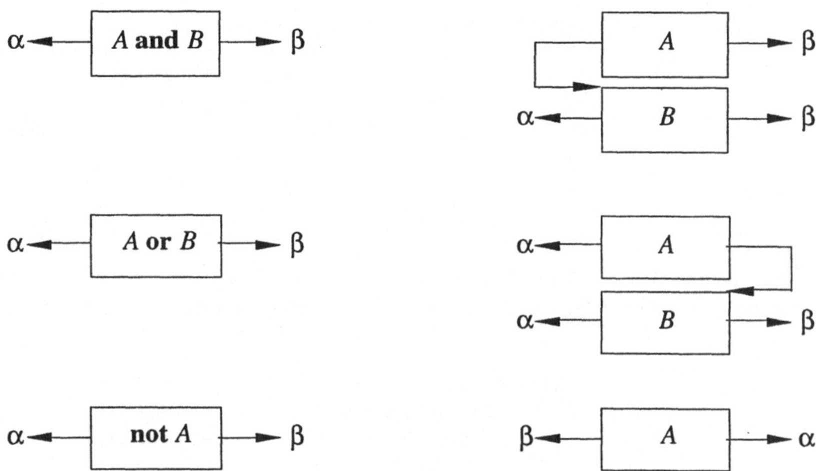

Abb. 6.23. Übersetzung boolescher Ausdrücke mit Vererbung von Sprungzielen

Hier steht jeweils ein Kästchen für den Code eines Teilausdrucks, α und β sind die bei Auswertung zu *true* bzw. zu *false* anzuspringenden Marken. Für jedes Kästchen zeigt der linke Pfeil, wohin bei Auswertung zu *true*, der rechte, wohin bei Auswertung zu *false* gesprungen wird. Damit ergeben sich folgende Übersetzungsschemata für boolesche Ausdrücke:

```
boolexpr ->                 {boolterm.* := boolexpr.*}
   true           boolterm
   false
          |                 {boolexpr1.true := boolexpr.true;
                             boolexpr1.false := newlabel()}
                  boolexpr1
                             {putcode(boolexpr1.false ':' noop);
                             boolterm.* := boolexpr.*}
                  or boolterm

boolterm ->       boolfactor
   true |         boolterm1 and boolfactor
   false
```

Dieses Übersetzungsschema geht völlig analog zu dem für *boolexpr*.

```
boolfactor ->               {boolfactor1.true := boolfactor.false;
   true                     boolfactor1.false := boolfactor.true}
   false          not boolfactor1
          |       simple  {if type(simple.type) = boolean then
                             putcode('if' simple.var '=' '0'
                             'goto' boolfactor.false);
                             putcode('goto' boolfactor.true)
                          else error end}
```

```
    |           simple₁ cop simple₂
                        {if typemap(simple₁.type, cop.op,
                           simple₂.type) = boolean
                         then putcode('if' simple₁.var cop.op
                           simple₂.var 'goto'
                           boolfactor.true);
                           putcode('goto' boolfactor.false)
                         else error
                         end    }
```

Die Übersetzung von Kontrollstrukturen muß die Attribute *true* und *false* geeignet initialisieren. Das Übersetzungsschema für die *while*-Schleife ist dann (vgl. Abb. 6.22):

```
    loop      ->      while   {start := newlabel();
                              boolexpr.true := newlabel();
                              boolexpr.false := newlabel();
                              putcode(start ':' noop);}
                      boolexpr
                      do      {putcode(boolexpr.true ':' noop)}
                      stmt
                      end     {putcode('goto' start);
                              putcode(boolexpr.false ':' noop)}
```

Aufgabe 6.3: Geben Sie das Übersetzungsschema an für eine der Alternativen von

```
    cond      ->      if boolexpr then stmt else stmt end
    |                 if boolexpr then stmt end                    □
```

Schließlich müssen wir die Übersetzung boolescher Ausdrücke noch einbauen in die Auswertung beliebiger Ausdrücke. Man kann ja auch den Wert eines booleschen Ausdrucks einer booleschen Variablen zuweisen.

```
    expr      ->      simple  {expr.* := simple.*}
              |               {boolexpr.true := newlabel();
                              boolexpr.false := newlabel()}
                      boolexpr
                              {expr.var := newtemp(boolean);
                              expr.type := boolean;
                              after := newlabel();
                              putcode(boolexpr.true ':'
                                expr.var ':-' '1');
                              putcode('goto' after);
                              putcode(boolexpr.false ':'
                                expr.var :- '0');
                              putcode(after ':' noop)}
```

Boolesche Werte werden in einem Byte dargestellt, *true* durch 1, *false* durch 0.

6.3.4   Prozedur- und Funktionsaufrufe

Die Grammatik dazu ist recht einfach:

```
functioncall -> id ( args )

args     ->        arg argrest

argrest ->        , arg argrest
         |

arg      ->        expr

proccall ->        id ( args )

return   ->        return
         |         return expr
```

Zur Beschreibung von Argumentlisten haben wir diesmal rechtsrekursive Regeln gewählt (im Gegensatz z.B. zur Beschreibung von Parameterlisten oben). Der Grund dafür wird sofort klar werden.

Prozedur- und Funktionsaufrufe sehen völlig gleich aus; sie lassen sich daran unterscheiden, ob sie im Kontext von Anweisungen oder von Ausdrücken auftreten. Auch die Übersetzung ist weitgehend die gleiche. Wir betrachten im folgenden nur die Übersetzung von Funktionsaufrufen.

Die Übersetzung von $p(e_1, \ldots, e_n)$ muß für die Auswertung jedes Argumentausdrucks Code generieren und danach jeweils einen *refparam-* oder *valparam*-Befehl erzeugen. Dann ist ein *call p* -Befehl zu erzeugen und schließlich (nur für Funktionen) ein *getresult*-Befehl. Dabei sind zwei Probleme zu lösen:

Erstens muß für jeden Argumentausdruck nachgesehen werden, ob ein *refparam-* oder ein *valparam*-Befehl zu erzeugen ist. Dazu haben wir bei der Übersetzung der Deklaration die Einträge $p\#1$, $p\#2$ usw. in die Namenstabelle vorgenommen. Technisch bedeutet das, daß an jedes *arg*-Symbol der Name der Prozedur sowie die Position in der Argumentliste übergeben werden muß. Wir haben die rechtsrekursive Form der Regeln gewählt, da damit die Numerierung sehr leicht durch Vererbung erreicht werden kann (Abb. 6.24). Die aktuelle Position muß nur beim Übergang zum rechten Sohn um 1 erhöht werden.

Das zweite Problem besteht darin, daß in den Argumentausdrücken wiederum Funktionsaufrufe enthalten sein könnten, die ihrerseits *param*-Befehle generieren würden. Wenn wir die Argumentausdrücke sequentiell übersetzen, würden aber dann *param*-Befehle für p mit denen für solche Funktionen durcheinandergeraten. Zum Beispiel würde für einen Aufruf $p(a, f(x))$ eine Folge

```
valparam a
valparam x
call f
getresult y
call p
```

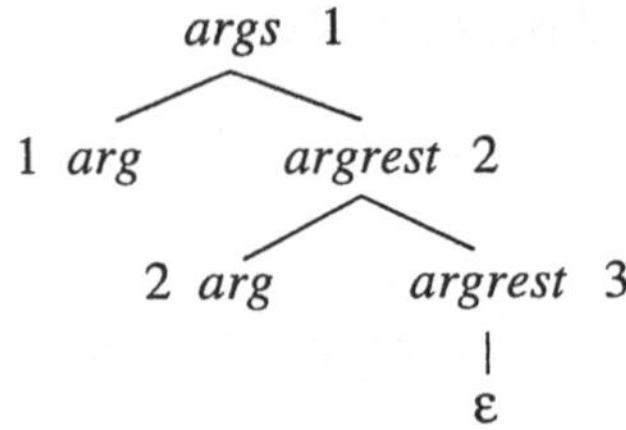

Abb. 6.24. Numerierung von Funktionsargumenten mit Vererbung mittels rechtsrekursiver Regeln

erzeugt werden. Dabei würde a in den Prozedurrahmen für f kopiert werden, da f zuerst aufgerufen wird.

Um dies zu vermeiden, müssen wir dafür sorgen, daß die *param*-Befehle für p erst *nach* der Auswertung aller Argumentausdrücke von p erzeugt bzw. in den Befehlsspeicher geschrieben werden. Dazu benutzen wir einen *temporären Befehlsspeicher*, den wir als ein Attribut *commandlist* verwalten. Zum Bearbeiten einer solchen Liste von Befehlen gebe es folgende Operationen:

newcommandlist(). Liefert eine leere Liste.

appendcode(*commandlist*, *command*). Hängt einen 3-Adreß-Befehl an die Liste an. Das Argument *command* wird genauso spezifiziert wie in *putcode*-Befehlen.

flush(*commandlist*). Schreibe alle in der *commandlist* gesammelten Befehle in den Befehlsspeicher und lösche die Liste.

Damit können wir die Übersetzungsschemata angeben. Argumente haben also drei Attribute, nämlich den Prozedurnamen, die Nummer des Arguments und eine Befehlsliste:

```
args      ->            {arg.* := args.*; argrest.* := args.*;
  procname              argrest.no := argrest.no + 1}
  no              arg argrest
  commandlist

argrest ->              {arg.* := argrest.*;
  procname              argrest₁.* := argrest.*;
  no                    argrest₁.no := argrest₁.no + 1}
  commandlist    , arg argrest₁
       |
```

```
arg      ->     expr      {v := lookup(arg.procname'#'arg.no);
  procname                 if compatible(typeindex(v), expr.type)
  no                       then
  commandlist                 if type(v) = refparam then
                                 appendcode(arg.commandlist,
                                    'refparam' expr.var)
                              else appendcode(arg.commandlist,
                                 'valparam' expr.var)
                              end
                           else error
                           end        }

functioncall -> id        {args.procname := id.name;
  var                      args.no := 1;
  type                     args.commandlist := newcommandlist()}
                 ( args )
                           {p := lookup(id.name);
                           functioncall.var :=
                             newtemp(typeindex(p));
                           functioncall.type := typeindex(p);
                           flush(args.commandlist);
                           putcode('call' p);
                           putcode('getresult' functioncall.var)}
```

Das Attribut *commandlist* enthält dabei jeweils einen Zeiger auf eine Befehlsliste, so
daß die Übersetzungsschemata tatsächlich alle die gleiche Liste bearbeiten.

Das Übersetzungsschema für *proccall* geht analog, das für *return* kann man sich
leicht selbst überlegen.

Damit haben wir die Übersetzung aller wesentlichen Konzepte imperativer Programmiersprachen präzise beschrieben.

6.4   Aufgaben

Aufgabe 6.4: Die Aufgabe der Heap-Verwaltung besteht darin, explizite, variable
Speicheranforderungen des Programms zur Laufzeit zu erfüllen (*allocate*) und bei
expliziten Speicherfreigaben den Speicherplatz wieder zur Verfügung zu stellen
(*deallocate*). Diese beiden Operationen können benutzt werden, um die 3-Adreß-
Code-Befehle *alloc* und *dealloc* zu realisieren.

Wir gehen hier von einem Freispeicher

var *heap_space* : **array**[1..*max_num*] **of** *word*

aus. Geben Sie in Pascal-ähnlicher Notation Prozeduren für die Operationen

allocate(**var** *p* : *pointer*; *size* : *integer*) und
deallocate(**var** *p* : *pointer*; *size* : *integer*)

an. Geeignete Listenoperationen können Sie dabei als bekannt voraussetzen. Die Speicherplatzvergabe soll nach der *first-fit*-Strategie erfolgen. Der Parameter *size* gebe die benötigte bzw. zu löschende Anzahl von Speicherworten für einen angeforderten bzw. freizugebenden Speicherplatzbereich mit Anfangsadresse p an.

Aufgabe 6.5: Erweitern Sie die in Abschnitt 6.3 vorgestellte Grammatik um eine **for**-Schleife. Erweitern Sie dazu zunächst die `loop`-Produktion. Geben Sie dann ein geeignetes Übersetzungsschema an. Beachten Sie, daß in „**for** $i := a$ **to** b **do**" i eine Integer-Variable ist, a und b aber auch Ausdrücke sein können, die als Ergebnis einen Integer-Wert liefern.

Aufgabe 6.6: Im Text waren Zuweisungen nur auf Operanden der Breite ein bzw. vier Bytes definiert worden. Wir wollen das Übersetzungsschema so erweitern, daß auch direkte Zuweisungen ganzer Arrays oder Records möglich sind.

(a) Wir benötigen zunächst eine Funktion *getsize(typeindex)*, die zu einem Typindex dessen Breite liefert. Geben Sie für die Funktion *getsize* einen Algorithmus an.

(b) Ändern Sie die Übersetzungsschemata aus der Kurseinheit so, daß direkte Zuweisungen von Arrays und Records möglich werden. Verwenden Sie hierzu die in Teilaufgabe (a) definierte Funktion.

   (Hinweise: Führen Sie keine neuen Attribute ein! Gehen Sie davon aus, daß – abweichend vom Text – mit der Prozedur *newtemp* temporäre Variablen beliebiger Breite erzeugt werden können. Beachten Sie, daß die Funktionalität der Operatoren nicht geändert worden ist. So ist beispielsweise auch weiterhin die Anwendung des Additionsoperators auf zwei Arrays, z.B. im Sinne von Konkatenation, nicht möglich.)

6.5   Literaturhinweise

Gute Darstellungen der in diesem Kapitel behandelten Themen finden sich z.B. in den Büchern von Aho, Sethi und Ullman (1986), Wilhelm und Maurer (1997) oder Alblas und Nymeyer (1996).

Speicherplatzverwaltung auf einem Stack wurde im Zusammenhang mit Programmiersprachen erfunden, die Rekursion erlauben, wie etwa Lisp oder Algol 60. Das Buch von Randell und Russell (1964) beschreibt bereits detailliert die Verwaltung von Prozedurrahmen auf einem Stack, einschließlich des Display-Mechanismus, im Kontext der Implementierung von Algol 60. Diese Techniken wurden für die Implementierung von Algol 68 angepaßt (Hill 1976). Der Display-Mechanismus selbst stammt von Dijkstra (1960, 1963).

Die Idee der Verwendung von Zwischensprachen kam sehr früh auf, schon in den 50er Jahren. Man beobachtete damals, daß man für die Implementierung von m Programmiersprachen auf n verschiedenen Maschinen $m \cdot n$ Compiler benötigt, was sich bei Verwendung einer einheitlichen Zwischensprache auf $m+n$ reduzieren ließe. Daraus resultierte die Suche nach einer „universellen" Zwischensprache, der sog. UNCOL (*Universal Communication Oriented Language*), vorgeschlagen im Bericht eines Komittees (Strong et al. 1958). Ein konkreter Vorschlag für eine solche Sprache stammt von Steel (1961). Obwohl Zwischensprachen in vielen Übersetzern benutzt werden, hat sich die Idee einer einzigen universellen Sprache nicht durchgesetzt, wohl deshalb, weil doch immer wieder Anpassungen an spezielle Maschinenarchitekturen und Eigenschaften der Quellsprache nötig sind, wenn man nicht zuviel an Effizienz verlieren will.

Ein bekanntes Beispiel für die Verwendung einer stack-orientierten Zwischensprache ist die Übersetzung von PASCAL in sog. P-Code, der auf einer abstrakten Maschine, der P-Maschine, interpretiert wird (Nori et al. 1981, Pemberton und Daniels 1982). Eine portable C-Implementierung wird in (Johnson 1979) beschrieben. Portable Übersetzer, d.h. die Auswechselbarkeit von Frontend oder Backend, werden auch in (Johnson 1978) und (Tanenbaum et al. 1983) diskutiert.

Ein neueres bekanntes Beispiel für Übersetzung in eine Zwischensprache ist Java (Gosling, Joy und Steele 1996). Hier wird in Java-Bytecode übersetzt, der effizient über das Internet übertragen werden kann und am Ziel von der „Java Virtual Machine" (Lindholm und Yellin 1996) durch Interpretation ausgeführt werden kann. Anstelle der Interpretation ist auf dem Zielrechner auch eine „just-in-time"-Übersetzung möglich.

Kapitel 7

Übersetzung funktionaler Programmiersprachen

In diesem Buch wurden bisher als Beispiele vornehmlich Elemente aus imperativen Programmiersprachen betrachtet. Ein Programm in einer solchen Sprache besteht im wesentlichen aus einer Folge von Anweisungen, die zur Laufzeit Zustandstransformationen bewirken. Von Ein-/Ausgaben einmal abgesehen, ist dann das Ergebnis eines solchen Programms üblicherweise ein Teil des resultierenden Zustandes.

Dies ist in funktionalen Programmiersprachen völlig anders: Dort existieren nämlich Anweisungen überhaupt nicht, sondern lediglich Ausdrücke, und ein funktionales Programm ist eigentlich nichts anderes als ein Ausdruck (der mitunter allerdings sehr komplex werden kann). Zur Laufzeit werden entsprechend auch keine Zustände verändert, und das Ergebnis eines funktionalen Programms ist ganz einfach dessen Wert. Man muß in funktionalen Sprachen natürlich auch in irgendeiner Form Kontrollstrukturen realisieren. Dies geschieht einerseits über *Rekursion* und andererseits durch *Funktionen höherer Ordnung*; das sind Funktionen, die als Argumente und/ oder als Ergebnis selbst wieder Funktionen haben. Man sagt manchmal auch, Funktionen besitzen „volle Bürgerrechte", um zu unterstreichen, daß sie genauso wie alle anderen Werte verwendet werden können und nicht einen eingeschränkten Status besitzen wie in vielen imperativen Sprachen. Es ist gerade diese Allgemeinheit von Funktionen, die besondere Techniken bei der Implementierung funktionaler Sprachen erfordert.

Ein weiteres Charakteristikum moderner funktionaler Sprachen ist der hohe Stellenwert der Typisierung. So besitzt einerseits jeder Wert einen eindeutig bestimmten Typ – diese Eigenschaft nennt man *strenge Typisierung* –, andererseits läßt sich der Typ eines jeden Ausdrucks vor dessen Auswertung allein durch Betrachten seiner syntaktischen Struktur bestimmen – diesen Vorgang nennt man *statische Typprüfung*. Ein wesentliches Merkmal von Typsystemen funktionaler Sprachen ist die Existenz *polymorpher Typen*. Das bedeutet, daß eine Funktion nicht nur für einen bestimmten Wertebereich definiert werden kann, sondern auch für eine ganze Klasse von Typen. Damit verringert sich der Programmieraufwand, und es erhöht sich die Wiederverwendbarkeit von Software: Viele Funktionen (z.B. zum Sortieren) werden nur einmal definiert und können dann für Werte beliebigen Typs eingesetzt werden.

Zunächst geben wir in Abschnitt 7.1 eine kurze Einführung in Teile von ML, einer neueren funktionalen Sprache. In Abschnitt 7.2 beschreiben wir ein polymorphes Typsystem, und wir zeigen, wie man automatisch Typen für beliebige Ausdrücke herleiten kann. Die Typinferenz fällt in die Phase der semantischen Analyse. Im weiteren können wir dann von korrekt typisierten Programmen ausgehen. In Abschnitt 7.3 stellen wir einen Interpreter für ML vor, und in Abschnitt 7.4 zeigen wir dann die Übersetzung in eine abstrakte Stack-Maschine, die SECD-Maschine.

Die Beschreibung funktionaler Programmierung und der betrachteten Sprache ML, wie auch die Darstellung der Übersetzung, ist durch den Rahmen eines einzigen Kapitels sehr eng begrenzt und muß somit zwangsläufig eine Reihe interessanter Details ausklammern. So verzichten wir hier auf die Erläuterung der für das Programmieren äußerst wichtigen Datentypkonstruktoren und dem damit verbundenen pattern matching. Auf weiterführende Literatur zu funktionalen Programmiersprachen und deren Übersetzung gehen wir am Ende diese Kapitels ein.

7.1   ML

Ausdrücke, Werte und Funktionen

Ein *funktionales Programm* ist, wie schon erwähnt, im Grunde nichts anderes als ein mehr oder weniger komplexer Ausdruck. *Ausdrücke* werden durch Anwendung von Funktionssymbolen auf Ausdrücke und Werte gebildet. Dies können beispielsweise einfache arithmetische Ausdrücke sein wie:

    3*(4+1)

oder aber auch Ausdrücke, die kompliziertere Berechnungen und Strukturen beschreiben, z.B.

    map size ["Eine", "Liste", "von", "strings"]

Hier ist *map* eine Funktion (höherer Ordnung), die die Funktion *size* zur Berechnung der Länge eines string-Wertes auf alle Elemente einer Liste anwendet.

Ausdrücke bezeichnen Werte, und diese werden durch die Implementierung einer funktionalen Sprache berechnet. *Werte* sind somit Ausdrücke, die nicht weiter ausgewertet werden können. Die Ergebnisse der obigen Ausdrücke sind der integer-Wert 15 bzw. der Listenwert [4, 5, 3, 7].

Funktionen sind nun ebenfalls Werte, genauso wie integers, strings oder Listen. Zunächst gibt es natürlich vordefinierte Funktionen wie z.B. * oder *size*, darüber hinaus kann man aber auch Ausdrücke formulieren, die Funktionen bezeichnen. In ML lautet die Syntax für einen Funktionsausdruck:

    fn *param* $\Rightarrow$ *exp*

Diese Form nennt man auch *funktionale Abstraktion.* Dabei steht *param* für den (oder die) Parameter der Funktion, und *exp* ist der definierende Ausdruck. Beispielsweise lauten die Definitionen für Nachfolgerfunktion und Maximum auf den ganzen Zahlen:

> **fn** $x \Rightarrow x{+}1$
> **fn** $(x, y) \Rightarrow$ **if** $x{>}y$ **then** x **else** y

Die Applikation von Funktionen erfolgt in der Regel durch Präfix-Notation, den Nachfolger von 7 kann man also durch den Ausdruck

> $(\textbf{fn }\, x \Rightarrow x{+}1)\ (4{+}3)$

berechnen.[1] Wie die Auswertung dieses Ausdrucks genau erfolgt, werden wir noch sehen. Vereinfacht kann man sich vorstellen, daß der definierende Ausdruck ausgewertet wird, nachdem alle Vorkommen des Parameters durch den Wert des Arguments ersetzt worden sind. Das heißt, Argumente werden ausgewertet, bevor sie an Parameter gebunden werden. Diese Art der Parameterübergabe nennt man *call-by-value*.

Die obige Notation wird sicherlich sehr bald lästig werden. Man möchte natürlich eine häufig benötigte Funktion nur einmal, an einer Stelle, definieren und dann unter Verwendung eines geeigneten Namens an vielen anderen Stellen benutzen. Dies werden wir im Anschluß betrachten. Es bleibt noch zu erwähnen, daß man die gezeigten Funktionsausdrücke mangels Namensgebung auch *anonyme Funktionen* nennt.

Variablen, Bindungen und Umgebungen

Ein jeder Wert kann benannt werden, um über seinen Namen in anderen Ausdrücken verwandt zu werden. Dies wird durch die Form

> **let val** *var* = *exp'* **in** *exp* **end**

ermöglicht. Das Ergebnis ergibt sich durch die Auswertung von *exp*, wobei darin zuvor alle Vorkommen von *var* durch den Wert von *exp'* ersetzt werden. Wir können also beispielsweise Funktionen oder auch Konstanten definieren:

> **let** **val** $suc = \textbf{fn }\, x \Rightarrow x{+}1$ **let** **val** $c = 4$
> **in**   **in**
> $suc\ (suc\ 7)$ $c{*}c{+}c$
> **end**   **end**

Zur besseren Lesbarkeit kann man Funktionsdefinitionen **val** *var* = **fn** *arg* $\Rightarrow$ *exp* auch kurz als **fun** *var arg* = *exp* notieren. Das heißt, wir können den linken Ausdruck wie folgt umschreiben:

---

[1]   Die Applikation hat die syntaktisch stärkste Bindungskraft und ist linksassoziativ, d.h., ein Ausdruck $f\, g\ x{+}y$ wird implizit als $((f\, g)\ x){+}y$ geklammert.

```
let   fun suc x = x+1
in
      suc (suc 7)
end
```

Wir wollen nun die Semantik eines **let**-Ausdrucks präzise erklären. Dazu benötigen wir die beiden Konzepte *Bindung* und *Umgebung*. Eine Bindung ist ein Paar (Variable, Wert), und eine Umgebung ist eine Liste von Bindungen. Nun werden Ausdrücke stets in einer Umgebung ausgewertet, wobei Variablen durch die für sie in der Umgebung gespeicherten Werte ersetzt werden. Dabei werden Umgebungslisten von vorne nach hinten durchsucht. Damit wird ein Ausdruck

> **let val** *var* = *exp'* **in** *exp* **end**

in einer Umgebung U nun wie folgt ausgewertet (wir notieren mit $x{\cdot}L$ das Anfügen eines Elementes x vorne an eine Liste L):

1. Der Ausdruck *exp'* wird in U zu einem Wert v ausgewertet.
2. Der Ausdruck *exp* wird in der Umgebung $(var, v){\cdot}U$ ausgewertet.

Betrachten wir als Beispiel die Berechnung des Ausdrucks

```
let   val x = 3
in
      (let val x = x*x in x+x end) – x
end
```

in der leeren Umgebung. Zunächst wird also 3 ausgewertet. Das Ergebnis ist offensichtlich 3. Danach ist dann in der Umgebung $U_1 = [(x, 3)]$ die Differenz (**let val** $x = x{*}x$ **in** $x{+}x$ **end**) $- x$ auszuwerten. Dazu ermitteln wir zunächst den linken Teilausdruck. Also berechnen wir $x{*}x$ in der Umgebung U_1 (was aufgrund der Bindung des Wertes 3 an x zum Ergebnis 9 führt) und müssen dann $x{+}x$ in der Umgebung $U_2 = (x, 9){\cdot}U_1 = [(x, 9), (x, 3)]$ auswerten, das Ergebnis ist also 18. Nun benötigen wir den Wert des rechten Teilausdrucks. Dazu müssen wir x in der Umgebung U_1 suchen (und nicht in U_2, denn U_2 galt ja nur für den Ausdruck $x{+}x$). Mit dem Wert 3 ergibt sich also das Endergebnis 15.

Man sieht an diesem Beispiel, wie innere (spätere) Definitionen vorhergehende verdecken. Dies wird dadurch erreicht, daß sowohl das Suchen nach Variablen als auch das Anfügen neuer Definitionen am Anfang der Umgebung erfolgt. Man beachte jedoch, daß Variablendefinitionen niemals im Sinne imperativer Sprachen „überschrieben" werden, so ist z.B. nach der Berechnung des inneren **let**-Ausdrucks die erste Definition für x wieder sichtbar.

Das vorangegangene Beispiel zeigt auch, wie man mehr als nur eine Definition in einem Ausdruck bewirken kann: Da die beschriebene **let**-Form selbst ein Ausdruck ist, kann man durch die nachfolgend gezeigte Schachtelung die Verwendung einer Reihe von Definitionen in einem Ausdruck erreichen (rechts ist eine abkürzende, äquivalente Notation gezeigt). Damit kann man sich ein funktionales Programm vereinfacht als **let**-Ausdruck vorstellen: Mit den einzelnen Variablendefinitionen werden Funktionen und Konstanten definiert, und *exp* übernimmt die Rolle eines „Hauptprogramms", wie man es aus imperativen Sprachen kennt.

<table>
<tr><td>

```
let   val var₁ = exp₁ in
let   val var₂ = exp₂ in
      ...
let   val varₙ = expₙ
in
      exp
end  ... end end
```

</td><td>

```
let   val var₁ = exp₁
      val var₂ = exp₂
      ...
      val varₙ = expₙ
in
      exp
end
```

</td></tr>
</table>

Mit der Semantik für **let**-Ausdrücke läßt sich auch die Bedeutung von Funktionsapplikationen genau erklären. Ein Ausdruck

$$(\textbf{fn } var \Rightarrow exp)\ exp\text{'}$$

ist nämlich vollkommen äquivalent zum Ausdruck

let val $var = exp\text{'}$ **in** exp **end**

Das bedeutet, daß eine Bindung des Parameters an das Argument in die aktuelle Umgebung eingefügt wird und darin dann der definierende Ausdruck ausgewertet wird. (Die Erweiterung auf mehrere Parameter kann man sich leicht vorstellen. Man beachte jedoch, daß sämtliche Parameter einer Funktion paarweise verschieden sein müssen.)

Wir müssen an dieser Stelle noch auf ein Phänomen eingehen, daß den Wert freier[2] Variablen in Funktionen betrifft. Als Beispiel betrachten wir folgenden Ausdruck:

```
let   val x = 1
      fun plusx y = x+y
      val x = 2
in
      plusx 3
end
```

Wie lautet nun das Ergebnis? Entscheidend ist, ob sich das freie x in der Funktionsdefinition für *plusx* auf die erste oder die zweite Definition von x bezieht. Die erste Definition ist zum Zeitpunkt der Funktionsdefinition gültig, die zweite Definition ist gültig, wenn die Funktion appliziert wird. In der Tat sind beide Möglichkeiten denkbar, bewährt hat sich allerdings die erste Variante, die auch in fast allen funktionalen Sprachen (bis auf einige LISP-Dialekte) Anwendung findet: Der Wert einer freien Variablen in einer Funktion ist der zum Zeitpunkt der Funktionsdefinition gültige.

---

[2] Eine Variable ist in einem Ausdruck *frei*, wenn sie nicht durch eine Abstraktion gebunden ist. Zum Beispiel ist x im Ausdruck **fn** $x \Rightarrow x+y$ gebunden, während y frei ist. Im Ausdruck (**fn** $x \Rightarrow x$) x tritt x sowohl gebunden als auch frei auf. Wir verzichten an dieser Stelle auf eine formale Definition, s. auch Abschnitt 7.2.2.

Dies nennt man auch *statisches Binden* (*static binding*). Das Ergebnis des obigen Ausdrucks ist demnach 4.

Nun müssen wir dieses Verhalten noch mit der obigen Semantikdefinition in Einklang bringen. Danach würde zunächst die Bindung $(x, 1)$ in der Umgebung gespeichert, dann müßte eine Bindung für die Funktionsdefinition erzeugt werden (*plusx, f*). (*f* bezeichne hier den Funktionswert, dessen genaue Struktur wir noch bestimmen.) Schließlich wird darüber eine erneute Bindung für x, nämlich $(x, 2)$, gelegt. In dieser Umgebung $U = [(x, 2), (plusx, f), (x, 1)]$ wird dann der Ausdruck *plusx* 3 ausgewertet. Dazu wird der Wert von *plusx*, d.h. *f*, ermittelt und auf 3 appliziert. Wie genau muß *f* nun beschaffen sein? Einerseits muß darin sicherlich die Definition der Funktion, **fn** $y \Rightarrow x+y$, enthalten sein. Wenn wir diese aber auf 3 applizieren und den Ausdruck in U auswerten, so wird fälschlicherweise der Wert 2 für x verwandt. Daher muß man sich in *f* zusätzlich noch die zum Zeitpunkt der Definition gerade gültigen Werte der freien Variablen merken. Dies kann man ganz einfach dadurch erreichen, daß man die gesamte gerade aktuelle Umgebung zusammen mit der Funktionsdefinition in *f* ablegt. Das heißt, in unserem Beispiel ist *f* = (**fn** $y \Rightarrow x+y$, $[(x, 1)]$). Die Auswertung der Applikation erfolgt dann in der mit der Funktion gespeicherten Umgebung, d.h., der definierende Ausdruck wird in der um die Bindung für den (oder die) Parameter erweiterten gespeicherten Umgebung ausgewertet. Im Beispiel also wird $x+y$ in der Umgebung $[(y, 3), (x, 1)]$ ausgewertet und liefert so den korrekten Wert 4. Ein Paar bestehend aus Funktionsdefinition und Umgebung nennt man *Funktionsabschluß* (*closure*). Closures erfüllen eine ganz ähnliche Aufgabe wie die Displays aus Abschnitt 6.1.2.

Wir sind bisher noch nicht auf rekursive Funktionsdefinitionen eingegangen. Die genaue Auswertung rekursiv definierter Funktionen und insbesondere die dabei notwendige Behandlung der Umgebung werden wir in Abschnitt 7.3 untersuchen. An dieser Stelle sei nur erwähnt, daß rekursive Funktionsdefinitionen natürlich möglich sind. Die Fakultätsfunktion wird z.B. definiert durch

> **fun** *fak* $x =$ **if** $x<3$ **then** x **else** $x * fak$ $(x-1)$

Dies ist wiederum eine abkürzende Notation für die rekursive Definition

> **val rec** *fak* = **fn** $x \Rightarrow$ **if** $x<3$ **then** x **else** $x * fak$ $(x-1)$

Man beachte hier das Schlüsselwort **rec**, das die Verwendung des zu definierenden Bezeichners (*fak*) innerhalb seiner eigenen Definition ermöglicht.

Funktionen höherer Ordnung

Die Möglichkeit, daß Funktionen Parameter und auch Ergebnis von Funktionen sein können, ermöglicht es, mit einem relativ kleinen Satz von Funktionen eine Vielzahl verschiedener Programmieraufgaben zu erledigen. Wenn man beispielsweise immer wieder Elemente aus Listen selektieren muß, so genügt dazu eine einzige Funktion, die u.a. als Parameter das Selektionskriterium, eine boolesche Funktion, hat. Weitere Beispiele sind die eingangs gezeigte Funktion *map* und das ebenfalls erwähnte generische Sortieren. Viele Funktionen höherer Ordnung (wie auch die soeben genannten Beispiele) operieren auf Datentypen wie Listen, Bäumen usw. Da wir Datentypen hier nicht besprochen haben, müssen wir uns auf die Darstellung einiger weniger elementarer Funktionen höherer Ordnung beschränken.

Die Funktion *twice* nimmt als Argument eine unäre Funktion und appliziert diese zweimal auf einen Wert:

> **fun** *twice* $(f, x) = f(f x)$

Der Ausdruck *twice* (*suc*, 3) ergibt somit 5. In der dargestellten Form nimmt *twice* eine Funktion und einen Wert als Argument, das Ergebnis ist ein Wert. Insbesondere zur einfacheren Definition neuer Funktionen ist es hilfreich, wenn Funktionen wie *twice* selbst auch Funktionen als Ergebnis haben. Mit der alternativen Definition

> **fun** *twice* $f =$ **fn** $x \Rightarrow f(f x)$

ist *twice* nun eine Funktion, die lediglich eine Funktion als Parameter hat und eine Funktion als Ergebnis liefert, d.h., eine Applikation von *twice* erfolgt auf eine Funktion (und keinen zusätzlichen Wert), z.B. *twice suc*, und das Ergebnis einer solchen Applikation ist selbst wieder eine Funktion, die dann auf einen Wert angewandt werden kann, also z.B. *twice suc* 3.[3]

Damit kann man dann sehr einfach neue Funktionen definieren:

> **val** *plus2* = *twice suc*
> **val** *fourtimes* = *twice twice*

Wir hatten die Form **fun** $f x = e$ als Abkürzung für **val** $f =$ **fn** $x \Rightarrow e$ eingeführt. Diese Notation gilt auch für geschachtelte Abstraktionen, so daß man die zweite Definition von *twice* auch wie folgt notieren kann:

> **fun** *twice* $f x = f(f x)$

Diese Form der Definition bezeichnet man nach dem Logiker Haskell B. Curry auch als *currying*.[4] Funktionsdefinitionen mittels currying sind immer dann besonders nützlich, wenn man – wie im Falle von *twice* – durch teilweise Fixierung der Argumente neue Funktionen definieren möchte. Dies betrifft nicht nur Funktionsargumente, betrachten wir z.B. die Definition der Funktion *divides*, die überprüft ob j durch i teilbar ist:

> **fun** *divides* $i j = (j \ mod \ i = 0)$

Mit *divides* kann man sehr leicht die Funktion *even* definieren:

> **val** *even* = *divides* 2

---

[3] Man beachte die Linksassoziativität der Applikation. Das heißt, der Ausdruck wird implizit als (*twice suc*) 3 geklammert.

[4] Eigentlich hat der deutsche Mathematiker Schönfinkel die Notation zuerst erfunden, aber der Begriff „schönfinkeln" hat sich leider nicht durchsetzen können.

Eine in vielen Sprachen vordefinierte Funktion höherer Ordnung ist die Funktionskomposition. Zu zwei Funktionsargumenten f und g ergibt beispielsweise in ML der Ausdruck $f \circ g$ die Funktion, die zu einem Wert x den Wert $f(g\,x)$ berechnet. Auch damit lassen sich weitere Funktionen definieren:

> **val** *odd = not ∘ even*

Mini-ML

In den folgenden Abschnitten betrachten wir die Sprache *Mini-ML*, deren Syntax durch die Grammatik in Abb. 7.1 definiert ist.

$$
\begin{array}{lll}
exp \rightarrow & con & \textit{Konstante} \\
\mid & var & \textit{Variable} \\
\mid & \textbf{if } exp \textbf{ then } exp \textbf{ else } exp & \textit{Fallunterscheidung} \\
\mid & con\ exp & \textit{Applikation} \\
\mid & exp\ con\ exp & \\
\mid & exp\ exp & \\
\mid & \textbf{fn } var \Rightarrow exp & \textit{Abstraktion} \\
\mid & \textbf{let val } var = exp \textbf{ in } exp \textbf{ end} & \textbf{let}\textit{-Ausdruck} \\
\mid & \textbf{let val rec } defs \textbf{ in } exp \textbf{ end} & \textit{rekursives } \textbf{let} \\
\\
defs \rightarrow & var = exp & \\
\mid & var = exp \textbf{ and } defs &
\end{array}
$$

Abb. 7.1. Syntax von Mini-ML

Wir unterscheiden drei Arten von Applikationen: Unäre und binäre vordefinierte Funktionen sowie Applikationen von Abstraktionen. Man sieht dabei, daß Konstanten nicht nur Werte wie integers oder strings umfassen, sondern auch Bezeichner für (vordefinierte) Funktionen (wie z.B. + oder *not*). Zu beachten ist auch, daß Abstraktionen nur über Variablen (und nicht über Tupeln) erlaubt sind. Funktionen mit mehreren Argumenten sind also „geschönfinkelt" zu definieren. Im rekursiven **let**-Ausdruck werden i. allg. mehrere Gleichungen benötigt (um z.B. wechselseitig rekursive Definitionen zu ermöglichen). Für die definierenden Ausdrücke innerhalb einer *defs*-Folge sind lediglich Abstraktionen erlaubt, d.h., es können nur Funktionen definiert werden und keine anderen Werte.

7.2 Polymorphe Typsysteme und Typinferenz

Jeder Ausdruck in ML hat einen eindeutig bestimmten Typ. Aussagen über den Typ eines Ausdrucks notieren wir in der Form

$$exp : \tau,$$

wobei τ einen Typ bezeichnet. Die Tatsache, daß die Zahl 3 vom Typ integer ist, schreiben wir also als $3 : int$. Neben einfachen Typen wie *int* oder *string* kann man mittels *Typkonstruktoren* Typausdrücke bilden, die komplexe Typen bezeichnen. In imperativen Sprachen wie PASCAL stehen Typkonstruktoren z.B. für Records oder Arrays zur Verfügung. Wenn man Typen als Mengen der enthaltenen Werte interpretiert, so realisiert beispielsweise der Record-Konstruktor das kartesische Produkt (wobei Komponenten benannt sind). In funktionalen Sprachen gibt es neben Records auch das einfache (unbenannte) kartesische Produkt, so beschreibt beispielsweise der Ausdruck $int \times bool$ den Typ für (integer, boolean)-Paare.

Da nun Funktionen selbst Werte sind, haben auch diese jeweils einen Typ. Dabei werden Funktionstypen mit Hilfe des „$\rightarrow$"-Typkonstruktors gebildet:

$$suc : int \rightarrow int$$
$$size : string \rightarrow int$$

Polymorphismus

In funktionalen Sprachen gibt es über Typen und Typkonstruktoren hinaus noch *Typvariablen* (α, β, …), mit deren Hilfe man *polymorphe Typen* konstruieren kann. Betrachten wir einmal die Identitätsfunktion, die ihr Argument unverändert als Ergebnis liefert:

fun $id\ x = x$

Man kann nun *id* nicht nur auf Zahlen, sondern auch auf Werte anderer Typen anwenden, z.B. auf Wahrheitswerte, aber auch auf komplexe Werte wie Listen oder gar Funktionen. Den Typ von *id* notiert man als

$$id : \alpha \rightarrow \alpha$$

Dabei steht die Typvariable α für einen beliebigen (jedoch innerhalb des Typausdrucks, festen) Typ. Das heißt, der Typ von *id* umfaßt Typen wie $int \rightarrow int$, $bool \rightarrow bool$ oder aber auch $(int \rightarrow int) \rightarrow (int \rightarrow int)$[5]. Letzterer besagt, daß man *id* beispielsweise auch auf die Funktion *suc* anwenden kann.

Hier noch einige weitere Beispiele für polymorphe Funktionsdefinitionen und deren Typen ($\times$ bindet stärker als $\rightarrow$):

---

[5] Da $\rightarrow$ rechtsassoziativ ist, wird dieser Typ üblicherweise auch als $(int \rightarrow int) \rightarrow int \rightarrow int$ notiert.

fun *swap* $(x, y) = (y, x)$ $\qquad\qquad\qquad$ $\alpha \times \beta \to \beta \times \alpha$
fun *ignore* $x =$ "Argument ist futsch" $\qquad$ $\alpha \to$ *string*
fun *twice* $f\, x = f\,(f\, x)$ $\qquad\qquad\qquad$ $(\alpha \to \alpha) \to \alpha \to \alpha$
fun *compose* $(f, g) =$ **fn** $x \Rightarrow f\,(g\, x)$ $\qquad$ $(\alpha \to \beta) \times (\gamma \to \alpha) \to \gamma \to \beta$

Nun ist ein *Typsystem* ein logisches System, das Aussagen der Form „der Ausdruck *exp* hat den Typ τ" (notiert als *exp* : τ) formalisiert. Derartige Aussagen können über die Axiome und Regeln des logischen Systems bewiesen werden. Ein Typsystem werden wir für eine Sprache wie ML in Abschnitt 7.2.2 entwickeln. In 7.2.3 betrachten wir dann einen Algorithmus, der mit Hilfe der Regeln eines solchen Typsystems zu einem Ausdruck einen Typ ermittelt. Diesen Vorgang nennt man *Typinferenz*. Der vorgestellte Algorithmus hat zudem die Eigenschaft, daß er jeweils den allgemeinsten Typ eines Ausdrucks findet. Zunächst betrachten wir aber in Abschnitt 7.2.1 einige Besonderheiten, die bei der Typbestimmung zu beachten sind.

7.2.1   Bestimmung von Typen

Wir wollen den Typ für das folgende Programmstück ermitteln:

```
let   fun f x = x
in
      f 3
end
```

Es ist unschwer zu erkennen, daß der gesamte Ausdruck den Typ *int* hat, aber wie kann man dies formal herleiten? Man kann sich Typinferenz vereinfacht als das Lösen einer Menge von Gleichungen vorstellen: Zunächst ermittelt man für alle Elemente in einem Ausdruck (d.h. Konstanten, Funktionen und Variablen) den allgemeinsten möglichen Typ. Für Konstanten ist dies ihr definierter Typ, für eine Variable eine Typvariable und für Funktionen ein Typ $\alpha \to \beta$. Diese Informationen notiert man in Form einer Menge von Gleichungen. Für das obige Beispiel erhalten wir also die Gleichungen *type*(3) = *int*, *type*(x) = α und *type*(f) = $\beta \to \gamma$. Dabei muß man zunächst für verschiedene Variablen und Funktionen verschiedene Typvariablen nehmen, da die Verwendung von gleichen Typvariablen ja die Gleichheit der entsprechenden Typen ausdrückt. Darüber kann man aber zu diesem Zeitpunkt noch gar keine Aussagen machen.

Nun fügt man Gleichungen hinzu, die sich aus der Struktur des Ausdrucks ergeben. Diese Gleichungen ergeben sich aus allgemeinen Regeln wie z.B.: „Der Typ des Parameters einer Funktionsdefinition muß gleich dem Argumenttyp der Funktion sein" oder „In einer Applikation muß der Typ des Arguments mit dem Argumenttyp der Funktion übereinstimmen". Im obigen Beispiel ergeben sich daraus die zusätzlichen Gleichungen *type*(x) = β bzw. *type*(β) = *int*. Eine ähnliche Regel besagt, daß der Typ des definierenden Ausdrucks einer Funktion gleich dem Ergebnistyp der Funktion sein muß. Daraus folgt für unser Beispiel dann noch die Gleichung *type*(x) = γ. Damit kann man direkt folgern, daß $\alpha = \beta = \gamma = int$ gelten muß. Da schließlich noch der Typ einer Applikation gleich dem Ergebnistyp der applizierten Funktion ist, ergibt sich als Typ des Gesamtausdrucks der Typ *int*.

Ein anderes Beispiel: Die Funktion

$$\textbf{fn } f \Rightarrow (f\,3, f\,true)$$

ist nicht typisierbar. Dies sollte intuitiv klar sein, denn einerseits verlangt der Ausdruck $f\,3$, daß f den Typ $int \rightarrow \alpha$ hat, während andererseits die zweite Applikation für f den Typ $bool \rightarrow \alpha$ fordert. Diese beiden Typen sind jedoch nicht miteinander vereinbar, d.h., es gibt keinen Typ für f, der den beiden Anforderungen genügt. Damit aber ist auch die gesamte Abstraktion nicht typisierbar. Insbesondere ist nun auch jede Applikation der Funktion, wie z.B. $(\textbf{fn } f \Rightarrow (f\,3, f\,true))\,(\textbf{fn } x \Rightarrow x)$ nicht typisierbar. Ein ähnliches Beispiel ist der Ausdruck

$$\textbf{let}\quad \textbf{val } f = \textbf{fn } x \Rightarrow x$$
$$\textbf{in}$$
$$(f\,3, f\,true)$$
$$\textbf{end}$$

In diesem Fall kann man für f sehr wohl einen Typ finden, und zwar $\alpha \rightarrow \alpha$, den man in beiden Applikationen zu einem jeweils korrekten Typ instanzieren kann, nämlich $int \rightarrow int$ für den Ausdruck $f\,3$ und $bool \rightarrow bool$ für den Ausdruck $f\,true$.

Dies ist etwas überraschend, hatten wir doch ausdrücklich erwähnt, daß eine Applikation $(\textbf{fn } x \Rightarrow e)\,e'$ dem **let**-Ausdruck **let val** $x = e'$ **in** e **end** entspricht. Warum also kann der **let**-Ausdruck typisiert werden, während man für die entsprechende Applikation keinen Typ finden kann? Dies liegt daran, daß innerhalb des **let**-Ausdrucks die Struktur der Funktion f bereits bekannt ist, während die Typisierung der Abstraktion unabhängig von der bei der Applikation für f einzusetzenden Funktion erfolgen muß. Das bedeutet also, daß die beschriebene Korrespondenz zwischen Applikation und **let**-Ausdruck lediglich für die Auswertung von Ausdrücken gilt. Bei der Typisierung unterscheiden wir dagegen lokal gebundene Variablen von Variablen, die Funktionsparameter sind. Falls also x eine Variable einer Abstraktion ist (wie z.B. in $\textbf{fn } x \Rightarrow e$), so müssen alle zugehörigen Vorkommen in e den gleichen Typ haben.[6] Die in dem für x ermittelten Typ enthaltenen Typvariablen können nicht zu verschiedenen Typen instanziert werden; deshalb nennt man sie *nicht-generisch*. Ist dagegen x durch einen **let**-Ausdruck gebunden, so können die Typvariablen aus dem Typ für x durchaus an verschiedenen Stellen zu verschiedenen Typen instanziert werden. Daher nennt man solche Typvariablen *generisch*.

Generische Typvariablen werden auf der äußersten Ebene eines Typausdrucks durch einen Allquantor gebunden, um sie in Typausdrücken von nicht-generischen Typvariablen unterscheiden zu können. So notieren wir beispielsweise den Typ von f aus dem **let**-Ausdruck als $\forall \alpha.\alpha \rightarrow \alpha$. Einen solchen Ausdruck nennt man *Typschema*. Die Instanzierung eines Typschemas erfolgt durch das Ersetzen quantifizierter

---

[6] Das heißt, alle Vorkommen, die durch diese Abstraktion gebunden sind und nicht durch eine andere Abstraktion oder einen **let**-Ausdruck innerhalb von e.

Variablen durch Typen. So erhält man z.B. den Typ $int \rightarrow int$, indem man die Variable α durch den Typ int ersetzt. Einen Typausdruck, der durch das Ersetzen von gebundenen Variablen entstanden ist, nennt man *generische Instanz* (dementsprechend bezeichnet man das Ergebnis einer Instanzierung über freie Typvariablen auch als *nicht-generische Instanz*).

7.2.2   Ein polymorphes Typinferenzsystem

Ein *Typsystem* ordnet einem Ausdruck in einer Programmiersprache S einen Typ zu, d.h. einen Ausdruck in einer Sprache von Typen τ. Um ein Typsystem genau beschreiben zu können, definieren wir zunächst die Sprachen S und τ. Für S wählen wir Mini-ML.

Mit einer gegebenen Menge von Typvariablen TV, mit $\alpha \in TV$, ist die Sprache der Typen (τ) und die der Typschemata (σ) über folgende Grammatik definiert. Der Einfachheit halber ignorieren wir zunächst Tupel. Entsprechende Erweiterungen sprechen wir unten noch kurz an.

$$
\begin{array}{lll}
\tau & \rightarrow int \mid bool \mid string & \textit{einfache Typen} \\
& \mid \alpha & \textit{Typvariable} \\
& \mid \tau \rightarrow \tau & \textit{Funktionstyp} \\
\\
\sigma & \rightarrow \tau & \textit{Typ} \\
& \mid \forall \alpha.\sigma & \textit{Typbindung}
\end{array}
$$

Mit dieser Definition können Quantoren nicht innerhalb von Typausdrücken verwandt werden (dies nennt man auch flachen Polymorphismus (*shallow polymorphism*)). Daher können wir jedes Typschema auch mit einem Quantor gefolgt von allen gebundenen Variablen notieren: $\forall \alpha_1 \ldots \alpha_n.\tau$. Man beachte, daß ein Typ immer gleichzeitig auch ein Typschema ist.

Bevor wir die Regeln des Typsystems vorstellen, müssen wir den Begriff der generischen Instanz noch präzise definieren. Vereinfacht gesagt, erhält man aus einem Typschema eine Instanz, indem man gebundene Typvariablen durch Typausdrücke ersetzt. Beispielsweise ist der Typ $int \rightarrow int$ eine Instanz des Typschemas $\forall \alpha.\alpha \rightarrow \alpha$, die man durch Ersetzung der Typvariablen α durch den Typ int erhält. Zunächst benötigen wir eine Substitutionsoperation auf Typen und den Begriff der freien/gebundenen Variablen eines Typausdrucks.

Definition 7.1: Die Menge der *freien* und *gebundenen Typvariablen* eines Typausdrucks sind:

$$
\begin{array}{ll}
FV(\tau) & = \varnothing \quad \text{für } \tau \in \{int, bool, string\} \\
FV(\tau \rightarrow \tau') & = FV(\tau) \cup FV(\tau') \\
FV(\forall \alpha_1 \ldots \alpha_n.\tau) & = FV(\tau) - \{\alpha_1, \ldots, \alpha_n\} \\
FV(\alpha) & = \{\alpha\}
\end{array}
$$

$$GV(\forall\alpha_1...\alpha_n.\tau) = \{\alpha_1, ..., \alpha_n\} \cap FV(\tau)$$
$$GV(\tau) \qquad\quad = \varnothing$$

Beispiel: $FV(\forall\alpha.\beta \rightarrow \alpha \rightarrow int) = \{\beta\}$ und $GV(\forall\alpha.\beta \rightarrow \alpha \rightarrow int) = \{\alpha\}$.

Mit $[\tau/\alpha]\tau'$ wird die *Substitution* eines Typs τ für eine Typvariable α in einem Typ τ' notiert. Die Substitution ist induktiv über die Struktur von Typtermen definiert. (Die folgende Definition schließt die Substitution für Typschemata σ aus; dieser Fall wird in der anschließenden Definition der generischen Instanz nicht benötigt.)

Definition 7.2: Die Substitution eines Typs τ für eine Typvariable α in einem Typ τ' ist wie folgt definiert:

$[\tau/\alpha]\tau' = \tau'$ falls $\tau' \in \{int, bool, string\}$

$[\tau/\alpha]\alpha = \tau$

$[\tau/\alpha]\beta = \beta$ falls $\alpha \neq \beta$

$[\tau/\alpha](\tau_1 \rightarrow \tau_2) = ([\tau/\alpha]\tau_1) \rightarrow ([\tau/\alpha]\tau_2)$

Eine Folge von Substitutionen $[\tau_1/\alpha_1](...([\tau_n/\alpha_n]\tau)...)$ notieren wir auch als $[\tau_1/\alpha_1, ..., \tau_n/\alpha_n]\tau$. Beispiel: $[int \rightarrow \alpha/\alpha, \gamma/\beta](\beta \rightarrow \alpha) = \gamma \rightarrow (int \rightarrow \alpha)$. Damit können wir nun definieren:

Definition 7.3: Ein Typschema $\sigma' = \forall\beta_1...\beta_m.\tau'$ ist *generische Instanz* des Typschemas $\sigma = \forall\alpha_1...\alpha_n.\tau$ (notiert als $\sigma' \prec \sigma$), falls $\tau' = [\tau_1/\alpha_1, ..., \tau_n/\alpha_n]\tau$ für beliebige Typen $\tau_1, ..., \tau_n$ und falls für alle β_i gilt: $\beta_i \notin FV(\sigma)$.

Es ist also z.B.

$$\forall\gamma.\beta \rightarrow (\beta \rightarrow \gamma) \prec \forall\alpha.\beta \rightarrow \alpha$$

denn $\tau' = \beta \rightarrow (\beta \rightarrow \gamma) = [\beta \rightarrow \gamma/\alpha](\beta \rightarrow \alpha)$ und $\gamma \notin FV(\forall\alpha.\beta \rightarrow \alpha) = \{\beta\}$.

Andererseits gilt *nicht*:

$$\forall\beta\gamma.\beta \rightarrow (\beta \rightarrow \gamma) \prec \forall\alpha.\beta \rightarrow \alpha$$

da $\beta \in FV(\forall\alpha.\beta \rightarrow \alpha)$.

Die Regeln des Typinferenzsystems betreffen Aussagen der Form $\Gamma \rhd e : \tau$, die ausdrücken, daß unter den Typannahmen in Γ der Ausdruck e den Typ τ hat. Eine *Typannahme* ist ein Paar, bestehend aus Variable (oder Konstante) und Typschema, und eine Menge von Typannahmen ist eine partielle Funktion, die Variablen auf Typschemata abbildet. Beispielsweise ist $\Gamma_1 = \{3 \mapsto int, y \mapsto bool\}$ eine Typannahme, die für 3 den Typ *int* und für y den Typ *bool* angibt. Typannahmen können erweitert oder auch abgeändert werden: So bezeichnet $\Gamma\{x \mapsto \sigma\}$ die Funktion, die für x das Typschema σ liefert und ansonsten genauso wie Γ definiert ist. Im folgenden werden wir des öfteren auch die Schreibweise $\Gamma\{x_1 \mapsto \sigma_1, ..., x_n \mapsto \sigma_n\}$ als Abkürzung für $(... (\Gamma\{x_1 \mapsto \sigma_1\}) ...)\{x_n \mapsto \sigma_n\}$ verwenden. Es ist also beispielsweise $\Gamma_1\{z \mapsto string, y \mapsto int\} = \{3 \mapsto int, z \mapsto string, y \mapsto int\}$.

Nun bezeichnet *dom*(Γ) die Menge der Variablen, für die Γ definiert ist. Damit werden die freien Variablen einer Typannahme definiert als:

$$FV(\Gamma) = \bigcup_{x \in \mathrm{dom}(\Gamma)} FV(\Gamma(x))$$

Die Regeln des Typsystems haben nun die Form:

$$\frac{A_1 \quad A_2 \quad \ldots \quad A_n}{B} \quad C$$

Die A_i heißen *Voraussetzungen* der Regel, und B ist die *Folgerung* der Regel; C ist eine logische Formel. Eine solche Regel besagt anschaulich: Wenn alle Voraussetzungen hergeleitet werden können und zusätzlich noch die Bedingung C erfüllt ist, so ist auch die Folgerung herzuleiten. Eine Regel, in der $n=0$ ist, nennt man auch ein *Axiom*. Das Typsystem für Mini-ML ist in Abb. 7.2 dargestellt.

Die Inferenzregeln sind wie folgt zu lesen: Zunächst besagen die Axiome VAR und CON, daß sich der Typ einer Variablen bzw. einer Konstanten aus der Typannahme ergeben muß. Annahmen für Variablen werden z.B. in den Regeln LET und ABS erzeugt, Annahmen für Konstanten müssen der Inferenz von Anfang an „mitgegeben" werden.

Die COND-Regel setzt voraus, daß die Bedingung e den Typ *bool* und die beiden Alternativen e_1 und e_2 den gleichen Typ τ haben. Dann kann man folgern, daß der Ausdruck **if** e **then** e_1 **else** e_2 den Typ τ hat.

Regel APP beschreibt, daß man einen Ausdruck e nur dann auf einen anderen Ausdruck e' applizieren darf, wenn e eine Funktion ist, d.h. einen Typ der Form τ' $\rightarrow \tau$ hat, und wenn der Typ des Arguments gleich τ' ist. Dann hat der Ausdruck $e\,e$' den Typ τ.

In Regel ABS sieht man, daß unter den Annahmen in Γ für eine Abstraktion der Typ τ' $\rightarrow \tau$ hergeleitet werden kann, wenn unter der erweiterten Typannahme $\Gamma\{x \mapsto \tau'\}$, d.h. unter den Annahmen in Γ und der Annahme, daß x den Typ τ' hat, für den Rumpf e der Abstraktion der Typ τ hergeleitet werden kann. Zu beachten ist hier, daß τ und τ' Typen sein müssen und keine Typschemata.

Die Regel LET besagt: Wenn für e' das Typschema σ herleitbar ist und wenn man für e unter der Annahme, daß x vom Typschema σ ist, den Typ τ zeigen kann, so hat der Ausdruck **let val** $x = e$' **in** e **end** den Typ τ.

Die LETREC-Regel verlangt nach einigen Erklärungen. Zunächst sollte klar sein, daß in der Typannahme Γ'' für die Herleitung des Typs von e die Annahmen für sämtliche n Variablen enthalten sein müssen. Da die Ausdrücke e_i wechselseitig rekursiv sein können, erwartet man für deren Herleitung jeweils eine gleichermaßen erweiterte Typannahme. Anstelle von Typschemata muß aber ein geeignet instanzierter Typ angenommen werden, da die Typvariablen der Typen für die x_i nicht generisch in den Ausdrücken e_i sind (sondern lediglich in e). Dieses Erfordernis ergibt sich z.B. daraus, daß die rekursive Verwendung einer Variablen in einer Funktionsdefi-

$$\text{CON} \qquad \frac{}{\Gamma \triangleright c : \Gamma(c)}$$

$$\text{VAR} \qquad \frac{}{\Gamma \triangleright v : \Gamma(v)}$$

$$\text{COND} \qquad \frac{\Gamma \triangleright e : bool \quad \Gamma \triangleright e_1 : \tau \quad \Gamma \triangleright e_2 : \tau}{\Gamma \triangleright \textbf{if } e \textbf{ then } e_1 \textbf{ else } e_2 : \tau}$$

$$\text{APP} \qquad \frac{\Gamma \triangleright e : \tau' \to \tau \quad \Gamma \triangleright e' : \tau'}{\Gamma \triangleright e\, e' : \tau}$$

$$\text{ABS} \qquad \frac{\Gamma\{x \mapsto \tau'\} \triangleright e : \tau}{\Gamma \triangleright \textbf{fn } x \Rightarrow e : \tau' \to \tau}$$

$$\text{LET} \qquad \frac{\Gamma \triangleright e' : \sigma \quad \Gamma\{x \mapsto \sigma\} \triangleright e : \tau}{\Gamma \triangleright \textbf{let val } x = e' \textbf{ in } e \textbf{ end} : \tau}$$

$$\text{LETREC} \qquad \frac{\Gamma' \triangleright e_i : \tau_i \quad \Gamma'' \triangleright e : \tau}{\Gamma \triangleright \textbf{let val rec } \textit{defs} \textbf{ in } e \textbf{ end} : \tau}$$

$$\text{wobei} \quad \textit{defs} = x_1 = e_1 \textbf{ and} \ldots \textbf{ and } x_n = e_n$$
$$\Gamma' = \Gamma\{x_1 \mapsto \tau_1, \ldots, x_n \mapsto \tau_n\}$$
$$\Gamma'' = \Gamma\{x_1 \mapsto \sigma_1, \ldots, x_n \mapsto \sigma_n\}$$
$$\text{und} \qquad \tau_i \prec \sigma_i \text{ mit } GV(\sigma_i) \cap FV(\Gamma) = \varnothing$$

$$\text{GEN} \qquad \frac{\Gamma \triangleright e : \sigma}{\Gamma \triangleright e : \forall \alpha.\sigma} \quad \alpha \notin FV(\Gamma)$$

$$\text{SPEC} \qquad \frac{\Gamma \triangleright e : \sigma}{\Gamma \triangleright e : \sigma'} \quad \sigma' \prec \sigma$$

Abb. 7.2. Polymorphes Typinferenzsystem für Mini-ML

nition den gleichen Typ besitzen muß wie die definierte Variable.[7] Die zusätzliche Bedingung, daß in Typschemata gebundene Variablen nicht frei in Γ vorkommen dürfen, ist prinzipiell Voraussetzung für die Generalisierung von Typvariablen, s. dazu auch die folgende Regel GEN.

Mit der Regel GEN kann eine Typvariable generalisiert werden, sofern sie nicht frei in der Typannahme vorkommt. Diese Bedingung kann man sich wie folgt klarmachen: Bei der Typprüfung einer Abstraktion $\textbf{fn } x \Rightarrow e$ ist die für x verwandte Typvariable α im Ausdruck e nicht generisch. Nun erscheint α während der Typprüfung von e in der dazugehörigen Typannahme (dies erfordert die Regel ABS). Also dürfen freie Variablen in Typannahmen nicht generalisiert werden.

---

[7] Diese Einschränkung resultiert aus der Tatsache, daß allgemeine Typinferenz für polymorphe Rekursion unentscheidbar ist.

Schließlich beschreibt die Regel SPEC die Instanzierung eines Typschemas: Ist für e das Schema σ herleitbar, so ist es auch jedes Typschema σ', das generische Instanz von σ ist.

Betrachten wir nun einige Beispiele. Wir wollen zunächst zeigen, daß die Funktion **fn** $x \Rightarrow x$ den Typ $\forall\alpha.\alpha \to \alpha$ hat, d.h., wir müssen innerhalb des Typsystems beweisen, daß $\{\} \vartriangleright$ **fn** $x \Rightarrow x : \forall\alpha.\alpha \to \alpha$ gilt. Mit $\Gamma = \{x \mapsto \alpha\}$ folgt zunächst aus Regel VAR

$$\Gamma \vartriangleright x : \alpha$$

Die Typannahme in Γ wird in der Regel ABS verwandt (sie wird sozusagen „aufgebraucht"), und es ergibt sich

$$\{\} \vartriangleright \textbf{fn } x \Rightarrow x : \alpha \to \alpha$$

Jetzt kann man α generalisieren, da α nicht in der Typannahme vorkommt, d.h., mit der Regel GEN erhält man die gewünschte Aussage.

Nun wollen wir die Applikation dieser Funktion auf einen integer-Wert typisieren. Dazu kann man den generischen Typ der Funktion spezialisieren. Gemäß Definition 7.3 gilt z.B.:

$$int \to int \prec \forall\alpha.\alpha \to \alpha$$

Daher kann man mit der Regel SPEC folgern:

$$\{\} \vartriangleright \textbf{fn } x \Rightarrow x : int \to int$$

Die vorangegangenen Typherleitungen können genauso unter erweiterten Typannahmen vorgenommen werden, sofern diese für x keinen anderen Typ angeben und α nicht enthalten. Also können wir insbesondere auch

$$\{3 \mapsto int\} \vartriangleright \textbf{fn } x \Rightarrow x : int \to int$$

zeigen. Unter der gleichen Annahme erhalten wir mit der Regel CON

$$\{3 \mapsto int\} \vartriangleright 3 : int$$

Diese beiden Aussagen kann man nun als Voraussetzungen für die Regel APP verwenden und damit dann

$$\{3 \mapsto int\} \vartriangleright (\textbf{fn } x \Rightarrow x)\, 3 : int$$

herleiten.

Abschließend wollen wir noch die Typisierung des **let**-Ausdrucks

```
let   val f = fn x ⇒ x
in
      (f 3, f true)
end
```

innerhalb des Typsystems nachvollziehen. Dazu benötigen wir eine Erweiterung von Mini-ML und dessen Typsystem um Tupel. Für unser konkretes Beispiel reichen Paare aus. Das heißt, daß (*exp, exp*) ebenfalls ein Ausdruck von Mini-ML ist und daß $\tau \times \tau$ ein Element der Sprache τ ist. Für das Typsystem führen wir die folgende Regel ein:

$$\text{TUP} \quad \frac{\Gamma \triangleright e_1 : \tau_1 \quad \Gamma \triangleright e_2 : \tau_2}{\Gamma \triangleright (e_1, e_2) : \tau_1 \times \tau_2}$$

Es sei nun $\Gamma = \{3 \mapsto int,\ true \mapsto bool\}$ und $\Gamma' = \Gamma\{f \mapsto \forall\alpha.\alpha \to \alpha\}$. Zunächst zeigen wir

$$\Gamma \triangleright \mathbf{fn}\ x \Rightarrow x : \forall\alpha.\alpha \to \alpha \tag{1}$$

Dies geschieht wie oben, nur in einer erweiterten Typannahme (die α nicht enthält). Mit der Regel VAR kann man den Typ für f aus Γ' entnehmen, d.h. es gilt:

$$\Gamma' \triangleright f : \forall\alpha.\alpha \to \alpha$$

Daraus erhält man durch die Regel SPEC die beiden Aussagen:

$$\Gamma' \triangleright f : int \to int$$
$$\Gamma' \triangleright f : bool \to bool$$

Für diese beiden Instanzen kann man nun mit den Regeln CON und APP getrennt die Aussagen

$$\Gamma' \triangleright f\,3 : int$$
$$\Gamma' \triangleright f\,true : bool$$

nachweisen. Sie dienen als Voraussetzungen für die Regel TUP, und man erhält

$$\Gamma' \triangleright (f\,3, f\,true) : int \times bool \tag{2}$$

Schließlich kann man mit (1) und (2) als Voraussetzungen die Regel LET anwenden und zeigt damit:

$$\Gamma \triangleright \mathbf{let\ val}\ f = \mathbf{fn}\ x \Rightarrow x\ \mathbf{in}\ (f\,3, f\,true)\ \mathbf{end} : int \times bool$$

Aufgabe 7.1: Bestimmen Sie die Typen der folgenden Programmstücke. Beschreiben Sie dabei, welche Regeln des Typsystems anzuwenden sind.

(a) $(\mathbf{fn}\ x \Rightarrow x)\ (\mathbf{fn}\ x \Rightarrow 1)$

(b) $(\mathbf{fn}\ x \Rightarrow \mathbf{fn}\ y \Rightarrow x)\ 2$ □

7.2.3 Automatische Typinferenz

Mit dem Inferenzsystem des vorigen Abschnitts können wir nun Typen sozusagen „von Hand" herleiten. Offen bleibt aber die Frage nach einem Verfahren, das diese Arbeit automatisch erledigt. Einen solchen Algorithmus kann man sich durchaus als eine Methode zum Suchen von Beweisen in dem vorgestellten logischen System vorstellen. Insbesondere muß der Algorithmus Entscheidungen treffen, welche Regeln wann anzuwenden sind. Das Inferenzsystem erschwert dies insofern, als in machen Situationen mehr als nur eine Regel anwendbar ist. So kann man beispielsweise die GEN-Regel fast immer anwenden. Bei genauem Betrachten des Typsystems fällt jedoch auf, daß die GEN-Regel eigentlich nur zum Generalisieren von Typvariablen in **let**-Ausdrücken benötigt wird und daß man die SPEC-Regel immer nur direkt nach einer CON-Regel oder nach einer VAR-Regel anzuwenden braucht. Daher kann man die beiden Regeln GEN und SPEC auch wegfallen lassen und deren Aufgaben in die übrigen Regeln integrieren. Dies geschieht wie folgt:

1. Generische Instanzen werden direkt in den neuen Regeln VAR' und CON' durch eine entsprechende Bedingung gebildet.
2. Typschemata werden durch eine Funktion *gen* generiert, die relativ zu einer Typannahme Γ für einen Typ τ das allgemeinste Typschema konstruiert.

Die Funktion *gen* ist wie folgt definiert:

$$gen(\Gamma, \tau) = \forall \alpha_1 \ldots \alpha_n.\tau$$
$$\text{wobei } \{\alpha_1, \ldots, \alpha_n\} = FV(\tau) - FV(\Gamma)$$

Man erhält dann das modifizierte Typinferenzsystem, das in Abb. 7.3 dargestellt ist.

$$\text{CON'} \qquad \frac{}{\Gamma \triangleright c : \tau} \quad \tau \prec \Gamma(c)$$

$$\text{VAR'} \qquad \frac{}{\Gamma \triangleright v : \tau} \quad \tau \prec \Gamma(v)$$

$$\text{COND} \qquad \frac{\Gamma \triangleright e : bool \quad \Gamma \triangleright e_1 : \tau \quad \Gamma \triangleright e_2 : \tau}{\Gamma \triangleright \textbf{if } e \textbf{ then } e_1 \textbf{ else } e_2 : \tau}$$

$$\text{APP} \qquad \frac{\Gamma \triangleright e : \tau' \to \tau \quad \Gamma \triangleright e' : \tau'}{\Gamma \triangleright e\,e' : \tau}$$

$$\text{ABS} \qquad \frac{\Gamma\{x \mapsto \tau'\} \triangleright e : \tau}{\Gamma \triangleright \textbf{fn } x \Rightarrow e : \tau' \to \tau}$$

$$\text{LET'} \qquad \frac{\Gamma \triangleright e' : \tau' \quad \Gamma\{x \mapsto gen(\Gamma, \tau')\} \triangleright e : \tau}{\Gamma \triangleright \textbf{let val } x = e' \textbf{ in } e \textbf{ end} : \tau}$$

$$\text{LETREC'} \qquad \frac{\Gamma' \triangleright e_i : \tau_i \quad \Gamma'' \triangleright e : \tau}{\Gamma \triangleright \textbf{let val rec } defs \textbf{ in } e \textbf{ end} : \tau}$$

$$\text{wobei} \quad defs = x_1 = e_1 \textbf{ and} \ldots \textbf{and } x_n = e_n$$
$$\Gamma' = \Gamma\{x_1 \mapsto \tau_1, \ldots, x_n \mapsto \tau_n\}$$
$$\Gamma'' = \Gamma\{x_1 \mapsto gen(\Gamma, \tau_1), \ldots, x_n \mapsto gen(\Gamma, \tau_n)\}$$

Abb. 7.3. Modifiziertes Typinferenzsystem

Damit existiert nun für jede syntaktische Variante von *exp* genau eine Regel, mit der man den entsprechenden Typ ermitteln kann. Das bedeutet, daß man die Regeln durch die syntaktische Struktur eines Ausdrucks gesteuert von unten nach oben (und von links nach rechts) anwenden kann. Dabei erzeugt man zunächst für jeden Ausdruck, auf den man trifft und dessen Typ noch nicht bestimmt ist, eine neue Typvariable. Diese Typvariablen unterliegen nun Einschränkungen, die sich aus den Regeln des Typsystems ergeben. Solche Einschränkungen sind insbesondere die Gleichheit der Typen zweier Teilausdrücke (beispielsweise in der Regel APP). Diese Gleichheit (bei gleichzeitig maximaler Allgemeinheit) kann man durch Unifikation der entsprechenden Typausdrücke erreichen. Bevor wir also den Typinferenzalgorithmus angeben, werden wir zunächst kurz die Term-Unifikation besprechen.

Ein *Unifikator* zweier Terme ist nichts anderes als eine Substitution (s. Seite 231), die die beiden Terme „gleichmacht" (insbesondere ist ein Typunifikator eine Substitution von Typen für Typvariablen).

Das heißt, U ist ein Unifikator für die beiden Terme τ und τ', wenn gilt: $U\tau = U\tau'$. Ein Unifikator U ist ein *allgemeinster Unifikator* (*most general unifier*) der Terme τ und τ', wenn sich jeder andere Unifikator R durch Komposition aus U und einer weiteren Substitution darstellen läßt. Das bedeutet, daß ein allgemeinster Unifikator nur für solche Variablen Definitionen enthält, die es unbedingt erfordern.

Beispiel: Ein Unifikator für die beiden Typen $\alpha \to (bool \times \gamma)$ und $int \to \beta$ ist die Substitution [*int*/α, *string*/γ, (*bool* $\times$ *string*)/β], diese ist jedoch kein allgemeinster Unifikator, da sie durch Komposition der Substitution [*string*/γ] mit der Substitution [*int*/α, (*bool* $\times$ γ)/β] entsteht. Letztere ist ein allgemeinster Unifikator für die beiden Terme.

Wir geben nun einen Unifikationsalgorithmus in Form einer Funktion $\mathcal{U}$ an, die zu zwei Typausdrücken den allgemeinsten Unifikator ermittelt. Falls die Terme nicht unifizierbar sind, wird eine Fehlermeldung ausgegeben. Die folgenden Gleichungen sind sequentiell von oben nach unten anzuwenden:

$$\mathcal{U}(\alpha,\alpha) = [\,]$$

$$\left.\begin{array}{l} \mathcal{U}(\alpha,\tau) \\ \mathcal{U}(\tau,\alpha) \end{array}\right\} = \begin{cases} [\tau/\alpha] & \text{falls } \alpha \notin \tau \\ \text{Fehler} & \text{sonst} \end{cases}$$

$$\mathcal{U}(\tau_1 \to \tau_2, \tau_3 \to \tau_4) = \mathcal{U}(U\tau_2, U\tau_4)U$$
$$\text{mit } U = \mathcal{U}(\tau_1, \tau_3)$$

$$\mathcal{U}(\tau,\tau') = \begin{cases} [\,] & \text{falls } \tau = \tau' \\ \text{Fehler} & \text{sonst} \end{cases}$$

Die erste Zeile liefert eine leere Substitution, da zwei gleiche Typvariablen bereits unifiziert sind. Der zweite Fall beschreibt die Unifikation einer Typvariablen mit einem beliebigen Typ. Diese resultiert in der angegebenen Substitution, falls die Typvariable im Typ nicht vorkommt. Diese Überprüfung nennt man *occurs check*;

damit wird ausgeschlossen, daß eine Variable mit einem Typ unifiziert wird, in dem sie selbst enthalten ist, denn es gibt keine endlichen Lösungen für solche Gleichungen. Der dritte Fall beschreibt die Unifikation von Funktionstypen: Zunächst einmal kann ein Funktionstyp nur mit einem anderen Funktionstyp unifiziert werden (Typvariablen sind ja schon abgehandelt). Dann werden zunächst beide Argumenttypen unifiziert, was zu einer Substitution U führt. Danach werden die mit U instanzierten Ergebnistypen unifiziert. Dies stellt sicher, daß die bei den Argumenttypen berechneten Einschränkungen auch in der Unifikation der Ergebnistypen berücksichtigt werden. Die resultierende Substitution wird dann mit U komponiert. Schließlich sind zwei konstante Typen (wie *int*) nur dann zu unifizieren, wenn sie gleich sind (alle anderen Möglichkeiten sind bereits betrachtet worden). In dem Fall wird keine Substitution generiert.

Als Beispiel betrachten wir die Unifikation der Typterme $\alpha \to \gamma$ und $\beta \to int \to \alpha$.

$$\begin{aligned}
&\mathcal{U}(\alpha \to \gamma, \beta \to int \to \alpha) \\
&= \mathcal{U}(U\gamma, U(int \to \alpha))\ U \quad (\text{mit } U = \mathcal{U}(\alpha, \beta) = [\beta/\alpha]) \\
&= \mathcal{U}(\gamma, int \to \beta)\ [\beta/\alpha] \\
&= [int \to \beta/\gamma]\ [\beta/\alpha] \\
&= [int \to \beta/\gamma, \beta/\alpha]
\end{aligned}$$

Die resultierende Substitution ergibt auf beide Terme angewandt den Typ $\beta \to int \to \beta$.

In Abb. 7.4 ist nun der Algorithmus $\mathcal{T}$ zur Typinferenz dargestellt. $\mathcal{T}$ nimmt als Parameter eine Typannahme Γ und einen Ausdruck e und liefert als Ergebnis eine Substitution U sowie den allgemeinsten Typ τ zu e. In der folgenden Beschreibung bezeichnen überstrichene Typvariablen (wie $\overline{\alpha}$) stets neue Typvariablen, die an keiner Stelle in einem Typausdruck oder in der Typannahme vorkommen. Wird eine Substitution auf eine Typannahme angewandt, so ist damit die durch Anwendung der Substitution auf jeden einzelnen Typ entstehende Typannahme gemeint. Formal liefert $\mathcal{T}$ zwei Ergebnisse: (1) eine Substitution und (2) einen inferierten Typ. Die Substitution wird lediglich im Algorithmus zur rekursiven Anwendung benötigt, eine Funktion zur Typprüfung wird üblicherweise nur die zweite Komponente als Ergebnis liefern.

Zur Funktionsweise des Algorithmus $\mathcal{T}$ sei angemerkt, daß für quantifizierte Variablen aus Typschemata jeweils neue Variablen eingesetzt werden (dies betrifft die ersten beiden Zeilen). Bei der Fallunterscheidung wird zunächst der Typ des Prädikats (τ) bestimmt. Dieser muß natürlich gleich *bool* sein, daher wird τ mit *bool* unifiziert. Man beachte, daß man nicht einfach verlangen kann, daß $\tau = bool$ sein muß, da e ja z.B. auch eine Variable sein kann, die in einem umschließenden Ausdruck definiert ist und dort (zunächst) korrekterweise einen Typ α haben kann. Deshalb muß man unifizieren und die resultierende Substitution in der weiteren Typprüfung mitführen. Danach ermittelt man den Typ von e_1, wobei man die Typannahme Γ mit den bisher ermittelten Substitutionen R und S einschränkt. Analog verfährt man mit e_2, und schließlich muß man noch die beiden für e_1 und e_2 ermittelten Typen τ_1 und τ_2 unifizieren, da beide Alternativen ja den gleichen Typ haben müssen. Das Ergeb-

$$\mathcal{T}(\Gamma, x) = ([], [\overline{\alpha}_1 / \alpha_1, \ldots, \overline{\alpha}_n / \alpha_n]\tau)$$
$$\text{wobei } \Gamma(x) = \forall \alpha_1, \ldots, \alpha_n.\tau$$

$$\mathcal{T}(\Gamma, c) = ([], [\overline{\alpha}_1 / \alpha_1, \ldots, \overline{\alpha}_n / \alpha_n]\tau)$$
$$\text{wobei } \Gamma(c) = \forall \alpha_1, \ldots, \alpha_n.\tau$$

$$\mathcal{T}(\Gamma, \textbf{if } e \textbf{ then } e_1 \textbf{ else } e_2) = (UT_1T_2SR, U\tau_1)$$
$$\text{wobei } (R, \tau) = \mathcal{T}(\Gamma, e)$$
$$S = \mathcal{U}(\tau, bool)$$
$$(T_1, \tau_1) = \mathcal{T}(SR\Gamma, e_1)$$
$$(T_2, \tau_2) = \mathcal{T}(T_1SR\Gamma, e_2)$$
$$U = \mathcal{U}(T_2\tau_1, \tau_2)$$

$$\mathcal{T}(\Gamma, e\ e') = (UTS, U\overline{\alpha})$$
$$\text{wobei } (S, \tau) = \mathcal{T}(\Gamma, e)$$
$$(T, \tau') = \mathcal{T}(S\Gamma, e')$$
$$U = \mathcal{U}(T\tau, \tau' \to \overline{\alpha})$$

$$\mathcal{T}(\Gamma, \textbf{fn } x \Rightarrow e) = (U, (U\overline{\alpha}) \to \tau)$$
$$\text{wobei } (U, \tau) = \mathcal{T}(\Gamma\{x \mapsto \overline{\alpha}\}, e)$$

$$\mathcal{T}(\Gamma, \textbf{let val } x = e' \textbf{ in } e \textbf{ end}) = (UT, \tau')$$
$$\text{wobei } (T, \tau) = \mathcal{T}(\Gamma, e')$$
$$(U, \tau') = \mathcal{T}(T\Gamma\{x \mapsto gen(T\Gamma, \tau)\}, e)$$

$$\mathcal{T}(\Gamma, \textbf{let val rec } x_1 = e_1 \textbf{ and } \ldots \textbf{ and } x_n = e_n \textbf{ in } e \textbf{ end}) = (UT_nT_{n-1}\ldots T_2T_1, \tau)$$
$$\text{wobei } \quad \Gamma' = \Gamma\{x_1 \mapsto \overline{\alpha}_1 \to \overline{\alpha}'_1, \ldots, x_n \mapsto \overline{\alpha}_n \to \overline{\alpha}'_n\}$$
$$(T_1, \tau_1) = \mathcal{T}(\Gamma', e_1)$$
$$(T_2, \tau_2) = \mathcal{T}(T_1\Gamma', e_2)$$
$$\ldots$$
$$(T_n, \tau_n) = \mathcal{T}(T_{n-1}\ldots T_2T_1\Gamma', e_n)$$
$$\Gamma'' = T_nT_{n-1}\ldots T_2T_1\Gamma'$$
$$(U, \tau) = \mathcal{T}(\Gamma''\{x_1 \mapsto gen(\Gamma, \tau_1), \ldots, x_n \mapsto gen(\Gamma, \tau_n)\}, e)$$

Abb. 7.4. Typinferenz-Algorithmus

nis der Typprüfung ist dann die Gesamtheit aller Substitutionen sowie der Typ $U\tau_2$. (Da die bei der letzten Unifikation berechneten Einschränkungen in τ_2 noch nicht berücksichtigt sind, muß man U noch auf τ_2 applizieren.) Die übrigen Fälle kann man sich analog klarmachen. Zur Inferenz wechselseitig rekursiver Definitionen sei noch angemerkt, daß Γ' für jede zu inferierende Funktion[8] x_i bereits eine (möglichst allgemeine) Typannahme enthält, um diesen Typ bei der Inferenz eines Ausdruck e_j zur Verfügung zu haben. Man beachte auch, daß diese Typen nicht-generisch sind und erst für die Inferenz von e generalisiert werden.

Beispielrechnungen für den Algorithmus $\mathcal{T}$ werden mitunter sehr aufwendig. Wir inferieren den Typ des Ausdrucks (**fn** $x \Rightarrow x$) 3 unter der Annahme $\{3 \mapsto int\}$.

$$
\begin{aligned}
&\mathcal{T}(\{3 \mapsto int\}, (\textbf{fn}\ x \Rightarrow x)\ 3) \\
&= (UTS,\ U\alpha)\ \text{mit} \\
&\quad (S, \tau) = \mathcal{T}(\{3 \mapsto int\}, \textbf{fn}\ x \Rightarrow x) \\
&\qquad = (U, (U\beta) \to \tau)\ \text{mit} \\
&\qquad\quad (U, \tau) = \mathcal{T}(\{3 \mapsto int, x \mapsto \beta\}, x) = ([],\ \beta) \\
&\qquad = ([],\ \beta \to \beta) \\
&\quad (T, \tau') = \mathcal{T}(S\{3 \mapsto int\}, 3) \\
&\qquad = \mathcal{T}(\{3 \mapsto int\}, 3) \\
&\qquad = ([],\ int) \\
&\quad U = \mathcal{U}(T\tau,\ \tau' \to \alpha) \\
&\quad = \mathcal{U}(\beta \to \beta,\ int \to \alpha) \\
&\quad = \mathcal{U}(U\beta,\ U\alpha)\ U \quad (\text{mit}\ U = \mathcal{U}(\beta,\ int) = [int/\beta]) \\
&\quad = [int/\alpha,\ int/\beta] \\
&= ([int/\alpha,\ int/\beta],\ int)
\end{aligned}
$$

Man sieht an diesem Beispiel, daß Typen für Konstanten und vordefinierte Funktionen dem Algorithmus $\mathcal{T}$ als anfängliche Typannahmen mitgegeben werden müssen.

Aufgabe 7.2: Erweitern Sie den Algorithmus $\mathcal{T}$, so daß damit auch Paare inferiert werden können.   □

7.3   Implementierung durch Interpretation

Ein Programm in einer funktionalen Sprache S ist ein Ausdruck $exp \in S$, der einen Wert $v \in S'$ bezeichnet. S ist durch die Grammatikregeln für exp (s. Seite 226) gegeben, und die Menge S' enthält Konstanten (con) sowie Funktionsabschlüsse. Sei V die Menge aller Variablensymbole. Dann ist ein *Interpreter* für S eine Funktion

$$I: S \times (V \times S')^* \to S'$$

Dabei beschreibt $V \times S'$ die Menge aller Bindungen, und ein Element aus $(V \times S')^*$ ist eine Umgebung. I kann man nun einfach rekursiv über die Struktur von exp definieren. Im folgenden geben wir die einzelnen Fälle an:

Konstanten sind Werte und brauchen nicht weiter ausgewertet zu werden. Daher gilt:

$$I(c,\ U) = c$$

---

[8]   Wir erinnern uns, daß in einem rekursiven **let**-Ausdruck nur Funktionen definiert werden dürfen.

Eine *Variable* wird zu dem in der aktuellen Umgebung für sie gespeicherten Wert ausgewertet. Das Nachschauen dieses Wertes geschieht über eine Funktion *lookup*, die man sich wie folgt definiert vorstellen kann:

$$lookup(x, (y, v) \cdot U) = \begin{cases} v & \text{falls } x = y \\ lookup(x, U) & \text{sonst} \end{cases}$$

Der Fall, daß eine Variable in der Umgebung nicht gefunden wird, bleibt undefiniert. Wir gehen davon aus, daß dies in früheren Phasen der Übersetzung bereits überprüft worden ist. Die Definition von I lautet nun einfach:

$$I(x, U) = lookup(x, U)$$

Man beachte, daß der mit *lookup* ermittelte Wert nicht weiter ausgewertet zu werden braucht, da aufgrund der call-by-value Semantik des Interpreters Ausdrücke nur ausgewertet als Parameter übergeben werden und dementsprechend nur Werte in der Umgebung gespeichert werden (siehe Gleichungen für Abstraktion und **let**-Ausdruck).

Die Auswertung der *Fallunterscheidung* verläuft ganz wie erwartet: Zunächst ermittelt man den Wert der Bedingung e und berechnet in Abhängigkeit von dem Ergebnis entweder den Ausdruck der ersten oder der zweiten Alternative:

$$I(\textbf{if } e \textbf{ then } e_1 \textbf{ else } e_2, U) = \begin{cases} I(e_1, U) & \text{falls } I(e, U) = \textit{true} \\ I(e_2, U) & \text{falls } I(e, U) = \textit{false} \end{cases}$$

Bei der Auswertung einer *Applikation* muß man drei Fälle unterscheiden: Die Applikation von unären oder binären vordefinierten Funktionen sowie die Applikation von Abstraktionen. In den ersten beiden Fällen wird die Applikation über eine nicht näher betrachtete Funktion *apply* realisiert. Dabei ist nur zu beachten, daß die Argumente per call-by-value übergeben werden:

$$I(c\ e, U) = apply(c, I(e, U))$$
$$I(e_1\ c\ e_2, U) = apply(c, (I(e_1, U), I(e_2, U)))$$

Bei der Applikation einer Abstraktion muß man diese zunächst zu einer closure (**fn** $x \Rightarrow e, U'$) auswerten und den definierenden Funktionsausdruck e auf den Wert des Argumentes applizieren. Dabei ist zu beachten, daß die Auswertung in der Umgebung der closure, U', erfolgt, um die statische Bindung freier Variablen zu garantieren (s. Seite 223).

$$I(e_1\ e_2, U) = I(e, (x, v) \cdot U')$$
$$\text{wobei}\quad I(e_1, U) = (\textbf{fn } x \Rightarrow e, U')$$
$$\text{und}\quad I(e_2, U) = v$$

Durch die Auswertung von e_2 vor der Bindung an x wird die call-by-value-Parameterübergabe realisiert.

Eine *Abstraktion* wird zu einer closure ausgewertet. Da closures Werte sind, brauchen sie nicht weiter ausgewertet zu werden.

$$I(\mathbf{fn}\ x \Rightarrow e,\ U) = (\mathbf{fn}\ x \Rightarrow e,\ U)$$

Die Interpretation für einen **let**-*Ausdruck* **let val** $x = e$' **in** e **end** erweitert die aktuelle Umgebung um die Bindung (x, v), wobei v den Wert von e' bezeichnet. In dieser erweiterten Umgebung wird dann der Ausdruck e berechnet.

$$I(\mathbf{let\ val}\ x = e\text{'}\ \mathbf{in}\ e\ \mathbf{end},\ U) = I(e,\ (x,\ v){\cdot}U)$$
$$\text{wobei}\ I(e\text{'},\ U) = v$$

Eine *rekursiver* **let**-*Ausdruck* wird im Prinzip ganz ähnlich interpretiert wie ein nicht-rekursiver. Es gibt jedoch zwei Unterschiede: Zum einen müssen wir anstelle einer einzigen Definition eine ganze Liste von Definitionen in die aktuelle Umgebung einfügen – dies bereitet wohl kaum Probleme. Zum anderen aber, und dies ist schon wesentlich komplizierter zu bewerkstelligen, können die definierenden Ausdrücke die definierten Variablen enthalten. Betrachten wir als Beispiel die obige Definition von *fak*:

```
let    val rec fak = fn x ⇒ if x<3 then x else x*fak (x–1)
in
       fak 3
end
```

Angenommen, der gesamte Ausdruck ist in einer Umgebung U auszuwerten, so muß die Auswertung des Ausdrucks *fak* 3 in der Umgebung U' $= (fak,\ f){\cdot}U$ erfolgen, wobei f das Ergebnis der Auswertung des Funktionsausdrucks **fn** $x \Rightarrow$ **if** $x{<}3$ **then** x **else** $x{*}fak$ $(x{-}1)$ ist (wir bezeichnen diesen im folgenden mit F). Dessen Auswertung muß jedoch ebenfalls in U' erfolgen, da in ihm die Variable *fak* verwendet wird. Stellt diese zirkuläre Definition nicht einen unauflösbaren Widerspruch dar? Nein. Denn wir wissen bereits von der Interpretation von Abstraktionen, daß f eine closure sein muß, bestehend aus dem Funktionsausdruck F und einer Umgebung. Diese Umgebung muß nun gerade U' sein, um die rekursive Referenz auf *fak* zu ermöglichen. Wir erhalten also eine zirkuläre Datenstruktur, die man wie folgt konstruieren kann: Zunächst verwendet man einen Platzhalter Ω anstelle von U' in der Bindung für *fak*, d.h., man bildet U' $= (fak,\ (F,\ \Omega)){\cdot}U$. Danach überschreibt man dann Ω mit U'. Dies ist noch einmal in Abb. 7.5 dargestellt.

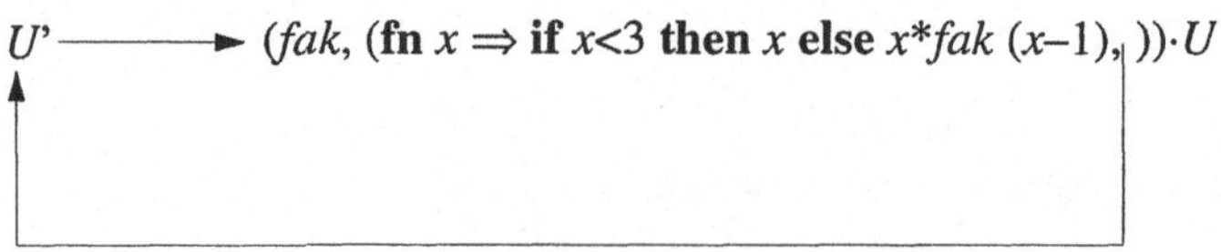

Abb. 7.5. Zyklische Umgebung

Damit wird erreicht, daß bei der Auswertung der Applikation *fak* 3 der Ausdruck **if** *x*<3 **then** *x* **else** *x***fak* (*x*–1) in der Umgebung (*x*, 3)·*U*' berechnet wird. Dadurch wird beim rekursiven Aufruf die korrekte closure für *fak* gefunden.

Für die Interpretation eines rekursiven **let**-Ausdrucks mit *n* Definitionen erhalten wir entsprechend die folgende Interpretation:

$$I(\textbf{let val rec } x_1 = e_1 \textbf{ and } ... \textbf{ and } x_n = e_n \textbf{ in } e \textbf{ end}, U) = I(e, U')$$

$$\text{wobei} \quad U' = (x_1, v_1)·...·(x_n, v_n)·U$$

$$\text{und} \quad v_1 = (e_1, U')$$

$$...$$

$$v_n = (e_n, U')$$

Ein entscheidendes Element funktionaler Sprachen ist zweifelsohne die Rekursion. In der Beschreibung des Interpreters haben wir gleichermaßen von Rekursion intensiven Gebrauch gemacht. Es gibt allerdings nur wenige Prozessorarchitekturen, die Rekursion elementar zur Verfügung stellen. Unter diesem Gesichtspunkt sind wir von einer realistischen Implementierung doch noch ein gutes Stück entfernt. Deshalb betrachten wir im folgenden die Übersetzung der funktionalen Kernsprache in eine Maschinensprache. Allerdings beziehen wir uns nicht auf einen konkreten Prozessor, sondern auf eine abstrakte Maschine, die SECD-Maschine.

7.4 Implementierung durch Übersetzung

Wir beschreiben in Abschnitt 7.4.1 die Architektur der SECD-Maschine sowie die Maschinenbefehle und deren Wirkung. Dies erfolgt zunächst in einer vereinfachten Darstellung, in der wir die Behandlung von Rekursion ignorieren. Die Übersetzung von ML in SECD-Code ist dann Gegenstand des Abschnitts 7.4.2. Die Realisierung von Rekursion folgt schließlich in Abschnitt 7.4.3.

7.4.1 Die SECD-Maschine

Die SECD-Maschine arbeitet mit vier Registern.[9] Die Bezeichnungen der Register geben der SECD-Maschine ihren Namen:

S *Stack*. Der Stack dient zur Ablage von Zwischenergebnissen bei der Berechnung von Ausdrücken.

E *Environment*. Im Environment (Umgebung) werden Variablenbindungen verwaltet, die zur Auswertung von Ausdrücken benötigt werden.

C *Control*. Dies ist der eigentliche Programmspeicher.

---

[9] Dies sind nicht Register im Sinne herkömmlicher Prozessorarchitekturen, vielmehr kann ein SECD-Register beliebig komplexe Werte enthalten.

D *Dump*. Dieses Register dient zum Zwischenspeichern kompletter Maschinenkonfigurationen. Dies ist immer bei einer Funktionsapplikation erforderlich: In der SECD-Maschine werden Funktionen als closures repräsentiert, wobei eine closure aus Maschinencode und einer Umgebung besteht, in dem dieser Code ausgeführt werden soll. Um die closure applizieren zu können, muß man den Code in den Programmspeicher bringen und das Environment installieren. Die alten Zustände dieser Register werden dann auf den Dump gesichert und nach Abarbeitung der Applikation reinstalliert.

Der Vorrat an Maschinenbefehlen der SECD-Maschine lautet:

LD	Laden einer Konstanten
LDV	Laden einer Variablen
LDC	Laden einer closure
APP	Applizieren einer closure
RAP	Rekursives Applizieren
DUM	Erzeugen von „Dummy"-Einträgen im Environment
COND	Bedingter Sprung zu einer Befehlsfolge
RET	Rückkehr nach bedingtem Sprung
ADD	
NOT	vordefinierte Funktionen
EQ	
...	

Die SECD-Maschine kann man sich als Automaten vorstellen, dessen aktueller Zustand jeweils durch ein Viertupel (S, E, C, D) gegeben ist. Die Funktionsweise der SECD-Maschine ist dann durch *Transitionsregeln* der folgenden Form gegeben:

$$(S, E, C, D) \vdash (S', E', C', D')$$

Für jeden Befehl werden wir die Transitionsregel anschließend beschreiben. In der Tat sind alle Register Stacks, die in den Transitionsregeln mit der bereits verwandten Listenschreibweise notiert werden, d.h., einen Stack mit oberstem Element x und Rest-Stack s schreiben wir als $x{\cdot}s$.

Die Ladebefehle (LD, LDV und LDC) bringen allesamt ihr jeweiliges Argument auf den Stack. Die einfachste Ladeoperation ist LD:

$$(S, E, LD\ x{\cdot}C, D) \vdash (x{\cdot}S, E, C, D)$$

Beim Laden einer Variablen muß deren Wert im Environment nachgesehen werden. Dies geschieht in etwas anderer Weise als in der Interpreter-Implementierung: Eine Umgebung wird in der SECD-Maschine nicht als Liste von Bindungen dargestellt, sondern einfach als Liste von Werten. Die Position des zu einer Variablen gehörenden Wertes wird bereits bei der Übersetzung des funktionalen Programms berechnet und erscheint als Argument des *LDV*-Befehls.

$$(S, x_1 \cdot \ldots \cdot x_n \cdot E, LDV\ n \cdot C, D) \vdash (x_n \cdot S, x_1 \cdot \ldots \cdot x_n \cdot E, C, D)$$

Der *LDC*-Befehl hat als Parameter eine Liste von Maschinenbefehlen, die der Übersetzung einer Funktion entsprechen. Aus dieser Liste und der aktuellen Umgebung *E* wird bei Abarbeitung des *LDC*-Befehls eine closure erzeugt, die auf den Stack geladen wird. Eine closure in der SECD-Maschine ist ein Paar bestehend aus einer Liste von Maschinenbefehlen und einer Liste von Werten.

$$(S, E, (LDC\ C') \cdot C, D) \vdash ((C', E) \cdot S, E, C, D)$$

Bei der Bearbeitung des *APP*-Befehls wird auf dem Stack eine closure (C', E') erwartet sowie das Argument x, auf das die closure appliziert wird. Im weiteren soll dann der Code C' in dem um x erweiterten Environment E' ausgeführt werden, d.h., die Übersetzung der durch C' repräsentierten Funktion erfolgt so, daß Referenzen auf das Funktionsargument als Zugriffe auf die erste Variable des Environments (mit *LDV* 1) dargestellt werden und die Numerierung der globalen Variablen bei 2 beginnt. Die Ausführung der Applikation erreicht man nun durch Installation von C' im Programmspeicher und von $x \cdot E'$ als neuer Umgebung. Ist C' vollständig abgearbeitet, wird der in C auf *APP* folgende Befehl ausgeführt, und zwar in der alten Umgebung. Dies bedeutet, daß sowohl der restliche Programmspeicher als auch die aktuelle Umgebung vor Auswertung der closure gesichert werden müssen. Dazu wird der Dump verwendet: Dort wird der gesamte Maschinenzustand gespeichert, wie er nach Beendigung der closure-Bearbeitung wiederherzustellen ist.

$$((C', E') \cdot x \cdot S, E, APP \cdot C, D) \vdash ([], x \cdot E', C', (S, E, C) \cdot D)$$

Das Laden des closure-Codes in den Programmspeicher entspricht einem Sprung in konventionellen Maschinen. Wir müssen noch erklären, wie nach Abarbeitung des Codes der entsprechende „Rücksprung" erfolgt. Das Ende des Funktionscodes erkennt man ganz einfach an einem leeren Programmspeicher. Dann steht das Resultat der entsprechenden Applikation (x) oben auf dem Stack. Nun wird der auf dem Dump gesicherte Maschinenzustand wiederhergestellt, wobei x nicht verworfen, sondern oben auf den gesicherten Stack gepackt wird.

$$(x \cdot S', E', [], (S, E, C) \cdot D) \vdash (x \cdot S, E, C, D)$$

Bei der Applikation von Befehlen für vordefinierte Funktionen (zumindest bei den zweistelligen) ist zu beachten, daß die Argumente in umgekehrter Reihenfolge auf dem Stack liegen. Dies ergibt sich aus der Übersetzung von Programmen in Maschinencode (s. Abschnitt 7.4.2). Ansonsten sind die Transitionen offensichtlich:

$$(y \cdot x \cdot S, E, ADD \cdot C, D) \vdash (x + y \cdot S, E, C, D)$$
$$(y \cdot x \cdot S, E, EQ \cdot C, D) \vdash (x = y \cdot S, E, C, D)$$
$$\ldots$$

Der *COND*-Befehl realisiert einen bedingten Sprung. Auf dem Stack wird ein boolescher Wert erwartet, der die Auswahl einer von zwei Codesequenzen bestimmt.

Nach Ausführung einer der beiden Alternativen wird mit dem nächsten Befehl im Programmspeicher fortgefahren. Deshalb muß der Code auf dem Dump gesichert werden. Stack und Environment bleiben prinzipiell erhalten und brauchen daher nicht gesichert zu werden. Wir übergeben also zwei leere Listen.

$$(true{\cdot}S, E, COND(C_1, C_2){\cdot}C, D) \vdash (S, E, C_1, ([], [], C){\cdot}D)$$
$$(false{\cdot}S, E, COND(C_1, C_2){\cdot}C, D) \vdash (S, E, C_2, ([], [], C){\cdot}D)$$

Der Rücksprung aus einer $COND$-Verzweigung erfolgt durch den Befehl RET (durch die Übersetzung wird sichergestellt, daß jede der beiden Alternativen C_1 und C_2 als letzten Befehl RET enthält). Daher kann man die Fallunterscheidung von der Applikation unterscheiden und beim Rücksprung lediglich den Code reinstallieren und die leeren Listen für Stack und Environment ignorieren.

$$(S, E, [RET], ([], [], C){\cdot}D) \vdash (S, E, C, D)$$

Bei der Ausführung eines RAP-Befehls ergibt sich ein ähnliches Zirkularitätsproblem wie schon bei der Interpretation des rekursiven **let**-Ausdrucks in Abschnitt 7.3. Um die Arbeitsweise der SECD-Maschine bei diesem Befehl (und auch beim Befehl DUM) genau beschreiben zu können, müssen wir den Zusammenhang zwischen einem rekursiven **let**-Ausdruck und dem RAP-Befehl verstehen, und dies erfordert Kenntnisse über die Übersetzung in Maschinensprache. Deshalb schieben wir die Behandlung von Rekursion auf, bis wir im nächsten Abschnitt die Übersetzung näher betrachtet haben.

Ein Maschinenprogramm C wird nun von der SECD-Maschine wie folgt bearbeitet: Beginnend mit dem Zustand ([], [], C, []), werden die Transitionsregeln so lange angewandt, bis Programmspeicher und Dump leer sind. Das Ergebnis befindet sich dann auf dem Stack.

Aufgabe 7.3: Das folgende Maschinenprogramm beschreibt die Anwendung der Successor-Funktion auf die Zahl 3:

$$[LD\ 3, LDC\ [LDV\ 1, LD\ 1, ADD], APP]$$

Vollziehen Sie die Bearbeitung des Programms durch die SECD-Maschine nach, d.h., geben Sie die entsprechende Folge von Maschinenzuständen an. $\square$

7.4.2   Übersetzung von ML in SECD-Code

Wir hatten in der Erklärung zum LDV-Befehl bereits erwähnt, daß im Environment lediglich Werte (ohne Variablennamen) stehen und daß der Zugriff über die Position des Wertes in der Environment-Liste erfolgt. Diese Positionen werden vom Compiler berechnet. Daher müssen die Übersetzungsregeln relativ zu einer Liste von Variablennamen formuliert werden, die der Liste von Werten im Environment entspricht. Dagegen benötigen wir das Environment selbst (d.h. die Werte) bei der Übersetzung nicht. Die Namensliste wird nun während der Übersetzung z.B. durch Abstraktion oder **let**-Ausdruck erweitert, ganz so, wie es mit dem Environment zur

Laufzeit geschieht. Bei der Übersetzung eines Variablennamens wird dann die Position des Namens in der Liste ermittelt, und dies ergibt den Parameter des *LDV*-Befehls. Da die Namensliste während der Übersetzungsphase genauso auf- und abgebaut wird wie das Environment zur Laufzeit der SECD-Maschine, ist gewährleistet, daß die für Variablen ermittelten Positionswerte stets auf den richtigen Wert im Environment verweisen.

Im folgenden beschreiben wir für jeden Mini-ML-Ausdruck die Übersetzung in eine Liste von SECD-Maschinenbefehlen. Dazu definieren wir eine Funktion $Ü$, die als zweites Argument eine Liste N von Variablennamen hat.

Konstanten werden direkt in Ladebefehle übersetzt:

$$Ü(c, N) = [LD\ c]$$

Für *Variablen* werden ebenfalls Ladebefehle generiert, wobei die Funktion *position* die Stelle der Variablen x in der Namensliste N ermittelt:

$$position(x, y{\cdot}N) = \begin{cases} 1 & \text{falls } x = y \\ 1 + position(x, N) & \text{sonst} \end{cases}$$

Die Übersetzung von Variablen lautet nun:

$$Ü(x, N) = [LDV\ position(x, N)]$$

Die Übersetzung von Variablen ist im übrigen die einzige Stelle, an der in der Namensliste N gesucht wird.

Die *Fallunterscheidung* wird in einen *COND*-Befehl übersetzt. Da dieser den booleschen Wert der Bedingung auf dem Stack erwartet, wird die Übersetzung der Bedingung dem *COND*-Befehl vorangestellt. Das Argument des *COND*-Befehls ist ein Paar bestehend aus den Übersetzungen der beiden Alternativen, jeweils gefolgt von einem *RET*-Befehl.

$$Ü(\textbf{if } c \textbf{ then } e_1 \textbf{ else } e_2, N) = Ü(c, N){\cdot}[COND(Ü(e_1, N){\cdot}[RET], Ü(e_2, N){\cdot}[RET])]$$

Wir bezeichnen hier die Konkatenation von Listen ebenfalls mit „$\cdot$".

Betrachten wir nun die Übersetzung von *Applikationen*. Bei vordefinierten Funktionen wird zunächst Code für die Argumente erzeugt. Daran wird ein Maschinenbefehl angehängt, der die vordefinierte Funktion realisiert. Die Korrespondenz zwischen vordefinierten Funktionen und Maschinenbefehlen ist über eine Funktion *code* beschrieben (also $code(+) = [ADD]$, $code(-) = [SUB]$, ...).

$$Ü(c\ e, N) = Ü(e, N){\cdot}code(c)$$
$$Ü(e_1\ c\ e_2, N) = Ü(e_1, N){\cdot}Ü(e_2, N){\cdot}code(c)$$

An der Übersetzung für binäre Funktionen kann man nun auch erkennen, warum binäre Maschinenbefehle ihre Argumente in umgekehrter Reihenfolge auf dem Stack vorfinden. Denn die Übersetzung des Ausdrucks 4–1 ergibt offensichtlich die Befehlsfolge

$$[LD\ 4,\ LD\ 1,\ SUB]$$

Die Verarbeitung dieser Sequenz durch die SECD-Maschine bringt zunächst die 4 und danach die 1 auf den Stack, d.h., der Befehl *SUB* findet sein zweites Argument über dem ersten auf dem Stack.

Die Applikation einer Abstraktion wird über den *APP*-Befehl realisiert. Dieser erwartet oben auf dem Stack eine closure und direkt darunter das Argument. Daher wird die Abstraktion als erste übersetzt, gefolgt von dem zu applizierenden Ausdruck und dem *APP*-Befehl.

$$\ddot{U}(e\ e',\ N) = \ddot{U}(e',\ N)\cdot\ddot{U}(e,\ N)\cdot[APP]$$

Eine *Abstraktion* (**fn** $x \Rightarrow e$) wird in einen *LDC*-Befehl übersetzt, dessen Argument die aus der Übersetzung des Funktionsrumpfes e resultierende Befehlsfolge ist. Zu beachten ist, daß e relativ zu der um x erweiterten Namensliste übersetzt wird.

$$\ddot{U}(\textbf{fn}\ x \Rightarrow e,\ N) = [LDC\ \ddot{U}(e,\ x\cdot N)]$$

Die Übersetzung eines **let**-Ausdrucks ergibt sich direkt aus der Korrespondenz des Ausdrucks **let val** $x = e'$ **in** e **end** zum Ausdruck (**fn** $x \Rightarrow e$) e'.

$$\ddot{U}(\textbf{let val}\ x = e'\ \textbf{in}\ e\ \textbf{end},\ N) = \ddot{U}(e',\ N)\cdot[LDC\ \ddot{U}(e,\ x\cdot N)]\cdot[APP]$$

Die Übersetzung eines rekursiven **let**-Ausdrucks betrachten wir zusammen mit den noch ausstehenden Transitionsregeln im nächsten Abschnitt.

Aufgabe 7.4: Betrachten Sie die Funktion *twice*, die durch den folgenden Ausdruck definiert ist:

$$\textbf{fn}\ f \Rightarrow \textbf{fn}\ x \Rightarrow f\,(f\,x)$$

Übersetzen Sie die Funktion *twice* in SECD-Code.   □

7.4.3   Behandlung von Rekursion

Wir untersuchen zunächst die Übersetzung eines rekursiven **let**-Ausdrucks und beschreiben anschließend die dazugehörigen Transitionsregeln der SECD-Maschine.

Der Unterschied zwischen einem rekursiven **let**-Ausdruck und einem nicht-rekursiven ist zum einen, daß mehrere Definitionen vorgenommen werden können und zum anderen, daß die definierenden Ausdrücke die definierten Variablen enthalten können. Entsprechend wollen wir die Übersetzung in zwei Schritten erklären: Zunächst betrachten wir die Erweiterung eines **let**-Ausdrucks auf mehrere definierte Variablen. Danach behandeln wir die Rekursion.

Die Übersetzung eines Ausdrucks **let val** $x = e'$ **in** e **end** erzeugt zunächst Code für e' (z.B. C'), gefolgt vom Code für e (z.B. *LDC C*) und einem *APP*-Befehl. Zur Laufzeit bewirkt der Code C', daß der Wert von e' (z.B. v) oben auf dem Stack erscheint, *LDC C* lädt eine closure darüber, und *APP* veranlaßt die Ausführung von C im um v erweiterten Environment. Betrachten wir nun die erweiterte Form **let val** $x_1 = e_1$

and ... and $x_n = e_n$ **in** e **end**. Wir müssen sowohl die Übersetzung anpassen als auch die SECD-Transitionsregel für *APP*. Die Übersetzung muß zunächst Code für alle Definitionen erzeugen, d.h. die konkatenierte Folge der Befehle von C_1, ..., C_n, wobei C_i der Code für den Ausdruck e_i ist. Anschließend wird der *LDC*-Befehl mit dem Code für e generiert. Dabei ist zu beachten, daß die Übersetzung von e relativ zu einer um $[x_1, ..., x_n]$ erweiterten Namensliste erfolgt. Darüber hinaus muß der abschließende *APP*-Befehl Kenntnis über die Anzahl n der auf dem Stack liegenden Definitionen haben, um genau diese auf das Environment laden zu können. Daher wird der *APP*-Befehl mit einem entsprechenden Parameter ausgestattet. Die Übersetzung lautet nun:

$$\ddot{U}(\textbf{let val } x_1 = e_1 \textbf{ and ... and } x_n = e_n \textbf{ in } e \textbf{ end}, N) =$$
$$\ddot{U}(e_1, N)\cdot....\cdot\ddot{U}(e_n, N)\cdot[LDC\ \ddot{U}(e, [x_1, ..., x_n]\cdot N), APP\ n]$$

Die Transitionsregel für *APP* muß nun n Werte auf das Environment der zu applizierenden closure laden. Zu beachten ist dabei wiederum, daß die Werte in gespiegelter Reihenfolge auf dem Stack erscheinen.

$$((C', E')\cdot[x_n, ..., x_1]\cdot S, E, APP\ n\cdot C, D) \vdash ([], [x_1, ..., x_n]\cdot E', C', (S, E, C)\cdot D)$$

Wenden wir uns der Rekursion in den Ausdrücken e_1, ..., e_n zu. Um Verweise auf irgendwelche x_j korrekt zu behandeln, muß die Übersetzung eines jeden Ausdrucks e_i in der um x_1, ..., x_n erweitereten Namensliste erfolgen. An die Übersetzung wird ein *RAP*-Befehl angefügt, dessen Transitionsregel sich von der des *APP*-Befehls deutlich unterscheidet. Da die e_i in einem rekursiven **let**-Ausdruck Funktionen sein müssen, werden diese in *LDC*-Befehle übersetzt. Zur Laufzeit wird dann für jeden *LDC*-Befehl eine closure $cl_i = (C_i, E')$ gebildet, die auf den Stack geladen wird. Das Environment E' einer jeden solchen closure muß aber das Environment sein, das bei Bearbeitung des *RAP*-Befehls durch Laden der closures in das aktuelle Environment erst entsteht, denn in den Codesequenzen C_i können ja Ladebefehle für beliebige Werte (d.h. also für beliebige cl_i) vorkommen. Hier ergibt sich eine ähnlich zirkuläre Situation wie im Interpreter. Über Gleichungen läßt sich der Zustand (S', E', C, D) der SECD-Maschine nach Laden aller closures auf den Stack wie folgt beschreiben:

$$S' = [(C_n, E'), ..., (C_1, E')]\cdot S$$
$$E' = [(C_1, E'), ..., (C_n, E')]\cdot E$$

Wie kann man dieses Verhalten nun realisieren? Wir bemerken, daß die closures cl_i zunächst (d.h. bis zur Ausführung des *RAP*-Befehls) lediglich auf den Stack geladen und nicht appliziert werden. Daher wird auf das jeweils enthaltene Environment E' auch noch nicht zugegriffen. Es reicht somit aus, in E' für die Werte e_i zunächst nur Platzhalter vorzusehen, in die dann nach Bearbeitung der letzten Definition alle Werte eingetragen werden können. Dies bedeutet in der Tat ein nachträgliches, imperatives Überschreiben im Environment E'. Eine Liste von n Platzhaltern wird durch den Befehl *DUM* n vorne an das aktuelle Environment angefügt. Da dieses erweiterte Environment von allen closures cl_i benötigt wird, erscheint der *DUM*-Befehl vor der Übersetzung der Ausdrücke e_i. Damit wird ein rekursiver **let**-Ausdruck also wie folgt übersetzt. Es sei $N' = [x_1, ..., x_n]\cdot N$:

$$\ddot{U}(\textbf{let val rec } x_1 = e_1 \textbf{ and } ... \textbf{ and } x_n = e_n \textbf{ in } e \textbf{ end}, N) =$$
$$DUM\ n \cdot \ddot{U}(e_1, N') \cdot ... \cdot \ddot{U}(e_n, N') \cdot [LDC\ \ddot{U}(e, N'), RAP\ n]$$

Betrachten wir nun die Verarbeitung durch die SECD-Maschine. Zunächst erzeugt der *DUM*-Befehl ein Environment mit n Platzhaltern an der Spitze. Diese Platzhalter können wir uns als Zeiger auf einen undefinierten Wert vorstellen.

$$(S, E, DUM\ n \cdot C, D) \vdash (S, E', C, D)$$
$$\text{mit } E' := \underbrace{[\Omega, ..., \Omega]}_{n-\text{mal}} \cdot E$$

Der Bezeichner E' wird hier im Sinne einer imperativen Variablen verwandt: Der durch das Überschreiben der Platzhalter Ω bewirkte Seiteneffekt wird dann an allen Stellen sichtbar, an denen auf E' verwiesen wird.

Die folgenden *LDC*-Befehle laden nun die closures cl_i auf den Stack, die jeweils das unfertige Environment E' enthalten. Danach wird die für e übersetzte closure (C, E') (ebenfalls mit Zeiger auf Environment E') auf den Stack geladen. Der *RAP*-Befehl appliziert nun die closure (C, E') auf die im Stack darunter liegenden closures cl_i. Das erforderliche Laden dieser closures in das Environment E' erfolgt durch Überschreiben der darin enthaltenen Platzhalter.

Der Zustand vor Ausführung des *RAP*-Befehls ist also:

$$([(C, E'), (C_n, E'), ..., (C_1, E')] \cdot S, E', RAP\ n \cdot C', D)$$

Nun werden die folgenden Zuweisungen an die Platzhalter in E' ausgeführt:

$$E'[1] := (C_1, E'); ...; E'[n] := (C_n, E')$$

Das heißt, wir erhalten für E':

$$E' = [(C_1, E'), ..., (C_n, E')] \cdot E$$

Dann ergibt sich der folgende Zustand nach Ausführung des *RAP*-Befehls:

$$([], E', C, (S, E, C') \cdot D)$$

Aufgabe 7.5: Übersetzen Sie den folgenden Ausdruck, der die Fakultätsfunktion repräsentiert, in SECD-Code:

let val rec *fak* = **fn** $x \Rightarrow$ **if** $x<3$ **then** x **else** $x*fak\ (x-1)$ **in** *fak* **end** $\square$

7.5   Aufgaben

Aufgabe 7.6: Definieren Sie eine ML-Funktion *power* zur Berechnung der Potenz zweier Zahlen. (Sie können zur Vereinfachung die Funktion nur für nicht-negative Exponenten definieren.)

Aufgabe 7.7: Definieren Sie eine ML-Funktion *iterate*, die eine Funktion f n-mal auf ein Argument x anwendet, d.h., es soll gelten: *iterate* $n f x = f^n(x)$.

Aufgabe 7.8: Welche Typen haben die folgenden ML-Funktionen?

(a) **fun** $f(x, y) = (x, x)$

(b) **fun** $g(x, y) =$ **if** *true* **then** (x, y) **else** (y, x)

Aufgabe 7.9: Geben Sie Funktionsdefinitionen für ML-Funktionen an, für die die nachfolgenden Typen inferiert werden.

(a) $\alpha \rightarrow int$

(b) $\alpha \times \alpha \times \beta \rightarrow \beta \times \alpha$

(c) $\alpha \rightarrow \beta$

(d) $int \rightarrow \beta$

(e) $(\alpha \rightarrow \alpha) \rightarrow int$

(f) $(\alpha \rightarrow \beta) \rightarrow \alpha \rightarrow \beta$

(Hinweis: Überlegen Sie, mit welchen Operationen man die Gleichheit von Typvariablen und Typen erzwingen kann.)

Aufgabe 7.10: Beschreiben Sie den Unterschied zwischen generischen und nicht-generischen Typvariablen.

Aufgabe 7.11: Bestimmen Sie mit Hilfe des Unifikationsalgorithmus für die angegebenen Typausdrücke den jeweils allgemeinsten Unifikator.

(a) $\mathcal{U}(\alpha \rightarrow int \rightarrow \beta, (\gamma \rightarrow \beta) \rightarrow \gamma \rightarrow string)$

(b) $\mathcal{U}(\alpha \rightarrow \gamma \rightarrow string, int \rightarrow \beta \rightarrow \alpha)$

(c) $\mathcal{U}(\alpha \rightarrow \gamma, (\beta \rightarrow int) \rightarrow string \rightarrow \alpha)$

Aufgabe 7.12: Wenden Sie den Typinferenz-Algorithmus auf die folgenden Ausdrücke an.

(a) $(\textbf{fn } x \Rightarrow x)(\textbf{fn } x \Rightarrow 1)$

(b) $(\textbf{fn } x \Rightarrow \textbf{fn } y \Rightarrow x)\,2$

(c) **let val rec** $f = \textbf{fn } x \Rightarrow f x$ **in** f **end**

(d) **let val rec** $f = \textbf{fn } g \Rightarrow \textbf{fn } x \Rightarrow g(f(x))$ **in** f **end**

Aufgabe 7.13: Übersetzen Sie unter Angabe der Zwischenschritte folgende Mini-ML-Ausdrücke in SECD-Code:

(a) **let   val** $x = 3$
    in
        (**let val** $x = x*x$ **in** $x+x$ **end**) $- x$
    end

(b)   let val rec *fib* = **fn** *n* $\Rightarrow$
       if *n* < 2 **then** *n* **else** *fib* (*n*–1) + *fib* (*n*–2)
   in *fib* **end**

(c)   let val rec *ggt* = **fn** *x* $\Rightarrow$ **fn** *y* $\Rightarrow$
       if (*x mod y*) = 0 **then** *y* **else** *ggt y* (*x mod y*)
   in *ggt* **end**

Aufgabe 7.14: Werten Sie die SECD-Codesequenzen zu den Ausdrücken der vorangehenden Aufgabe aus. Verwenden Sie dabei nur sehr kleine Argumente für *fib* und *ggt*.

7.6   Literaturhinweise

Eine äußerst empfehlenswerte Einführung in ML bietet Ullman (1998). Die vielen z.T. sehr ausführlich erklärten Beispiele sind besonders für Anfänger hilfreich, ebenso wie die Erläuterungen zu häufig gemachten Fehlern. Das Buch basiert auf dem aktuellen ML-Standard, der in (Milner et al. 1997) definiert worden ist. Eine sehr gute, allgemeine Einführung in die funktionale Programmierung gibt das Buch von Bird (1998), das auf der Sprache Haskell basiert. Einen guten Überblick über funktionale Programmiersprachen verschafft der Übersichtsartikel von Hudak (1989), und Plädoyers für funktionale Programmierung und Vergleiche mit beispielsweise imperativen Sprachen finden sich u.a. in den beiden Artikeln (Hughes 1989) und (Backus 1978). Als Lehrbücher, die sowohl eine Einführung in die funktionale Programmierung auf der Basis von ML geben als auch Übersetzungsaspekte wie die Typinferenz und die SECD-Maschine beschreiben, sind (Reade 1989) und (Erwig 1999) zu nennen, wobei jedoch im Buch von Reade im Unterschied zu (Ullman 1998) und (Erwig 1999) ein älterer ML-Standard verwandt wird. In (Erwig 1999) wird auch eine vollständige Implementierungen des hier vorgestellten Interpreters, der SECD-Maschine sowie des SECD-Compilers angegeben. Fortgeschrittene Beispiele für ML-Programmierung aus dem Bereich Datenstrukturen bietet das äußerst empfehlenswerte Buch von Okasaki (1998). Dort wird insbesondere auf den Unterschied zu Datenstrukturen in imperativen Sprachen eingegangen.

Die vorgestellte Technik zur Typinferenz ist für die meisten typisierten funktionalen Sprachen gleich. Die polymorphen Typsysteme moderner funktionaler Programmiersprachen basieren überwiegend auf den Arbeiten von Milner und Damas (Milner 1978, Damas und Milner 1982). Der für die Typinferenz benötigte Unifikationsalgorithmus stammt von Robinson (1965). Eine gute Einführung in Typsysteme und Typinferenz gibt auch der Artikel von Cardelli (1987). Ausführliche Beispiele für die Anwendung des Typinferenzalgorithmus findet man im Buch von Field und Harrison (1989). Allerdings basiert die Darstellung (wie auch die in (Cardelli 1987)) auf einer etwas anderen Kernsprache, die anstelle eines rekursiven **let** einen Fixpunktoperator verwendet. Reade (1989) beschreibt die Typinferenz über eine Implementierung in ML. Erweiterungen des Typsystems um kontrolliertes Overloading wie es von der Sprache Haskell angeboten wird, sind u.a. in (Wadler und Blott 1989, Jones 1995) beschrieben. Für entsprechende Erweiterungen des Typinferenzalgorithmus gibt es verschiedene Ansätze (Jones 1992, Nipkow und Snelting 1991, Nipkow und Prehofer 1993, Hall et al. 1996). Mehr über Typsysteme und Polymorphismus kann man u.a. im Übersichtsartikel von Mitchell (1990) finden. Dort wird insbesondere auch auf die Semantik von Typen eingegangen.

Die Idee der SECD-Maschine stammt von Landin (1964). Eine sehr ausführliche Beschreibung der SECD-Maschine bietet (Henderson 1980). Wie schon erwähnt, findet man Beschreibungen der SECD-Maschine auch in (Reade 1989) und (Erwig 1999). Eine andere abstrakte Maschine, die zur Implementierung von ML genutzt wird, ist die Categorical Abstract Machine (CAM). Sie ist u.a. im Buch von Field und Harrison (1989) beschrieben; dieses Buch befaßt sich im übrigen sehr ausführlich mit Implementierungsaspekten, insbesondere werden eine ganze Reihe verschiedener Optimierungsverfahren untersucht. Einen kurzen Vergleich der CAM mit der SECD-Maschine findet man auch im Buch von Reade.

Speziell für ML gibt es Implementierungansätze, die sogenannte *continuations* (Fortsetzungen) als Zwischensprache benutzen und darauf viele Optimierungen durchführen können. Dies ist sehr ausführlich in (Appel 1992) dargestellt. Ein Übersetzer von ML nach C ist in (Tarditi, Acharya und Lee 1990) beschrieben, und einen Baukasten für ML-Implementierungen bietet das ML-Kit (Birkedal et al.1993). Moderne Übersetzungsverfahren für ML basieren z.T. auf typisierten Zwischensprachen (Shao 1997b) und sind in (Shao und Appel 1995, Tarditi et al. 1996) oder auch (Shao 1997a) beschrieben.

Die Implementierung von sogenannten „lazy" Sprachen wie Miranda oder Haskell basiert zumeist auf der sogenannten *Graph-Reduktion*: Ausdrücke werden als Graphen repräsentiert, wobei deren Auswertung durch Transformationsregeln auf Graphen definiert ist. Graph-Reduktion wird im Buch von Field und Harrison relativ ausführlich beschrieben. Die Graph-Reduktion wird auch von Wilhelm und Maurer (1996) behandelt. Darüber hinaus findet man in (Peyton Jones 1987) und (Peyton Jones und Lester 1992) eine detaillierte und umfassende Darstellung der Implementierung einer Sprache wie Miranda.

Kapitel 8

Codeerzeugung und Optimierung

Mit den Mitteln der Syntaxanalyse und der syntaxgesteuerten Übersetzung sind wir bereits in der Lage, Übersetzer zwischen verschiedenen Sprachen zu implementieren, und was die Übersetzung auf der quellsprachlichen Ebene anbelangt, so ist dies eigentlich auch schon alles, da man für die Zielsprache eine Implementierung (einen Interpreter oder seinerseits einen weiteren Übersetzer) bereits gegeben hat oder annimmt.

Bei der Übersetzung von Programmiersprachen sind wir bisher allerdings lediglich zu Zwischensprachen, wie dem 3-Adreß-Code (s. Abschnitt 6.2) oder dem SECD-Code (s. Abschnitt 7.4.1), vorgestoßen. Derartige abstrakte Programmrepräsentationen waren bei den bisherigen Betrachtungen äußerst hilfreich: Zum einen dienten sie als vereinfachendes Modell (z.B. eines realen Prozessors) und erlaubten so der Übersetzung, zunächst einmal von vielen Details abzusehen. Dies erleichterte die Beschreibung der Übersetzung, machte sie überschaubar und hoffentlich weniger fehlerbehaftet. Zum anderen kann man von einer Zwischensprache in verschiedene Maschinensprachen abbilden und unterstützt damit die Portierung von Sprachen auf verschiedene Architekturen.

Um ein Programm nun aber auf einem realen Prozessor ablaufen zu lassen, benötigt man entweder einen Interpreter für die Zwischensprache oder aber einen weiteren Übersetzungsschritt in die Maschinensprache des Prozessors. Diese Art der Übersetzung nennt man *Codeerzeugung*. Es sollte zunächst einmal nicht sehr schwierig sein, „irgendein" (korrektes) Maschinenprogramm zu erzeugen, da beispielsweise die Befehle des 3-Adreß-Codes relativ einfach sind und durch den Befehlsvorrat eines realen Prozessors sicherlich abgedeckt sein werden. Das Ziel ist aber vielmehr, ein möglichst *effizientes Maschinenprogramm* zu erhalten, d.h., es sollte möglichst schnell sein und möglichst wenig Speicher verbrauchen. Dies macht die Aufgabe der Codeerzeugung schon wesentlich anspruchsvoller: Man muß nun geschickt die speziellen Eigenschaften des Zielprozessors ausnutzen, wie z.B. bestimmte Adressierungsarten oder schnelle Register.

Die Schritte der Übersetzung, die mit der Auswahl möglichst guten Codes betraut sind, faßt man allgemein unter dem Begriff *Optimierung* zusammen. Demnach besteht ein wesentlicher Teil der Codeerzeugung selbst aus der Optimierung. Neben dieser *maschinenabhängigen Optimierung* gibt es aber auch eine Reihe von Verfahren, die Verbesserungen bereits auf der Ebene der Zwischensprachen durchführen können. Diese bezeichnet man entsprechend als *maschinenunabhängige Optimie-*

rungen. Darüber hinaus existieren weitreichende Optimierungsmöglichkeiten für Quellsprachen (rein technisch arbeiten diese Verfahren natürlich auf internen Repräsentationen wie Syntaxbäumen). Derartige Quellcodetransformationen bezeichnet man oft auch als *algebraische Optimierung.*

Wir wollen noch kurz anmerken, daß der Begriff „Optimierung" eigentlich ein wenig hochgegriffen ist, denn die noch zu beschreibenden Methoden vermögen in der Regel nicht, optimalen Code zu erzeugen, sondern können lediglich Code zu verbessern.

In Abschnitt 8.1 geben wir zunächst einen Überblick über die verschiedenen Möglichkeiten zur Optimierung. Eine für sehr viele Optimierungsverfahren benötigte Analysemethode, die Datenflußanalyse, werden wir in Abschnitt 8.2 etwas genauer betrachten. In Abschnitt 8.3 beschreiben wir dann ein Verfahren zur Codegenerierung.

8.1   Ein Überblick über Optimierungsverfahren

Es gibt mittlerweile eine erstaunlich große Vielfalt an Optimierungsmethoden. Da es aus Platzgründen nicht möglich ist, sämtliche Verfahren zu beschreiben, wollen wir hier eine Übersicht geben, die einen Eindruck von den Möglichkeiten der Optimierung vermittelt.

Das allgemeine Ziel der Optimierung ist zum einen die *Elimination unnötiger Berechnungen.* Dies beinhaltet sowohl Berechnungen von Werten, die überhaupt nicht gebraucht werden, als auch von Werten, die bereits aufgrund einer Berechnung an anderer Stelle verfügbar sind. Zum anderen versucht die Optimierung, kostspielige (d.h. zeit- oder platzaufwendige) Berechnungen durch äquivalente *kostengünstigere Operationen* zu ersetzen.

Optimierungsmethoden kann man nach verschiedenen Gesichtspunkten klassifizieren. Zunächst kann man Verfahren nach dem Sprachniveau unterscheiden, auf denen sie Programme transformieren: Die *algebraische Optimierung* versucht, Programme auf der Ebene der Quellsprache zu transformieren, die *maschinenunabhängige Optimierung* arbeitet auf einer Zwischensprache wie z.B. dem 3-Adreß-Code, und schließlich berücksichtigt die *maschinenabhängige Optimierung* die speziellen Eigenschaften des Zielprozessors wie z.B. besondere Adressierungsarten oder die Anzahl von Registern. Insbesondere lassen sich die maschinenunabhängigen Optimierungsmethoden nach ihrem „Blickwinkel" unterscheiden: So betrachten Verfahren der *lokalen Optimierung* lediglich einen stark begrenzten Ausschnitt des Programms, im Gegensatz zur *globalen Optimierung.* Globale Verfahren sind in der Regel weitaus mächtiger, benötigen aber zusätzliche Informationen z.B. über die Gültigkeit von Variablen, die die sogenannte *Datenflußanalyse* liefert.

Im folgenden wollen wir neben einer kurzen Beschreibung der jeweiligen Optimierungsmethode auch eine Art von Charakterisierung vornehmen, die den Vergleich der Methoden und deren Auswahl ein wenig erleichtern soll. Zunächst geben wir die Sprachebene(n) an, auf denen die Optimierung operiert. So bezeichnen wir z.B. ein Verfahren, das ausschließlich auf 3-Adreß-Code operiert, mit „3AC→3AC" (für die Quellsprache verwenden wir das Kürzel Q und für Maschinensprache M). In der Tat kann eine Optimierung durchaus zwei Ebenen betreffen, falls es sich um eine in die Übersetzung integrierte Optimierung handelt, wie z.B. die optimale Registerauswahl, die bei der Übersetzung von 3-Adreß-Code in Maschinensprache einsetzt (3AC→M). Außerdem geben wir an, ob ggf. gewisse Zusatzstrukturen benötigt werden. Dies sind gerichtete azyklische Graphen (DAG) oder Flußgraphen (FG), die wir weiter unten noch genauer betrachten. Die Schleifenoptimierung wird beispielsweise mit „3AC+FG→3AC" bezeichnet. Zur einfacheren Darstellung werden wir die Optimierungsideen teilweise auch auf der Quellsprachenebene illustrieren.

8.1.1 Basisblöcke und Flußgraphen

Viele Optimierungstechniken setzen eine Aufteilung des Programms in Basisblöcke voraus: Ein *Basisblock* ist eine maximale Folge von Anweisungen (in 3-Adreß-Code), die in jedem Fall nacheinander ausgeführt werden, d.h., es gibt keine Verzweigungen in einen Basisblock hinein oder aus einem Basisblock heraus. Demnach besitzt jeder Basisblock einen eindeutig festgelegten Blockanfang und ein Blockende. Blockanfänge sind außer den ersten Anweisungen einer Prozedur oder des Programms Befehle, deren Adressen als Sprungmarken auftreten, sowie Befehle, die unmittelbar auf Verzweigungsanweisungen folgen. Ein Blockende ist jeweils der letzte Befehl vor einem Blockanfang sowie der letzte Befehl des Programms.

Als Beispiel betrachten wir die Prozedur *Insertion Sort* in Abb. 8.1.

```
procedure isort (n: integer; var x: array[1..n] of real);
var i,j,jmax,temp: integer;
begin
   for i:=n downto 2 do begin
       jmax := 1;
       for j:=2 to i do
           if x[j] > x[jmax] then jmax := j;
       if jmax <> i then begin
           temp := x[i];
           x[i] := x[jmax];
           x[jmax] := temp
       end
   end
end;
```

Abb. 8.1. Prozedur *Insertion Sort* (PASCAL)

Die Übersetzung in 3-Adreß-Code ist zusammen mit der Gruppierung in Basisblöcke in Abb. 8.2 gezeigt.

B_1

```
 (1)  i := n
```
erste Anweisung der Prozedur

B_2

```
 (2)  if i<2 then goto B₁₁
```
Ziel von goto (Zeile 31)

B_3

```
 (3)  jmax := 1
 (4)  j := 2
```
nach Verzweigung

B_4

```
 (5)  if j>i then goto B₈
```
Ziel von goto (Zeile 15)

B_5

```
 (6)  T1 := j-1
 (7)  T2 := T1*4
 (8)  T3 := x[T2]
 (9)  T4 := jmax-1
(10)  T5 := T4*4
(11)  T6 := x[T5]
(12)  if T3<=T6 then goto B₇
```
nach Verzweigung

B_6

```
(13)  jmax := j
```
nach Verzweigung

B_7

```
(14)  j := j+1
(15)  goto B₄
```
Ziel von goto (Zeile 12)

B_8

```
(16)  if i=jmax then goto B₁₀
```
Ziel von goto (Zeile 5)

B_9

```
(17)  T7 := i-1
(18)  T8 := T7*4
(19)  T9 := x[T8]
(20)  temp := T9
(21)  T10 := jmax-1
(22)  T11 := T10*4
(23)  T12 := x[T11]
(24)  T13 := i-1
(25)  T14 := T13*4
(26)  x[T14] := T12
(27)  T15 := jmax-1
(28)  T16 := T15*4
(29)  x[T16] := temp
```
nach Verzweigung

B_{10}

```
(30)  i := i-1
(31)  goto B₂
```
Ziel von goto (Zeile 16)

B_{11}

```
(32)  return
```
Ziel von goto (Zeile 2)

Abb. 8.2. Basisblöcke für *Insertion Sort*

Zu jedem Block ist eine Begründung für den Blockanfang mit angegeben. Anstelle von Zeilennummern oder Marken verwenden wir im folgenden auch Blocknamen als Adressen in `goto`-Befehlen.

Basisblöcke geben statische Information über den Programmfluß: Die Anweisungen in einem Basisblock werden ja auf jeden Fall alle nacheinander ausgeführt. Hingegen ist die Reihenfolge, in der Basisblöcke durchlaufen werden, i.allg. für verschiedene Programmläufe mit verschiedenen Parametern unterschiedlich.

Ein *Flußgraph* gibt nun die Möglichkeiten an, in der Basisblöcke eines Programms durchlaufen werden können: Die Knoten dieses Graphen sind die Basisblöcke selbst, und eine Kante existiert genau dann von Block B_i zu B_j, wenn während eines Programmlaufs prinzipiell Block B_j direkt nach B_i ausgeführt werden kann. Das heißt, (i) B_j ist Ziel eines Sprungbefehls in B_i, oder (ii) B_j folgt im Programmtext direkt auf B_i, und der letzte Befehl von B_i ist kein unbedingter Sprung. Der Flußgraph für unser Beispielprogramm hat demnach die in Abb. 8.3 gezeigte Struktur.

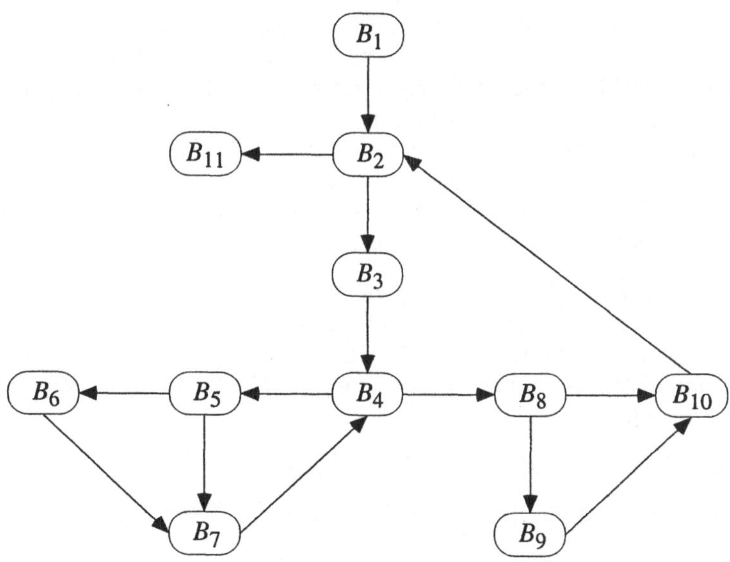

Abb. 8.3. Flußgraph zum Programm *Insertion Sort*

Die Menge der *Nachfolger* (bzw. *Vorgänger*) eines Blocks B bezeichnen wir im folgenden mit $suc(B)$ (bzw. $pred(B)$). Für den Flußgraphen aus Abb. 8.3 gilt z.B. $suc(B_2) = \{B_3, B_{11}\}$ und $pred(B_2) = \{B_1, B_{10}\}$.

Aufgabe 8.1: Ermitteln Sie die Basisblöcke und den zugehörigen Flußgraphen für den folgenden 3-Adreß-Code:

```
 (1)  x := 5
 (2)  z := 3
 (3)  m := x*z
 (4)  y := m+x
 (5)  if m>z then goto 8
 (6)  y := z-y
 (7)  if y<m then goto 14
 (8)  z := x+z
 (9)  i := m+x
(10)  if i>z then goto 3
(11)  y := x-z
(12)  i := i*3
(13)  goto 6
(14)  x := z*y
(15)  z := x+y
```

□

8.1.2   Algebraische Optimierung

Grundlage für die algebraische Optimierung ist eine mathematische Struktur der zu optimierenden Sprache. Eine solche Struktur existiert für imperative Sprachen meistens überhaupt nicht. Deshalb wird die algebraische Optimierung im „klassischen" Compilerbau so gut wie gar nicht thematisiert.[1] Für funktionale Sprachen gibt es dagegen eine Reihe von Transformationssystemen, mit denen man Programme auf der Quellsprachenebene bereits optimieren kann. Eine ganz wichtige Klasse von Verfahren versucht dabei, Datenstrukturen wie Listen oder Bäume zu eliminieren, die als „Zwischenergebnis" von Funktionen fungieren.[2]

Wir haben in Kapitel 7 Datenstrukturen mehr oder weniger ignoriert. Deshalb beschränken wir uns hier auf ein sehr einfaches Beispiel: Neben der Funktion *map*, die eine Funktion auf alle Elemente einer Liste appliziert, ist *reduce* eine wichtige Funktion auf Listen, die mittels einer binären Funktion die Elemente einer Liste aggregiert. Es gilt:

$$reduce \otimes u \, [x_1, ..., x_n] \ = \ x_1 \otimes ... \otimes x_n \otimes u$$

Dabei gibt u den Wert für die Aggregation einer leeren Liste an. So definiert z.B.

val *sum = reduce* + 0

eine Funktion zum Aufsummieren der Elemente einer Liste. Die Gesamtlänge einer Liste von Strings läßt sich also durch den Ausdruck

sum (*map size* ["Eine", "Liste", "von", "Strings"])

---

[1]   Eine Ausnahme bildet vielleicht die Reduktion der Stärke von Operatoren (s.u.).

[2]   In imperativen Sprachen ergibt sich dieses Problem zumeist überhaupt nicht, da dynamische Datenstrukturen nur sehr mühsam konstruiert werden können und sich daher die meisten Programmierer davor hüten, mehr Strukturen aufzubauen, als unbedingt nötig sind. In funktionalen Sprachen bilden dynamische Datenstrukturen dagegen ein natürliches Bindeglied zwischen Funktionsaufrufen.

sehr einfach berechnen. Ein Nachteil ist jedoch, daß der geklammerte Ausdruck zunächst die Liste der Zahlen [4, 5, 3, 7] als Zwischenergebnis konstruiert, bevor die Summe ermittelt wird. Dies verbraucht Rechenzeit und insbesondere Heap-Speicherplatz. Als Spezialfall eines sehr allgemeinen Gesetzes gilt nun die Gleichung:

$$reduce\ f\ u\ (map\ g\ l)\ =\ reduce\ (\mathbf{fn}\ (x, y) \Rightarrow f\,(g\ x, y))\ u\ l$$

Das heißt, die mittels *map* für jedes Element durchzuführende Berechnung *g* braucht nicht separat durchgeführt zu werden, sondern kann durchaus während der Aggregation der Liste erfolgen, so daß keine Liste als Zwischenergebnis anfällt. Auf das Beispiel angewandt ergibt sich also der Ausdruck:

$$reduce\ (\mathbf{fn}\ (x, y) \Rightarrow size\ x + y)\ 0\ [\text{"Eine"}, \text{"Liste"}, \text{"von"}, \text{"Strings"}]$$

Um den Blickwinkel über Programmiersprachen hinauszulenken, verweisen wir noch auf den Bereich der Datenbanken, in dem algebraische Optimierungen von Anfragen (z.B. in der Relationenalgebra) seit langem Standard sind.

Algebraische Optimierungsverfahren sind äußerst mächtig, setzen aber, wie schon gesagt, eine gewisse mathematische Struktur der zu optimierenden Sprache voraus, damit eine hinreichende Menge von algebraischen Gleichungen formuliert werden kann. Im wesentlichen zielen algebraische Optimierungsverfahren auf die Ersetzung komplexer Operationen durch äquivalente aber effizientere sowie auf die Eliminierung von Zwischenergebnissen (wie oben) oder auf die Reduzierung von deren Größe (beispielsweise im Bereich der Datenbanken).

8.1.3   Maschinenunabhängige Optimierung

Wir unterscheiden hier lokale und globale Verfahren. *Lokale Optimierungen* beziehen sich auf relativ kleine zusammenhängende Codestücke, die Basisblöcke. Sie sind deshalb auch relativ einfach zu realisieren. Im Gegensatz dazu sind *globale Verfahren* mit erheblich mehr Aufwand verbunden, da sie Informationen z.B. über die Gültigkeit von Variablenwerten über große Programmteile hinweg berücksichtigen müssen. Derartige Informationen werden durch die z.T. recht aufwendige Datenflußanalyse (s. Abschnitt 8.2) bereitgestellt. Bei den globalen Verfahren unterscheidet man oftmals noch die Schleifenoptimierung von den übrigen globalen Verfahren, da diese eine ganz besonders wichtige Form darstellt.

Lokale Optimierung

Einige der lokalen Methoden können auch global eingesetzt werden. Im Unterschied zu globalen Verfahren kann man sie jedoch auch dann einsetzen, wenn man die Datenflußanalyse nicht implementiert hat.

(O1) Konstantenpropagation und Konstantenfaltung (3AC→3AC). Wenn man weiß, daß der Wert einer Variablen an einem bestimmten Auftreten immer konstant ist und man zudem diesen Wert kennt, so kann man an dieser Stelle die Variable durch ihren Wert ersetzen. Diesen Vorgang nennt man *Konstantenpropagation*. (Typischerweise trifft dies auf Variablen zu, die aus der Übersetzung von Konstanten entstanden sind.)

Ausdrücke mit Konstanten als Argumente kann man bereits zur Übersetzungszeit auswerten. Diesen Vorgang nennt man *Konstantenfaltung*. Man beachte, daß Konstantenfaltung u.U. erst nach vorangegangener Konstantenpropagation möglich ist und umgekehrt, so daß ein mehrfach iteriertes Anwenden beider Methoden z.T. sehr viele Berechnungen bereits zur Compilezeit vornehmen kann. Konstantenpropagation ergibt für das Programmstück

```
x := 3
y := 4
z := x*y
if i<z then goto 123
```

den Code

```
x := 3
y := 4
z := 3*4
if i<z then goto 123
```

Eine Verbesserung ist nun allein schon durch die Tatsache gegeben, daß die Argumente für die dritte Anweisung nicht mehr aus dem Speicher geladen werden müssen (d.h., die Codeerzeugung kann eine effizientere Adressierungsart verwenden). Die Konstantenfaltung bewirkt zudem, daß der dritte Befehl zu einer einfachen Zuweisung z := 12 wird. Damit aber wird eine erneute Konstantenpropagation ermöglicht, so daß wir nach der dritten Iteration schließlich den folgenden Code erhalten:

```
x := 3
y := 4
z := 12
if i<12 then goto 123
```

Sollte sich nun noch herausstellen, daß die Variable eines propagierten Wertes an keiner anderen Stelle mehr benötigt wird (s. Abschnitt 8.2), so kann man die entsprechenden Initialisierungsanweisungen entfernen.

(O2) Kopierpropagation (3AC→3AC). Ähnlich wie Konstanten kann man auch Variablen propagieren. In einem Programmstück wie z.B.

```
x := y
...
z := a*x
```

kann man die letzte Zeile durch z := a*y ersetzen, d.h. also y propagieren, sofern bis dahin keine erneute Zuweisung an x erfolgt ist. Damit ist noch nicht viel gewonnen, jedoch kann es nun sein, daß – ebenso wie bei der Konstantenpropagation – die Variable x möglicherweise nach der Propagierung an keiner Stelle mehr benötigt wird, die Zuweisung kann dann gleichfalls eliminiert werden.

(O3) Reduktion der Stärke von Operatoren (Q→Q) (Q→3AC→M). Die Idee ist, komplexe Operationen in Spezialfällen durch einfachere zu ersetzen. Man kann diese Transformationen bei der Übersetzung oder aber auch im Sinne algebraischer Optimierung direkt auf der Quellsprache durchführen. Auch finden sich derartige Techniken bei der maschinenabhängigen *peephole optimization* (O13). Denkbare Transformationen sind beispielsweise:

```
x**y  ⇒  exp(y*ln(x))
x**2  ⇒  x*x
2*x   ⇒  x+x
```

Man beachte, daß der Nutzen solcher Optimierungsregeln sehr stark vom Befehlssatz der Zielmaschine abhängt, so daß die Transformationen über einen evtl. erweiterten 3-Adreß-Code eigentlich erst bei der Codeerzeugung vorgenommen werden (s. (O12)).

(O4) In-Line Expansion (Q→M). Bestimmte Anweisungen, die bei „normaler" Übersetzung als Funktionsaufruf realisiert würden, kann man oftmals besser direkt in eine einfache Folge von Maschinenbefehlen übersetzen. So gibt es in vielen Prozessoren beispielsweise einen Befehl, der das Vorzeichen eines Registers setzt oder löscht. Ein Ausdruck wie `abs(j)` könnte dann direkt in einen Maschinenbefehl übersetzt werden.

(O5) Elimination redundanter Berechnungen (3AC+DAG→3AC). Die Anweisungen eines Basisblocks kann man durch einen gerichteten azyklischen Graphen (DAG) darstellen (vgl. auch Abschnitt 6.2.1). Dazu wird jeder Operand und jede Operation als Knoten dargestellt, und es werden Kanten von Operatoren zu ihren Argumenten eingefügt. Der von einem Knoten aus erreichbare Teilgraph repräsentiert somit eine u.U. sehr komplexe Berechnung. Wiederholen sich nun Berechnungen, so wird dies bei der Konstruktion des DAGs erkannt und durch eine (zusätzliche) Kante auf den repräsentierenden Knoten dargestellt. Anschließend erzeugt man aus dem DAG für jeden Knoten eine Anweisung. Dies geschieht in umgekehrter topologischer Sortierreihenfolge, damit die Berechnung für ein Argument stets vor der Benutzung in einem anderen Ausdruck erfolgt.

Im Block B_9 des *Insertion-Sort*-Programms (s. Abb. 8.2) wiederholt sich beispielsweise die Berechnung des Teilausdrucks `(i-1)*4` aus den Zeilen 17 und 18 in den Zeilen 24 und 25. Ebenso sind die Zeilen 27 und 28 redundant, da `(jmax-1)*4` bereits in den Zeilen 21 und 22 berechnet wurde. Über die DAG-Konstruktion kann man den folgenden Code erhalten (wir behalten die Originalzeilennumerierung zum einfacheren Vergleich mit dem Original bei):

```
(17)  T7  := i-1
(18)  T8  := T7*4
(19)
(20)  temp := x[T8]
(21)  T10 := jmax-1
(22)  T11 := T10*4
(23)  T12 := x[T11]
(24)
```

```
(25)
(26) x[T8] := T12
(27)
(28)
(29) x[T11] := temp
```

Schleifenoptimierung

Die Optimierung von Schleifen ist besonders attraktiv, da ca. 90% der Ausführungszeit eines Programms in Schleifen verbracht wird.

(O6) Verlagerung von Schleifeninvarianten (3AC+FG→3AC). Eine *schleifeninvariante Berechnung* enthält nur Operanden, deren Werte in der Schleife selbst nicht
verändert werden. Im folgenden Programmstück ist z.B. der Teilausdruck n/i invariant bez. der inneren Schleife und braucht somit nur für jeden i-Wert neu berechnet
zu werden. Die Berechnung der Quadratwurzel ist sogar invariant bez. beider
Schleifen und braucht gar nur einmal berechnet zu werden.

```
for i:=1 to 1000 do
    for j:=1 to 500 do
        a[i,j] := n/i-j*sqrt(n)
```

Dementsprechend kann man die Schleife wie folgt transformieren:

```
r := sqrt(n);
for i:=1 to 1000 do begin
    q := n/i;
    for j:=1 to 500 do
        a[i,j] := q-j*r
end
```

Die Ersparnis beträgt in diesem Beispiel 499999 Quadratwurzelberechnungen und
499000 Divisionen. Die obige Optimierung kann man natürlich als Programmierer
selbst schon vornehmen. Aber abgesehen davon, daß der resultierende Code unüber-
sichtlicher wird, gibt es für die Berechnungen z.B. von Array-Positionen ebenfalls
Optimierungsmöglichkeiten, die nur dem Compiler zugänglich sind.

**(O7) Vereinfachung von Berechnungen mit Schleifenvariablen (3AC+FG→
3AC).** Schleifenvariablen ändern sich kontinuierlich. Diese Eigenschaft kann man
ausnutzen, um in Ausdrücken, die Schleifenvariablen benutzen, die Stärke von Operatoren zu reduzieren. Wir betrachten die folgende Schleife:

```
for i:=j to n do
    s := s + i*k
```

Die Übersetzung in 3-Adreß-Code enthält vor dem Block für die Schleife eine Initialisierung $i := j$ sowie einen bedingten Sprung zur Realisierung des Schleifenab-
bruchs. Der Schleifenblock enthält dann eine Anweisung zur Berechnung des Pro-
dukts, gefolgt von Anweisungen zur Berechnung von s und schließlich der Inkre-

mentierung von i und einem unbedingten Rücksprung zur Schleifenbedingung, also:

$$B_1 \quad \boxed{\texttt{i := j}}$$

$$B_2 \quad \boxed{\texttt{if i>n then goto } B_4}$$

$$B_3 \quad \boxed{\begin{array}{l} \texttt{T := i*k} \\ \texttt{s := s+T} \\ \texttt{i := i+1} \\ \texttt{goto } B_2 \end{array}}$$

Man kann nun den Ausdruck i*k, der die Schleifenvariable i und ansonsten nur schleifeninvariante Argumente enthält, durch eine Addition ersetzen. Dazu führen wir eine Hilfsvariable T1 ein, die vor der Schleife zusammen mit i initialisiert und in der Schleife zusammen mit i inkrementiert wird. Ansonsten wird jedes Vorkommen des Ausdrucks i*k durch T1 ersetzt:

$$B_1 \quad \boxed{\begin{array}{l} \texttt{i := j} \\ \texttt{T1 := i*k} \end{array}}$$

$$B_2 \quad \boxed{\texttt{if i>n then goto } B_4}$$

$$B_3 \quad \boxed{\begin{array}{l} \texttt{T := T1} \\ \texttt{s := s+T} \\ \texttt{i := i+1} \\ \texttt{T1 := T1+k} \\ \texttt{goto } B_2 \end{array}}$$

(O8) Schleifenentfaltung (3AC→3AC). Die Implementierung von Schleifen beinhaltet immer einen gewissen „Overhead", z.B. die Initialisierung des Schleifenzählers, dessen Inkrementierung sowie das Überprüfen der Abbruchbedingung. Falls nun der Schleifenrumpf klein ist und die Schleife nicht oft durchlaufen wird, ist es u.U. günstiger, die Schleife durch eine entsprechende Anzahl von Kopien des Schleifenrumpfs zu ersetzen. Dies gilt insbesondere, wenn die zu entfaltende Schleife selbst in einer anderen Schleife enthalten ist und sich so die Einsparung des Overheads entsprechend multipliziert. Im folgenden Beispiel sollte man die innere Schleife entfalten.

```
for i:=1 to 50 do begin
    for j:=1 to 2 do
        write (a[i,j]);
    writeln
end;
```

Man erhält dann (wenn man die write-Befehle zusammenfaßt):

```
for i:=1 to 50 do
    writeln (a[i,1], a[i,2]);
```

Globale Optimierung

Unter globaler Optimierung faßt man alle Methoden zusammen, die sich über mehr als einen Basisblock erstrecken und die keine Schleifenoptimierungen sind. Insbesondere sind auch die Konstanten- und Kopierpropagation unter Zuhilfenahme der Datenflußanalyse global durchzuführen.

(O9) Elimination toten Codes (3AC→3AC). Man nennt eine Anweisung *tot*, wenn sie im Laufe des Programmes niemals ausgeführt wird oder wenn deren Effekt an keiner Stelle sichtbar wird. Solche Anweisungen können entfernt werden. Eine Quelle für tote Anweisungen haben wir bereits bei der Kopierpropagation kennengelernt. Ansonsten entstehen tote Anweisungen z.B. beim Testen von Programmen, wenn man Kontrollausgaben erzeugt:

```
if debug then begin
    writeln (…);
    …
end
```

Die Unterdrückung der Kontrollausgaben erreicht man durch die Konstantendeklaration:

```
const
    debug = false;
```

Dadurch werden die Kontrollausgaben zu totem Code und können entfernt werden.

(O10) Code Hoisting (3AC→3AC). Die Elimination gemeinsamer Teilausdrücke mittels DAGs war auf nur einen Basisblock beschränkt. Insbesondere, wenn man gemeinsame Teilausdrücke in verschiedenen Zweigen von bedingten Anweisungen hat, greift diese Methode nicht mehr, da ja die Verzweigungen die Erzeugung mehrerer Basisblöcke bewirken. Wenn man aber mittels Datenflußanalyse feststellen kann, daß jede beteiligte Variable innerhalb des betrachteten Bereichs immer den gleichen Wert hat, so kann man Teilausdrücke auch über Basisblöcke hinweg faktorisieren. Beispiel:

```
if i<j then
    x := i*k+1
else
    if i>j then
        y := i*k+1
    else
        y := (x-i*k)/j
```

Man kann `i*k` wie folgt faktorisieren:

```
T := i*k
if i<j then
   x := T+1
else
   if i>j then
       y := T+1
   else
       y := (x-T)/j
```

Ausdrücke wie `i*k`, die in allen Zweigen benötigt werden, nennt man *very busy* (vielbeschäftigt).

Man beachte, daß in diesem Fall das Programm auf Speicherplatzeffizienz optimiert wurde. Die Ausführung wird nicht beschleunigt, da ja in jedem Fall nur ein Zweig mit der Multiplikation ausgeführt wird. Ebenso ist zu beachten, daß die Codeverschiebung eine Verschlechterung bedeutet, wenn der Teilausdruck nicht in allen Zweigen auftritt, denn dann wird ein Zwischenergebnis berechnet, das bei Auswahl des entsprechenden Zweiges gar nicht benötigt wird. Eine zusätzliche Berechnung `T1 := T+1` sowie die Ersetzung der rechten Seiten der Zuweisungen an `x` und `y` durch `T1` hat also zu unterbleiben.

8.1.4 Maschinenabhängige Optimierung

Maschinenabhängige Optimierungen können bereits während der Codeerzeugung erfolgen oder aber auch auf dem resultierenden Maschinenprogramm operieren. Sicherlich hängen die Optimierungsmethoden sehr stark von der Struktur der Zielmaschine ab (vgl. dazu das Maschinenmodell in Abschnitt 8.3.1). Wir nehmen im weiteren an, daß die Zielmaschine folgende Befehle umfaßt:

```
LOAD   R,x     lädt die Konstante oder Variable x in das Register R.
STORE  R,x     speichert Registerinhalt an der Adresse der Variablen x.
OP     R,x     führt die Operation OP mit den Werten von R und x durch.
```

(O11) Anweisungsreihenfolge und Registerauswahl (3AC→M). Betrachtet man Folgen von 3-Adreß-Code-Befehlen, die zur Berechnung von Ausdrücken dienen, so fällt auf, daß die Reihenfolge der Befehle nur zum Teil festgelegt ist. Die konkrete Reihenfolge hat aber einen wesentlichen Einfluß auf das Maschinenprogramm, das bei der Codeerzeugung daraus gewonnen wird.

Beispielsweise ergibt eine schematische Übersetzung des Ausdrucks `(a+b)-(e-(c+d))` die Befehlsfolge:

```
T1 := a+b
T2 := c+d
T3 := e-T2
T4 := T1-T3
```

Man sieht sofort, daß die Zuweisung an `T1` durchaus erst nach der für `T2` oder auch `T3` erfolgen kann. Zunächst aber wird für die gezeigte Folge unter der Annahme, daß zwei Register R und S zur Verfügung stehen, folgender Maschinencode generiert (beispielsweise mit dem Algorithmus aus Abschnitt 8.3.2):

```
LOAD   R,a
ADD    R,b
LOAD   S,c
ADD    S,d
STORE  R,T1
LOAD   R,e
SUB    R,S
LOAD   S,T1
SUB    S,R
STORE  S,T4
```

Wenn man nun alternativ die Zuweisung an T1 hinter die an T3 verschiebt, so braucht man das Register R nicht zwischenzuspeichern und erhält den folgenden, um zwei Befehle kürzeren Code:

```
LOAD   R,c
ADD    R,d
LOAD   S,e
SUB    S,R
LOAD   R,a
ADD    R,b
SUB    R,S
STORE  S,T4
```

Eine optimale Sortierung von 3-Adreß-Code-Folgen (in dem Sinne, daß für eine begrenzte Anzahl von Registern die kürzeste mögliche Folge von Maschinenbefehlen gefunden wird) kann man effizient für Ausdrücke erreichen, die sich als Baum darstellen lassen: Jeder Teilbaum erhält eine Markierung, die angibt, wie viele Register zu seiner Berechnung notwendig sind. Dann wird 3-Adreß-Code immer jeweils zuerst für den Teilbaum erzeugt, der mehr Register benötigt. (Für DAGs ist das Problem NP-vollständig, d.h., der Rechenaufwand wächst exponentiell mit der Größe der Eingabe.)

(O12) Befehlsauswahl (3AC→M) (M→M). Manchmal lassen sich bestimmte Spezialfälle von Anweisungen im 3-Adreß-Code in spezielle Maschinenbefehle übersetzen. Üblicherweise wird eine arithmetische Berechnungen wie i := i+1 in eine Befehlsfolge wie die folgende übersetzt:

```
LOAD   R,i    Lade den Wert der Speicherzelle i in Register R
ADD    R,1    Addiere 1 zum Register R
STORE  R,i    Speichere Register R in der Speicherzelle i
```

Nun werden die allermeisten Prozessoren einen sehr effizienten eingebauten Befehl zur Inkrementierung von Registerinhalten haben. Damit kann man die etwas langsamere Addition in der zweiten Zeile ersetzen. Manche Prozessoren (wie z.B. die der Intel 80*86 Linie) besitzen sogar einen Befehl, um eine beliebige Speicherzelle zu inkrementieren. Damit kann man anstelle der obigen Befehlsfolge einfach den folgenden Befehl verwenden:

```
INC  i              Erhöhe den Wert der Speicherzelle i um 1.
```

Ein weiteres Beispiel für eine optimierende Befehlsauswahl ist die Ersetzung einer Integer-Multiplikation mit 2 durch einen Shift-Left-Befehl. Derartige Optimierungen kann man auch im Rahmen der *peephole optimization* (O13) durchführen.

Der Phantasie sind hier kaum Grenzen gesetzt, jedoch ist es fraglich, ob derartige, eher marginale, Verbesserungen überhaupt den Aufwand lohnen. Der Erfolg der RISC-Architekturen scheint diese Zweifel zu unterstützen. (RISC steht für reduced-instruction-set computer; dieser Rechnertyp stellt nur einen sehr beschränkten Satz von Operationen zur Verfügung.)

(O13) Peephole Optimization (M→M). Nach der Codeerzeugung kann man kleine, zusammenhängende Gruppen von Befehlen einer nachträglichen Optimierung unterziehen. Man versucht dabei hauptsächlich, redundante Anweisungen zu eliminieren, die durch ein möglicherweise stereotypes Codeerzeugungsschema eingeführt worden sind.

Wir betrachten die folgenden Anweisungen im 3-Adreß-Code:

```
x  :=  y+2
z  :=  x*3
```

Diese werden von naiven Coderzeugern in den folgenden Maschinencode übersetzt:[3]

```
LOAD   R,y
ADD    R,2
STORE  R,x
LOAD   R,x   ⇐
MULT   R,3
STORE  R,z
```

Hier fällt sofort auf, daß der Ladebefehl in der vierten Zeile überflüssig ist, da x ja bereits im Register R steht. Man kann solche Situationen gut erkennen, wenn man eine Schablone, die einen Ausschnitt für nur wenige Befehlszeilen bietet, über die Befehlsfolge schiebt. Diese Vorstellung gibt der Methode ihren Namen *peephole optimization* („Guckloch-Optimierung"). Ein weiteres, sehr lohnendes Einsatzgebiet für die peephole optimization ist die Zusammenfassung von Folgen von Sprüngen. Man kann z.B. die Sprungfolge

```
    goto L1
    …
L1: goto L2
```

einfach ersetzen durch

```
    goto L2
    …
L1: goto L2
```

---

[3]   Der Algorithmus aus Abschnitt 8.3.2 ist nicht ganz so naiv und vermeidet den überflüssigen Ladebefehl.

(Dies funktioniert natürlich auch mit einem bedingten Sprung.) Ebenso kann man
auch Sprünge der Form

```
        goto L1
        ...
L1:  if a<b then goto L2
L3:
```

ersetzen durch

```
        if a<b then goto L2
        goto L3
        ...
    L3:
```

Eine zusammenfassende Übersicht über die beschriebenen Methoden findet sich in
Abb. 8.4. Ein großer Teil der Verfahren basiert auf Informationen, die die Datenflußanalyse liefern kann. Wir werden diese daher im folgenden Abschnitt genauer
untersuchen.

8.2   Datenflußanalyse

Ein Flußgraph repräsentiert die möglichen Abfolgen von Anweisungen, die während eines Programmablaufs entstehen können, d.h., eine Kante von Block B_i zu
Block B_j besagt, daß die Anweisungen in B_i denen in B_j vorausgehen können. Das
gleiche gilt, wenn ein Pfad von B_i nach B_j existiert.

Die Datenflußanalyse liefert nun Informationen über die Verfügbarkeit von Variablen und Ausdrücken am Anfang oder Ende von Basisblöcken. Damit man diese
Informationen bei der Übersetzung überhaupt ausnutzen kann, müssen die Aussagen
unabhängig von einem konkreten Programmablauf sein, d.h., die Datenflußanalyse
hat alle möglichen Programmabläufe zu berücksichtigen. Die Berechnung der Aussagen für einen Basisblock erfolgt nun über die entsprechenden Werte aus den Nach-
barblöcken und der Information über deren Veränderung innerhalb des betrachteten
Blocks. Man unterscheidet prinzipiell vier Arten der Datenflußanalyse, und zwar
danach, ob sie vorwärts (zu den Nachfolgern im Flußgraphen) oder rückwärts
gerichtet ist (*forward/backward analysis*) und ob sie alle oder nur einen benachbar-
ten Block berücksichtigt (*all/any analysis*). Wir betrachten zunächst, wie man die
gewünschte Information über sogenannte „Datenflußgleichungen" ausdrücken kann
und zeigen anschließend die Lösung der Gleichungen.

Im weiteren benötigen wir die folgenden Begriffe für Programme im 3-Adreß-Code:
Eine *Definition* der Variablen x ist eine Zuweisung an x. Eine *Anwendung* der Variablen x ist das Auftreten von x als Operand eines Befehls. Eine *Stelle p* in einem Programm ist eine Position vor einem Befehl (also gegeben z.B. durch die Zeilennum-
mer p) oder die Position nach dem letzten Befehl des Programms.

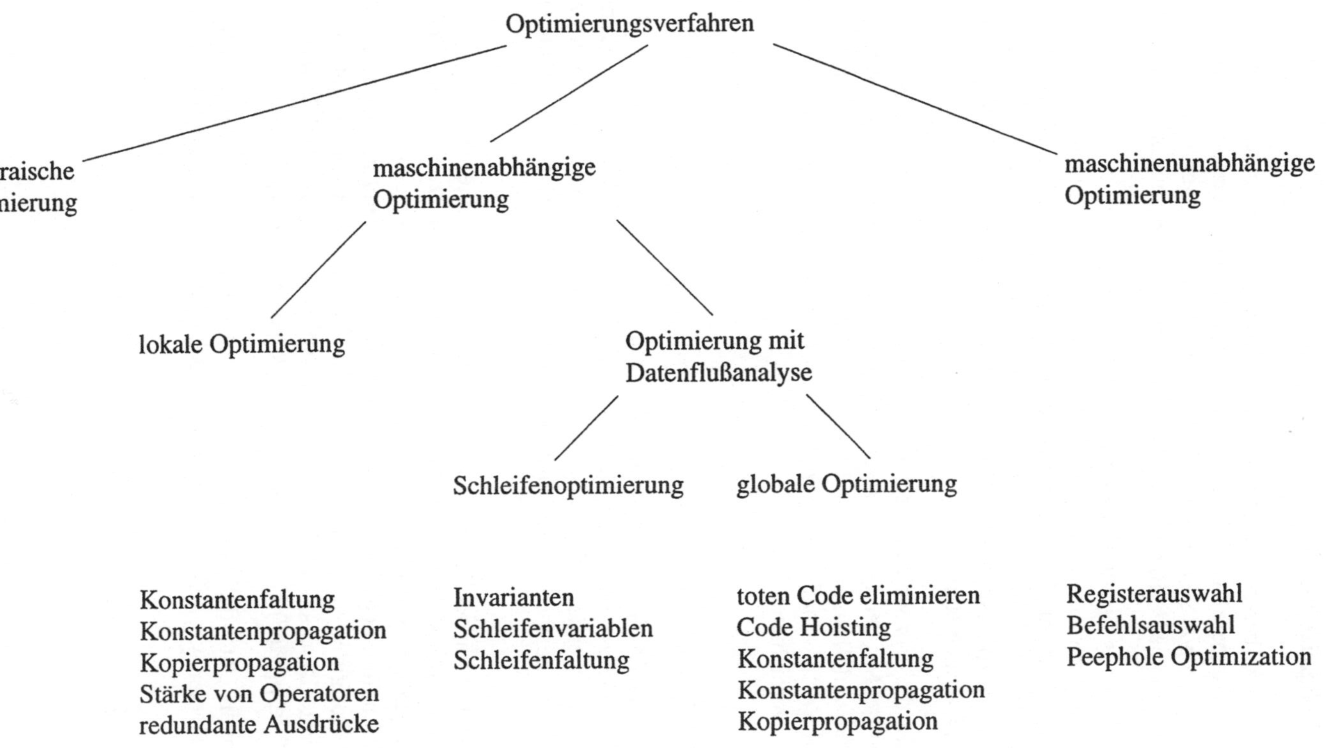

Abb. 8.4. Übersicht über Optimierungsverfahren

8.2.1   Datenflußgleichungen

Datenflußgleichungen beschreiben für jeden Basisblock eine Menge von Werten. Dies sind z.B. verfügbare Ausdrücke (für die Elimination gemeinsamer Teilausdrücke) oder definierende Stellen von Variablen (zur Erkennung von Schleifeninvarianten). Die allgemeine Form einer Datenflußgleichung besteht aus drei Teilen:

1. einer Initialisierung für die Wurzel (den letzten Block)
2. einer Gleichung zur Berechnung der Werte am Anfang (Ende) eines Blocks auf der Basis der Werte am Ende (Anfang) aller Vorgänger (Nachfolger)
3. einer Gleichung zur Berechnung der Werte am Ende (Anfang) eines Blocks auf der Basis der Werte am Anfang (Ende) des Blocks und der im Block selbst erzeugten und vernichteten Werte.

Dies beschreibt die Vorwärtsanalyse; in Klammern stehen die Angaben für die Rückwärtsanalyse. Mit den Gleichungen werden für jeden Block vier Mengen definiert: $in(B)$ und $out(B)$ enthalten die Mengen der am Anfang bzw. am Ende des Blocks B gültigen Informationen; $gen(B)$ und $kill(B)$ bezeichnen die im Block B erzeugten bzw. vernichteten Werte.

Vorwärtsanalyse

Als erstes Beispiel für die Vorwärtsanalyse beschreiben wir die Berechnung der sogenannten *UD-Verkettung* (*use/definition-chaining*); die gibt zu jeder Anwendung einer Variablen die Menge all der Definitionen an, die sie erreichen. Diese Information kann man dann beispielsweise zur Propagation von Konstanten oder Variablen benutzen.

Es sei D eine Definition der Variablen x an der Stelle d. Die in einer Definition definierte Variable (also x) bezeichnen wir mit $V(D)$. Man sagt nun, *D erreicht* die Stelle p im Programm, falls es einen Pfad im Flußgraphen von d nach p gibt, auf dem keine andere Definition für x liegt. Definition D ist *hinter p gültig*, wenn sie p erreicht und wenn p keine Definition von x ist. *D erreicht das Ende von B*, wenn D hinter dem letzten Befehl des Blocks B gültig ist, und *D erreicht (den Anfang von) B*, wenn es einen Block $B' \in pred(B)$ gibt, so daß D das Ende von B' erreicht.

Wie sehen nun die Datenflußgleichungen für die UD-Verkettung aus? Für die Initialisierung beobachten wir, daß am Anfang von Block 1 keine Variablendefinition existiert, d.h.:[4]

$$in(B_1) = \varnothing$$

---

4 Falls der Flußgraph eine Prozedur repräsentiert, kann man allerdings in $in(B_1)$ alle Parameter aufnehmen.

Des weiteren sind die am Anfang eines Blocks B_i gültigen Definitionen gerade alle die, die am Ende irgendeines Vorgängerblocks gültig sind, d.h. also:

$$in(B_i) = \bigcup_{B_j \in pred(B_i)} out(B_j)$$

Dies bedeutet beispielsweise für den Anfang von Block B_2 aus dem *Insertion Sort* Programm, daß dort die am Ende der Blöcke B_1 und B_{10} gültigen Definitionen (dies sind die Stellen 1 und 30) gültig sind.

Schließlich betrachten wir die Definitionen, die das Ende eines Blocks B_i erreichen. Dies sind zunächst alle Definitionen für Variablen in B_i, die in B_i selbst nicht mehr überschrieben werden, d.h., für jede Variable erreicht deren letzte Definition in B_i das Ende von B_i. Diese Menge wird mit $gen(B_i)$ bezeichnet. Zusätzlich erreichen aber auch alle Definitionen D das Ende von B_i, die den Anfang von B_i erreichen und für die es keine Definition für $V(D)$ in B_i gibt. $kill(B_i)$ bezeichnet nun alle Definitionen D, die außerhalb von B_i liegen und für die es eine Definition für $V(D)$ in B_i gibt. Damit gilt dann:

$$out(B_i) = gen(B_i) \cup (in(B_i) - kill(B_i))$$

Beispielsweise ist $gen(B_7) = \{14\}$, und da die Definition 4 den Anfang von B_7 erreicht, enthält $kill(B_7)$ die Definition 4.

Für einen Flußgraphen mit n Knoten erhalten wir also ein Gleichungssystem mit $2n$ Gleichungen. Wie man eine Lösung dafür berechnet, betrachten wir in Abschnitt 8.2.2.

Die UD-Verkettung ist ein Beispiel für eine *forward-any*-Analyse, da die Information entlang der Kanten von Vorgängern zu Nachfolgern propagiert wird und da für die Gültigkeit in einem Block die Gültigkeit in nur einem der Vorgänger gefordert wird. Als Beispiel für eine *forward-all*-Analyse betrachten wir nachfolgend die Berechnung verfügbarer Ausdrücke, die zur Elimination redundanter Berechnungen genutzt werden kann. Man beachte, daß die Werte in den Mengen *in*, *out*, *gen* und *kill* je nach Anwendung völlig verschieden sind. Waren es bei der UD-Verkettung einfach Zeilennummern, so sind es in der folgenden Anwendung Ausdrücke.

Am Anfang des Wurzelblocks sind noch keine Ausdrücke verfügbar:

$$in(B_1) = \varnothing$$

Ein Ausdruck steht nun nur dann am Anfang eines Blocks B_i zur Verfügung, wenn er am Ende eines jeden Vorgängerblocks zur Verfügung steht. Das heißt, da man den konkreten Programmablauf ja nicht kennt, muß man die Verfügbarkeit für alle Vorgänger fordern, um sicher zu sein. Die entsprechende Datenflußgleichung lautet:

$$in(B_i) = \bigcap_{B_j \in pred(B_i)} out(B_j)$$

Zur Notwendigkeit der *forward-all*-Analyse sei angemerkt: Würde man für einen Ausdruck in B_i die Verfügbarkeit annehmen, der in einem Vorgänger (z.B. B_j) nicht verfügbar ist, dann könnte eine Optimierung, die die Berechnung des Ausdrucks in B_i entfernt, zu einem undefinierten Verhalten des Programmes führen, da ja B_i über B_j erreicht werden kann.

Für die Ausdrücke, die am Ende eines Blocks zur Verfügung stehen, gilt das gleiche wie bei der UD-Verkettung: Alle Ausdrücke, die in B_i berechnet werden (d.h. $gen(B_i)$), stehen am Ende von B_i zur Verfügung; darüber hinaus alle Ausdrücke, die bereits am Anfang von B_i verfügbar sind ($in(B_i)$) und deren Operanden in B_i nicht verändert werden. $kill(B_i)$ bezeichne alle Ausdrücke, deren Operanden verändert werden. Dann gilt:

$$out(B_i) = gen(B_i) \cup (in(B_i) - kill(B_i))$$

Wir sehen, daß die Mengen *in* und *out* im wesentlichen als Schnittstelle zwischen Blöcken fungieren, die semantisch relevanten Informationen für eine spezielle Analyse kommen von den Funktionen *gen* und *kill*, für die man jeweils eigene Implementierungen angeben muß. Die in einem Block B_i erzeugten verfügbaren Ausdrücke berechnet man wie folgt: Am Anfang von B_i sei $gen(B_i) = \varnothing$. Nun durchläuft man den Block schrittweise, und für jede Anweisung x := y op z fügt man y op z zu $gen(B_i)$ hinzu und entfernt jeden Ausdruck, der x enthält. Die Menge $kill(B_i)$ enthält alle Ausdrücke der Form x op y, so daß es für x oder y in B_i eine Definition gibt und x op y $\notin gen(B_i)$.

Rückwärtsanalyse

Die Datenflußgleichungen für Rückwärtsanalysen sind denen der Vorwärtsanalyse sehr ähnlich, man bewegt sich allerdings im Flußgraphen entgegen den Kantenrichtungen von Nachfolgern zu Vorgängern.

Wir betrachten als Beispiel zunächst eine *backward-any*-Analyse, und zwar die Ermittlung von lebenden (und toten) Variablen. Die Werte in den Mengen *in*, *out*, *gen* und *kill* sind also nunmehr Variablen. Eine Variable *lebt* an einer Stelle, wenn ihr Wert möglicherweise noch benötigt wird; erfährt dagegen (von einer Stelle p aus betrachtet) eine Variable vor jeder möglichen Verwendung eine Zuweisung, ist sie tot, d.h., ihr Wert wird nicht mehr benötigt. Diese Information ist bei der Registerauswahl während der Codeerzeugung äußerst hilfreich: Register, die Werte von toten Variablen enthalten, können ohne weiteres mit neuen Werten geladen werden; die Variablen brauchen zuvor nicht gespeichert zu werden.

Mit der Initialisierung beginnen wir am Ende des Programms, d.h., am Ende des Programms leben sicherlich keine Variablen mehr:

$$out(B_n) = \varnothing$$

Eine Variable lebt nun am Ende eines Blocks B_i, wenn sie in irgendeinem nachfolgenden Block benötigt wird, d.h., wenn sie insbesondere zu Beginn eines Nachfolgerblocks lebt. Die entsprechenden Datenflußgleichungen lauten:

$$out(B_i) = \bigcup_{B_j \in suc(B_i)} in(B_j)$$

Zu Beginn eines Blocks B_i leben zunächst all die Variablen $gen(B_i)$, deren erstes Vorkommen eine Anwendung ist. (Dabei geht in einer Anweisung x := x op y die Anwendung der Variablen x deren Definition voraus.) Jede Definition D in einem Block „verdeckt" eine spätere mögliche Anwendung von $V(D)$ (in einem Nachfolgerblock), und so enthält $kill(B_i)$ alle Variablen aller Definitionen von B_i. Nun leben am Anfang von Block B_i auch alle Variablen, die am Ende von B_i leben und die nicht durch eine Definition in B_i „getötet" werden, d.h. also:

$$in(B_i) = gen(B_i) \cup (out(B_i) - kill(B_i))$$

Schließlich ist ein Beispiel für die *backward-all*-Analyse die Berechnung von very busy Ausdrücken. Ein Ausdruck ist an einer Stelle p very busy, wenn er auf allen Wegen von dort aus benutzt wird, bevor eine Redefinition (eines seiner Operanden) erfolgt. Die Menge von very busy Ausdrücken am Ende des Programms ist leer:

$$out(B_n) = \emptyset$$

Ausdrücke sind very busy am Ende eines Blocks, wenn sie am Anfang eines jeden Nachfolgers auch very busy sind:

$$out(B_i) = \bigcap_{B_j \in suc(B_i)} in(B_j)$$

Am Anfang eines Blocks B_i sind diejenigen Ausdrücke very busy, die in B_i benutzt werden, sowie die, die am Ende von B_i bereits very busy sind und deren Operanden innerhalb des Blocks nicht redefiniert werden (letztere werden durch die Menge $kill(B_i)$ beschrieben):

$$in(B_i) = gen(B_i) \cup (out(B_i) - kill(B_i))$$

8.2.2   Das Lösen von Datenflußgleichungen

Für strukturierte Programme, d.h. für Programme, die lediglich aus Sequenzen, Fallunterscheidungen und Schleifen bestehen, kann man die *in*- und *out*-Mengen relativ einfach durch syntaxgesteuerte Übersetzung berechnen. Im allgemeinen Fall wendet man, ausgehend von der Initialisierung der Wurzel (bzw. des letzten Blocks bei Rückwärtsanalysen), die Gleichungen für jeden Block so lange an, bis sich in den Mengen *in* und *out* keine Änderungen mehr ergeben.

Wir berechnen beispielhaft die UD-Verkettung für das *Insertion Sort* Programm, wobei wir Array-Variablen außer acht lassen wollen. Die Definitionen für die übrigen (Nicht-Hilfs-)Variablen sind:

Variable	Zeile	Block
i	1	B_1
	30	B_{10}
j	4	B_3
	14	B_7
jmax	3	B_3
	13	B_6
temp	20	B_9

Zunächst ermitteln wir die *gen*- und *kill*-Mengen für alle Blöcke. Wir erinnern uns, daß $gen(B_i)$ die Menge der Stellen ist, die eine Variable das letzte Mal in B_i definieren, und daß $kill(B_i)$ die Stellen außerhalb von B_i enthält, die eine Variable definieren, die auch in B_i definiert wird; die Mengen $gen(B_i)$ kann man direkt aus der Tabelle entnehmen, und die Mengen $kill(B_i)$ enthalten für jede Variable, die in B_i definiert wird, alle Definitionen außerhalb von B_i.

Wir notieren die Mengen in einer Tabelle:

Block	*gen*	*kill*
B_1	{1}	{30}
B_2	{}	{}
B_3	{3, 4}	{13, 14}
B_4	{}	{}
B_5	{}	{}
B_6	{13}	{3}
B_7	{14}	{4}
B_8	{}	{}
B_9	{20}	{}
B_{10}	{30}	{1}
B_{11}	{}	{}

Für alle Blöcke B_i nehmen wir anfänglich an: $in(B_i) = \{\}$. Damit erhalten wir für die Mengen $out(B_i) = gen(B_i) \cup (in(B_i) - kill(B_i)) = gen(B_i)$:

Block	in	out
B_1	$\{\}$	$\{1\}$
B_2	$\{\}$	$\{\}$
B_3	$\{\}$	$\{3, 4\}$
B_4	$\{\}$	$\{\}$
B_5	$\{\}$	$\{\}$
B_6	$\{\}$	$\{13\}$
B_7	$\{\}$	$\{14\}$
B_8	$\{\}$	$\{\}$
B_9	$\{\}$	$\{20\}$
B_{10}	$\{\}$	$\{30\}$
B_{11}	$\{\}$	$\{\}$

Nun müssen wir iteriert $in(B_i)$ und $out(B_i)$ neu berechnen, bis sich keine Änderung mehr (in irgendeiner Menge $out(B_j)$) ergibt. Dabei ermittelt man $in(B_i)$ aus der Vereinigung der Mengen $out(B_j)$ aller Vorgänger B_j von B_i und $out(B_i)$ gemäß der obigen Gleichung. Für die Mengen $in(B_i)$ und $out(B_i)$ sind also stets die folgenden Gleichungen zu berechnen:

$$in(B_1) = \{\} \qquad\qquad out(B_1) = \{1\} \cup (\{\} - \{30\}) = \{1\}$$
$$in(B_2) = out(B_1) \cup out(B_{10}) \qquad\qquad out(B_2) = in(B_2)$$
$$in(B_3) = out(B_2) \qquad\qquad out(B_3) = \{3, 4\} \cup (in(B_3) - \{13, 14\})$$
$$in(B_4) = out(B_3) \cup out(B_7) \qquad\qquad out(B_4) = in(B_4)$$
$$in(B_5) = out(B_4) \qquad\qquad out(B_5) = in(B_5)$$
$$in(B_6) = out(B_5) \qquad\qquad out(B_6) = \{13\} \cup (in(B_6) - \{3\})$$
$$in(B_7) = out(B_5) \cup out(B_6) \qquad\qquad out(B_7) = \{14\} \cup (in(B_7) - \{4\})$$
$$in(B_8) = out(B_4) \qquad\qquad out(B_8) = in(B_8)$$
$$in(B_9) = out(B_8) \qquad\qquad out(B_9) = \{20\} \cup in(B_9)$$
$$in(B_{10}) = out(B_8) \cup out(B_9) \qquad\qquad out(B_{10}) = \{30\} \cup (in(B_{10}) - \{1\})$$
$$in(B_{11}) = out(B_2) \qquad\qquad out(B_{11}) = in(B_{11})$$

In der ersten Iteration berechnet man die Mengen wie folgt: Da B_1 keine Vorgänger im Flußgraphen hat, bleiben $in(B_1)$ und $out(B_1)$ unverändert. Für $in(B_2)$ berechnen wir $out(B_1) \cup out(B_{10}) = \{1\} \cup \{30\} = \{1, 30\}$. Da $gen(B_2) = kill(B_2) = \{\}$ ist, ergibt sich für $out(B_2)$ ebenfalls die Menge $\{1, 30\}$. Ebenso ist $in(B_3) = out(B_2) = \{1, 30\}$.

Da $gen(B_3) = \{3, 4\}$, ergibt sich für $out(B_3) = \{1, 3, 4, 30\}$. Führt man dies fort, so ergeben sich die folgenden Werte:

Block	in	out
B_1	$\{\}$	$\{1\}$
B_2	$\{1, 30\}$	$\{1, 30\}$
B_3	$\{1, 30\}$	$\{1, 3, 4, 30\}$
B_4	$\{1, 3, 4, 14, 30\}$	$\{1, 3, 4, 14, 30\}$
B_5	$\{1, 3, 4, 14, 30\}$	$\{1, 3, 4, 14, 30\}$
B_6	$\{1, 3, 4, 14, 30\}$	$\{1, 4, 13, 14, 30\}$
B_7	$\{1, 3, 4, 13, 14, 30\}$	$\{1, 3, 13, 14, 30\}$
B_8	$\{1, 3, 4, 14, 30\}$	$\{1, 3, 4, 14, 30\}$
B_9	$\{1, 3, 4, 14, 30\}$	$\{1, 3, 4, 14, 20, 30\}$
B_{10}	$\{1, 3, 4, 14, 20, 30\}$	$\{3, 4, 14, 20, 30\}$
B_{11}	$\{1, 30\}$	$\{1, 30\}$

In der nächsten Iteration legt man die neu berechneten Mengen $out(B_i)$ zur Bestimmung der $in(B_i)$ zugrunde. Zum Beispiel erhält man für $in(B_2) = out(B_1) \cup out(B_{10})$ $= \{1\} \cup \{3, 4, 14, 20, 30\} = \{1, 3, 4, 14, 20, 30\}$. Wir erhalten folgende Werte:

Block	in	out
B_1	$\{\}$	$\{1\}$
B_2	$\{1, 3, 4, 14, 20, 30\}$	$\{1, 3, 4, 14, 20, 30\}$
B_3	$\{1, 3, 4, 14, 20, 30\}$	$\{1, 3, 4, 20, 30\}$
B_4	$\{1, 3, 4, 13, 14, 20, 30\}$	$\{1, 3, 4, 13, 14, 20, 30\}$
B_5	$\{1, 3, 4, 13, 14, 20, 30\}$	$\{1, 3, 4, 13, 14, 20, 30\}$
B_6	$\{1, 3, 4, 13, 14, 20, 30\}$	$\{1, 4, 13, 14, 20, 30\}$
B_7	$\{1, 3, 4, 13, 14, 20, 30\}$	$\{1, 3, 13, 14, 20, 30\}$
B_8	$\{1, 3, 4, 13, 14, 20, 30\}$	$\{1, 3, 4, 13, 14, 20, 30\}$
B_9	$\{1, 3, 4, 13, 14, 20, 30\}$	$\{1, 3, 4, 13, 14, 20, 30\}$
B_{10}	$\{1, 3, 4, 13, 14, 20, 30\}$	$\{3, 4, 13, 14, 20, 30\}$
B_{11}	$\{1, 3, 4, 14, 20, 30\}$	$\{1, 3, 4, 14, 20, 30\}$

Die dritte Iteration ergibt:

Block	*in*	*out*
B_1	$\{\}$	$\{1\}$
B_2	$\{1, 3, 4, 13, 14, 20, 30\}$	$\{1, 3, 4, 13, 14, 20, 30\}$
B_3	$\{1, 3, 4, 13, 14, 20, 30\}$	$\{1, 3, 4, 20, 30\}$
B_4	$\{1, 3, 4, 13, 14, 20, 30\}$	$\{1, 3, 4, 13, 14, 20, 30\}$
B_5	$\{1, 3, 4, 13, 14, 20, 30\}$	$\{1, 3, 4, 13, 14, 20, 30\}$
B_6	$\{1, 3, 4, 13, 14, 20, 30\}$	$\{1, 4, 13, 14, 20, 30\}$
B_7	$\{1, 3, 4, 13, 14, 20, 30\}$	$\{1, 3, 13, 14, 20, 30$
B_8	$\{1, 3, 4, 13, 14, 20, 30\}$	$\{1, 3, 4, 13, 14, 20, 30\}$
B_9	$\{1, 3, 4, 13, 14, 20, 30\}$	$\{1, 3, 4, 13, 14, 20, 30\}$
B_{10}	$\{1, 3, 4, 13, 14, 20, 30\}$	$\{3, 4, 13, 14, 20, 30\}$
B_{11}	$\{1, 3, 4, 13, 14, 20, 30\}$	$\{1, 3, 4, 13, 14, 20, 30\}$

Im folgenden Iterationsschritt ändern sich die Mengen $out(B_i)$ nicht mehr. In diesem Beispiel lassen sich mit den Mengen keine Optimierungen durchführen; i.allg. helfen die Informationen darüber, welche Definitionen eine bestimmte Anwendung einer Variablen erreicht, z.B. bei der globalen Kopierpropagation. Um y aus der Zuweisung x := y (an der Stelle d) zu einer Anwendung z := a*x (an der Stelle a) propagieren zu können, d.h. diese durch z := a*y ersetzen zu können, muß d die einzige Definition von x in der UD-Verkettung an der Stelle a sein.

Wir wollen noch kurz begründen, warum das angegebene Berechnungsverfahren für Datenflußgleichungen terminiert: Da in jedem Schritt Informationen zu den Mengen hinzugefügt wird und diese niemals wieder entfernt werden, wachsen die Mengen stetig. Da die Menge aller Definitionsstellen endlich ist, wird zu irgendeinem Zeitpunkt keine Information mehr hinzuzufügen sein, d.h., es ergibt sich keine Änderung der Mengen $out(B_i)$. Dann aber bleiben auch die Mengen $in(B_i)$ unverändert, und in einem nächsten Schritt würden sich auch keine Änderungen mehr an den Mengen $out(B_i)$ ergeben. Deshalb ist das Abbruchkriterium korrekt, und der Algorithmus terminiert nach endlicher Zeit.

Aufgabe 8.2: Gegeben seien die folgenden Basisblöcke, in denen lediglich Variablendefinitionen (fortlaufend numeriert) dargestellt sind:

B_1
```
(1)  i := 1
(2)  j := i+1
```

B_2
```
(3)  i := 2
```

$$B_3 \quad \boxed{\text{(4)} \quad \text{j} \ := \ \text{j+1}}$$

$$B_4 \quad \boxed{\begin{array}{l}\text{(5)} \quad \text{j} \ := \ \text{j-4} \\ \text{(6)} \quad \text{i} \ := \ 3\text{*j} \\ \text{(7)} \quad \text{j} \ := \ 0\end{array}}$$

$$B_5 \quad \boxed{}$$

Dazu sei der folgende Flußgraph gegeben:

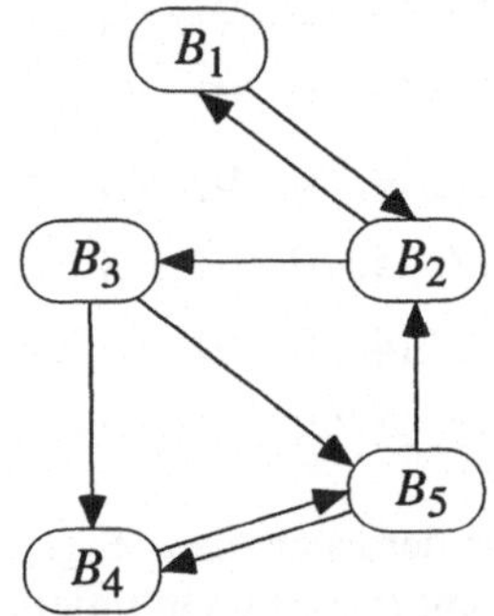

(a) Ermitteln Sie die Mengen $gen(B_i)$ und $kill(B_i)$ ($1 \le i \le 5$) zur Bestimmung der UD-Verkettung.

(b) Berechnen Sie die Mengen $in(B_i)$ und $out(B_i)$ ($1 \le i \le 5$). $\qquad\square$

8.3   Codeerzeugung

Wir beschreiben im folgenden ein sehr einfaches Verfahren, das 3-Adreß-Code schrittweise in eine Maschinensprache übersetzt, die in Abschnitt 8.3.1 kurz beschrieben ist. Dabei wird versucht, Werte solange wie möglich in Registern zu halten und das Wissen über Operanden in Registern zum Einsparen von Ladebefehlen auszunutzen. In der Beschreibung der Codeerzeugung beschränken wir uns auf Basisblöcke und klammern somit die Erzeugung von Sprungbefehlen der Einfachheit halber aus.

8.3.1   Maschinenmodell

Anstelle eines konkreten Prozessors wählen wir ein sehr einfaches, aber dennoch realistisches Maschinenmodell. Der imaginäre Prozessor besteht aus einem Datenspeicher und einem Programmspeicher, und er enthält n Register. Es gibt vier Arten von Befehlen: Ladebefehle, Speicherbefehle, (arithmetische) Operationen auf Registern und Sprungbefehle (die wir nicht weiter betrachten werden).

Bei der Bezeichnung von Befehlsargumenten verwenden wir die folgenden Konventionen: R, S, T usw. bezeichnen Register, C bezeichnet Konstanten, V, W, U usw. bezeichnen Speicheradressen, und X, Y, Z usw. bezeichnen Register, Speicheradressen oder Konstanten. OP steht für eingebaute Befehle, die auf einem Register und evtl. einem zusätzlichen Argument operieren. Wir nehmen vereinfachend an, daß es für jede Operation op des 3-Adreß-Codes einen entsprechenden Maschinenbefehl OP gibt.

LOAD R,X	lädt X in das Register R. Falls X eine Konstante ist, so wird eben dieser Wert geladen; ist X eine Speicheradresse oder ein anderes Register, so wird der an dieser Stelle gespeicherte Wert geladen.
STORE R,V	speichert den Wert des Registers R an der Stelle V, d.h. in einer Speicherzelle. (Registertransfers können durch LOAD realisiert werden).
OP R,X (OP R)	führt die binäre (unäre) Operation OP auf dem Wert des Registers R (und dem Wert von X) durch und speichert das Ergebnis anschließend in R.

Üblicherweise geht man davon aus, daß ein Registertransfer (d.h. ein Befehl LOAD R,S) schneller abläuft als das Laden einer Speicherzelle (LOAD R,V).

8.3.2   Codeerzeugung für Basisblöcke

In der Codeerzeugung wird zu jedem 3-Adreß-Code-Befehl eine Folge von Maschinenbefehlen generiert. Dabei müssen Variablenbezeichner durch Speicheradressen oder Register ersetzt werden. Zur Vereinfachung bezeichnen wir Speicheradressen mit symbolischen Namen. Dabei verwenden wir gerade den Namen der Variablen, die an der betreffenden Adresse gespeichert ist, und zwar als Großbuchstaben, damit im jeweiligen Kontext immer deutlich wird, ob die Variable oder die Speicheradresse gemeint ist. Also bezeichnet z.B. V die Speicheradresse der Variablen v.

Der nachfolgend beschriebene Algorithmus zur Codeerzeugung verwaltet zur effektiven Ausnutzung der Register die folgenden Informationen:

Registerinhalte. Für jedes Register R bezeichnet $Con(R)$ (*contents*) zu jedem Zeitpunkt die Menge von Variablennamen, deren Wert im Register R gespeichert ist. Zu Beginn eines Basisblocks sind alle Register leer, d.h. $Con(R) = \emptyset$. Jeder Befehl, der auf dem Register R operiert, bewirkt eine Änderung von $Con(R)$. In der Tat können durch Kopierbefehle verschiedene Variablennamen gleichzeitig einem Register zugeordnet sein.

Variablenpositionen. Für jede Variable v gibt $Pos(v)$ die Stelle an, an der sich der aktuelle Wert von v gerade befindet. Dies ist i.allg. ein Register oder eine Speicheradresse; $Pos(v)$ kann aber auch undefiniert sein, wenn v keine Anwendung mehr im aktuellen Block hat und an dessen Ende nicht mehr lebt. Zu Beginn eines Blocks befinden sich alle Variablenwerte im Speicher, d.h. $Pos(v) = v$. Prinzipiell könnte man auch in Pos Mengen verwalten, da durch Kopieranweisungen Werte von Variablen an mehreren Stellen gleichzeitig auftreten können. Allerdings wird dadurch sowohl die Registerverwaltung als auch die Codeerzeugung erheblich komplizierter.

Darüber hinaus benötigen wir für jede Variable v Informationen darüber, ob sie (i) am Ende des Blocks noch lebt und (ii) ob sie noch eine weitere Anwendung im Block hat. Diese Aussagen bezeichnen wir im folgenden mit $live(v)$ bzw. $used(v)$.

Im weiteren benutzen wir eine Hilfsfunktion $getreg(x)$, die ein geeignetes Register für die Ausführung eines Maschinenbefehls auf der Basis des Wertes x (Konstante oder Variable im 3-Adreß-Code) auswählt. $getreg(x)$ wird jeweils bei der Übersetzung eines 3-Adreß-Code-Befehls aufgerufen. $getreg(x)$ liefert ein Register, in dem sich x bereits befindet (sofern der Wert von x überschrieben werden darf) oder ein neues Register, in das der Wert von x zu laden ist.

Algorithmus $getreg(x)$.

1. Falls (i) $Pos(x) = \text{R}$ und $Con(\text{R}) = \{x\}$ (d.h., R enthält nur den Wert von x),
   (ii) $\neg used(x)$ und (iii) $\neg live(x)$, dann:
   $Con(\text{R}) := \varnothing$; **return** R.
2. Anderenfalls wähle ein freies Register R; **return** R.
3. Gibt es kein freies Register mehr, so wähle ein belegtes Register R aus.
   Für alle $x \in Con(\text{R})$ mit $Pos(x) \neq \text{X}$:
   Generiere einen Befehl STORE R, X; $Pos(x) := \text{X}$;
   return R.

Für die Auswahl eines belegten Registers im dritten Schritt gibt es kein anerkannt bestes Verfahren. In den Beispielen werden wir immer versuchen, anstelle eines beliebigen Registers ein solches auszuwählen, das im konkreten Beispiel die Anzahl der LOAD/STORE-Befehle minimiert.

Im folgenden bezeichnet $\underline{x}$ die bei der Codeerzeugung bevorzugte Adresse von x, d.h.

$\underline{x} = \text{X}$, falls: (i) x ist eine Konstante oder (ii) $Pos(x)$ ist kein Register

$\underline{x} = \text{S}$, falls $Pos(x) = \text{S}$ (S sei ein Register)

Der Algorithmus zur Codeerzeugung hat als Eingabe die Folge von 3-Adreß-Befehlen eines Basisblocks sowie für jede Variable Informationen darüber, ob sie am Ende des Blocks lebt und ob sie noch eine Anwendung hat. Die Anweisungen des Basisblocks werden nacheinander bearbeitet, und wir beschreiben mit dem Algorithmus *codegen* die Übersetzung einer 3-Adreß-Code-Anweisung *stat* abhängig von deren konkreter Gestalt (A)-(D):

Algorithmus *codegen*(*stat*:3-Adreß-Code).

(A)   *stat* = v := x op y   (x, y: Konstanten oder Variablen)

(B)   *stat* = v := op x   (x: Konstante oder Variable)

(C)   *stat* = v := x   (x: Variable)

 1. R := *getreg*(x).
 2. Falls *Pos*(x) ≠ R, erzeuge den Befehl LOAD R,x̲.
 3. (A): Erzeuge den Befehl OP R,y̲.
    (B): Erzeuge den Befehl OP R.
    Pos(v) := R.
    (A, B): *Con*(R) := {v}
    (C):   *Con*(R) := {v, x}
 4. ∀ S: x ∈ *Con*(S) ∧ ¬*used*(x) ∧ ¬*live*(x): *Con*(S) := *Con*(S) − {x}
    (A): ∀ S: y ∈ *Con*(S) ∧ ¬*used*(y) ∧ ¬*live*(y): *Con*(S) := *Con*(S) − {y}
    Für alle Register S≠R mit v ∈ *Con*(S): *Con*(S) := *Con*(S) − {v}

(D)   *stat* = v := c   (c: Konstante)
 1. R := *getreg*(v).
 2. Erzeuge den Befehl LOAD R,C.
    Pos(v) := R; *Con*(R) := {v}

Als Beispiel wollen wir Maschinencode für den folgenden Block von 3-Adreß-
Code-Befehlen erzeugen. Wir nehmen an, daß drei Register R, S und T zur Verfügung stehen und daß am Ende des Blocks nur die Variablen z und v leben.

```
y := 1
z := 2
x := y+z
v := x-y
v := z*v
z := y
y := z*v
v := y+z
```

Zu Beginn sind alle drei Register frei, und die Position jeder Variablen ist ihre Speicheradresse. Im folgenden notieren wir *Con* und *Pos* als partielle Abbildungen, d.h.
Con = { } und *Pos* = {v ↦ V, x ↦ X, y ↦ Y, z ↦ Z}.

Zunächst erzeugt *codegen* zweimal Code gemäß Fall (D). *getreg* liefert dabei jeweils
ein freies Register:

```
LOAD  R,1
LOAD  S,2
```

Danach gilt *Con* = {R ↦ {y}, S ↦ {z}}, *Pos* = {v ↦ V, x ↦ X, y ↦ R, z ↦ S}. Als
nächstes wird *codegen* auf x := y+z angewandt, d.h. also eine Anweisung vom Typ
(A). Im ersten Schritt liefert *getreg*(y) das nächste freie Register T (und nicht etwa
R, da es im Block noch weitere Anwendungen von y gibt). Im zweiten Schritt muß
dann ein Ladebefehl generiert werden (genauer gesagt, ein Registertransfer, da y̲ =
R). Danach wird der dem 3-Adreß-Befehl + entsprechende Maschinenbefehl ADD
erzeugt, wobei der Operand ebenfalls ein Register ist:

```
LOAD   T,R
ADD    T,S
```

Für die Register und Variablen ergibt sich nun: $Con = \{R \mapsto \{y\}, S \mapsto \{z\}, T \mapsto \{x\}\}$ und $Pos = \{v \mapsto V, x \mapsto T, y \mapsto R, z \mapsto S\}$. Nun ruft $codegen(v := x-y)$ die Funktion $getreg(x)$ auf. Da x als einzige Variable im Register T steht, im Rest des Blocks keine Anwendung mehr hat und an dessen Ende auch nicht lebt, kann x überschrieben werden, d.h., die Berechnung kann in T stattfinden. Es braucht dann im zweiten Schritt kein Ladebefehl erzeugt zu werden, sondern es erfolgt direkt eine Subtraktion auf T:

```
SUB    T,R
```

Damit gilt: $Con = \{R \mapsto \{y\}, S \mapsto \{z\}, T \mapsto \{v\}\}$, $Pos = \{v \mapsto T, x \mapsto T, y \mapsto R, z \mapsto S\}$ (*Pos* gibt für x zwar noch ein Register an, dieser Eintrag ist aber nicht mehr von Bedeutung und wird auch im folgenden nicht mehr benutzt, da x im Rest des Blocks keine Anwendung mehr hat). Bei der Übersetzung des nächsten Befehls $v := z*v$ wird in $getreg(z)$ der dritte Fall relevant, da alle Register belegt sind und die enthaltenen Werte noch gebraucht werden. Wir wählen als zu speicherndes Register S aus, da wir dann im zweiten Schritt innerhalb von *codegen* einen Ladebefehl einsparen können. (Diese bewußte Auswahl ist in der Funktion *getreg* allerdings nicht formalisiert.) *getreg* erzeugt also den Code:

```
STORE  S,Z
```

und anschließend liefert der dritte Schritt von *codegen*:

```
MULT   S,T
```

Da der Wert von v überschrieben wurde, muß im vierten Schritt das Register T jetzt freigegeben werden: $Con = \{R \mapsto \{y\}, S \mapsto \{v\}\}$, $Pos = \{v \mapsto S, x \mapsto T, y \mapsto R, z \mapsto z\}$. Für den folgenden Kopierbefehl liefert $getreg(y)$ das Register R. In *codegen* wird dann gar kein Befehl erzeugt, da y bereits in R ist. Der durch den Kopierbefehl bezweckte Effekt wird durch Setzen von $Con(R) := \{z, y\}$ erreicht. Es gilt somit: $Con = \{R \mapsto \{z, y\}, S \mapsto \{v\}\}$ und $Pos = \{v \mapsto S, x \mapsto T, y \mapsto R, z \mapsto R\}$.

Danach ist Code für die Multiplikation $y := z*v$ zu erzeugen. $getreg(z)$ liefert das (wieder) freie Register T (und nicht R, da R auch noch y enthält). *codegen* erzeugt dann, wie schon gesehen, einen Registertransferbefehl und eine Multiplikation:

```
LOAD   T,R
MULT   T,S
```

Die dritte Zeile im vierten Schritt von *codegen* entfernt y aus $Con(R)$. Es gilt somit: $Con = \{R \mapsto \{z\}, S \mapsto \{v\}, T \mapsto \{y\}\}$ und $Pos = \{v \mapsto S, x \mapsto T, y \mapsto T, z \mapsto R\}$. Der letzte Befehl wird im Register T bearbeitet (y ist bereits dort und wird nicht mehr benötigt). Also:

```
ADD    T,R
```

Es gilt schließlich: $Con = \{R \mapsto \{z\}, T \mapsto \{v\}\}$ und $Pos = \{v \mapsto T, x \mapsto T, y \mapsto T, z \mapsto R\}$.

Am Ende des Basisblocks müssen dann noch die lebenden Variablen gespeichert werden. Für unser Beispiel erhalten wir:

```
STORE R,z
STORE T,v
```

Nicht benötigt wurden in diesem Beispiel die ersten beiden Zeilen des vierten Schrittes. Sie dienen dazu, Register frühzeitig freizumachen, damit *getreg* so oft wie möglich freie Register zur Verfügung stehen.

Aufgabe 8.3: Erzeugen Sie Code für den folgenden Basisblock unter der Annahme, daß zwei Register S und T zur Verfügung stehen und daß lediglich x am Ende des Blocks zu speichern ist.

```
T1  := d+e
T2  := a+b
T3  := T2-c
T4  := T3*T1
T5  := T4-e
T6  := T2+T4
x   := T6*T5
```

8.4 Aufgaben

Aufgabe 8.4: Beschreiben Sie die verschiedenen Arten von Optimierungsverfahren, und klassifizieren Sie sie.

Aufgabe 8.5: Es seien folgende Variablen vereinbart:

```
var x: array[1..n,1..n] of real;
    F: real;
    i,j,k,l: integer;
```

Das folgende Programm in 3-Adreß-Code wandelt x nach dem Gauss'schen Eliminationsverfahren in eine obere Dreiecksmatrix um.

```
(1)    i    :=  1              (22)   T18   :=  x[T17]
(2)    j    :=  1              (23)   T19   :=  T16 + T18
(3)    T1   :=  j - 1          (24)   T18   :=  T19
(4)    T2   :=  T1 * 4         (25)   k     :=  k + 1
(5)    T3   :=  T2 * n         (26)   if k  _   n goto (16)
(6)    T4   :=  i - 1          (27)   l     :=  1
(7)    T5   :=  T4 * 4         (28)   T20   :=  l - 1
(8)    T6   :=  T3 + T5        (29)   T21   :=  T20 * 4
(9)    T7   :=  x[T6]          (30)   T22   :=  T8 + T21
(10)   T8   :=  T5 * n         (31)   T23   :=  x[T22]
```

(11)	T9	:=	T8 + T5		(32)	T24	:=	F * T23
(12)	T10	:=	x[T9]		(33)	T25	:=	T3 + T21
(13)	T11	:=	T7/T10		(34)	T26	:=	x[T25]
(14)	F	:=	-T11		(35)	T27	:=	T26 + T24
(15)	k	:=	i + 1		(36)	T18	:=	T27
(16)	T12	:=	k - 1		(37)	l	:=	l + 1
(17)	T13	:=	T12 * 4		(38)	if l	_	n goto (28)
(18)	T14	:=	T8 + T13		(39)	j	:=	j + 1
(19)	T15	:=	x[T14]		(40)	if j	_	n goto (3)
(20)	T16	:=	F * T15		(41)	i	:=	i + 1
(21)	T17	:=	T3 + T13		(42)	if i	_	n goto (2)

(Die Arrayadressen werden gemäß der Formel $x[i,j] := (i-1)*n*4+(j-1)*4$ bestimmt.)

(a) Ermitteln Sie die Basisblöcke für dieses Programm.

(b) Geben Sie den zugehörigen Flußgraphen an.

(c) Geben Sie für jeden Basisblock die Mengen $gen(B_i)$ und $kill(B_i)$ an, wenn diese Mengen zur Bestimmung der UD-Verkettung benötigt werden. Vernachlässigen Sie die Array-Variable.

Aufgabe 8.6: Beschreiben Sie die vier verschiedenen Arten der Datenflußanalyse, und geben Sie Beispiele für deren Anwendungen.

Aufgabe 8.7: Gegeben seien die folgenden Basisblöcke, in denen lediglich Definitionen einfacher Variablen (fortlaufend numeriert) dargestellt sind:

B_1
```
(1)   k := 5
(2)   x := 3
```

B_2
```
(3)   j := k*x
(4)   y := j+k
```

B_3
```
(5)   y := x-y
```

B_4
```
(6)   x := k+x
(7)   i := j+k
```

B_5
```
(8)   k := x*y
(9)   x := k+y
```

$B6$
```
(10)  y := k-x
(11)  i := i*3
```

Der dazugehörige Flußgraph ist:

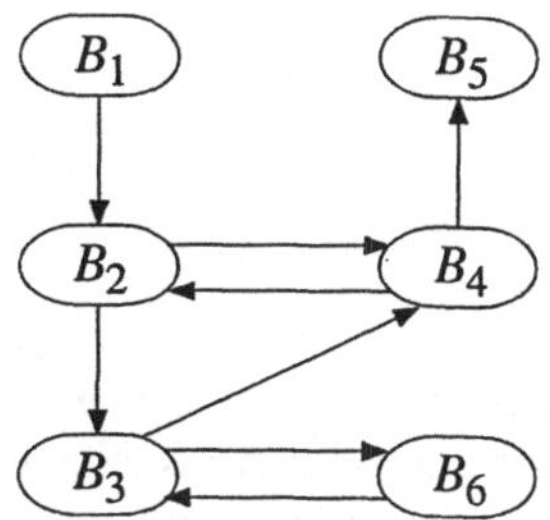

(a) Ermitteln Sie die Mengen $gen(B_i)$ und $kill(B_i)$ ($1 \le i \le 6$) zur Bestimmung der UD-Verkettung.

(b) Berechnen Sie die Mengen $in(B_i)$ und $out(B_i)$ ($1 \le i \le 6$).

Aufgabe 8.8: Ziel der UD-Verkettung ist es, zu jeder Anwendung einer (hier: einfachen) Variablen alle diejenigen Definitionen anzugeben, die diese Variable erreichen. Die Beschreibung des Verfahrens zur Berechnung der UD-Verkettung in KE 7 beschränkt sich auf den wesentlichen Aspekt der Lösung von Datenflußgleichungen mit der iterativen Bestimmung der Mengen $in(B_i)$ und $out(B_i)$. Die Mengen $in(B_i)$ und $out(B_i)$ sind hierbei die am Anfang bzw. am Ende eines Blockes B_i (eventuell) gültigen Definitionen.

(a) Geben Sie ein Algorithmusschema an, das nun in einem abschließenden Schritt für jede Anwendung einer jeden Variablen v die zugehörige *UD-Kette* berechnet, d.h. die Menge der Definitionen für v, die diese Anwendung erreichen. Die Definitionen seien hierbei durch ihre Zeilennummern gegeben.

(b) Wenden Sie Ihren Algorithmus auf das Ergebnis der Aufgabe 8.4 (b) an.

Aufgabe 8.9: Erzeugen Sie Code für den folgenden Basisblock unter der Annahme, daß z am Ende des Blocks lebt und daß drei Register R, S und T zur Verfügung stehen. Geben Sie jeweils nach der Übersetzung eines Befehls die Inhalte von *Pos* und *Con* an.

```
x       :=      y + z
w       :=      - x
v       :=      z
x       :=      v + z
y       :=      w * x
w       :=      5
y       :=      w + z
z       :=      - y
```

(Hinweis: Beachten Sie, daß $used(x)$ immer dann *false* liefert, wenn *der Inhalt* der Variablen x nicht mehr benutzt wird. So gilt bei der Bearbeitung des zweiten Befehls *used*(x) = *false*, da der Variablen x beim nächsten Auftreten im Programm ein neuer Inhalt zugewiesen wird.)

8.5   Literaturhinweise

Eine der ausführlichsten und umfangreichsten Darstellungen der Themen Codeerzeugung und Optimierung bietet sicherlich das Standardwerk von Aho, Sethi und Ullman (1986). Dort werden viele der hier nur angedeuteten Verfahren z.T. sehr detailliert beschrieben.

Es gibt eine Vielzahl von Verfahren zur algebraischen Optimierung in funktionalen Sprachen; das in Abschnitt 8.1.2 skizzierte Verfahren ist in (Wadler 1990) beschrieben.

Die Technik der Datenflußanalyse geht auf Vyssotsky zurück (Vyssotsky und Wegner 1963) und wurde intensiv von Allen und Cocke untersucht (Allen und Cocke 1976). Einen Überblick über die verschiedenen Datenflußanalysetechniken gibt Kennedy (1981). Die Schleifenoptimierung wird eingehend von Allen (1969) behandelt. Zwei Übersichtsartikel zu dem Thema sind (Allen und Cocke 1972) sowie (Waite 1976).

Der Algorithmus zur Codeerzeugung aus Abschnitt 8.3 stimmt im wesentlichen mit dem aus (Aho, Sethi und Ullman 1986) überein. Neben der in der Funktion *getreg* realisierten sehr einfachen Idee zur Registerauswahl existieren sehr anspruchsvolle Verfahren. Darunter fallen insbesondere Ansätze, die die Registerauswahl auf ein Graphfärbungsproblem zurückführen (Chaitin et al. 1981, Chaitin 1982).

Anhang A

Das PD-System

The PD System: Integrating Programs and Documentation

Copyright ©1995 Ralf Hartmut Güting

Fernuniversität Hagen, Praktische Informatik IV, D-58084 Hagen, Germany

Free Software[1]

1 Overview

The purpose of *PDSystem* is to allow a programmer to write ASCII program files with embedded documentation (*PD* stands for *Programs with Documentation*). Such files are called *PD files*. Essentially a PD file consists of alternating *documentation sections* and *program sections*. Within documentation sections, one can describe a number of paragraph formats (such as headings, displayed material, etc.), character formats (e.g. italics), and special characters (e.g. "ü"). How this is done, is described in the document "Integrating Programs and Documentation" [Gü95].

The main component of PDSystem is an executable program *maketex* which converts a PD file into a LaTeX file. More precisely, given a file *pdfile*, a LaTeX file *pdfile.tex* is created as follows: First, a standard header for LaTeX is copied from a file *pd.header* into *pdfile.tex*.Then, *pdfile* is first run through a filter program called *pdtabs* which converts tabulator symbols into corresponding sequences of blanks. The output of this filter is fed into *maketex* (which can therefore be sure not to encounter any tab symbols) which converts material in documentation sections into LaTeX code and encloses program sections by "verbatim" commands to force TeX to typeset them exactly as they have been written.

A PD file may contain very long lines, because CR (end of line) symbols need only be present to delimit paragraphs. To make the output file *pdfile.tex* easily printable, the output of *maketex* is run through a further filter called *linebreaks* which introduces CR symbols such that no lines with more than 80 characters are in the output. In total, we have the processing steps illustrated in Figure 1.

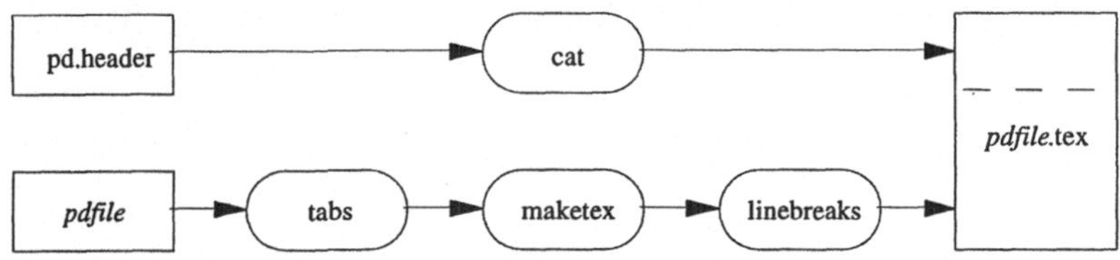

Figure 1: Construction of a TeX file from a PD file

The file *pd.header* is shown in Section 6.1. *Cat* is a UNIX system command. Executables *pdtabs* and *linebreaks* are created from the corresponding C programs *tabs.c* and *linebreaks.c* shown in Section 7. The programs leading to *maketex* are described below. The complete process shown in Figure 1 is executed by a command procedure called *pd2tex* given in Section 8.4.

There are further command procedures:

---

[1]This program is free software; you can redistribute it and/or modify it under the terms of the GNU General Public License as published by the Free Software Foundation; either version 2 of the License, or (at your option) any later version.

This program is distributed in the hope that it will be useful, but WITHOUT ANY WARRANTY; without even the implied warranty of MERCHANTABILITY or FITNESS FOR A PARTICULAR PURPOSE. See the GNU General Public License for more details.

You should have received a copy of the GNU General Public License along with this program; if not, write to the Free Software Foundation, Inc., 675 Mass Ave, Cambridge, MA 02139, USA.

- *pdview* allows one to view a PD file under the *xdvi* viewer (after it has been processed by LaTeX. This viewer has a good resolution, but does not show embedded postscript figures.

- *pdshow* shows a PD file using the postscript viewer *pageview*. This shows embedded figures. However, the quality of the display is not as good as with *xdvi*.

- *pdprint* prints a PD file. The file must have been viewed under *pdview* before, because this procedure starts from *pdfile*.dvi.

- *pdshowtex* shows a PD file starting from its TeX version *pdfile*.tex (created by *pd2tex*).

As an example, the processing steps used in *pdshow* are illustrated in Figure 2.

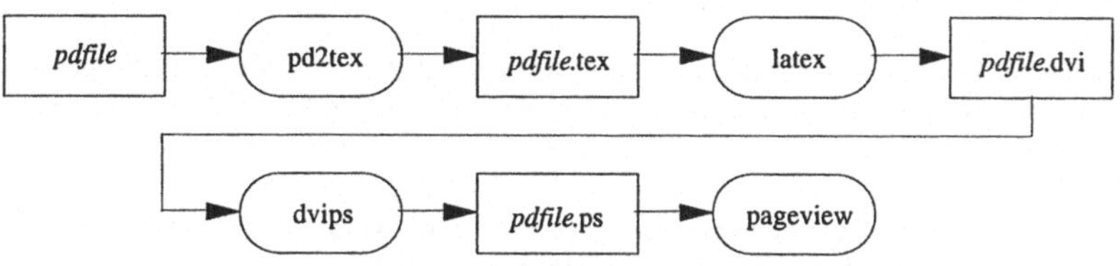

Figure 2: Steps of *pdshow*

We now consider the construction of *maketex*, the central component of the PD system. *Maketex* depends on the components shown in Figure 3.

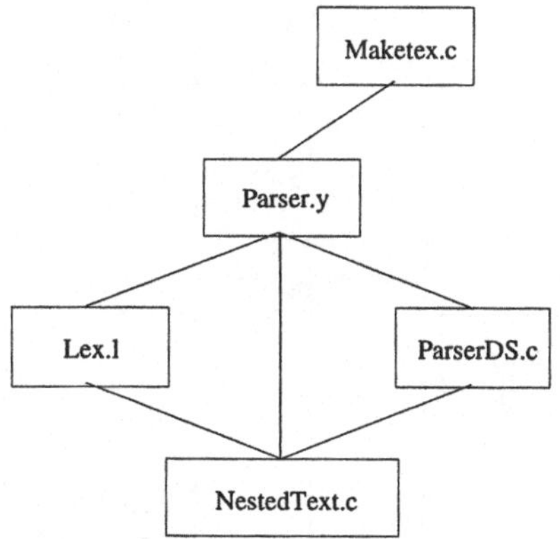

Figure 3: Components for building *maketex*

These components play the following roles:

- *Lex.l* is a *lex* specification of a lexical analyser (which is transformed by the UNIX tool *lex* into a C program *lex.yy.c*). The lexical analyser reads the input PD file and produces a stream of tokens for the parser.

- *Parser.y* is a *yacc* specification of a parser (transformed by the UNIX tool *yacc* into a C program *y.tab.c*). The parser consumes the tokens produced by the lexical analyser. On recognizing parts of the structure of a PD file, it writes corresponding LaTeX code to the output file.

- *NestedText.c* is a "module" in C providing a data structure for "nested text" together with a number of operations. This is needed because text for the output file cannot always be created sequentially. Sometimes it is neccessary, for example, to collect a piece of text from the source file into a data structure and then to create enclosing pieces of LaTeX code before and after it. The *NestedText* data structure corresponds to a LISP "list expression" and is a binary tree with character strings in its leaves. There are operations available to create a leaf from a string, to concatenate two trees, or to write the contents of a tree in tree order to the output.

- *ParserDS.c* contains a number of data structures needed by the parser. These data structures are used to keep definitions of special paragraph formats, special character formats, and special characters, which can be defined in header documentation sections of PD files.

- *Maketex.c* is the main program. It does almost nothing. It just calls the parser; after completion of parsing (which includes translation to Latex) a final piece of Latex code is written to the output.

Figure 3 describes the dependencies among these components at a logical level. An edge describes the "uses" relationship. For example, the *NestedText* module is used in the lexical analyser, the parser and in the parser data structure component. Figure 4 shows these dependencies at a more technical level, as they are reflected in the *makefile* (see Section 9).

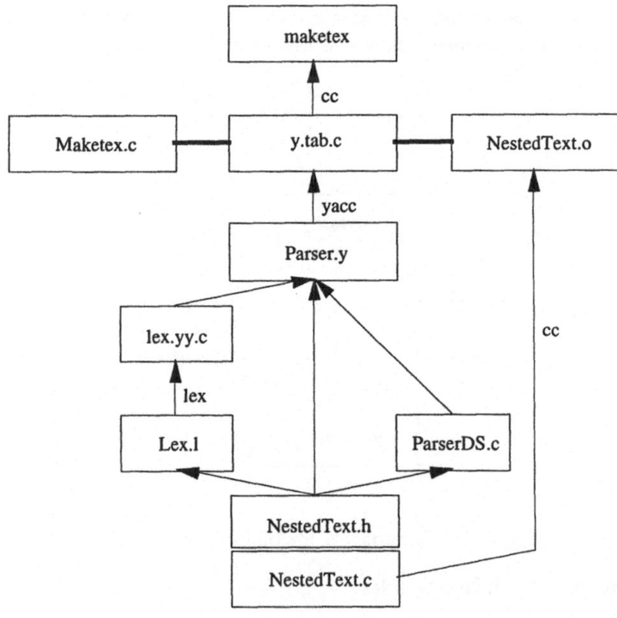

Figure 4: Technical dependencies in the construction of the executable *maketex*

Here each box corresponds to a file. An unlabeled arrow means the "include" relationship (for example, *NestedText.h* is included into *Lex.l*, *Parser.y*, and *ParserDS.c*. Edges labeled with *lex*, *yacc*, and *cc* mean that the tools *lex* and *yacc* or the C compiler, respectively, produce the result files. Fat edges connecting files indicate that these files are compiled together.

The rest of this document is structured as follows: Section 2 describes the *NestedText* module (files *NestedText.h* and *NestedText.c*), Section 3 the lexical analyser (*Lex.l*), Section 4 *ParserDS.c*, Section 5 the parser itself (*Parser.y*). Section 6 shows the header file for Latex and the rather trivial program *Maketex.c*. Section 7 contains the auxiliary functions *tabs.c* and *linebreaks.c*. Section 8 gives the command procedures *pdview*, *pdshow*, etc. Finally, Section 9 contains the *makefile*.

2   The Module NestedText

2.1 Definition Part

(File *PDNestedText.h*)

This module allows one to create nested text structures and to write them to standard output. It provides in principle a data type *listexpr* (representing such structures) and operations:

```
atom: string × int → listexpr
atomc: string → listexpr
concat: listexpr × listexpr → listexpr
print: listexpr → e
copyout: listexpr → string × int
release-storage
```

However, for use by *lex* and *yacc* generated lexical analysers and parsers which only allow to associate integer values with grammar symbols, we represent a *listexpr* by an integer (which is, in fact, an index into an array for nodes). Hence we have a signature:

```
atom: string × int → int
atomc: string → int
concat: int × int → int
print: int → e
copyout: int → string × int
release-storage
```

The module uses two storage areas. The first is a buffer for text characters, it can take up to STRINGMAX characters, currently set to 30000. The second provides nodes for the nested list structure; currently up to NODESMAX = 30000 nodes can be created.

The operations are defined as follows:

```
int atom(char *string, int length)
```

List expressions, that is, values of type *listexpr* are either atoms or lists. The function *atom* creates from a character string *string* of length *length* a list expression which is an atom containing this string. Possible errors: The text buffer or storage space for nodes may overflow.

```
int atomc(char *string)
```

The function *atomc* works like *atom* except that the parameter should be a null-terminated string. It determines the length itself. To be used in particular for string constants written directly into the function call.

```
        int concat(int list1, int list2)
```

Concats the two lists; returns a list expression representing the concatenation. Possible error: the storage space for nodes may be exceeded.

```
        void print(int list)
```

Writes the character strings from all atoms in *list* in the right order to standard output.

```
        void copyout(int list, char *target, int lengthlimit)
```

Copies the character strings from all atoms in *list* in the right order into a string variable *target*. Parameter *lengthlimit* ensures that the maximal available space in *target* is respected; an error occurs if the list expression *list* contains too many characters.

```
        void release_storage(void)
```

Destroys the contents of the text and node buffers. Should be used only when a complete piece of text has been recognized and written to the output. Warning: Must not be used after pieces of text have been recognized for which the parser depends on reading a look-ahead token! This token will be in the text and node buffers already and be lost. Currently this applies to lists.

The following is what is technically exported from this file:

```
    int atom(char *, int), atomc(char *), concat(int, int);
    void print(int), copyout(int, char *, int), release_storage(void),
    show_storage(void);              /* show_storage used only for testing */
```

2.2 Implementation Part

(File *PDNestedText.c*)

```
    #include <string.h>
    #include "PDNestedText.h"

    #define AND &&
    #define TRUE 1
    #define FALSE 0
    #define NULL -1

    #define STRINGMAX 30000
```

Maximal number of characters in buffer *text*.

```
    #define NODESMAX 30000
```

Maximal number of nodes available from *nodespace*.

```
struct listexpr {
    int left;
    int right;
    int atomstring;              /* index into array text */
    int length;                  /* no of chars in atomstring*/
};
```

If *left* is NULL then this represents an atom, otherwise it is a list in which case *atomstring* must be NULL.

```
struct listexpr nodespace[NODESMAX];
int first_free_node = 0;

char text[STRINGMAX];
int first_free_char = 0;
```

The function *atom* creates from a character string *string* of length *length* a list expression which is an atom containing this string. Possible errors: The text buffer or storage space for nodes may overflow.

```
int atom(char *string, int length)
{
    int newnode;
    int i;

    /* put string into text buffer: */

        if (first_free_char + length > STRINGMAX)
            {printf("Error: too many characters.\n"); exit(1);}

        for (i = 0; i< length; i++)
            text[first_free_char + i] = string[i];

    /* create new node */

        newnode = first_free_node++;
        if (first_free_node > NODESMAX)
            {printf("Error: too many nodes.\n"); exit(1);}

        nodespace[newnode].left = NULL;
        nodespace[newnode].right = NULL;
        nodespace[newnode].atomstring = first_free_char;
            first_free_char = first_free_char + length;
        nodespace[newnode].length = length;
        return(newnode);
}
```

The function *atomc* works like *atom* except that the parameter should be a null-terminated string. It determines the length itself. To be used in particular for string constants written directly into the function call.

```
int atomc(char *string)
{   int length;

    length = strlen(string);
    return(atom(string, length));
}
```

The function *concat* concats two lists; it returns a list expression representing the concatenation. Possible error: the storage space for nodes may be exceeded.

```
int concat(int list1, int list2)
{
    int newnode;

    newnode = first_free_node++;

    if (first_free_node > NODESMAX)
        {printf("Error: too many nodes.\n"); exit(1);}

    nodespace[newnode].left = list1;
    nodespace[newnode].right = list2;
    nodespace[newnode].atomstring = NULL;
    nodespace[newnode].length = 0;
    return(newnode);
}
```

Function *print* writes the character strings from all atoms in *list* in the right order to standard output.

```
void print(int list)
{
    int i;

    if (isatom(list))
        for (i = 0; i < nodespace[list].length; i++)
            putchar(text[nodespace[list].atomstring + i]);
    else
        {print(nodespace[list].left); print(nodespace[list].right);};
}
```

Function *isatom* obviously checks whether a list expression *list* is an atom.

```
int isatom(int list)
{
    if (nodespace[list].left == NULL) return(TRUE);
    else return(FALSE);
}
```

The function *copyout* copies the character strings from all atoms in *list* in the right order into a string variable *target*. Parameter *lengthlimit* ensures that the maximal available space in *target* is respected; an error occurs if the list expression *list* contains too many characters. *Copyout* just calls an auxiliary recursive procedure *copylist* which does the job.

```
void copyout(int list, char *target, int lengthlimit)
{   int i;

    i = copylist(list, target, lengthlimit);
    target[i] = '\0';
}

int copylist(int list, char *target, int lengthlimit)
{   int i, j;

    if (isatom(list))
        if (nodespace[list].length <= lengthlimit - 1)
```

```c
                    {for (i = 0; i < nodespace[list].length; i++)
                         target[i] = text[nodespace[list].atomstring + i];
                    return nodespace[list].length;
                    }
                else
                    {printf("Error in copylist: too long text.\n"); print(list);
                    exit(1);
                    }
            else
                {i = copylist(nodespace[list].left, target, lengthlimit);
                j = copylist(nodespace[list].right, &target[i], lengthlimit - i);
                return (i+j);
                }
        }
```

Function *release-storage* destroys the contents of the text and node buffers. Should be used
only when a complete piece of text has been recognized and written to the output. Do not
use it for text pieces whose recognition needs look-ahead!

```c
    void release_storage(void)
    {   first_free_char = 0;
        first_free_node = 0;
    }
```

Function *show-storage* writes the contents of the text and node buffers to standard output;
only used for testing.

```c
    void show_storage(void)
    {   int i;
        for (i = 0; i < first_free_char; i++) putchar(text[i]);

        for (i = 0; i < first_free_node; i++)
            printf("node: %d, left: %d, right: %d, atomstring: %d, length: %d\n",
                    i, nodespace[i].left, nodespace[i].right,
                    nodespace[i].atomstring, nodespace[i].length);
    }
```

3 Lexical Analysis

3.1 Introduction

The file *PDLex.l* contains a specification of a lexical analyser. A description of the structure
of *lex* specifications can be found in [ASU86, Section 3.5]. More detailed information is given
in [SUN88, Section 10]. From such a specification, the UNIX tool *lex* creates a file *lex.yy.c*
which can then be compiled to obtain a lexical analyser. This analyser is given as a function

```c
    int yylex()
```

On each call, this function matches a piece of the input string and returns a *token*, which is
an integer constant.

A lex specification has the following structure:

```
declarations
%%
translation rules
%%
auxiliary procedures
```

The *declarations* section provides definitions of tokens to be returned (within brackets of the form %{ ... }%. The remainder of this section contains definitions of regular symbols (nonterminals of a regular grammar). For example, the definitions

```
digit           [0-9]
num             ({digit}{digit}|{digit})
```

introduce two nonterminals called *digit* and *num* respectively, by giving regular expressions on the right hand side for them. Terminal symbols can be described by character classes such as [0-9] (for digits), [\n] (matches just the end of line symbol), [ab?!] (contains just these four characters), etc. Nonterminal symbols used in regular expressions have to be enclosed by braces. Hence here a number is defined to consist of either one or two digits. The characters "|", "+", and "*" have the usual meaning for the composition of regular expressions.

The *translation rules* section contains a list of rules. Each rule describes some action to be taken whenever a piece of the input string has been matched. For example, the rule

```
^{head1}        {yylval = atom(yytext, yyleng); return(HEAD1);}
```

states the action to be taken when a *head1* regular symbol has been recognized which is defined in the *declarations* section by:

```
head1           {num}" "
```

So the input string matching *head1* consists of one or two digits followed by a blank. A translation rule consists of a regular symbol or regular expression on the left hand side, and some C code in braces on the right hand side. The C code says which token is to be returned (if any, one can also just skip a part of the input string and not return a token). The rule above says that a *HEAD1* token is to be returned from lexical analysis on recognizing a *head1* regular symbol which must occur at the beginning of a line (this is specified by the leading caret character).

In addition to returning a token, one often wants to give further information. For the communication with a *yacc* generated parser, a global integer variable *yylval* is predefined. A value assigned to this variable can be accessed in parsing (see Section 5). The input string matched by a regular expression is given by *lex* variables

```
char *yytext;
int yyleng;
```

where *yytext* points to the first character and *yyleng* gives the number of characters matched. The lexical analyser specified here usually returns the text that has been matched by creating a corresponding atom in the *NestedText* data structure and returning its node index. This happens also in the rule shown above.

The last section *auxiliary procedures* contains C code that is copied directly into the program *lex.yy.c*. Here one can define support variables or functions for the action parts of translation rules.

Some specific comments about the definitions given below:

- The regular symbols *open*, *open2*, and *close* consume preceding and following empty lines (consisting of space and end-of-line characters). Similarly, *epar* (paragraph end symbol) consumes subsequent empty lines. This is to avoid superfluous space in "verbatim" sections of the target Latex document.

- A *close* followed by an *open* commentary bracket is omitted completely. This means that adjacent documentation sections are merged into one. This is needed in particular for documents obtained by concatenating several files. Be aware of this in testing lexical analysis! This is the only case when parts of the input string are "swallowed" without returning tokens.

Note that the characters

```
~, *, ", [, ], :
```

are returned directly to the parser (each is its own token) because they are used there directly in grammar rules. These characters are matched by the rule with a "." on the left hand side. The dot matches everything unmatched otherwise.

3.2   The Specification

(File *PDLex.l*)

```
%{
%}

#include "PDNestedText.h"

/* regular definitions */

lbracket        ("(*"|"/*")
rbracket        ("*)"|"*/")
star            [*]
other           [-;,?!\'\'\'()/@#$%_\^{}+=|<>\n&]
open            {lbracket}{star}*(" "*[\n])+
open2           ([\n]" "*)*[\n]{lbracket}{star}*(" "*[\n])+
close           {star}*{rbracket}(" "*[\n])+
epar            [\n]" "*[\n](" "*[\n])*
defline1        [\n]" "*"//"
defline2        " "*"//"
digit           [0-9]
num             ({digit}{digit}|{digit})
```

```
ref                 "["{num}"]"
verbatim            "----"

head1               {num}" "
head2               {num}"."{head1}
head3               {num}"."{head2}

enum1           "   "{digit}" "|" "{digit}{digit}" "
enum2           "   "{enum1}
bullet1         "   * "
bullet2         "   "{bullet1}
follow1         "      "
follow2         "   "{follow1}

display         "            "
figure          "                  "

%%

^{open}                     {return(OPEN);}
{open2}                     {return(OPEN);}
^{close}                    {return(CLOSE);}
^{close}{open}              { }
^{verbatim}                 {return(VERBATIM);}
{epar}                      {yylval = atom(yytext, yyleng); return(EPAR);}
{defline1}                  {yylval = atom(yytext, yyleng); return(DEFLINE);}
^{defline2}                 {yylval = atom(yytext, yyleng); return(DEFLINE);}
[A-Za-z]                    {yylval = atom(yytext, yyleng); return(LETTER);}
^{head1}                    {yylval = atom(yytext, yyleng); return(HEAD1);}
^{head2}                    {yylval = atom(yytext, yyleng); return(HEAD2);}
^{head3}                    {yylval = atom(yytext, yyleng); return(HEAD3);}
^{enum1}                    {yylval = atom(yytext, yyleng); return(ENUM1);}
^{enum2}                    {yylval = atom(yytext, yyleng); return(ENUM2);}
^{bullet1}                  {yylval = atom(yytext, yyleng); return(BULLET1);}
^{bullet2}                  {yylval = atom(yytext, yyleng); return(BULLET2);}
^{follow1}                  {yylval = atom(yytext, yyleng); return(FOLLOW1);}
^{follow2}                  {yylval = atom(yytext, yyleng); return(FOLLOW2);}
^{display}                  {yylval = atom(yytext, yyleng); return(DISPLAY);}
^{figure}                   {yylval = atom(yytext, yyleng); return(FIGURE);}
^({ref}" "|"[] ")           {yylval = atom(yytext, yyleng); return(STARTREF);}
{ref}                       {yylval = atom(yytext, yyleng); return(REF);}
[0-9]                       {yylval = atom(yytext, yyleng); return(DIGIT);}
"[~]"                       {yylval = atom(yytext, yyleng); return(TILDE);}
"[*]"                       {yylval = atom(yytext, yyleng); return(STAR);}
"[\"]"                      {yylval = atom(yytext, yyleng); return(QUOTE);}
"   ~   "                   {yylval = atom(yytext, yyleng); return(BLANKTILDE);}
"   *   "                   {yylval = atom(yytext, yyleng); return(BLANKSTAR);}
"   \"   "                  {yylval = atom(yytext, yyleng); return(BLANKQUOTE);}
{other}                     {yylval = atom(yytext, yyleng); return(OTHER);}
.                           {yylval = atom(yytext, yyleng); return(yytext[0]);}
"paragraph"                 {yylval = atom(yytext, yyleng); return(PARFORMAT);}
"characters"                {yylval = atom(yytext, yyleng); return(CHARFORMAT);}

%%
```

3.3 Testing the Lexical Analyser

One can test lexical analysis separately from the rest of the system. The files *PDTokens.h* and *PDLexTest.c* are needed. The file *PDTokens.h* needs to be included in the *declarations* section of *Lex.l*:

```
%{
#include "PDTokens.h"
}%
```

This file just defines each token as an integer constant:

```
#define OPEN    1000
#define CLOSE   1001
#define EPAR    1002
#define DEFLINE 1003
#define LETTER  1004
#define DIGIT   1005
#define TILDE   1006
#define STAR    1007
#define QUOTE   1008
#define BLANKTILDE       1009
#define BLANKSTAR        1010
#define BLANKQUOTE       1011
#define OTHER   1012
#define HEAD1   1013
#define HEAD2   1014
#define HEAD3   1015
#define ENUM1   1016
#define ENUM2   1025
#define BULLET1 1017
#define BULLET2 1018
#define FOLLOW1 1019
#define FOLLOW2 1020
#define DISPLAY 1021
#define FIGURE  1022
#define STARTREF         1023
#define REF     1024
#define VERBATIM 1025
#define PARFORMAT 1026
#define CHARFORMAT 1027

int yylval;
```

The file *PDLexTest.c* contains the main function for testing lexical analysis. It prints all
letters directly and prints the other tokens as integers.

```
#include "PDTokens.h"
#include "PDNestedText.h"

main()
{

        int token;
        yylval = 0;

        token = yylex();
        while (token != 0) {

                if (token == LETTER) print(yylval);
```

```
            else printf("%d \n", token);

            token = yylex();
    }
}
```

To produce a lexical analyser for testing one can issue the following commands (after including *PDTokens.h* in *PDLex.l*):

```
lex PDLex.1
cc PDLexTest.c lex.yy.c PDNestedText.o -11
```

The file *a.out* will then contain the analyser.

4 . Data Structures for the Parser

(File *PDParserDS.c*)
This file contains data structures for special paragraph and character formats (Section 4.2) and special characters (Section 4.3), also some auxiliary functions for the parser (Section 4.4).

```
#include "PDNestedText.h"
#include <string.h>

#define AND &&
```

4.1   Global Constants and Variables

```
#define BRACKETLENGTH 500
```

Length of text that may occur in square brackets within normal text.

```
int pindex = -1;
```

Index (in array *definitions*, see below) of the most recently used special paragraph format.

```
int cindex = -1;
```

Index (in array *definitions*, see below) of the most recently used special character format.

4.2   Data Structure for Definitions of Special Paragraph or Character Formats

```
#define DEFMAX 100
#define NAMELENGTH 30
#define COMLENGTH 100

struct def {
        int index;
        char name[NAMELENGTH];
        char open[COMLENGTH];
        char close[COMLENGTH];
} definitions[DEFMAX];

int first_free_def = 0;
int last_global_def = -1;
```

Contains definitions of special paragraph or character formats, such as

---

```
paragraph [1] Title: [{\bf \Large \begin{center}] [\end{center} }]
```

Here 1 would become the *index*, *Title* would be the *name*, the material enclosed in the first pair of square brackets would be the *open*, and that in the second pair of brackets the *close* component.

Into this array are put first definitions from the header documentation section. When these are complete, the variable *last-global-def* is set to the array index of the last entry. Then, for each paragraph which has annotation lines further definitions may be appended. The lookup procedure *lookup-def* (see below) searches from the end so that if finds first paragraph annotations. (However, paragraph annotations are not yet implemented.)

The following function *enter-def* puts a quadruple into this array. The last three parameters are (indices of) list expressions.

```
void enter_def(int index, int name, int open, int close)
{   definitions[first_free_def].index = index;
    copyout(name, definitions[first_free_def].name, NAMELENGTH);

        /* This function copies the first parameter list expression into a
        string given as a second parameter. Part of NestedText.*/

    copyout(open, definitions[first_free_def].open, COMLENGTH);
    copyout(close, definitions[first_free_def].close, COMLENGTH);

    first_free_def++;

    if (first_free_def >= DEFMAX)
        {printf("Error in enter_def: table full.\n");
        exit(1);
        }
}
```

Function *lookup-def* finds an array index in array *definitions* such that its *index* component has value *i*. Starts at the end and searches backwards in order to find paragraph annotations first. Returns either the array index, or -1 if entry was not found.

```
int lookup_def(int i)
{   int j;
    j = first_free_def;
    do j--;
    while ((j>=0) AND (definitions[j].index != i));
    return j;
}
```

4.3   Data Structure for Definitions of Special Characters

```
#define CODELENGTH 31            /* 30 usable characters + 0C */
#define SCMAX 100

struct schar {
        char code[CODELENGTH];
        char command[COMLENGTH];
} schars[SCMAX];

int first_free_schar = 0;
```

Contains definitions of special characters such as:

```
[ue]    [\"{u}]
```

The function *enter-schar* puts such a pair into the data structure. Parameters are again indices of list expressions in array *nodespace*.

```
    void enter_schar(int code, int command)
    {   copyout(code, schars[first_free_schar].code, CODELENGTH);
        copyout(command, schars[first_free_schar].command, COMLENGTH);

        first_free_schar++;

        if (first_free_schar >= SCMAX)
            {printf("Error in enter_schar: table full.\n");
            exit(1);
            }
    }
```

The function *lookup-schar* tries to find a parameter *string* as a *code* component under some index *j* in the array *schars* with special character definitions. It returns this index. If such an entry was not found, it returns a negative index value.

```
    int lookup_schar(char *string)
    {   int j;
        j = first_free_schar;
        do j--;
        while ((j>=0) AND (strcmp(string, schars[j].code) != 0));
        return j;
    }
```

4.4   Auxiliary Functions

The function *get-startref-index* gets as a parameter a list expression *listexpr* containing a special paragraph format number in square brackets followed by a blank (the number can have one or two digits), or an empty pair of square brackets (as a reference to a special format used previously). Hence examples are:

```
[15] [7] or []
```

The function returns either the numeric value (the format number) or 0 for an empty pair of brackets.

```
    int get_startref_index(int listexpr)
    {   char ref[6];
        int length;

        copyout(listexpr, ref, 6);
        length = strlen(ref);

        switch(length) {
            case 3:                                 /* empty brackets */
```

```
                return 0;
        case 4:                                 /* one digit */
                return (ref[1] - '0');
        case 5:                                 /* two digits */
                return (10 * (ref[1] - '0') + (ref[2] - '0'));
        default:
                {printf ("Error in get_startref_index: length is %d.\n",
                        length);
                exit(1);
                }
        }
}
```

Function *get-ref-index* does the same for a reference without the trailing blank.

```
int get_ref_index(int listexpr)
{   return(get_startref_index( concat(listexpr, atom(" ", 1)) ));
}
```

5   The Parser

(File *PDParser.y*)

5.1   Introduction

This file contains a *yacc* specification of a parser which is transformed by the UNIX tool *yacc* into a program file *y.tab.c* which in turn is compiled to produce a parser. For an introduction to *yacc* specifications see [ASU86, Section 4.9]. Detailed information is given in [SUN88, Section 11].

In fact, the specification contains "semantic rules" (or *actions*); hence, the generated program is a compiler (from PD files into Latex). The parsing technique used is bottom-up LR parsing. Let us briefly consider two example rules:

```
    heading         : heading1
                    | heading2
                    | heading3
                    ;

    heading1        :  HEAD1 paragraph_rest {printf("\\section {");
                                             print($2);
                                             printf("}\n\n");}
                    ;
```

The first is a grammar rule stating that a *heading* (nonterminal) can be derived into either a *heading1* or a *heading2* or a *heading3* (nonterminal). The second rule says that a *heading1* consists of a *HEAD1* token followed by a *paragraph-rest*. This rule has an associated action which is C code enclosed by braces.

Attached to each grammar symbol (nonterminal, or terminal token) is an integer-valued *attribute*. One can refer to these attributes in a grammar rule by the names $$$, $1, $2, etc. where $$$ refers to the attribute of the nonterminal on the left hand side and $1, $2, etc. to the grammar symbols on the right hand side. Hence, in the second rule, $$$ is the attribute attached to *heading1*, $1 belongs to *HEAD1*, and $2 to *paragraph-rest*.

For the terminal tokens which are generated in lexical analysis the attribute value is set by an assignment to the variable *yylval*. The lexical analyser used here assigns always the index of a node of the *NestedText* data structure containing the character string matching the token.

For the nonterminals, the attribute value is set by an assignment to *$$* in the action part of a grammar rule. The bottom-up parser basically works as follows. Terminal tokens and nonterminals recognized earlier are kept on a stack. Whenever the top symbols on the stack correspond to the right hand side of a grammar rule which is applicable with the current derivation, a *reduction* is made: The right hand side symbols are removed from the stack and the left hand side nonterminal is put on the stack. In addition, the action associated with the rule (the C code in braces) is executed.

Therefore, in our example rule the *HEAD1* and *paragraph-rest* symbols are removed from the stack and a *heading1* symbol is put on top. The action is executed, namely:

1. The text "\section {" is written to the output file.

2. The text associated with *paragraph-rest* (a *NestedText* node whose index is given in *$2*) is written (by the *print* function from *NestedText*).

3. The text "}\n\n" (a closing brace followed by two end-of-line characters) is written to the output.

Hence for a heading described in the PD file by

```
5 The Parser
```

a piece of Latex code

```
\section {The Parser}
```

followed by an empty line is written to the output file. To understand the output created in the grammar rules you need to know (some) LaTeX, see [La86].

5.2 Declaration Section: Definition of Tokens

```
%{
%}

%token OPEN, CLOSE, EPAR, DEFLINE, LETTER, DIGIT, OTHER, TILDE, STAR,
       QUOTE, BLANKTILDE, BLANKSTAR, BLANKQUOTE,
       HEAD1, HEAD2, HEAD3, ENUM1, ENUM2, BULLET1, BULLET2,
       FOLLOW1, FOLLOW2, DISPLAY, FIGURE, STARTREF, REF, VERBATIM,
       PARFORMAT, CHARFORMAT;
%%
```

5.3 Document Structure and Program Sections

```
document           : doc
                   | doc program_section
                   ;

doc                : space doc_section
                   | doc program_section doc_section
                   ;

doc_section        : OPEN elements CLOSE
                   ;

program_section :          {printf("{\\small \\begin{quote}
\\begin{verbatim}\n");}
                       chars {printf("\n\\end{%s} \\end{quote}}\n\n", "verbatim");}
                   ;

chars              :
                   | chars text_char       {print($2);}
                   | chars TILDE           {print($2);}
                   | chars STAR            {print($2);}
                   | chars QUOTE           {print($2);}
                   | chars '\"'            {print($2);}
                   | chars '*'             {print($2);}
                   | chars '~'             {print($2);}
                   | chars '['             {print($2);}
                   | chars ']'             {print($2);}
                   | chars follow_elem     {print($2);}
                   | chars EPAR            {print($2);}
                   | chars DEFLINE         {print($2);}
                   ;

elements           :
                   | elements definitions
                   | elements element      {release_storage();}
                   | elements list         /* storage cannot be released after
                                              lists because of look-ahead */
                   ;
```

5.4 Definitions of Special Formats and Characters

```
definitions        : defs EPAR
                   ;

defs               : defline
                   | defs defline
                   ;

defline            : DEFLINE par_format
                   | DEFLINE char_format
                   | DEFLINE special_char_def
                   ;

par_format         : PARFORMAT space REF space ident space ':'
                           space bracketed2 space bracketed2
                                   {
                                   /* test only:
                                   print($3);
```

```
                            printf("paragraph definition: %d ",
                                    get_ref_index($3));
                            print($5);
                            print($9);
                            print($11);
                            */
                            enter_def(get_ref_index($3), $5, $9, $11);}
              ;

char_format      : CHARFORMAT space REF space ident space ':'
                       space bracketed2 space bracketed2
                            {
                            /*
                            printf("characters definition: %d ",
                                    get_ref_index($3));
                            print($5);
                            print($9);
                            print($11);
                            */

                            enter_def(get_ref_index($3), $5, $9, $11);}
              ;

special_char_def: bracketed2 space bracketed2
                                        {enter_schar($1, $3);}
              ;

space            :
                 | space ' '
                 | space FOLLOW1
                 | space FOLLOW2
                 | space DISPLAY
                 | space FIGURE
                 ;

ident            : LETTER                {$$ = $1;}
                 | ident LETTER          {$$ = concat($1, $2);}
                 | ident DIGIT           {$$ = concat($1, $2);}
                 ;
```

5.5   Text Elements

5.5.1   Predefined Paragraph Types

```
element          : standard_paragraph
                 | heading
                 | verb
                 | display
                 | figure
                 | special_paragraph
                 ;

standard_paragraph : paragraph_rest       {print($1); printf("\n\n");}
                 ;

heading          : heading1
                 | heading2
                 | heading3
                 ;
```

```
heading1          : HEAD1 paragraph_rest  {printf("\\section {");
                                           print($2);
                                           printf("}\n\n");}
                  ;

heading2          : HEAD2 paragraph_rest  {printf("\\subsection {");
                                           print($2);
                                           printf("}\n\n");}
                  ;

heading3          : HEAD3 paragraph_rest  {printf("\\subsubsection {");
                                           print($2);
                                           printf("}\n\n");}
                  ;

verb              : verb_start verb_end
                  ;

verb_start        : VERBATIM      {printf("\\hspace{0.9cm}
\\rule{2in}{0.1pt}\n{\\small \\begin{verbatim}\n     ");}
                  ;

verb_end          : chars VERBATIM      {printf("\\end{%s}}\n\\hspace{0.9cm}
\\rule{2in}{0.1pt}\n", "verbatim");}
                  ;

display           : DISPLAY paragraph_rest {printf("\\begin{quote}\n");
                                            printf("          ");
                                            print($2);
                                            printf("\n\\end{quote}\n\n");}
                  ;


5.5.2  Figures

figure            : FIGURE figure_text optional_caption
                    bracketed2 annotations
                                            {printf("\\begin{figure}[htb]\n");
                                             printf("\\begin{center}\n");
                                             printf("\\leavevmode\n");
                                             printf("        \\epsfbox{Figures/");
                                                    print($4);
                                             printf("}\n");
                                             printf("\\end{center}\n");
                                             printf("        \\caption{");
                                                    print($3);
                                             printf("}\n");
                                             printf("\\end{figure}\n");}
                  ;

optional_caption:                           {$$ = atomc("");}
                | ':' figure_text           {$$ = $2;}
                  ;

figure_text       :                         {$$ = atomc("");}
                | figure_text ftext_char {$$ = concat($1, $2);}
                | figure_text TILDE      {$$ = concat($1, atomc("~"));}
                | figure_text STAR       {$$ = concat($1, atomc("*"));}
```

```
                | figure_text QUOTE      {$$ = concat($1, atomc("\""));}
                | figure_text emphasized {$$ = concat($1, $2);}
                | figure_text bold_face {$$ = concat($1, $2);}
                | figure_text special_char_format {$$ = concat($1, $2);}
                | figure_text follow_elem {$$ = concat($1, $2);}
                ;
```

5.5.3 Special Paragraph Formats

```
special_paragraph: STARTREF paragraph_rest

                {int i;

                i = get_startref_index($1);
                if (i > 0)                     /* not an empty start ref */
                    pindex = lookup_def(i);

                                               /* otherwise use previous
                                                  pindex value */
                if (pindex >= 0)               /* def was found */
                    {printf("%s ", definitions[pindex].open);
                    print($2);
                    printf("%s \n\n", definitions[pindex].close);
                    }
                else print($2);          /* make it a standard paragraph */
                }
                ;
```

5.6   Lists

```
list            : itemized1        {printf("\\begin{itemize}\n");
                                    print($1);
                                    printf("\n\n\\end{itemize}\n\n");}
                | enum1            {printf("\\begin{enumerate}\n");
                                    print($1);
                                    printf("\n\n\\end{enumerate}\n\n");}
                ;

itemized1       : bulletitem1            {$$ = $1;}
                | itemized1 bulletitem1 {$$ = concat($1, $2);}
                ;

bulletitem1     : bulletpar1             {$$ = $1;}
                | bulletitem1 followup1 {$$ = concat($1, $2);}
                | bulletitem1 list2     {$$ = concat($1, $2);}
                ;

bulletpar1      : BULLET1 paragraph_rest
                            {$$ = concat(atomc("\n \\item "),
                                    concat($2, atomc("\n\n")));}
                ;

followup1       : FOLLOW1 paragraph_rest
                                    {$$ = concat($1,
                                          concat($2, atomc("\n\n")));}
                ;

enum1           : enumitem1              {$$ = $1;}
                | enum1 enumitem1        {$$ = concat($1, $2);}
```

```
                ;

enumitem1       : enumpar1               {$$ = $1;}
                | enumitem1 followup1    {$$ = concat($1, $2);}
                | enumitem1 list2        {$$ = concat($1, $2);}
                ;

enumpar1        : ENUM1 paragraph_rest
                            {$$ = concat(atomc("\n  \\item "),
                                 concat($2, atomc("\n\n")));}
                ;

list2           : itemized2 {$$ = concat(atomc("\n    \\begin{itemize}\n"),
                                 concat($1,
                                 atomc("\n    \\end{itemize}\n\n")));}
                | enum2 {$$ = concat(atomc("\n    \\begin{enumerate}\n"),
                                 concat($1,
                                 atomc("\n    \\end{enumerate}\n\n")));}
                ;

itemized2       : bulletitem2            {$$ = $1;}
                | itemized2 bulletitem2 {$$ = concat($1, $2);}
                ;

bulletitem2     : bulletpar2             {$$ = $1;}
                | bulletitem2 followup2 {$$ = concat($1, $2);}
                ;

bulletpar2      : BULLET2 paragraph_rest
                            {$$ = concat(atomc("\n      \\item "),
                                 concat($2, atomc("\n\n")));}
                ;

followup2       : FOLLOW2 paragraph_rest
                            {$$ = concat($1, concat($2, atomc("\n\n")));}
                ;

enum2           : enumitem2              {$$ = $1;}
                | enum2 enumitem2        {$$ = concat($1, $2);}
                ;

enumitem2       : enumpar2               {$$ = $1;}
                | enumitem2 followup2    {$$ = concat($1, $2);}
                ;

enumpar2        : ENUM2 paragraph_rest
                            {$$ = concat(atomc("\n      \\item "),
                                 concat($2, atomc("\n\n")));}

                ;
```

5.7 Text Structure

Unfortunately, this gets a bit complex because we must take care of the following:

- Most tokens that are recognized in lexical analysis may occur in normal text; we must
  make sure that they can be reduced there. In particular, the tokens defining paragraph
  formats must be allowed to occur in the middle of a paragraph and not be interpreted
  there.

- We must take care of escaping characters with a special meaning. This concerns the *TILDE*, *STAR*, and *QUOTE* tokens which are formed in LA from the corresponding characters in square brackets. In normal text, the square brackets must be stripped off. On the other hand, in program text or in definitions (given in square brackets themselves) the character strings should be left untouched.

- Emphasized text (enclosed by tilde characters) and bold face text (enclosed by stars) may be nested, but we must make sure through the grammar rules that emphasized cannot occur within emphasized etc. Otherwise a second tilde meaning a closing bracket of the emphasized text would be shifted on the stack by the parser rather than reduced as we want.

```
paragraph_rest  : text annotations EPAR {$$ = $1;}
                ;

text            :                       {$$ = atomc("");}
                | netext                {$$ = $1;}
                ;

netext          : start_elem            {$$ = $1;}
                | netext start_elem     {$$ = concat($1, $2);}
                | netext follow_elem    {$$ = concat($1, $2);}
                ;

start_elem      : text_char             {$$ = $1;}
                | TILDE                 {$$ = atomc("~");}
                | STAR                  {$$ = atomc("*");}
                | QUOTE                 {$$ = atomc("\"");}
                | emphasized            {$$ = $1;}
                | bold_face             {$$ = $1;}
                | special_char_format   {$$ = $1;}
                | bracketed             {$$ = $1;}
                ;

follow_elem     : HEAD1                  {$$ = $1;}
                | HEAD2                  {$$ = $1;}
                | HEAD3                  {$$ = $1;}
                | ENUM1                  {$$ = $1;}
                | ENUM2                  {$$ = $1;}
                | FOLLOW1                {$$ = $1;}
                | FOLLOW2                {$$ = $1;}
                | BULLET1                {$$ = $1;}
                | BULLET2                {$$ = $1;}
                | DISPLAY                {$$ = $1;}
                | FIGURE                 {$$ = $1;}
                | STARTREF               {$$ = $1;}
                | REF                    {$$ = $1;}
                ;

text_char       : ftext_char            {$$ = $1;}
                | ':'                    {$$ = $1;}
                ;

ftext_char      : LETTER                {$$ = $1;}
                | DIGIT                 {$$ = $1;}
                | OTHER                 {$$ = $1;}
                | BLANKTILDE            {$$ = $1;}
                | BLANKSTAR             {$$ = $1;}
                | BLANKQUOTE            {$$ = $1;}
```

```
                | '\\'                  {$$ = $1;}
                | ' '                   {$$ = $1;}
                | '.'                   {$$ = $1;}
                | PARFORMAT             {$$ = $1;}
                | CHARFORMAT            {$$ = $1;}
                ;

emphasized      : '~' unemph_list '~'   {$$ = concat(atomc("{\\em "),
                                                 concat($2,
                                                 atomc("\\/}")));}
                ;

bold_face       : '*' unbold_list '*'   {$$ = concat(atomc("{\\bf "),
                                                 concat($2,
                                                 atomc("}")));}
                ;

unemph_list     :                       {$$ = atomc("");}
                | unemph_list unemph     {$$ = concat($1, $2);}
                ;

unemph          : text_char             {$$ = $1;}
                | TILDE                 {$$ = atomc("~");}
                | STAR                  {$$ = atomc("*");}
                | QUOTE                 {$$ = atomc("\"");}
                | follow_elem           {$$ = $1;}
                | '*' unboldemph_list '*'       {$$ = concat(atomc("{\\bf "),
                                                 concat($2,
                                                 atomc("}")));}
                | special_char_format   {$$ = $1;}
                | bracketed             {$$ = $1;}
                ;

unbold_list     :                       {$$ = atomc("");}
                | unbold_list unbold     {$$ = concat($1, $2);}
                ;

unbold          : text_char             {$$ = $1;}
                | TILDE                 {$$ = atomc("~");}
                | STAR                  {$$ = atomc("*");}
                | QUOTE                 {$$ = atomc("\"");}
                | follow_elem           {$$ = $1;}
                | '~' unboldemph_list '~'       {$$ = concat(atomc("{\\em "),
                                                 concat($2,
                                                 atomc("\\/}")));}
                | special_char_format   {$$ = $1;}
                | bracketed             {$$ = $1;}
                ;

unboldemph_list :                       {$$ = atomc("");}
                | unboldemph_list unboldemph   {$$ = concat($1, $2);}
                ;

unboldemph      : text_char             {$$ = $1;}
                | TILDE                 {$$ = atomc("~");}
                | STAR                  {$$ = atomc("*");}
                | QUOTE                 {$$ = atomc("\"");}
                | follow_elem           {$$ = $1;}
                | special_char_format   {$$ = $1;}
```

```
                    | bracketed                {$$ = $1;}
                    ;

plain_list          :                          {$$ = atomc("");}
                    | plain_list plain         {$$ = concat($1, $2);}
                    ;

plain               : text_char                {$$ = $1;}
                    | TILDE                     {$$ = atomc("~");}
                    | STAR                      {$$ = atomc("*");}
                    | QUOTE                     {$$ = atomc("\"");}
                    | bracketed                {$$ = $1;}
                    ;
```

5.8 Special Character Formats

```
special_char_format :    '\"' plain_list '\"' REF

                    {int i;

                    i = get_ref_index($4);
                    cindex = lookup_def(i);
                    if (cindex >= 0)          /* def was found */
                        {$$ = concat(
                                atomc(definitions[cindex].open),
                                concat($2,
                                   atomc(definitions[cindex].close)  ));
                        }
                    else                      /* ignore special format */
                        $$ = $2;
                    }

            | '\"' plain_list '\"'

                    {if (cindex >= 0)         /* def exists */
                        {$$ = concat(
                                atomc(definitions[cindex].open),
                                concat($2,
                                   atomc(definitions[cindex].close)  ));
                        }
                    else                        /* ignore special format */
                        $$ = $2;
                    }

                    ;
```

5.9 Text in Square Brackets: Checking for Special Characters

```
bracketed           : '[' btext ']'

                    {char bracketstring[BRACKETLENGTH];
                    int i;
                    int length;

                    copyout($2, bracketstring, BRACKETLENGTH);
                    length = strlen(bracketstring);

                    if (length <= CODELENGTH - 1)
```

```
                    {i = lookup_schar(bracketstring);
                    if (i >= 0)                 /* found */
                        $$ = atomc(schars[i].command);
                    else
                        $$ = concat($1,
                            concat($2, $3));
                    }
                else
                    $$ = concat($1, concat($2, $3));
                }
                ;


btext               :                           {$$ = atomc("");}
                    | btext text_char           {$$ = concat($1, $2);}
                    | btext TILDE               {$$ = concat($1, atomc("~"));}
                    | btext STAR                {$$ = concat($1, atomc("*"));}
                    | btext QUOTE               {$$ = concat($1, atomc("\""));}
                    | btext follow_elem         {$$ = concat($1, $2);}
                    | btext '\"'                {$$ = concat($1, $2);}
                    | btext '*'                 {$$ = concat($1, $2);}
                    | btext '~'                 {$$ = concat($1, $2);}
                    | btext '[' btext ']'

                    {char bracketstring[BRACKETLENGTH];
                    int i;
                    int length;

                    copyout($3, bracketstring, BRACKETLENGTH);
                    length = strlen(bracketstring);

                    if (length <= CODELENGTH - 1)
                        {i = lookup_schar(bracketstring);
                        if (i >= 0)                 /* found */
                            $$ = concat($1, atomc(schars[i].command));
                        else
                            {$$ = concat($1,
                                    concat($2,
                                            concat($3, $4)));}
                        }
                    else
                        {$$ = concat($1,
                                concat($2,
                                        concat($3, $4)));}
                    }
                    ;
```

5.10 Uninterpreted Square Brackets (Used in Definitions)

```
bracketed2      : '[' btext2 ']'        {$$ = $2;}
                ;


btext2          :                       {$$ = atomc("");}
                | btext2 text_char      {$$ = concat($1, $2);}
                | btext2 TILDE          {$$ = concat($1, $2);}
                | btext2 STAR           {$$ = concat($1, $2);}
                | btext2 QUOTE          {$$ = concat($1, $2);}
                | btext2 follow_elem    {$$ = concat($1, $2);}
                | btext2 '\"'           {$$ = concat($1, $2);}
                | btext2 '*'            {$$ = concat($1, $2);}
```

```
                   | btext2 '~'              {$$ = concat($1, $2);}
                   | btext2 '[' btext2 ']'   {$$ = concat($1,
                                                     concat($2,
                                                     concat($3, $4)));}
                   ;

annotations     :
                   ;


%%


#include "lex.yy.c"
#include "PDNestedText.h"
#include "PDParserDS.c"
```

6   LaTeX Header and Main Program

6.1   The LaTeX Header File: pd.header

```
\documentclass[11pt]{article}
\usepackage{a4wide, xspace}
\usepackage[dvips]{epsfig}
\parindent0em
\parskip0.8ex plus0.4ex minus 0.4ex




% Spezielle Einstellungen fuer Buch "Uebersetzerbau"

\setlength{\textwidth}{15.6cm}
\setlength{\textheight}{25.2cm}
\setcounter{page}{290}

%

\fussy
\begin{document}
```

6.2   Main Program: Maketex.c

Use the parser to transform from implicitly formatted text to TeX.

```
void print_tail(void);

main()
{       int error;

        error = yyparse();
        print_tail();
}

void print_tail(void)
{
        printf("\\end{document}\n");
}
```

7 Two Auxiliary Programs

7.1 Program pdtabs.c

This program converts tab symbols into corresponding sequences of blanks. With the standard
text editor, each tab corresponds to 8 blanks.

```
#define TABLENGTH 8
#define EOF -1

main()
{
        int c, position, nblanks, i;

        position = 0;
        while ((c = getchar()) != EOF)
                if (c == '\n')
                        {position = 0; putchar(c);}
                else if (c == '\t') {
                        nblanks = TABLENGTH - (position % TABLENGTH);
                        for (i = 0; i < nblanks; i++)
                                {position++; putchar(' ');}
                        }
                else {position++; putchar(c);}
}
```

7.2 Program *linebreaks.c*

This program reads a file from standard input and writes it to standard output. Whenever
lines longer than LINELENGTH (which is 80 characters) occur, it puts a line break to the
position of the last blank read before character 80 and continues in a new line. If there was
no blank in such a line, it introduces a line break anyway (possibly in the middle of a word).

```
#define LINELENGTH 80
#define EOF -1
#define OR ||

main()
{
        int position, c, lastblank, i;
        int line[LINELENGTH];

        position = 0;
        lastblank = -1;

        while ((c = getchar()) != EOF) {
                line[position] = c;
                if (c == ' ') lastblank = position;
                position++;

                if ((c == '\n') OR (position == LINELENGTH))
                        if (c == '\n') {

                                /* output a complete line */

                                for (i = 0; i < position; i++)
                                        putchar(line[i]);
                                position = 0;
```

```c
                    lastblank = -1;}

        else if (lastblank > 0) {           /* a blank exists */

            /* output line up to blank */

            for (i = 0; i < lastblank; i++)
                    putchar(line[i]);
            putchar('\n');

            /* move rest of line to the front */

            for (i = lastblank + 1; i < position; i++)
                    line[i - (lastblank + 1)] = line[i];
            position = position - (lastblank + 1);
            lastblank = -1;
            }

        else {                              /* no blank exists */

            /* output line anyway */

            for (i = 0; i < position; i++)
                    putchar(line[i]);
            putchar('\n');
            position = 0;
            lastblank = -1;
            }

    }

}
```

8   Command Procedures

8.1   Procedure *pdview*

```
cat /export/home/gueting/PDSystem/pd.header > $1.tex
pdtabs < $1 | maketex | linebreaks >> $1.tex
latex $1.tex
xdvi $1.dvi &
rm $1.log
rm $1.tex
```

8.2   Procedure *pdshow*

```
cat /export/home/gueting/PDSystem/pd.header > $1.tex
pdtabs < $1 | maketex | linebreaks >> $1.tex
latex $1.tex
dvips -o $1.ps $1.dvi
ghostview $1.ps
rm $1.aux
rm $1.log
rm $1.tex
rm $1.dvi
rm $1.ps
```

8.3   Procedure *pdprint*

```
dvips $1.dvi
lpr -Plw $1.ps
rm $1.ps
```

8.4   Procedure *pd2tex*

```
cat /export/home/gueting/PDSystem/pd.header > $1.tex
pdtabs < $1 | maketex | linebreaks >> $1.tex
```

8.5   Procedure *pdshowtex*

```
latex $1.tex
dvips -o $1.ps $1.dvi
pageview $1.ps
rm $1.aux
rm $1.log
rm $1.dvi
rm $1.ps
```

9   The Makefile

```
OPTIONS = -g
LINKLIBS = -ly -ll
#
all:    maketex pdtabs linebreaks docu makehtml docuhtml makeascii

maketex: PDMaketex.c PDParser.y lex.yy.c PDNestedText.h PDParserDS.c
PDNestedText.o
        yacc PDParser.y
        gcc $(OPTIONS) -o maketex PDMaketex.c y.tab.c PDNestedText.o
$(LINKLIBS)

makehtml: PDMakeHTML.c PDNestedText.o PDParserHTML.y lex.yy.c \
                PDNestedText.h PDParserDS.c
        yacc PDParserHTML.y
        gcc $(OPTIONS) -o makehtml PDMakeHTML.c y.tab.c PDNestedText.o
$(LINKLIBS)

makeascii: PDMakeASCII.c PDNestedText.o PDParserASCII.y lex.yy.c \
                PDNestedText.h PDParserDS.c
        yacc PDParserASCII.y
        gcc $(OPTIONS) -o makeascii PDMakeASCII.c y.tab.c PDNestedText.o
$(LINKLIBS)

#
lex.yy.c: PDLex.l PDNestedText.h
        lex PDLex.l

PDNestedText.o: PDNestedText.c PDNestedText.h
        gcc -c -g PDNestedText.c

pdtabs: pdtabs.c
        gcc -o pdtabs pdtabs.c

linebreaks: linebreaks.c
```

```
                gcc -o linebreaks linebreaks.c

docu:   PD1 PDNestedText.h PDNestedText.c PD3 PDLex.l PDTokens.h PDLexTest.c \
            PDParserDS.c PDParser.y PD6 pd.header \
            PDMaketex.c PD7 pdtabs.c linebreaks.c PD8 pdview \
            PD8.2 pdshow \
            PD8.3 pdprint PD8.4 pd2tex PD8.5 pdshowtex PD9 makefile \
            PDRefs
        cat PD1 PDNestedText.h PDNestedText.c PD3 PDLex.l PDTokens.h \
            PDLexTest.c PDParserDS.c \
            PDParser.y PD6 pd.header \
            PDMaketex.c PD7 pdtabs.c linebreaks.c PD8 pdview \
            PD8.2 pdshow \
            PD8.3 pdprint PD8.4 pd2tex PD8.5 pdshowtex PD9 makefile \
            PDRefs > docu

docuhtml: HTML1 PDParserHTML.y PDMakeHTML.c HTML4 pd2html HTML5 makefile \
            PDRefsHTML
        cat HTML1 PDParserHTML.y PDMakeHTML.c HTML4 pd2html HTML5 \
            makefile PDRefsHTML > docuhtml
```

References

[ASU86]   Aho, A.V., R. Sethi, and J.D. Ullman, Compilers: Principles, Techniques, and
          Tools. Addison-Wesley, 1986.

[Gü95]   Güting, R.H., Integrating Programs and Documentation. FernUniversität Hagen,
          Informatik-Report 182, May 1995.

[La86]   Lamport, L., LaTeX: A Document Preparation System. User's Guide & Reference
          Manual. Addison-Wesley, 1986.

[SUN88]   Sun Microsystems, Programming Utilities and Libraries. User Manual. Sun Mi-
          crosystems, 1988.

Anhang B

File PDNestedText.h

```
/*******************************************************
//[x] [$\times $]
//[->] [$\rightarrow $]
//paragraph [2] verse:  [\begin{verse}] [\end{verse}]

2 The Module NestedText

2.1 Definition Part

(File ~PDNestedText.h~)

This module allows one to create nested text structures and to write them to
standard output. It provides in principle a data type ~listexpr~ (representing
such structures) and operations:

[2]     atom: string [x] int [->] listexpr            \\
        atomc: string [->] listexpr                   \\
        concat: listexpr [x] listexpr [->] listexpr   \\
        print: listexpr [->] e                        \\
        copyout: listexpr [->] string [x] int         \\
        release-storage                               \\

However, for use by ~lex~ and ~yacc~ generated lexical analysers and parsers which
only allow to associate integer values with grammar symbols, we represent a
~listexpr~ by an integer (which is, in fact, an index into an array for nodes).
Hence we have a signature:

[2]     atom: string [x] int [->] int                 \\
        atomc: string [->] int                        \\
        concat: int [x] int [->] int                  \\
        print: int [->] e                             \\
        copyout: int [->] string [x] int              \\
        release-storage                               \\

The module uses two storage areas. The first is a buffer for text characters, it
can take up to STRINGMAX characters, currently set to 30000. The second provides
nodes for the nested list structure; currently up to NODESMAX = 30000 nodes can
be created.

The operations are defined as follows:
```

```
----      int atom(char *string, int length)
----
```

List expressions, that is, values of type ~listexpr~ are either atoms or lists.
The function ~atom~ creates from a character string ~string~ of length ~length~
a list expression which is an atom containing this string. Possible errors: The
text buffer or storage space for nodes may overflow.

```
----      int atomc(char *string)
----
```

The function ~atomc~ works like ~atom~ except that the parameter should be a null-
terminated string. It determines the length itself. To be used in particular for
string constants written directly into the function call.

```
----      int concat(int list1, int list2)
----
```

Concats the two lists; returns a list expression representing the concatenation.
Possible error: the storage space for nodes may be exceeded.

```
----      void print(int list)
----
```

Writes the character strings from all atoms in ~list~ in the right order to
standard output.

```
----      void copyout(int list, char *target, int lengthlimit)
----
```

Copies the character strings from all atoms in ~list~ in the right order into a
string variable ~target~. Parameter ~lengthlimit~ ensures that the maximal
available space in ~target~ is respected; an error occurs if the list expression
~list~ contains too many characters.

```
----      void release_storage(void)
----
```

Destroys the contents of the text and node buffers. Should be used only when a
complete piece of text has been recognized and written to the output. Warning:
Must not be used after pieces of text have been recognized for which the parser
depends on reading a look-ahead token! This token will be in the text and node
buffers already and be lost. Currently this applies to lists.

The following is what is technically exported from this file:

```
*****************************************/

int atom(char *, int), atomc(char *), concat(int, int);
void print(int), copyout(int, char *, int), release_storage(void),
show_storage(void);               /* show_storage used only for testing */
```

Anhang C

File PDNestedText.h.tex

```
\documentclass[11pt]{article}
\usepackage{a4wide, xspace}
\usepackage[dvips]{epsfig}
\parindent0em
\parskip0.8ex plus0.4ex minus 0.4ex

\fussy
\begin{document}


\section {The Module NestedText}

\subsection {Definition Part}

(File {\em PDNestedText.h\/})
```

This module allows one to create nested text structures and to write them to standard output. It provides in principle a data type {\em listexpr\/} (representing such structures) and operations:

```
\begin{verse}     atom: string $\times $ int $\rightarrow $ listexpr
  \\
       atomc: string $\rightarrow $ listexpr                      \\
       concat: listexpr $\times $ listexpr $\rightarrow $ listexpr     \\
       print: listexpr $\rightarrow $ e                           \\
       copyout: listexpr $\rightarrow $ string $\times $ int          \\
       release-storage                              \\\end{verse}
```

However, for use by {\em lex\/} and {\em yacc\/} generated lexical analysers and parsers which only allow to associate integer values with grammar symbols, we represent a {\em listexpr\/} by an integer (which is, in fact, an index into an array for nodes). Hence we have a signature:

```
\begin{verse}     atom: string $\times $ int $\rightarrow $ int
  \\
       atomc: string $\rightarrow $ int                           \\
       concat: int $\times $ int $\rightarrow $ int                  \\
       print: int $\rightarrow $ e                               \\
       copyout: int $\rightarrow $ string $\times $ int              \\
       release-storage                             \\\end{verse}
```

The module uses two storage areas. The first is a buffer for text characters, it can take up to STRINGMAX characters, currently set to 30000. The second provides nodes for the nested list structure; currently up to NODESMAX = 30000 nodes can be created.

The operations are defined as follows:

```
\hspace{0.9cm} \rule{2in}{0.1pt}
{\small \begin{verbatim}
        int atom(char *string, int length)
\end{verbatim}}
\hspace{0.9cm} \rule{2in}{0.1pt}
```

List expressions, that is, values of type {\em listexpr\/} are either atoms or
lists. The function {\em atom\/} creates from a character string {\em string\/}
of length {\em length\/} a list expression which is an atom containing this
string. Possible errors: The text buffer or storage space for nodes may
overflow.

```
\hspace{0.9cm} \rule{2in}{0.1pt}
{\small \begin{verbatim}
        int atomc(char *string)
\end{verbatim}}
\hspace{0.9cm} \rule{2in}{0.1pt}
```

The function {\em atomc\/} works like {\em atom\/} except that the parameter
should be a null-terminated string. It determines the length itself. To be used
in particular for string constants written directly into the function call.

```
\hspace{0.9cm} \rule{2in}{0.1pt}
{\small \begin{verbatim}
        int concat(int list1, int list2)
\end{verbatim}}
\hspace{0.9cm} \rule{2in}{0.1pt}
```

Concats the two lists; returns a list expression representing the
concatenation. Possible error: the storage space for nodes may be exceeded.

```
\hspace{0.9cm} \rule{2in}{0.1pt}
{\small \begin{verbatim}
        void print(int list)
\end{verbatim}}
\hspace{0.9cm} \rule{2in}{0.1pt}
```

Writes the character strings from all atoms in {\em list\/} in the right order
to standard output.

```
\hspace{0.9cm} \rule{2in}{0.1pt}
{\small \begin{verbatim}
        void copyout(int list, char *target, int lengthlimit)
\end{verbatim}}
\hspace{0.9cm} \rule{2in}{0.1pt}
```

Copies the character strings from all atoms in {\em list\/} in the right order
into a string variable {\em target\/}. Parameter {\em lengthlimit\/} ensures
that the maximal available space in {\em target\/} is respected; an error
occurs if the list expression {\em list\/} contains too many characters.

```
\hspace{0.9cm} \rule{2in}{0.1pt}
{\small \begin{verbatim}
        void release_storage(void)
\end{verbatim}}
\hspace{0.9cm} \rule{2in}{0.1pt}
```

Destroys the contents of the text and node buffers. Should be used only when a complete piece of text has been recognized and written to the output. Warning: Must not be used after pieces of text have been recognized for which the parser depends on reading a look-ahead token! This token will be in the text and node buffers already and be lost. Currently this applies to lists.

The following is what is technically exported from this file:

```
{\small \begin{quote} \begin{verbatim}
int atom(char *, int), atomc(char *), concat(int, int);
void print(int), copyout(int, char *, int), release_storage(void),
show_storage(void);                 /* show_storage used only for testing */

\end{verbatim} \end{quote}}

\end{document}
```

Anhang D

Übersetzung von Parameterlisten in Prozedurdeklarationen

Die Übersetzung von Parameterlisten in Prozedurdeklarationen hatten wir in Abschnitt 6.3.1 weggelassen. Hier sind die Übersetzungsschemata dazu.

```
parameters ->              {params.procname :=
   offset                       parameters.procname}
   procname        ( params )
                           {parameters.offset := params.offset;
                           align(parameters.offset, 8)}
           |               {parameters.offset := 16}

params  ->                 {param.procname := params.procname;
   offset                  param.offset := 16; param.no := 1}
   no              param
   procname                {params.offset := param.offset;
                           params.no := 1}
           |               {params₁.procname := params.procname}
                  params₁ ;
                           {param.procname := params.procname;
                           param.offset := params₁.offset;
                           param.no := params₁.no + 1}
                  param
                           {params.offset := param.offset;
                           params.no := param.no}
```

Hier wird das Attribut *procname* von oben nach unten vererbt und die Attribute *offset* und *no* von unten nach oben gereicht (ähnlich der Strategie für *decls* in Abbildung 6.19).

```
param    ->     var id : paramtype
   offset                  {align(param.offset, 4);
   no                      index := enter_var(refparam, id.name,
   procname                   depth, param.offset, 4, -, 4,
                           paramtype.typeindex);
                           enter_name(depth - 1,
                              param.procname'#'param.no, index);
                           enter_name(depth, id.name, index);
                           param.offset := param.offset + 4}
           |    id : paramtype
                           {align(param.offset,
                              paramtype.alignment);
```

```
                    index := enter_var(valparam, id.name,
                      depth, param.offset, paramtype.size,
                      -, paramtype.alignment,
                      paramtype.typeindex);
                    enter_name(depth - 1,
                      param.procname'#'param.no, index);
                    enter_name(depth, id.name, index);
                    param.offset := param.offset +
                      paramtype.size}
```

So werden also *call-by-reference* und *call-by-value* übersetzt. Man beachte, wie gemäß der in Abschnitt 6.3.1 beschriebenen Strategie jeder Parameter unter zwei verschiedenen Namen in Namenstabellen der Tiefe *depth* und *depth* − 1 eingetragen wird.

```
    paramtype ->    simpletype      {paramtype.* := simpletype.*}
      size
      alignment
      typeindex
          |         typeident       {paramtype.* := typeident.*}
```

Lösungen zu den Aufgaben im Text

Aufgabe 2.1

(a) $a^* b^* c^* d^*$

(b) $0^* (1 \mid \varepsilon) 0^*$

(c) $0^* 1 (0 \mid 1)^*$

Aufgabe 2.2

(a) $Q = \{0, 1, 2, 3\}; \Sigma = \{a, b, c, d\}; s = 0; F = Q$

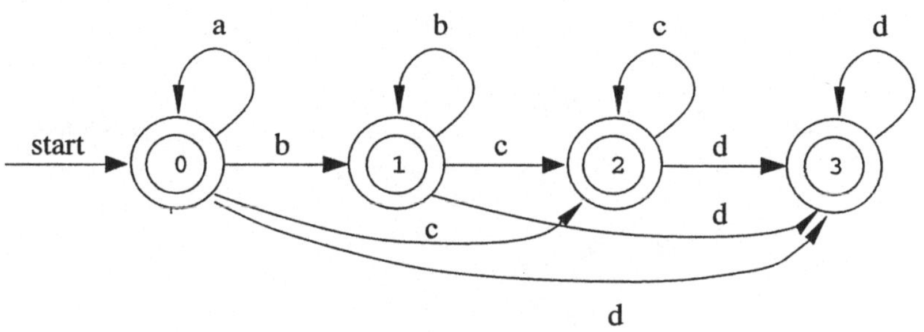

(b) $Q = \{0, 1, 2\}; \Sigma = \{0, 1\}; s = 0; F = \{0, 1\}$

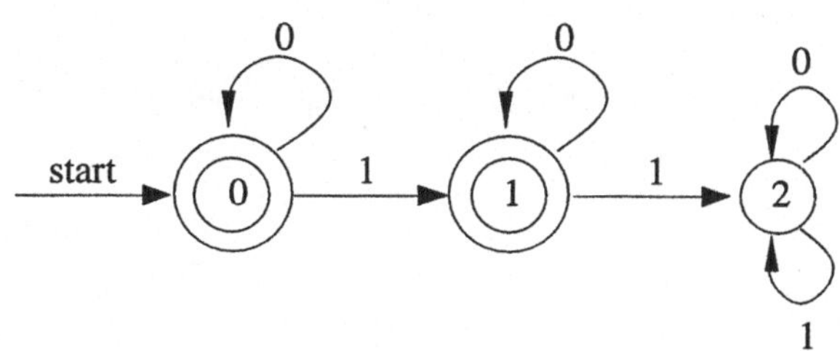

(c) $Q = \{0, 1\}$; $\Sigma = \{0, 1\}$; $s = 0$; $F = \{1\}$

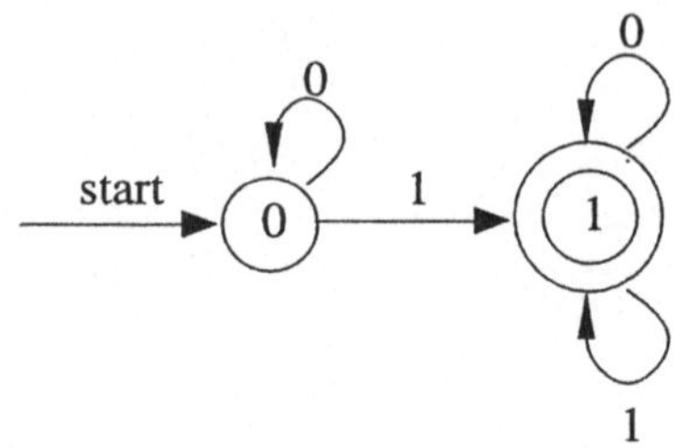

Aufgabe 2.3

Zustandsdiagramm für SYMBOL-Token:

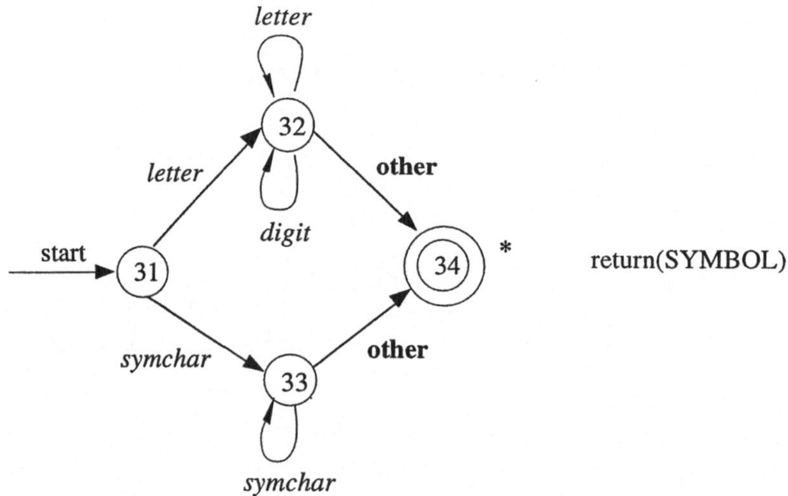

Zustandsdiagramm für OPENTEXT-Token:

return(OPENTEXT)

Zustandsdiagramm für CLOSETEXT-Token:

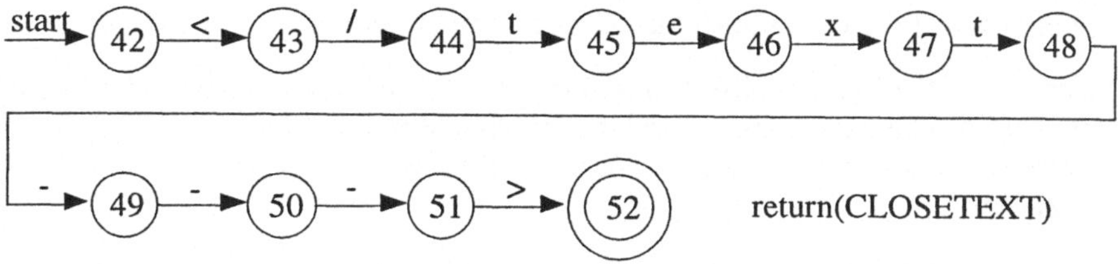

Aufgabe 2.4

Eine Lex-Spezifikation für ein Wortzählprogramm kann beispielsweise wie folgt aussehen:

```
%{
     unsigned lineCount = 0, wordCount = 0, charCount = 0;
%}

word    [^ \t\n]+
eol     \n

%%
{word}  { wordCount++; charCount += yyleng; }
{eol}   { charCount++; lineCount++; }
.       { charCount++; }

%%
main()
{
   yylex();
   printf("%8d%8d%8d\n", lineCount, wordCount, charCount);
}
```

Der Deklarationsteil, der wortwörtlich in die Datei *lex.yy.c* kopiert wird, enthält zum einen drei Variablen, die im Programm benötigt werden und die die Anzahl der Zeilen, Worte und Zeichen festhalten. Im Anschluß daran folgen zwei reguläre Definitionen. Die erste Definition beschreibt ein Wort als eine nichtleere Kombination von Zeichen mit Ausnahme des Leerzeichens, des Tabulators und des Zeilenendezeichens. Die zweite Definition beschreibt das Zeilenendezeichen.

Der zweite Teil enthält Tokendefinitionen und Aktionen. In diesem Fall werden allerdings keine neuen Token definiert, sondern es wird Bezug auf die regulären Symbole des Deklarationsteils genommen. Lex ersetzt die Token innerhalb geschweifter Klammern durch die tatsächlichen regulären Ausdrücke im Deklarationsteil. Wird ein vollständiges Wort erkannt, so wird als Aktion die Anzahl der Worte um eins und die Anzahl der Zeichen um *yyleng* erhöht. Die Variable *yyleng* gibt die Länge der Zeichenfolge an, die zu einem erkannten Token gehört. Wird ein

Zeilenendezeichen erkannt, so wird die Anzahl der Zeichen und der Zeilen jeweils um eins erhöht. Bei jedem anderen Zeichen (dies kann nur ein Leerzeichen oder ein Tabulator sein!) wird die Anzahl der Zeichen um eins erhöht.

Der dritte Teil der Lex-Spezifikation, der ebenfalls wortwörtlich in die Datei *lex.yy.c* kopiert wird, beinhaltet Hilfsprozeduren (C-Quelltext). In diesem Fall ist es die Hauptroutine *main*, die zunächst den Analysator *yylex*() aufruft und dann das Ergebnis ausgibt.

Im folgenden wird gezeigt, wie auf einer Unix-Maschine der Scanner erzeugt und aufgerufen wird. Die obige Lex-Spezifikation steht in der Datei *my_wc.l*. Eine Datei *text* dient als Eingabe und hat diesen Absatz zum Inhalt. Eingegebene Kommandos werden fett und Ausgaben normal gedruckt.

```
% lex my_wc.l
% cc lex.yy.c -o my_wc -ll
% my_wc < text
        4       42      284
%
```

Aufgabe 3.1

Wir ersetzen die Produktionen durch

$$A \quad \rightarrow \quad \mathbf{e}A' \mid \mathbf{f}A'$$
$$A' \quad \rightarrow \quad \mathbf{b}A' \mid BcdA' \mid \varepsilon$$

Aufgabe 3.2

G enthält die linksrekursive Produktion *idlist* → *idlist* **id** ; . Außerdem ist die jeweils richtige Alternative bei den Produktionen

$$lists \quad \rightarrow \quad implist\ explist \mid implist$$
$$implist \quad \rightarrow \quad A\ \mathbf{IMPORT}\ idlist \mid A\ \mathbf{IMPORT}\ idlist\ implist$$

offensichtlich nicht durch Betrachten des ersten Symbols der rechten Seite bestimmbar. Wir ersetzen

$$idlist \quad \rightarrow \quad \mathbf{id}\ ; \mid idlist\ \mathbf{id}\ ;$$

durch

$$idlist \quad \rightarrow \quad \mathbf{id}\ ;\ hidlist$$
$$hidlist \quad \rightarrow \quad \mathbf{id}\ ;\ hidlist \mid \varepsilon.$$

Weiter wenden wir Links-Faktorisierung an und ersetzen

$$lists \quad \rightarrow \quad implist\ explist \mid implist \mid explist \mid \varepsilon$$

durch

$$lists \quad \rightarrow \quad implist\ hlists \mid explist \mid \varepsilon$$
$$hlists \quad \rightarrow \quad explist \mid \varepsilon$$

sowie

$$implist \quad \rightarrow \quad A\ \textbf{IMPORT}\ idlist \mid A\ \textbf{IMPORT}\ idlist\ implist$$

durch

$$implist \quad \rightarrow \quad A\ \textbf{IMPORT}\ idlist\ himplist$$
$$himplist \rightarrow \quad implist \mid \varepsilon.$$

Dann erhalten wir $G_1 = (N_1, \Sigma, P_1, modhead)$ mit

$N_1 = N \cup \{hidlist,\ hlists,\ himplist\}$

$$
\begin{array}{llll}
P_1 = \{ & modhead & \rightarrow & \textbf{MODULE id} \ ; \ lists \\
& lists & \rightarrow & implist\ hlists \mid explist \mid \varepsilon \\
& hlists & \rightarrow & explist \mid \varepsilon \\
& implist & \rightarrow & A\ \textbf{IMPORT}\ idlist\ himplist \\
& himplist & \rightarrow & implist \mid \varepsilon \\
& A & \rightarrow & \textbf{FROM id} \mid \varepsilon \\
& explist & \rightarrow & \textbf{EXPORT}\ B\ idlist \\
& B & \rightarrow & \textbf{QUALIFIED} \mid \varepsilon \\
& idlist & \rightarrow & \textbf{id} \ ; \ hidlist \\
& hidlist & \rightarrow & \textbf{id} \ ; \ hidlist \mid \varepsilon \\
\}
\end{array}
$$

Aufgabe 3.3

Angenommen, es gibt einen Zyklus $A \rightarrow ... \rightarrow A$ im Graphen. Wie man sich leicht überlegt, bedeutet dies, daß dann eine Linksableitung $A \underset{l}{\Rightarrow} {}^{*} A\alpha$ existieren muß.

Die Grammatik ist also direkt oder indirekt linksrekursiv, solche Grammatiken hatten wir aber von der Betrachtung ausgeschlossen.

Aufgabe 3.4

Es ist $N_\varepsilon = \{lists,\ hlists,\ himplist,\ A,\ B,\ hidlist\}$. Wir zeichnen den Graphen, der die Berechnungsreihenfolge festlegt:

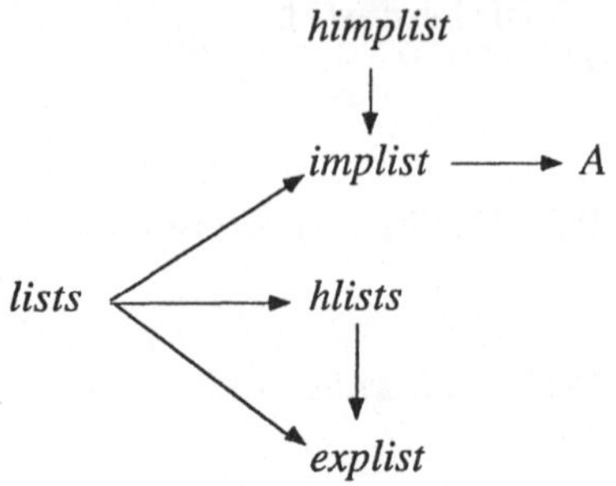

Die Benutzung des Algorithmus FIRST liefert dann

FIRST	*Produktion*		*Steuermenge*
{MODULE}	*modhead*	→ **MODULE id ;** *lists*	{MODULE}
{FROM, IMPORT, EXPORT, ε}	*lists*	→ *implist hlists* | *explist* | . ε	{FROM, IMPORT} {EXPORT} {ε}
{EXPORT, ε}	*hlists*	→ *explist* | ε	{EXPORT} {ε}
{FROM, IMPORT}	*implist*	→ *A* **IMPORT** *idlist himplist*	{FROM, IMPORT}
{FROM, IMPORT, ε}	*himplist*	→ *implist* | ε	{FROM, IMPORT} {ε}
{FROM, ε}	*A*	→ **FROM id** | ε	{FROM} {ε}
{EXPORT}	*explist*	→ **EXPORT** *B idlist*	{EXPORT}
{QUALIFIED, ε}	*B*	→ **QUALIFIED** | ε	{QUALIFIED} {ε}
{id}	*idlist*	→ **id ;** *hidlist*	{id}
{id, ε}	*hidlist*	→ **id ;** *hidlist* ε	{id} {ε}

Aufgabe 3.5

Für die Produktionen

$$
\begin{aligned}
lists &\rightarrow \varepsilon \\
hlists &\rightarrow \varepsilon \\
himplist &\rightarrow \varepsilon
\end{aligned}
$$

$$A \quad \rightarrow \quad \varepsilon$$
$$B \quad \rightarrow \quad \varepsilon$$
$$hidlist \quad \rightarrow \quad \varepsilon$$

ist die Steuermenge gleich ε. Für genau diese Nichtterminale benötigen wir die
FOLLOW-Mengen. Die Benutzung des Algorithmus FOLLOW liefert den folgenden Graphen, wobei man die nicht kursiv gedruckten Knotenmarkierungen durch
Schritt 2 und die kursiv dargestellten durch Schritt 4 des Algorithmus erhält. Beachten Sie bitte, daß in Schritt 3 eigentlich die beiden Knoten *implist* und *himplist*
zusammengefaßt werden.

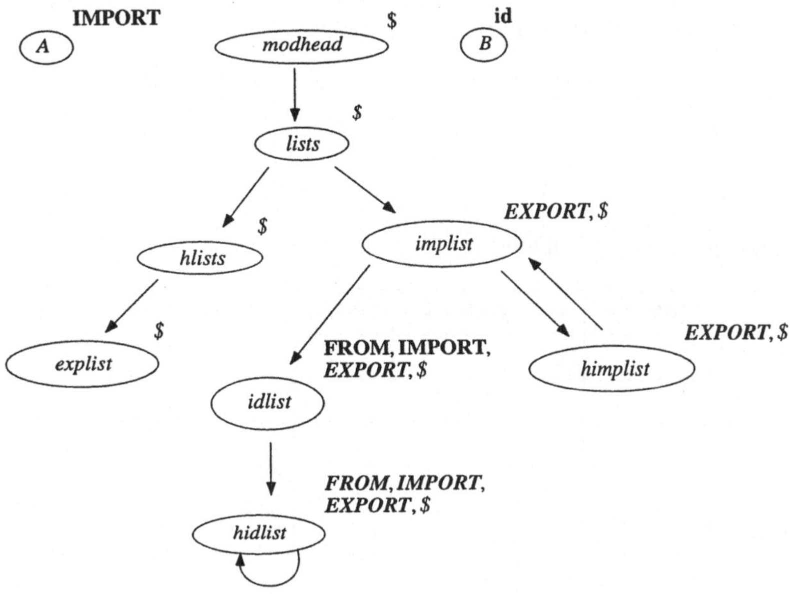

Nun können wir die endgültigen Steuermengen ablesen und erhalten:

	Produktionen		*Steuermenge*
(1)	*modhead*	$\rightarrow$ **MODULE id ;** *lists*	{**MODULE**}
(2)	*lists*	$\rightarrow$ *implist hlists* |	{**FROM, IMPORT**}
(3)		*explist* |	{**EXPORT**}
(4)		ε	{$}
(5)	*hlists*	$\rightarrow$ *explist* |	{**EXPORT**}
(6)		ε	{$}
(7)	*implist*	$\rightarrow$ *A* **IMPORT** *idlist himplist*	{**FROM, IMPORT**}
(8)	*himplist*	$\rightarrow$ *implist* |	{**FROM, IMPORT**}

(8)	*himplist*	→ *implist* |	{FROM, IMPORT}
(9)		ε	{EXPORT, \$}
(10)	*A*	→ **FROM id** |	{FROM}
(11)		ε	{IMPORT}
(12)	*explist*	→ **EXPORT** *B idlist*	{EXPORT}
(13)	*B*	→ **QUALIFIED** |	{QUALIFIED}
(14)		ε	{id}
(15)	*idlist*	→ **id ;** *hidlist*	{id}
(16)	*hidlist*	→ **id ;** *hidlist* |	{id}
(17)		ε	{FROM, IMPORT, EXPORT, \$}

Aufgabe 3.6

Wir erhalten die Analysetabelle:

	MODULE	id	IMPORT	FROM	EXPORT	QUALIFIED	;	\$
modhead	1							
lists			2	2	3			4
hlists					5			6
implist			7	7				
himplist			8	8	9			9
A			11	10				
explist					12			
B		14				13		
idlist		15						
hidlist		16	17	17	17			17

Den Ablauf der Analyse kann man der folgenden Tabelle entnehmen.

Stack	Eingabe	Ausg.
$modhead	MODULE id; IMPORT id ; EXPORT id ;$	1
$lists ; id MODULE	MODULE id; IMPORT id ; EXPORT id ;$	
$lists ; id	id; IMPORT id ; EXPORT id ;$	
$lists ;	; IMPORT id ; EXPORT id ;$	
$lists	IMPORT id ; EXPORT id ;$	2
$hlists implist	IMPORT id ; EXPORT id ;$	7
$hlists himplist idlist IMPORT A	IMPORT id ; EXPORT id ;$	11
$hlists himplist idlist IMPORT	IMPORT id ; EXPORT id ;$	
$hlists himplist idlist	id ; EXPORT id ;$	15
$hlists himplist hidlist ; id	id ; EXPORT id ;$	
$hlists himplist hidlist ;	; EXPORT id ;$	
$hlists himplist hidlist	EXPORT id ;$	17
$hlists himplist	EXPORT id ;$	9
$hlists	EXPORT id ;$	5
$explists	EXPORT id ;$	12
$idlist B EXPORT	EXPORT id ;$	
$idlist B	id ;$	14
$idlist	id ;$	15
$hidlist ; id	id ;$	
$hidlist ;	;$	
$hidlist	$	17
$	$	accept

Aufgabe 3.7

Wir berücksichtigen, daß der Operator $\uparrow$ höhere Priorität besitzt als +, –, * und /. Dann erhalten wir die folgende Vorrangtabelle.

		Eingabe								
		+	–	*	/	$\neq$	**id**	(	)	$
Stack	+	·>	·>	<·	<·	<·	<·	<·	·>	·>
	–	·>	·>	<·	<·	<·	<·	<·	·>	·>
	*	·>	·>	·>	·>	<·	<·	<·	·>	·>
	/	·>	·>	·>	·>	<·	<·	<·	·>	·>
	$\neq$	·>	·>	·>	·>	<·	<·	<·	·>	·>
	id	·>	·>	·>	·>	·>			·>	·>
	(	<·	<·	<·	<·	<·	<·	<·	$\doteq$	
	)	·>	·>	·>	·>	·>			·>	·>
	$	<·	<·	<·	<·	<·	<·	<·		

Aufgabe 3.8

Wir analysieren die Folge **id** – **id** $\uparrow$ **id** * **id** – (**id** + **id**). Dabei sei die vereinfachte Beispielgrammatik durch die Produktionen $E \rightarrow E \uparrow E \mid E - E$ vervollständigt worden.

Stack		Eingabe	Aktion
$	<·	**id** – **id** $\uparrow$ **id** * **id** – (**id** + **id**) $	*shift*
$ <· **id**	·>	– **id** $\uparrow$ **id** * **id** – (**id** + **id**) $	*reduce* mit $E \rightarrow$ **id**
$ E	<·	– **id** $\uparrow$ **id** * **id** – (**id** + **id**) $	*shift*
$ E <· –	<·	**id** $\uparrow$ **id** * **id** – (**id** + **id**) $	*shift*
$ E <· – <· **id**	·>	$\uparrow$ **id** * **id** – (**id** + **id**) $	*reduce* mit $E \rightarrow$ **id**
$ E <· – E	<·	$\uparrow$ **id** * **id** – (**id** + **id**) $	*shift*
$ E <· – E <· $\uparrow$	<·	**id** * **id** – (**id** + **id**) $	*shift*
$ E <· – E <· $\uparrow$ <· **id**	·>	* **id** – (**id** + **id**) $	*reduce* mit $E \rightarrow$ **id**
$ E <· – E <· $\uparrow$ E	·>	* **id** – (**id** + **id**) $	*reduce* mit $E \rightarrow E \uparrow E$
$ E <· – E	<·	* **id** – (**id** + **id**) $	*shift*

$\$\,E <\cdot -E <\cdot *$	$<\cdot$	**id** $-$ (**id** $+$ **id**) $\$$	*shift*
$\$\,E <\cdot -E <\cdot * <\cdot$ **id**	$\cdot>$	$-$ (**id** $+$ **id**) $\$$	*reduce* mit $E \to$ **id**
$\$\,E <\cdot -E <\cdot * E$	$\cdot>$	$-$ (**id** $+$ **id**) $\$$	*reduce* mit $E \to E * E$
$\$\,E <\cdot -E$	$\cdot>$	$-$ (**id** $+$ **id**) $\$$	*reduce* mit $E \to E - E$
$\$\,E$	$<\cdot$	$-$ (**id** $+$ **id**) $\$$	*shift*
$\$\,E <\cdot -$	$<\cdot$	(**id** $+$ **id**) $\$$	*shift*
$\$\,E <\cdot -<\cdot$ (	$<\cdot$	**id** $+$ **id**) $\$$	*shift*
$\$\,E <\cdot -<\cdot$ ($<\cdot$ **id**	$\cdot>$	$+$ **id**) $\$$	*reduce* mit $E \to$ **id**
$\$\,E <\cdot -<\cdot$ (E	$<\cdot$	$+$ **id**) $\$$	*shift*
$\$\,E <\cdot -<\cdot$ ($E <\cdot +$	$<\cdot$	**id**) $\$$	*shift*
$\$\,E <\cdot -<\cdot$ ($E <\cdot + <\cdot$ **id**	$\cdot>$	) $\$$	*reduce* mit $E \to$ **id**
$\$\,E <\cdot -<\cdot$ ($E <\cdot + E$	$\cdot>$	) $\$$	*reduce* mit $E \to E + E$
$\$\,E <\cdot -<\cdot$ (E	$\doteq$	) $\$$	*shift*
$\$\,E <\cdot -<\cdot$ ($E =$)	$\cdot>$	$\$$	*reduce* mit $E \to$ (E)
$\$\,E <\cdot -E$	$\cdot>$	$\$$	*reduce* mit $E \to E - E$
$\$\,E$		$\$$	*accept*

Aufgabe 3.9

Wir erhalten

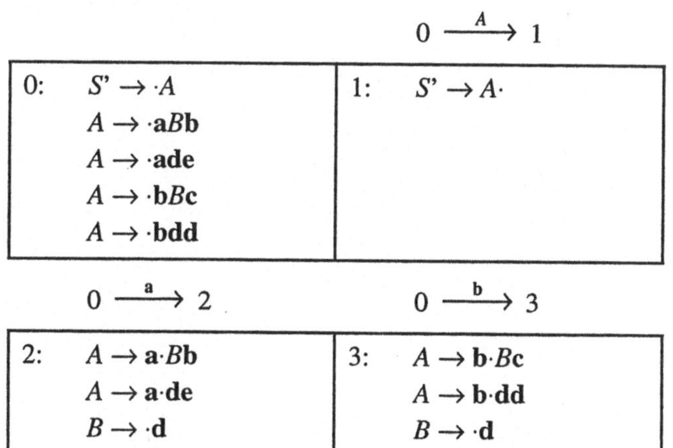

$$2 \xrightarrow{B} 4 \qquad\qquad 2 \xrightarrow{d} 5$$

4: $A \to \mathbf{a}B\cdot\mathbf{b}$	5: $A \to \mathbf{ad}\cdot\mathbf{e}$ $B \to \mathbf{d}\cdot$

$$3 \xrightarrow{B} 6 \qquad\qquad 3 \xrightarrow{d} 7$$

6: $A \to \mathbf{b}B\cdot\mathbf{c}$	7: $A \to \mathbf{bd}\cdot\mathbf{d}$ $B \to \mathbf{d}\cdot$

$$4 \xrightarrow{b} 8 \qquad\qquad 5 \xrightarrow{e} 9$$

8: $A \to \mathbf{a}B\mathbf{b}\cdot$	9: $A \to \mathbf{ade}\cdot$

$$6 \xrightarrow{c} 10 \qquad\qquad 7 \xrightarrow{d} 11$$

10: $A \to \mathbf{b}B\mathbf{c}\cdot$	11: $A \to \mathbf{bdd}\cdot$

Aufgabe 3.10

(a)   Wir benötigen die FOLLOW-Mengen von G. Die Anwendung von Algorithmus 3.15 liefert uns

$$\text{FOLLOW}(S') = \{\$\}$$
$$\text{FOLLOW}(A) = \{\$\}$$
$$\text{FOLLOW}(B') = \{\mathbf{b}, \mathbf{c}\}.$$

Wir numerieren die Produktionen:

$$
\begin{aligned}
(1) \quad & S' && \to && A \\
(2) \quad & A && \to && \mathbf{a}B\mathbf{b} \\
(3) \quad & A && \to && \mathbf{ade} \\
(4) \quad & A && \to && \mathbf{b}B\mathbf{c} \\
(5) \quad & A && \to && \mathbf{bdd} \\
(6) \quad & B && \to && \mathbf{d}
\end{aligned}
$$

und wenden Algorithmus 3.21 an. Als Ergebnis erhalten wir die folgende Steuertabelle.

| | *Action* | | | | | | *Goto* | | |
Zustand	**a**	**b**	**c**	**d**	**e**	**$**	*S'*	*A*	*B*
0	s2	s3						1	
1						acc			
2				s5					4
3				s7					6
4		s8							
5		r6	r6		s9				
6			s10						
7		r6	r6	s11					
8						r2			
9						r3			
10						r4			
11						r5			

(b)   Wir analysieren das Wort **adb**.

Stack	Eingabe	Action
0	**adb$**	s2
0a2	**db$**	s5
0a2**d**5	**b$**	r6 $B \to$ **d**
0a2B4	**b$**	s8
0a2B4**b**8	$	r2 $A \to$ **a**B**b**
0A1	$	acc

Aufgabe 3.11

(a)   Wir erstellen zunächst die kanonische LR(0)-Kollektion für G.

$$0 \xrightarrow{\ S\ } 1$$

0:	$S' \to \cdot S$	1:	$S' \to S\cdot$
	$S \to \cdot \mathbf{a}A\mathbf{b}$		
	$S \to \cdot \mathbf{c}B\mathbf{b}$		
	$S \to \cdot \mathbf{a}B\mathbf{d}$		
	$S \to \cdot \mathbf{c}A\mathbf{d}$		

$$0 \xrightarrow{\ \mathbf{a}\ } 2 \qquad\qquad 0 \xrightarrow{\ \mathbf{c}\ } 3$$

2:	$S \to \mathbf{a}\cdot A\mathbf{b}$	3:	$S \to \mathbf{c}\cdot B\mathbf{b}$
	$S \to \mathbf{a}\cdot B\mathbf{d}$		$S \to \mathbf{c}\cdot A\mathbf{d}$
	$A \to \cdot \mathbf{e}$		$A \to \cdot \mathbf{e}$
	$B \to \cdot \mathbf{e}$		$B \to \cdot \mathbf{e}$

$$2 \xrightarrow{\ A\ } 4 \qquad\qquad 2 \xrightarrow{\ B\ } 5$$

4:	$S \to \mathbf{a}A\cdot \mathbf{b}$	5:	$S \to \mathbf{a}B\cdot \mathbf{d}$

$$2 \xrightarrow{\ \mathbf{e}\ } 6$$

6:	$A \to \mathbf{e}\cdot$	$\cdots$
	$B \to \mathbf{e}\cdot$	

Betrachten wir Zustand 6 und berechnen die FOLLOW-Mengen für A und B. Es ist
FOLLOW(A) = $\{\mathbf{b}, \mathbf{d}\}$ = FOLLOW(B). Es liegt ein *reduce/reduce*-Konflikt vor,
damit ist G keine SLR(1)-Grammatik.

(b)   Wir versuchen nun, einen kanonischen LR-Parser zu konstruieren und berechnen dazu zunächst die LR(1)-Elemente der Grammatik. Die Vorausschau-Mengen
werden wieder durch Auflisten der Symbole rechts vom Kern notiert.

$$0 \xrightarrow{\ S\ } 1$$

0:	$S' \to \cdot S,\$$	1:	$S' \to S\cdot,\$$
	$S \to \cdot \mathbf{a}A\mathbf{b},\$$		
	$S \to \cdot \mathbf{c}B\mathbf{b},\$$		
	$S \to \cdot \mathbf{a}B\mathbf{d},\$$		
	$S \to \cdot \mathbf{c}A\mathbf{d},\$$		

$$0 \xrightarrow{\ a\ } 2 \qquad\qquad 0 \xrightarrow{\ c\ } 3$$

2:	$S \to \mathbf{a}{\cdot}A\mathbf{b},\$$	3:	$S \to \mathbf{c}{\cdot}B\mathbf{b},\$$
	$S \to \mathbf{a}{\cdot}B\mathbf{d},\$$		$S \to \mathbf{c}{\cdot}A\mathbf{d},\$$
	$A \to {\cdot}\mathbf{e},\mathbf{b}$		$A \to {\cdot}\mathbf{e},\mathbf{d}$
	$B \to {\cdot}\mathbf{e},\mathbf{d}$		$B \to {\cdot}\mathbf{e},\mathbf{b}$

$$2 \xrightarrow{\ A\ } 4 \qquad\qquad 2 \xrightarrow{\ B\ } 5$$

4:	$S \to \mathbf{a}A{\cdot}\mathbf{b},\$$	5:	$S \to \mathbf{a}B{\cdot}\mathbf{d},\$$

$$2 \xrightarrow{\ e\ } 6 \qquad\qquad 3 \xrightarrow{\ B\ } 7$$

6:	$A \to \mathbf{e}{\cdot},\mathbf{b}$	7:	$S \to \mathbf{c}B{\cdot}\mathbf{b},\$$
	$B \to \mathbf{e}{\cdot},\mathbf{d}$		

$$3 \xrightarrow{\ A\ } 8 \qquad\qquad 3 \xrightarrow{\ e\ } 9$$

8:	$S \to \mathbf{c}A{\cdot}\mathbf{d},\$$	9:	$A \to \mathbf{e}{\cdot},\mathbf{d}$
			$B \to \mathbf{e}{\cdot},\mathbf{b}$

$$4 \xrightarrow{\ b\ } 10 \qquad\qquad 5 \xrightarrow{\ d\ } 11$$

10:	$S \to \mathbf{a}A\mathbf{b}{\cdot},\$$	11:	$S \to \mathbf{a}B\mathbf{d}{\cdot},\$$

$$7 \xrightarrow{\ b\ } 12 \qquad\qquad 8 \xrightarrow{\ d\ } 13$$

12:	$S \to \mathbf{c}B\mathbf{b}{\cdot},\$$	13:	$S \to \mathbf{c}A\mathbf{d}{\cdot},\$$

Da keine Konflikte auftreten, ist die Grammatik vom Typ LR(1). Wir erstellen die Steuertabelle unter Verwendung des Algorithmus 3.21, dessen Anweisung 3.2 gemäß **Kurstext** modifiziert wurde. Dazu numerieren wir zunächst die Produktionen

(1)	S'	$\to$	S	(5)	S	$\to$	$\mathbf{c}A\mathbf{d}$
(2)	S	$\to$	$\mathbf{a}A\mathbf{b}$	(6)	A	$\to$	$\mathbf{e}$
(3)	S	$\to$	$\mathbf{c}B\mathbf{b}$	(7)	B	$\to$	$\mathbf{e}$
(4)	S	$\to$	$\mathbf{a}B\mathbf{d}$				

Zustand	Action						Goto			
	a	**b**	**c**	**d**	**e**	$	S'	S	A	B
0	s2		s3						1	
1						acc				
2				s6					4	5
3				s9					8	7
4		s10								
5				s11						
6		r6		r7						
7		s12								
8				s13						
9		r7		r6						
10						r2				
11						r4				
12						r3				
13						r5				

Aufgabe 4.1

Wir führen zwei Attribute ein. Das Attribut *val* enthält stets eine Zahl, das zweite Attribut *len* gibt die Anzahl der Ziffern dieser Zahl an. Wir benötigen *len*, um in einfacher Weise den Nachkommateil der Zahl umzuformen.

Produktion	Semantische Regel
$R \rightarrow A_1.BeA_2$	$R.val := (A_1.val + B.val\,/\,10^{B.len}) * 10^{A_2.val}$
$A \rightarrow SB$	$A.val := S.val * B.val$
	$A.len := B.len$
$S \rightarrow +$	$S.val := 1$
$S \rightarrow -$	$S.val := -1$
$B \rightarrow B_1$ **ziffer**	$B.val := B_1.val * 10+ \textbf{ziffer}.lexval$
	$B.len := B_1.len + 1$

$B \rightarrow$ **ziffer**	$B.val := $ **ziffer**.*lexval*
	$B.len := 1$

Da ausschließlich synthetisierte Attribute auftreten, liegt hier eine S-attributierte Definition vor.

Aufgabe 4.2

(a) Die Grammatik G ist linksrekursiv, also nicht LL(1). Eine äquivalente LL(1)-Grammatik ist $G_1 = (\{R, A, B, S, F\}, \{$ **ziffer**, ., **e**, **+**, **-**$\}, P_1, R)$ mit

$$
\begin{aligned}
P_1 \;=\; \{ \quad R &\rightarrow A.BeA \\
A &\rightarrow SB \\
S &\rightarrow + \\
S &\rightarrow - \\
B &\rightarrow \textbf{ziffer } F \\
F &\rightarrow \textbf{ziffer } F \\
F &\rightarrow \varepsilon \qquad \}
\end{aligned}
$$

(b) Seien *sval* und *slen* synthetisierte und *vval* und *vlen* vererbte Attribute von F. Dann erhält man das folgende Übersetzungsschema:

$R \rightarrow A_1.BeA_2$ $\{\ R.val := (A_1.val + B.val / 10^{B.len}) * 10^{A_2.val}\ \}$

$A \rightarrow SB$ $\{\ A.val := S.val * B.val;$

$\qquad\qquad\qquad A.len := B.len\ \}$

$S \rightarrow +$ $\{\ S.val := 1\ \}$

$S \rightarrow -$ $\{\ S.val := -1\ \}$

$B \rightarrow$ **ziffer** $\{\ F.vval := $ **ziffer**.*lexval*$;$

$\qquad\qquad\qquad F.vlen := 1\ \}$

$\qquad\quad F$ $\{\ B.val := F.sval;$

$\qquad\qquad\qquad B.len := F.slen\ \}$

$F \rightarrow$ **ziffer** $\{\ F_1.vval := F.vval * 10 + $ **ziffer**.*lexval*$;$

$\qquad\qquad\qquad F_1.vlen := F.vlen + 1\ \}$

$\qquad\quad F_1$ $\{\ F.sval := F1.sval;$

$\qquad\qquad\qquad F.slen := F1.slen\ \}$

$F \rightarrow \varepsilon$ $\{\ F.sval := F.vval;$

$\qquad\qquad\qquad F.slen := F.vlen\ \}$

Aufgabe 4.3

Wir benötigen zunächst die Steuermengen der Produktionen. Anwendung der Verfahren aus Kapitel 3 liefert uns

Produktionen		Steuermenge
$R \rightarrow$	$A.BeA$	$\{+, -\}$
$A \rightarrow$	SB	$\{+, -\}$
$S \rightarrow$	$+$	$\{+\}$
$\rightarrow$	$-$	$\{-\}$
$B \rightarrow$	**ziffer** F	$\{$**ziffer**$\}$
$F \rightarrow$	**ziffer** F	$\{$**ziffer**$\}$
$\rightarrow$	ε	$\{., \mathbf{e}, \$\}$

Nun wenden wir Algorithmus 4.7 an. Da wir zwei Attribute übergeben müssen, definieren wir zunächst

```
type attr_rec =  record
                     val: real;
                     len: integer;
                 end;
    attr   = pointer to attr_rec;
```

und erhalten dann:

```
function R: attr;
varRval, A1val, A2val, Bval: real;
    Blen: integer;
    help: attr;
begin
    if symbol = + or symbol = − then
        help := A; A1val := help.val;
        match(.)
        help := B; Bval := help.val; BLen := help.len;
        match(e)
        help := A; A2val := help.val;
        Rval := (A1val + Bval / 10Blen) * 10A2val;
        help.val := Rval;
        return help
    else error
    fi
end;
```

```
function A: attr;
var Aval, Sval, Bval: real;
    Alen, Blen: integer;
    help: attr;
begin
    if symbol = ± or symbol = - then
        help := S; Sval := help.val;
        help := B; Bval := help.val; Blen := help.len;
        Aval := Sval * Bval; Alen := Blen;
        help.val := Aval; help.len := Alen;
        return help
    else error
    fi
end;

function S: attr;
var Sval: real;
    help: attr;
begin
    if symbol = ± then
        match(+);
        Sval := 1; help.val := Sval;
        return help
    elsif symbol = - then
        match(-);
        Sval := -1; help.val := Sval;
        return help
    else error
    fi
end;

function B: attr;
varBval, Fsval, Fvval, zifferlexval: real;
    Blen, Fslen, Fvlen: integer;
    vhelp, help: attr;
begin
    if symbol = ziffer then
        zifferlexval := symbol.lexval;
        match(ziffer);
        Fvval := zifferlexval;
        Fvlen := 1;
        vhelp.val := Fvval; vhelp.len := Fvlen;
        help := F(vhelp);
        Fsval := help.val; Fslen := help.len;
        Bval := Fsval; Blen := Fslen;
```

```
        help.val := Bval; help.len := Blen;
        return help
    else error
    fi
end;

function F( VF: attr ): attr;
var F1vval, Fsval, F1sval, zifferlexval: real;
    F1vlen, Fslen, F1slen: integer;
    help, vhelp: attr;
begin
    if symbol = ziffer then
        zifferlexval := symbol.lexval;
        match(ziffer);
        F1vval := VF.val * 10 + zifferlexval;
        F1vlen := VF.len + 1;
        vhelp.val := F1vval; vhelp.len := F1vlen;
        help := F(vhelp);
        F1sval := help.val; F1slen := help.len;
        Fsval := F1sval; Fslen := F1slen;
        help.val := Fsval; help.len := Fslen;
        return help
    elsif symbol = . or symbol = e or symbol = $ then
        Fsval := VF.val; Fslen := VF.len;
        help.val := Fsval; help.len := Fslen;
        return help
    else error
    fi
end;
```

Die angegebenen Prozeduren sind hier zur Verdeutlichung sehr ausführlich dargestellt und können leicht optimiert werden.

Aufgabe 6.1

Beschreibt der Typausdruck einen atomaren Typ, so müssen wir einen neuen Typeintrag in die Typtabelle einfügen. In allen anderen Fällen wurde der Typeintrag
bereits bei Abarbeitung der *typeexpr*-Produktion vorgenommen, und wir müssen
hier nur noch den Typnamen nachtragen.

```
types     ->        type id = typeexpr
                            {if typeexpr.typeindex > 4 then
                                name(typeexpr.typeindex) :=
                                    id.name;
```

```
                        else enter_type(
                          type(typeexpr.typeindex),
                          id.name,-,-,-,-);
                        end }
            ; types
    |
```

Aufgabe 6.2

```
var       ->      ...
  var    |       var₁ . id
  offset                {if type(var₁.type) = record then
  indirect                 if var₁.offset = 0 then
  type                        var.offset := newtemp(integer);
                              putcode(var.offset ':=' '0')
                           else var.offset := var₁.offset
                           end;
                           z := lookup_field(var₁.type,
                             id.name);
                           putcode(var.offset ':='
                             var.offset '+' const(offset(z)));
                           var.var := var₁.var;
                           var.indirect := var₁.indirect;
                           var.type := typeindex(z);
                        else error
                        end    }
```

Dabei ist z eine Variable vom Typ *integer*, die noch irgendwo außerhalb des Übersetzungsschemas deklariert werden muß.

Aufgabe 6.3

Wir geben das Übersetzungsschema für beide Alternativen an.

```
cond     ->      if       {boolexpr.true := newlabel();
                           boolexpr.false := newlabel();
                           continue := newlabel();}
         boolexpr
         then     {putcode(boolexpr.true ':' noop)}
         stmt     {putcode('goto' continue)}
         else     {putcode(boolexpr.false ':' noop)}
         stmt
         end      {putcode(continue ':' noop)}
    |    if       {boolexpr.true := newlabel();
                           boolexpr.false := newlabel();}
         boolexpr
         then     {putcode(boolexpr.true ':' noop)}
         stmt
         end      {putcode(boolexpr.false ':' noop)}
```

Aufgabe 7.1

(a)   Wir haben bereits gesehen, wie man für den Ausdruck **fn** $x \Rightarrow x$ den Typ $\alpha \to \alpha$ herleitet. Analog kann man für den Ausdruck **fn** $x \Rightarrow 1$ den Typ $\alpha \to int$ herleiten. Durch Generalisierung erhält man für **fn** $x \Rightarrow x$ das Typschema $\forall \alpha.\alpha \to \alpha$, aus dem man mit der Regel SPEC den Typ $(\alpha \to int) \to (\alpha \to int)$ erhält. Nun kann man die Regel APP anwenden und erhält für die Applikation (**fn** $x \Rightarrow x$) (**fn** $x \Rightarrow 1$) den Typ $\alpha \to int$.

(b)   Mit $\Gamma' = \{x \mapsto \alpha, y \mapsto \beta\}$ erhält man durch zweimaliges Anwenden der Regel VAR für x und für y: $\Gamma' \rhd x : \alpha$ und $\Gamma' \rhd y : \beta$. Mit der Regel ABS bekommt man so den Typ $\beta \to \alpha$ für die Abstraktion **fn** $y \Rightarrow x$ unter der Annahme $\Gamma = \{x \mapsto \alpha\}$. Durch erneute Anwendung der Regel ABS erhält man $\{\} \rhd$ **fn** $x \Rightarrow$ **fn** $y \Rightarrow x :$ $\alpha \to \beta \to \alpha$. Nun kann man in diesem Typ α generalisieren und sofort wieder zu int spezialisieren, so daß wir den Typ $int \to \beta \to int$ erhalten. Für 2 ergibt sich der Typ int aus der Regel CON, so daß wir für die Applikation (**fn** $x \Rightarrow$ **fn** $y \Rightarrow x$) 2 mit der Regel APP den Typ $\beta \to int$ erhalten.

Aufgabe 7.2

$$\mathcal{T}(\Gamma,(e_1, e_2)) = (UT, U\tau_1 \times \tau_2)$$
$$\text{wobei } (T,\tau_1) = \mathcal{T}(\Gamma, e_1)$$
$$(U,\tau_2) = \mathcal{T}(T\Gamma, e_2)$$

Aufgabe 7.3

$$([], [], [LD\ 3, LDC\ [LDV\ 1, LD\ 1, ADD], APP], [])$$
$$\vdash ([3], [], [LDC\ [LDV\ 1, LD\ 1, ADD], APP], [])$$
$$\vdash ([([LDV\ 1, LD\ 1, ADD], [])), 3], [], [APP], [])$$
$$\vdash ([], [3], [LDV\ 1, LD\ 1, ADD], [([], [], [])])$$
$$\vdash ([3], [3], [LD\ 1, ADD], [([], [], [])])$$
$$\vdash ([1, 3], [3], [ADD], [([], [], [])])$$
$$\vdash ([4], [3], [], [([], [], [])])$$
$$\vdash ([4], [], [], [])\}$$

Aufgabe 7.4

$$[LDC\ [LDC\ [LDV\ 1, LDV\ 2, APP, LDV\ 2, APP]]]$$

Aufgabe 7.5

```
[ DUM 1,
  LDC
   [LDV 1, LD 3, LT,
    COND
     ([LDV 1, RET],
      [LDV 1, LDV 1, LD 1, SUB, LDV 2, APP, MULT, RET])
   ],
  LDC [LDV 1],
  RAP 1
]
```

Aufgabe 8.1

Zunächst ermitteln wir die Basisblöcke:

B_1
```
(1)  x := 5
(2)  z := 3
```
erste Anweisung der Prozedur

B_2
```
(3)  m := x*z
(4)  y := m+x
(5)  if m>z then goto B₄
```
Ziel von goto (Zeile 10)

B_3
```
(6)  y := z-y
(7)  if y<m then goto B₆
```
nach Verzweigung

B_4
```
 (8)  z := x+z
 (9)  i := m+x
(10)  if i>z then goto B₂
```
nach Verzweigung

B_5
```
(11)  y := x-z
(12)  i := i*3
(13)  goto B₃
```
nach Verzweigung

B_6
```
(14)  x := z*y
(15)  z := x+y
```
Ziel von goto (Zeile 7)

Daraus ergibt sich der folgende Flußgraph:

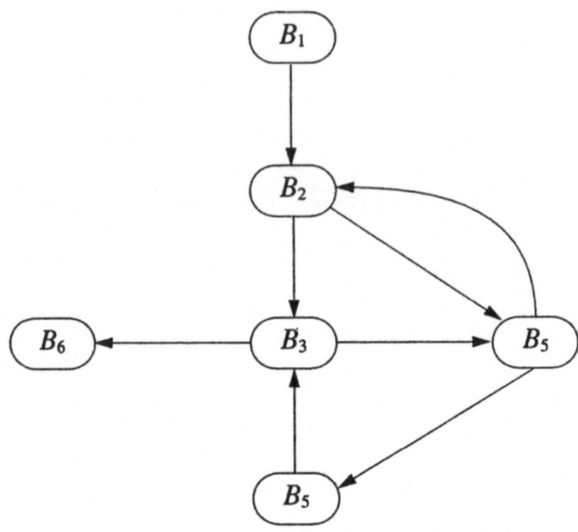

Aufgabe 8.2

(a)   Wir notieren die Mengen in einer Tabelle:

Block	gen	kill
B_1	$\{1, 2\}$	$\{3, 4, 5, 6, 7\}$
B_2	$\{3\}$	$\{1, 6\}$
B_3	$\{4\}$	$\{2, 5, 7\}$
B_4	$\{6, 7\}$	$\{1, 2, 3, 4\}$
B_5	$\{\}$	$\{\}$

(b)   Zunächst initialisieren wir die Mengen $in(B_i)$ mit $\{\}$ und entsprechend $out(B_i)$ mit $gen(B_i)$:

Block	in	out
B_1	$\{\}$	$\{1, 2\}$
B_2	$\{\}$	$\{3\}$
B_3	$\{\}$	$\{4\}$
B_4	$\{\}$	$\{6, 7\}$
B_5	$\{\}$	$\{\}$

Für die weitere Berechnung der Mengen $in(B_i)$ und $out(B_i)$ sind die folgenden Gleichungen iteriert anzuwenden:

$$in(B_1) = out(B_2)$$
$$in(B_2) = out(B_1) \cup out(B_5)$$
$$in(B_3) = out(B_2)$$
$$in(B_4) = out(B_3) \cup out(B_5)$$
$$in(B_5) = out(B_3) \cup out(B_4)$$

$$out(B_1) = \{1, 2\} \cup (in(B_1) - \{3, 4, 5, 6, 7\})$$
$$out(B_2) = \{3\} \cup (in(B_2) - \{1, 6\})$$
$$out(B_3) = \{4\} \cup (in(B_3) - \{2, 5, 7\})$$
$$out(B_4) = \{6, 7\} \cup (in(B_4) - \{1, 2, 3, 4\})$$
$$out(B_5) = in(B_5)$$

Im ersten Durchlauf erhält man die folgenden Werte:

Block	in	out
B_1	$\{3\}$	$\{1, 2\}$
B_2	$\{1, 2\}$	$\{2, 3\}$
B_3	$\{2, 3\}$	$\{3, 4\}$
B_4	$\{3, 4\}$	$\{6, 7\}$
B_5	$\{3, 4, 6, 7\}$	$\{3, 4, 6, 7\}$

Der zweite Durchlauf ergibt:

Block	in	out
B_1	$\{2, 3\}$	$\{1, 2\}$
B_2	$\{1, 2, 3, 4, 6, 7\}$	$\{2, 3, 4, 7\}$
B_3	$\{2, 3, 4, 7\}$	$\{3, 4\}$
B_4	$\{3, 4, 6, 7\}$	$\{6, 7\}$
B_5	$\{3, 4, 6, 7\}$	$\{3, 4, 6, 7\}$

Nach der dritten Iteration lauten die Mengen:

Block	in	out
B_1	$\{2, 3, 4, 7\}$	$\{1, 2\}$
B_2	$\{1, 2, 3, 4, 6, 7\}$	$\{2, 3, 4, 7\}$
B_3	$\{2, 3, 4, 7\}$	$\{3, 4\}$
B_4	$\{3, 4, 6, 7\}$	$\{6, 7\}$
B_5	$\{3, 4, 6, 7\}$	$\{3, 4, 6, 7\}$

Da sich keine Änderungen mehr and den Mengen $out(B_i)$ ergeben, können wir die Berechnung hier beenden.

Aufgabe 8.3

Es ergeben sich unterschiedliche Maschinenprogramme in Abhängigkeit davon, welches Register zum Zwischenspeichern ausgewählt wird. Wählt man in der fünften Zeile R für die Berechnung von T3 aus, so ergibt sich die kürzeste mögliche Folge:

```
LOAD   R,d
ADD    R,e
LOAD   S,a
ADD    S,b
STORE  R,T1        (T1 und T2 haben noch weitere Anwendungen)
LOAD   R,S
SUB    R,c
MULT   R,T1        (T3 kann überschrieben werden)
STORE  R,T4        (T4 hat noch eine weitere Anwendung)
SUB    R,e
ADD    S,T4        (T2 kann nun überschrieben werden)
MULT   S,R         (T6 kann überschrieben werden)
STORE  S,x
```

Literaturverzeichnis

Aho, A.V. und Johnson, S.C. (1974). LR Parsing. *Computing Surveys 6*, 99-124.

Aho, A.V., Hopcroft, J.E. und Ullman, J.D. (1983). *Data Structures and Algorithms*. Addison-Wesley, Reading, MA.

Aho, A.V., Sethi, R. und Ullman, J.D. (1986). *Compilers – Principles, Techniques, and Tools*. Addison-Wesley, Reading, MA.

Aho, A.V., Sethi, R. und Ullman, J.D. (1988). *Compilerbau*. 2 Bände. Addison-Wesley, Bonn.

Alblas, H. (1981). A Characterization of Attribute Evaluation in Passes. *Acta Informatica 16*, 427-464.

Alblas, H. (1991). Attribute Evaluation Methods. In: (Alblas und Melichar 1991), S. 48-113.

Alblas, H. und Melichar, B., Hrsg. (1991). *Proceedings of the International Summer School SAGA: Attribute Grammars, Applications, and Systems*. Lecture Notes in Computer Science 545, Springer-Verlag, Berlin.

Alblas, H. und Nymeyer, A. (1996). *Practice and Principles of Compiler Building with C*. Prentice-Hall International, London, UK.

Allen, F.E (1969). Program Optimization. *Annual Review in Automatic Programming 5*, 239-307.

Allen, F.E. und Cocke, J. (1972). A Catalogue of Optimizing Transformations. In: (Rustin 1972), S. 1-30.

Allen, F.E. und Cocke, J. (1976). A Program Data Flow Analysis Procedure. *Communications of the ACM 19* (3), 137-147.

Appel, A. und Ginsburg, M. (1997). *Modern Compiler Implementation in C: Basic Techniques*. Cambridge University Press, Cambridge, UK.

Appel, A.W. (1992). *Compiling with Continuations*. Cambridge University Press, New York, NY.

Backus, J. (1978). Can Programming be Liberated from the von Neumann Style? A Functional Style and its Algebra of Programs. *Communications of the ACM 21*, 613-641.

Bauer, B. und Höllerer, R. (1998). *Übersetzung objektorientierter Programmiersprachen*. Springer-Verlag, Berlin.

Bird, R.S. (1998). *Introduction to Functional Programming Using Haskell*, Prentice-Hall International, London, UK.

Birkedal, L., Rothwell, N., Tofte, M. und Turner, D.N. (1993). The ML Kit (Version 1). Technical Report DIKU 93/14, Department of Computer Science, University of Copenhagen.

Bochmann, G.V. (1976). Semantic Evaluation from Left to Right. *Communications of the ACM 19*, 55-62.

Bochmann, G.V. und Ward, P. (1978). A Compiler Writing System for Attribute Grammars. *The Computer Journal 21*, 144-148.

Cardelli, L. (1987). Basic Polymorphic Type Checking. *Science of Computer Programming 8*, 147-172.

Chaitin, G.J. (1982). Register Allocation and Spilling via Graph Coloring. *ACM SIGPLAN Notices 17* (6), 201-207.

Chaitin, G.J., Auslander, M.A., Chandra, A.K., Cocke, J., Hopkins, M.E. und Markstein, P.W. (1981). Register Allocation via Coloring. *Computer Languages 17*, 47-57.

Conway, M.E. (1963). Design of a Separable Transition-Diagram Compiler. *Communications of the ACM 6*, 396-408.

Courcelle, B. (1984). Attribute Grammars: Definitions, Analysis of Dependencies. In: (Lorho 1984).

Damas, L. und Milner, R. (1982). Principal Type Schemes for Functional Programming Languages. *9th ACM Symp. on Principles of Programming Languages*, S. 207-208.

Demer, A., Reps, T. und Teitelbaum, T. (1981). Incremental Evaluation for Attribute Grammars with Application to Syntax-directed Editors. *8th ACM Symposium on Principles of Programming Languages*, S. 105-116.

Deransart, P., Jourdan, M. und Lorho, B., Hrsg. (1988). *Attribute Grammars, Definitions, Systems, and Bibliography*. Lecture Notes in Computer Science 323, Springer-Verlag, Berlin.

DeRemer, F. (1969). *Practical Translators for LR(k) Languages*. Ph.D. Thesis, M.I.T., Cambridge, MA.

DeRemer, F. (1971). Simple LR(*k*) Grammars. *Communications of the ACM 14*, 453-460.

DeRemer, F. und Pennello, T. (1982). Efficient Computation of LALR(1) Look-ahead Sets. *Transactions on Programming Languages and Systems 4*, 615-649.

Dijkstra, E.W. (1960). Recursive Programming. *Numerische Mathematik 2*, 312-318.

Dijkstra, E.W. (1963). An Algol 60 Translator for the X1. *Annual Review in Automatic Programming 3*, Pergamon Press, New York, S. 329-345.

Doberkat, E.E. und Fox, D. (1990). *Praktischer Übersetzerbau*. Teubner-Verlag, Stuttgart.

Engelfriet, J. (1984). Attribute Grammars: Attribute Evaluation Methods. In: (Lorho 1984).

Engelfriet, J. und Filé, G. (1982). Simple Multi-Visit Attribute Grammars. *Journal of Computer and System Sciences 24*, 283-314.

Erwig, M. (1999). *Grundlagen funktionaler Programmierung*. Oldenbourg Verlag, München.

Field, A.J. und Harrison, P.G. (1988). *Functional Programming*. Addison-Wesley, Wokingham, UK.

Floyd, R.W. (1963). Syntactic Analysis and Operator Precedence. *Journal of the ACM 10*, 316-333.

Gosling, J., Joy, B. und Steele, G. (1996). *The Java™ Language Specification*. Addison-Wesley, Reading, MA.

Gray, R.W. (1988). γ–GLA – A Generator for Lexical Analyzers that Programmers Can Use. *USENIX Conf. Proceedings*. USENIX Association, Berkeley, CA, S. 147-160.

Grosch, J. (1989). Efficient Generation of Lexical Analyzers. *Software – Practice and Experience 19*, 1089-1103.

Güting, R.H. (1995). Integrating Programs and Documentation. FernUniversität Hagen, Informatik-Report 182.

Hall, C.V., Hammond, K. Peyton Jones, S.L., Wadler, P.L. (1996). Type Classes in Haskell. *ACM Transactions on Programming Languages and Systems 18* (2), 109-138.

Herold, H. (1995). *lex und yacc: Lexikalische und syntaktische Analyse*. 2. Aufl., Addison-Wesley (Deutschland), Bonn.

Hill, U. (1976). Special Run-Time Organization Techniques for ALGOL 68. In: Bauer, F.L. und Eickel, J. (Hrsg.), *Compiler Construction – An Advanced Course*. Lecture Notes in Computer Science 21, Springer-Verlag, Berlin.

Holmes, J. (1995a). *Object-Oriented Compiler Construction*. Prentice-Hall International, London, UK.

Holmes, J. (1995b). *Building Your Own Compiler with C++*. Prentice Hall, Englewood Cliffs, NJ.

Holub, A.I. (1990). *Compiler Design in C*. Prentice-Hall International, London, UK.

Hopcroft, J.E. und Ullman, J.D. (1979). *Introduction to Automata Theory, Languages, and Computation*. Addison-Wesley, Reading, MA.

Hudak, P. (1989). Conceptions, Evolution, and Application of Functional Programming Languages. *ACM Computing Surveys 21*, 359-411.

Hughes, J. (1989). Why Functional Programming Matters. *The Computer Journal 32*, 98-107.

Johnson, S.C. (1975). Yacc – Yet Another Compiler-Compiler. Technical Report 32, AT & T Bell Laboratories, Murray Hill, NJ.

Johnson, S.C. (1978). A Portable Compiler: Theory and Practice. 5th ACM Symposium on Principles of Programming Languages, S. 97-104.

Johnson, S.C. (1979). A Tour through the Portable C Compiler. AT & T Bell Laboratories, Murray Hill, N.J.

Johnson, W.L., Porter, J.H., Ackley, S.I. und Ross, D.T. (1968). Automatic Generation of Efficient Lexical Processors Using Finite State Techniques. *Communications of the ACM 11*, 805-813.

Jones, M.P. (1992). A Theory of Qualified Types. In: Krieg-Brückner, B. (Hrsg.), *4th European Symp. on Programming*, LNCS 582, Springer-Verlag, Berlin, S. 287-306.

Jones, M.P. (1995). A System of Constructor Classes: Overloading and Implicit Higher-Order Polymorphism. *Journal of Functional Programming 5* (1), 1-35.

Kastens, U. (1980). Ordered Attribute Grammars. *Acta Informatica 13*, 229-256.

Kastens, U. (1990). *Übersetzerbau*. Oldenbourg-Verlag, München.

Kastens, U. und Waite, W.M. (1994). Modularity and Reusability in Attribute Grammars. *Acta Informatica 31* (7), 601-627.

Kennedy, K. (1981). A Survey of Data Flow Techniques. In: (Muchnik und Jones 1981), S. 5-54.

Kernighan, B.W., und Ritchie, D.M. (1990). *Programmieren in C*. Zweite Ausgabe ANSI C. Hanser-Verlag, München und Prentice-Hall International, London, UK.

Kleene, S.C. (1956). Representation of Events in Nerve Nets and Finite Automata. In: Shannon, C.E. und McCarthy, J. (Hrsg.), *Automata Studies*. Princeton University Press, Princeton, NJ, S. 3-42.

Knuth, D.E. (1965). On the Translation of Languages from Left to Right. *Information and Control 8*, 607-639.

Knuth, D.E. (1968). Semantics of Context-free Languages. *Mathematical Systems Theory 2*, 127-145.

Knuth, D.E. (1971). Semantics of Context-free Languages, Correction. *Mathematical Systems Theory 5*, 95-96.

Knuth, D.E. (1971). Top-Down Syntax Analysis. *Acta Informatica 1* (2), 79-110.

Kopka, H. (1996). *LaTeX, Band 1: Einführung*. 2. Aufl., Addison-Wesley (Deutschland), Bonn.

Korenjak, A.J. (1969). A Practical Method for Constructing LR(k) Processors. *Communications of the ACM 12*, 613-623.

Kristensen, B.B. und Madsen, O.L. (1981). Methods for Computing LALR(k) Lookahead. *Transactions on Programming Languages and Systems 3*, 60-82.

Lamport, L. (1986). *LATEX. A Document Preparation System*. Addison-Wesley, Reading, MA.

Landin, P.J. (1964). The Mechanical Evaluation of Expressions. *The Computer Journal 6*, 308-320.

Lesk, M.E. (1975). Lex – A Lexical Analyzer Generator. Technical Report 39, AT & T Bell Laboratories, Murray Hill, NJ.

Levine, J.R., Mason, T. und Brown, D. (1992). *lex & yacc*. 2nd Edition, O'Reilly & Associates, Sebastopol.

Lewis, P.M. II und Stearns, R.E. (1968). Syntax-directed Transduction. *Journal of the ACM 15*, 465-488.

Lewis, P.M. II, Rosenkrantz, D.J. und Stearns, R.E. (1974). Attributed Translations. *Journal of Computer and System Sciences 9*, 279-307.

Lewis, P.M. II, Rosenkrantz, D.J. und Stearns, R.E. (1976). *Compiler Design Theory*. Addison-Wesley, Reading, MA.

Lindholm, T. und Yellin, F. (1996). *The Java™ Virtual Machine Specification*. Addison-Wesley, Reading, MA.

Lipps, P., Olk, M., Möncke, U. und Wilhelm, R. (1988). Attribute (Re)evaluation in the OPTRAN System. *Acta Informatica 26*, 213-239.

Lorho, B., Hrsg. (1984). *Methods and Tools for Compiler Construction*. Cambridge University Press, 1984.

McCulloch, W.S. und Pitts, W. (1943). A Logical Calculus of the Ideas Immanent in Nervous Activity. *Bulletin of Mathematical Biophysics 5*, 115-133.

Milner, R. (1978). A Theory of Type Polymorphism in Programming. *Journal of Computer and System Sciences 17*, 248-375.

Milner, R., Tofte, M., Harper, R. und MacQueen, D. (1997). *The Definition of Standard ML (Revised)*. MIT Press, Cambridge, MA.

Mitchell, J.C. (1990). Type Systems for Programming Languages. In: van Leeuven, J. (Hrsg.), *Handbook of Theoretical Computer Science Vol. B*, Elsevier, Amsterdam, S. 367-458.

Muchnik, S.S. und Jones, N.D. (1981). *Program Flow Analysis: Theory and Applications*. Prentice-Hall, Englewood Cliffs, NJ.

Mössenböck, H. (1986). Alex – A Simple and Efficient Scanner Generator. *ACM SIGPLAN Notices 21*, 139-148.

Nipkow, T. und Prehofer, C. (1993). Type Checking Type Classes. *20th ACM Symp. on Principles of Programming Languages*, S. 409-418.

Nipkow, T. und Snelting, G. (1991). Type Classes and Overloading Resolution via Order-Sorted Unification. In: Hughes, J. (Hrsg.), *Conf. on Functional Programming and Computer Architecture*, LNCS 523, Springer-Verlag, Berlin, S. 1-14.

Nori, K.V., Ammann, U., Jensen, K., Nägeli, H.H., und Jacobi, C. (1981). Pascal P Implementation Notes. In: Barron, D.W. (Hrsg.), *Pascal – The Language and its Implementation*. John Wiley & Sons, New York, S. 125-170.

Okasaki, C. (1998). *Purely Functional Data Structures*. Cambridge University Press, Cambridge, UK.

Paakki, J. (1995). Attribute Grammar Paradigms – A High Level Methodology in Language Implementation. *ACM Computing Surveys 27*, 196-255.

Parsons, T.W. (1992). *Introduction to Compiler Construction*. Computer Science Press, New York.

Paxson, V. (1995). Flex – Fast Lexical Analyzer Generator. Lawrence Berkeley Laboratory, Berkeley, CA, `ftp://ftp.ee.lbl.gov/flex-2.5.4.tar.gz`

Pemberton, S. und Daniels, M. (1982). *Pascal Implementation, The P4 Compiler*. Ellis Horwood Publ. Co.

Peyton Jones, S.L. (1987). *The Implementation of Functional Programming Languages*. Prentice-Hall International, Englewood Cliffs, NJ.

Peyton Jones, S.L. und Lester, D.R. (1992). *Implementing Functional Languages: A Tutorial*. Prentice-Hall International, Englewood Cliffs, NJ.

Pittman, T. und Peters, J. (1992). *The Art of Compiler Design*. Prentice-Hall International, London.

Pratt, V.R. (1973). Top-down Operator Precedence. *1st ACM Symposium on Principles of Programming Languages*, S. 41-51.

Randell, B. und Russell, L.J. (1964). *Algol 60 Implementation*. Academic Press, New York.

Reade, C. (1989). *Elements of Functional Programming*. Addison-Wesley, Wokingham, UK.

Reps, T. und Teitelbaum, T. (1989). *The Synthesizer Generator: A System for Constructing Language-Based Editors*. Springer-Verlag, Berlin.

Robinson, J.A. (1965). A Machine-Oriented Logic Based on the Resolution Principle. *Journal of the ACM 12* (1), 23-41.

Rosenkrantz, D.J. und Stearns, R.E. (1970). Properties of Deterministic Top-down Grammars. *Information and Control 17*, 226-256.

Rustin, R. (1972). *Design and Optimization of Compilers*. Prentice-Hall, Englewood Cliffs, NJ.

Schmitz, L. (1995). *Syntaxbasierte Programmierwerkzeuge*. Teubner-Verlag, Stuttgart.

Sedgewick, R. (1990). *Algorithms in C*. Addison-Wesley, Reading, MA.

Shao, Z. (1997a). An Overview of the FLINT/ML Compiler. *ACM SIGPLAN Workshop on Types in Compilation*.

Shao, Z. (1997b). Typed Common Intermediate Format. *USENIX Conference on Domain-Specific Languages*.

Shao, Z. und Appel, A.W. (1995). A Type-based Compiler for Standard ML. *ACM Conf. on Programming Language Design and Implementation*, S. 116-129.

Sippu, S. und Soisalon-Soininen, E. (1988). *Parsing Theory. Vol. I: Languages and Parsing*. EATCS Monographs on Theoretical Computer Science 15, Springer-Verlag, Berlin.

Sippu, S. und Soisalon-Soininen, E. (1990). *Parsing Theory. Vol. II: LR(k) and LL(k) Parsing*. EATCS Monographs on Theoretical Computer Science 20, Springer-Verlag, Berlin.

Soisalon-Soininen, E. und Ukkonen, E. (1979). A Method for Transforming Grammars into LL(k) Form. *Acta Informatica 12* (4), 339-369.

Stearns, R.E. (1971). Deterministic Top-down Parsing. *Proc. 5th Annual Princeton Conf. on Information Sciences and Systems*, S. 182-188.

Steel, T.B., Jr. (1961). A First Version of Uncol. Proc. Western Joint Computer Conference, S. 371-378.

Strong, J., Wegstein, J., Tritter, A., Olsztyn, J., Mock, O. und Steel, T. (1958). The Problem of Programming Communication with Changing Machines: A Proposed Solution. Report of the Share Ad-Hoc Committee on Universal Languages. *Communications of the ACM 1:8*, 12-18 (Part 1) und *1:9*, 9-15 (Part 2).

Sudkamp, T. A. (1988). *Languages and Machines*. Addison-Wesley, Reading, MA.

Tanenbaum, A.S., van Steveren, H., Keizer, E.G. und Stevenson, J.W. (1983). A Practical Tool Kit for Making Portable Compilers. *Communications of the ACM 26*, 654-660.

Tarditi, D., Acharya, A. und Lee, P. (1990). No Assembly Required: Compiling Standard ML to C. Technical Report CMU-CS-90-187, School of Computer Science, Carnegie Mellon University.

Tarditi, D., Morrisett, G., Cheng, P., Stone, C., Harper, R. und Lee P. (1996). TIL: A Type-Directed Optimizing Compiler for ML. *ACM Conf. on Programming Language Design and Implementation*, S. 181-192.

Ullman, J.D (1998). *Elements of ML Programming*. Prentice-Hall International, Englewood Cliffs, NJ.

Wadler, P. (1990). Deforestation: Transforming Programs to Eliminate Trees. *Theoretical Computer Science 73*. 231-284.

Wadler, P. und Blott, S. (1989). How to Make Ad Hoc Polymorphism Less Ad Hoc. *16th ACM Symp. on Principles of Programming Languages*, S. 60-76.

Waite, W.M. und Goos, G. (1984). *Compiler Construction*. Springer-Verlag, Berlin.

Waite,W.M. (1976). Optimization. *Compiler Construction: An Advanced Course*, LNCS 21, S. 549-602.

Wilhelm, R. und Maurer, D. (1997). *Übersetzerbau: Theorie, Konstruktion, Generierung*. 2. Aufl., Springer-Verlag, Berlin.

Wirth, N. (1995). *Grundlagen und Techniken des Compilerbaus*. Addison-Wesley, Bonn.

Index

Springer